图书在版编目（CIP）数据

湖北农村统计年鉴. 2022 = Hubei Rural Statistical Yearbook 2022 / 《湖北农村统计年鉴》编辑委员会编. -- 北京 : 中国统计出版社, 2022.11
ISBN 978-7-5230-0009-0

Ⅰ. ①湖… Ⅱ. ①湖… Ⅲ. ①农业统计－统计资料－湖北－2022－年鉴 Ⅳ. ①F327.63-54

中国版本图书馆 CIP 数据核字(2022)第 206063 号

湖北农村统计年鉴—2022

作　　者/ 《湖北农村统计年鉴》编辑委员会
责任编辑/ 高媛媛
装帧设计/ 林春燕
出版发行/ 中国统计出版社有限公司
地　　址/ 北京市丰台区西三环南路甲 6 号
邮政编码/ 100073
电　　话/ 邮购（010）63376909　书店（010）68783171
网　　址/ http://www.zgtjcbs.com
印　　刷/ 武汉市楚风印刷有限公司
经　　销/ 新华书店
开　　本/ 890mm×1240mm　1/16
字　　数/ 417.6 千字
印　　张/ 22
版　　别/ 2022 年 12 月第 1 版
版　　次/ 2022 年 12 月第 1 次印刷
定　　价/ 280.00 元

如有印装差错，由本社发行部调换。

2022
HUBEI RURAL STATISTICAL YEARBOOK
湖北农村统计年鉴

《湖北农村统计年鉴》编辑委员会 编

中国统计出版社
China Statistics Press

图书在版编目（C I P）数据

湖北农村统计年鉴. 2022 = Hubei Rural Statistical Yearbook 2022 / 《湖北农村统计年鉴》编辑委员会编. -- 北京 : 中国统计出版社, 2022.11
ISBN 978-7-5230-0009-0

Ⅰ. ①湖… Ⅱ. ①湖… Ⅲ. ①农业统计－统计资料－湖北－2022－年鉴 Ⅳ. ①F327.63-54

中国版本图书馆 CIP 数据核字(2022)第 206063 号

湖北农村统计年鉴－2022

作　　者/ 《湖北农村统计年鉴》编辑委员会
责任编辑/ 高媛媛
装帧设计/ 林春燕
出版发行/ 中国统计出版社有限公司
地　　址/ 北京市丰台区西三环南路甲 6 号
邮政编码/ 100073
电　　话/ 邮购（010）63376909　书店（010）68783171
网　　址/ http://www.zgtjcbs.com
印　　刷/ 武汉市楚风印刷有限公司
经　　销/ 新华书店
开　　本/ 890mm×1240mm　1/16
字　　数/ 417.6 千字
印　　张/ 22
版　　别/ 2022 年 12 月第 1 版
版　　次/ 2022 年 12 月第 1 次印刷
定　　价/ 280.00 元

如有印装差错，由本社发行部调换。

《湖北农村统计年鉴—2022》编辑委员会

编　辑　说　明

一、《湖北农村统计年鉴—2022》由湖北省统计局、国家统计局湖北调查总队、湖北省农业农村厅、湖北省水利厅、湖北省自然资源厅、湖北省农业事业发展中心、湖北省林业局、湖北省监狱管理局等部门共同编辑。

二、本年鉴中农业机械化、农业技术推广及应用资料、渔业和农垦统计资料由省农业农村厅提供；水利建设资料由省水利厅提供；耕地情况由省自然资源厅提供；畜禽规模养殖、畜产品加工和兽药生产企业等资料由省农业事业发展中心提供；林业统计资料由省林业局提供；监狱系统农场资料由省监狱管理局提供；粮食和畜牧产量由国家统计局湖北调查总队提供；其余资料由省统计局提供。

三、《湖北农村统计年鉴—2022》收录了 2021 年湖北省农业统计及省级部分年份资料，本年鉴中涉及的历史数据，均以最新出版的本年鉴数据为准。

四、本年鉴文字资料部分主要反映 2021 年湖北省及各市州农业农村经济发展、十大重点农业产业链建设情况。

五、本年鉴由于组稿、资料整理和编辑时间紧迫，难免有失误之处，敬请广大读者谅解，并欢迎指正。

目　录

一、文字篇

二、数据篇

1. 农村基本情况

2. 农业产值

3. 种植业

4. 林业及土特产

一、文字篇

2021年湖北十大重点农业产业链统计监测报告

2021年初，省委省政府出台了一系列关于加强农业产业化发展的政策措施，部署开展十大重点农业产业链建设工程，提出了实施培育壮大龙头企业"十百千万"工程的具体工作目标。为贯彻落实省委省政府决策部署，省统计局会同省农业产业化工作联席会议办公室、省农业农村厅联合印发了《湖北省十大重点农业产业链统计监测方案》。现对2021年我省丨大重点农业产业链建设情况监测分析如下。

一、十大重点农业产业链建设全面加快

（一）十大产业链总体情况。

1.总量规模稳步增长。从农产品产量看，2021年全省农产品产量保持稳定增长，十大重点农产品产量在全国地位总体靠前（见表1），产量大省的地位稳固。淡水产品（小龙虾）、油菜籽产量居全国前列。

表1　2021年全省十大重点农产品产量在全国位次

	单位	产量	位次	增速(%)		单位	产量	位次	增速(%)
1.水稻	万吨	1883.6	5	1.0	5.禽出栏	亿只	6.12	11	3.2
2.生猪出栏	万头	4115.1	7	56.4	蛋产量	万吨	196.7	6	1.9
3.淡水产品	万吨	483.2	1	3.3	6.茶叶	万吨	40.4	3	12.1
#小龙虾	万吨	107.4	1	9.3	7.油菜籽	万吨	251.8	2	4.4
4.蔬菜	万吨	4299.8	6	4.4	8.柑橘	万吨	540.8	3	6.1
#食用菌	万吨	51.9	11	11.9	9.中药材	万吨	71.7	2	2.3
莲藕	万吨	288.8	1	9.1					

（注：种业产量无单独统计，增速为与上年同期比较，位次为产量在全国排名）

优质农产品生产显著提速。2021年稻米、生猪、淡水产品、茶叶、油菜籽、柑橘、中药材优质品率较高，分别为77.0%、71.0%、61.7%、63.5%、78.4%、63.5%和45.4%，比上年分别提高1.0、0.2、1.0、1.3、0.9、3.3和0.1个百分点。

从产值看，2021年十大重点农产品产值6007.01亿元，增长10.8%，占农林牧渔业总产值的72.2%，十大重点农产品产值贡献全部农业总产值七成以上。2021年十大重点农产品加工产值5971.02亿元，比上年增长9.7%。

2.品牌建设加快，产业链延长加强。

根据监测数据，2021年十大重点农业产业"二品一标"数为2675个，比上年增加429个。中国驰名商标（农产品类）达到82个，增加3个，在省域和全国有影响力的区域公用品牌达到212个，增加25个。

农业生产、农产品加工、销售三环节中加工、销售环节占比较高的主要有稻米、茶叶、油菜籽、中药材四条产业链。以全部为100，2021年四条产业链生产、加工、销售结构比（用农业生产总值、加工企业主营业务收入、农产品贸易企业销售额计算，下同）分别为23：55：22，31：31：38，27：40：33和25：43：32。

加工、销售环节占比提高的有蔬菜（食用菌）、禽蛋产品、柑橘三条产业链。2021年这三条产业链结构比分别为59：17：24，43：20：37，43：11：46，加工、销售环节合计占比比上年分别提高2个、3个、3个百分点。

生猪、特色淡水产品（小龙虾）产业链加工环节占比提高。这两条链结构分别为47：16：37和55：16：29，加工环节占比分别比上年提高2个、1个百分点。

3.龙头企业增长加快，带动引导作用显现。

根据监测数据，2021年全省十大重点农产品规上加工企业1550家，比上年增加50家，增长3.3%，其中全省主营业务收入超过10亿元的重点农产品加工企业共有48家，与上年持平；1至10亿元的企业共569家，增加32家，增长6.0%；产值50亿元以上7家，增加1家（见表2）。

表 2　全省超大型农产品加工企业情况

产值规模	全省农产品加工企业数(个)			完成进度
	2020 年	2021 年	2025 年目标	
100 亿以上	1	2	6	33.3%
50 亿-100 亿	5	5	16	31.3%

龙头企业带动了农业加快发展，如东西湖蔬菜龙头企业带动周边蔬菜种植，京山稻米加工带动水稻种植，天门水产加工企业带动水产养殖，沙洋菜籽油加工和休闲旅游带动油菜籽种植。

以龙头企业为核心的产业化联合体和现代农业产业园建设成效显著。2021 年全省建成省级农业产业化联合体 136 个，增加 64 个，增长 88.9%；省级现代农业产业园 106 个，增加 36 个，增长 51.4%。

4.市州竞相推进成效明显。

各市州奋力推进重点农产品产业链发展，取得显著成效。按照功效系数法对全省 13 个地级市州发展情况的排序表明，两个省域副中心城市在推动农业产业链发展中起到带头作用，半数以上市州产业链产值增长速度超过 11%(见表 3)。

表 3　各市州 2021 年重点产业链建设情况

市州	全部产业链综合得分	位次	市州	产业链综合产值增速(%)	位次
宜昌市	95.84	1	襄阳市	22.4	1
襄阳市	93.59	2	鄂州市	22.1	2
荆州市	92.98	3	宜昌市	19.9	3
黄冈市	91.35	4	黄石市	14.2	4
孝感市	88.94	5	黄冈市	12.0	5
荆门市	87.69	6	荆州市	11.7	6
十堰市	87.61	7	咸宁市	11.4	7

5. 县域“一县一品”加快推进。

按照功效系数法对全省各县市区十大重点农业产业链发展情况进行了排序，各产业链排名前十的县(市区)的情况如下(见表 4-6)。

表 4　十大产业链排名前十的县市区(1)

十大产业链综合			优质稻米			生猪		
县市(区)	综合得分	位次	县市(区)	综合得分	位次	县市(区)	综合得分	位次
潜江市	89.76	1	监利市	93.13	1	襄州区	90.24	1
仙桃市	89.50	2	京山市	88.55	2	南漳县	87.12	2
夷陵区	88.89	3	沙洋县	88.39	3	当阳市	87.08	3
监利市	88.58	4	枣阳市	88.04	4	松滋市	87.06	4
天门市	88.43	5	天门市	86.37	5	老河口市	86.88	5
枣阳市	87.92	6	黄梅县	86.08	6	江夏区	86.82	6
宜都市	87.42	7	仙桃市	85.65	7	应城市	86.67	7
枝江市	87.33	8	钟祥市	85.48	8	枣阳市	86.32	8
当阳市	87.12	9	潜江市	85.27	9	武穴市	86.19	9
京山市	86.96	10	应城市	84.90	10	黄陂区	86.04	10

表 5　十大产业链排名前十的县市区(2)

特色淡水产品小龙虾			蔬菜食用菌莲魔芋			禽蛋			茶叶		
县市(区)	综合得分	位次	县市(区)	综合得分	位次	县市(区)	综合得分	位次	县市(区)	综合得分	位次
潜江市	92.17	1	随县	87.72	1	应城市	88.57	1	夷陵区	89.64	1
监利市	92.16	2	南漳县	86.83	2	咸安区	88.08	2	利川市	87.70	2

续表

特色淡水产品小龙虾			蔬菜食用菌莲魔芋			禽蛋			茶叶		
县市(区)	综合得分	位次	县市(区)	综合得分	位次	县市(区)	综合得分	位次	县市(区)	综合得分	位次
洪湖市	87.46	3	房县	86.48	3	京山市	86.95	3	英山县	87.60	3
仙桃市	86.30	4	天门市	85.87	4	监利市	86.69	4	鹤峰县	87.56	4
新洲区	83.79	5	郧阳区	85.83	5	枣阳市	86.48	5	宜都市	87.29	5
天门市	83.75	6	嘉鱼县	85.81	6	宜城市	86.26	6	赤壁市	86.86	6
孝南区	83.55	7	长阳县	85.78	7	谷城县	85.98	7	咸丰县	86.44	7
石首市	83.48	8	新洲区	85.30	8	浠水县	85.77	8	恩施市	86.13	8
江夏区	83.26	9	孝南区	84.83	9	石首市	85.04	9	竹溪县	85.47	9
汉川市	83.26	10	黄陂区	84.73	10	仙桃市	84.91	10	竹山县	85.30	10

表 6　十大产业链排名前十的县市区(3)

现代种业			油菜籽			柑橘			中药材		
县市(区)	综合得分	位次	县市(区)	综合得分	位次	县市(区)	综合得分	位次	县市(区)	综合得分	位次
襄州区	87.01	1	枣阳市	87.98	1	秭归县	94.78	1	蕲春县	93.89	1
石首市	84.97	2	武穴市	87.37	2	枝江市	92.40	2	麻城市	89.61	2
监利县	84.70	3	沙洋县	87.00	3	宜都市	92.21	3	利川市	85.61	3
荆州区	83.93	4	仙桃市	86.56	4	夷陵区	89.29	4	长阳县	85.23	4
孝南区	83.88	5	天门市	86.40	5	当阳市	88.16	5	英山县	84.75	5
浠水县	83.68	6	监利市	86.36	6	丹江口	84.02	6	房县	84.27	6
黄陂区	83.64	7	钟祥市	86.05	7	松滋市	83.14	7	罗田县	84.18	7
沙洋县	83.15	8	南漳县	85.80	8	巴东县	82.40	8	宜都市	83.94	8
竹山县	83.12	9	公安县	85.74	9	长阳县	82.18	9	崇阳县	83.85	9
潜江市	82.85	10	麻城市	85.57	10	宣恩县	82.13	10	巴东县	83.58	10

从上表可以看出，排名靠前的县(市区)主要具有以下特点：

一是有好品牌或地标产品。如潜江龙虾、宜昌柑橘、蕲艾、京山桥米等分别在各产业链中拔得头筹。

二是自然资源禀赋较适合发展特色农产品，如粮食大县监利、生猪大县襄州、脐橙大县秭归等。

三是农产品加工业发展突出。如秭归围绕脐橙加工，夷陵、利川、赤壁围绕茶叶加工，突出发展农产品加工业，通过农产品加工产业的发展，带动农业增产、农民增收。

(二)十大产业链具体情况。

2021 年全省十大重点农业产业链建设各具特色、成效明显。根据监测数据，各产业链主要农产品生产、加工、销售均快速增长。

1.优质稻米。

品牌建设成效显著。2021 年“二品一标”品牌 494 个，在十大产业链中位列第三，比上年增加 48 个；中国驰名商标 19 个，增加 3 个；区域公用品牌 35 个，增加 3 个。

稻米生产稳中略增。优质稻米种植面积达到 2624.85 万亩，比上年增长 1.0%，其中订单面积占 26.0%，增长 13.4%。

稻米生产、加工、销售协调发展。2021 年产业链生产、加工、销售结构比为 23：55：22。农产品加工产值占比在十大产业链排名第一。加工企业(规上)达到 590 家，位居十大产业链首位。省级龙头企业 178 家，比上年增加 27 家。主营业务收入过亿元企业达到 256 家，位居十大产业链第一。稻米销售额达到 552.66 亿元，增长 12.7%，其中通过网络销售增长 30.0%。

2.生猪。

品牌建设稳中有升。2021 年“二品一标”品牌 31 个，比上年增加 2 个；中国驰名商标 4 个，与上年持平；区域公用品牌 8 个，增加 2 个。

生猪产能快速恢复。优质生猪出栏 2918.71 万头，增长 57.1%。

优质生猪占整个出栏生猪比重达 71.0%，比上年提高 0.3 个百分点。

加工占比稳步提高。2021 年加工环节在生猪产业链中的比重为 16%，比上年提高 2 个百分点。加工企业主营业务收入 395.73 亿元，增长 17.0%，加工企业达到 105 家，比上年增加 10 家，省级龙头企业 48 家，增加 3 家。主营业务收入过亿元企业达到 54 家。生猪和猪肉销售额达到 765.06 亿元，其中通过网络销售占 2.0%。

3.淡水产品（小龙虾）。

品牌建设稳步推进。2021 年“二品一标”品牌 97 个，比上年增加 6 个；中国驰名商标 6 个，与上年持平；区域公用品牌 26 个，增加 3 个。

小龙虾生产稳定增长。小龙虾养殖面积 807.31 万亩，增长 4.0%；产量 107.36 万吨，增长 9.3%。

加工、销售快速增长。规上水产品加工企业 74 家，省级龙头企业 47 家，增加 6 家；主营业务收入过亿元企业达到 34 家，增加 1 家。淡水产品加工企业主营业务收入 402.79 亿元，比上年增长 28.4%；淡水产品销售额达到 736.69 亿元，增长 24.3%，通过网络销售额 14.57 亿元，增长 51.7%。

4.蔬菜（食用菌、莲、魔芋）。

品牌数量稳居各产业链第一。2021 年“二品一标”品牌 965 个，比上年增加 232 个，在十大产业链中位列第一，占十大产业链总数的 36%；中国驰名商标 8 个，与上年持平；区域公用品牌 45 个，增加 4 个。

蔬菜生产总体稳定。食用菌产量 51.87 万吨，增长 11.9%；魔芋产量 21.31 万吨，增长 14.4%；莲藕产量 288.77 万吨，增长 9.1%。

加工销售增长较快。规上蔬菜（食用菌）加工企业 224 家，比上年增加 23 家；省级龙头企业 93 家，增加 15 家；主营业务收入过亿元企业达到 88 家，增加 9 家；蔬菜（食用菌）加工企业主营业务收入 471.87 亿元，比上年增长 28.4%。

5.油菜籽。

品牌建设加速推进。2021 年“二品一标”品牌 22 个，比上年增加 4 个；中国驰名商标 7 个，与上年持平；区域公用品牌 8 个，增加 1 个。

油菜籽生产稳定增长。2021 年油菜籽播种面积 1641.03 万亩，比上年增长 5.8%；优质油菜籽种植面积 1287.46 万亩，增长 7.2%；油菜籽总产量 251.78 万吨，增长 4.4%。

加工、销售保持稳定。规上油菜籽加工企业 82 家，其中主营业务收入过亿元企业 32 家，比上年增加 1 家。规上加工企业主营业务收入 210.67 亿元，增长 1.4%。菜籽油销售额 173.76 亿元，增长 11.7%。

6.家禽及蛋制品。

品牌建设加速推进。2021 年“二品一标”品牌 61 个，比上年增加 14 个；中国驰名商标 6 个，与上年持平；区域公用品牌 15 个，增加 1 个。

禽蛋生产稳中微升。2021 年家禽出栏 61233.01 万只，比上年增长 3.2%；禽肉产量 81.59 万吨，增长 3.3%；禽蛋产量 196.72 万吨，增长 1.9%。

禽蛋加工企业数略减，加工收入、销售额均快速增长。规上禽蛋加工企业 64 家，比上年减少 4 家；主营业务收入过亿元企业 28 家，减少 2 家；禽蛋加工企业主营业务收入 154.90 亿元，增长 28.2%；禽蛋销售额 294.50 亿元，增长 17.8%。

7.茶叶。

品牌建设加速发展。2021 年“二品一标”品牌 817 个，比上年增加 99 个，在十大产业链中位列第二；中国驰名商标 22 个，与上年持平；区域公用品牌 47 个，增加 7 个。

茶叶生产保持稳定。优质茶叶面积 352.66 万亩，增长 1.1%；茶叶产量 40.44 万吨，增长 12.1%。

加工、销售较快增长。规上茶叶加工企业 228 家，比上年增加 15 家；省级以上龙头企业数 110 家，增加 22 家；主营业务收入过亿元企业 41 家，增加 6 家；茶叶加工企业主营业务收入 235.45 亿元，比上年增长 15.1%。销售额 292.41 亿元，增长 14.0%，其中出口 2.04 亿美元，增长 1.0%。

8.柑橘。

品牌建设成效突出。2021 年“二品一标”品牌 117 个，比上年增加 31 个；中国驰名商标 7 个，与上年持平；区域公用品牌 19 个，增加 2 个。

柑橘生产稳定增长。2021 年优质产品面积 229.90 万亩，增长 7.6%；柑橘产量 540.82 万吨，增长 6.1%。

加工、销售快速增长。规上柑橘加工企业 25 家，省级以上龙头企业数 13 家，主营业务收入过亿元企业 15 家，增加 1 家；柑橘加工企业主营业务收入 54.18 亿元，比上年增长 12.6%。销售额 222.98 亿元，增长 27.3%，其中网络销售 41.30 亿元，增长 33.9%，出口 9.78 亿元，增长 8.9%。

9.中药材。

区域公用品牌建设加强。2021 年"二品一标"品牌 71 个，中国驰名商标 7 个，与上年持平。区域公用品牌 9 个，增加 2 个。

中药材生产保持增长。中药材播种面积 439.68 万亩，比上年增长 8.6%；其中生态药材面积 187.29 万亩，增长 8.4%。

加工、销售增长明显。2021 年规上中药材精深加工企业 158 个，增加 9 个，省级龙头企业 42 家，增加 6 家。主营业务收入过亿元企业 69 个，增加 9 个。加工企业主营业务收入 391.77 亿元，增长 24.3%，销售额 297.97 亿元，增长 40.9%，出口 5.1 亿元，增长 8.4%。

10.现代种业。

2021 年立项建设省农作物种植种质资源中期库项目，总投资 1.1 亿元。争取国家投资 5000 万元支持洪山实验室 3 个站点建设。2021 年省级以上龙头企业 45 家，新增 5 家，主营业务收入过亿元企业 38 个，增加 6 个。农作物种质资源和畜禽遗传资源保护库(圃、场、区)50 个，种子保种场达到 36 个，种业销售收入 73.57 亿元，增长 11.9%，其中能繁母猪实现销售收入 41.57 亿元，增长2.5%；鱼苗销售收入28.01亿元，增长16.4%。

二、十大重点农业产业链建设需要关注的几个问题

(一)农产品加工、销售能力仍显不足。

据初步统计，2021 年全省农产品加工产值与农林牧渔业总产值之比为 1.47，低于农产品加工大省山东、江苏、广东，也低于河北和安徽，排全国 12 位，与全省农业总产值在全国第 6 位的地位不相称。

2021 年全省十大重点农业产业链农业产值大于十大重点农产品加工产值，这就意味着全省农产品多数还是以初级产品的形态在市场上交易，附加值还不高，产业链建设任重道远。

农产品销售仍以传统模式为主，以网上销售、直播带货等新型农产品销售方式占比不高。2021 年我省十大农产品网络销售额 241.73 亿元，增长 30.0%，虽然农产品网络销售近几年发展迅猛，但是网络销售额只占全部销售额 6.0%。

(二)极具影响的产品品牌占比不高。

根据中国绿色食品发展中心统计，2021 年全省全部农产品"二品一标"总数为 2851 个。其中地标产品 195 个，居全国第 3 位；有机农产品 186 个，居全国第 3 位；绿色食品产品 2470 个，2020 年居全国第 8 位。总体来看，"二品一标"数量较大，但产品质量和规模不大，极具影响的品牌占比不高。2021 年我省农产品省域（及以上）影响力品牌占"二品一标"数量的 7.9%，中国驰名商标占比仅为 3.1%。

(三)产业链发展的要素支撑力度不够。

科技要素支撑需提升。据农业部门数据，2020 年全省农业科技贡献率为 61%，低于安徽(65.5%)，农业科技含量还有很大提升空间。制约产业链发展的关键技术、共性技术破解不够，有些方面还受制于人。

人才要素支撑有不足。据农业部门调查，全省 80%以上的龙头企业表示招聘人才难、留住人才更难。

资金要素支撑待加强。农业的产业特点决定了农业发展对资金的需求大，周期长，比较效益不高，需要财政资金给予扶持。尽管各级财政大力支持农业产业链建设，但财政资金对金融、社会资本的杠杆撬动作用还需加强。

三、几点建议

(一)支持龙头企业发展，推动产业深度融合。

农产品加工龙头企业在农产品产业链建设中具有不可替代的作用。据测算，每一个大型龙头企业平均可以带动农业产值 14 亿元。但目前大型龙头企业数量还不多。2021 年全省十大农业产业链中主营业务收入超过 10 亿元的农产品加工企业 48 家，仅占规上农产品加工企业数的 3.1%。通过龙头企业带动向产业链两端发展，实现一二三产业深度融合势在必行。在生产端，以龙头企业为核心，农民合作社、家庭农场和农户跟进，社会化服务组织参与，提升农业生产组织化程度，带动农业规模化、集约化经营。在消费端，依托龙头企业的资金、品牌优势，扩大市场，推动消费。如宜牧集团投资 2 亿元建设 3000 万只家禽加工项目，按每户养殖 1 万只计算，可以带动 3 千户生产 9000 多万元产值，户均增收 2 万元。

(二)加大品牌创建力度，提升湖北农产品影响力。

全省拥有潜江龙虾、宜昌蜜橘、恩施玉露、京山桥米、蕲艾、郧阳黑木耳和天麻、随州香菇、洪湖莲藕、大别山黑山羊等知名品牌，但与农业大省的地位相比，知名品牌数量仍然偏少。2021 年全省农产品类中国驰名商标仅占"二品一标"品牌数的

3.1%。广泛宣传推介“中国荆楚味，湖北农产品”应成为产业链发展的重要抓手。要积极做好区域公用品牌宣传工作，通过央视、自媒体、电梯传媒、直播等多种方式广泛传播，形成湖北区域公用品牌影响力。坚持以地域产生品牌、以品牌影响地域，挖掘湖北生态、历史和文化价值，提高湖北农产品品牌的知名度和辨识度，扩大湖北农产品影响力。

（三）立足县域特色产品，强力打造县域精品。

积极推进县域“一县一品”，并取得明显成效，但在质量、规模和影响力上还需加强。以山东“寿光蔬菜县”为榜样，打造我省“茶叶县”“魔芋县”“莲藕县”等特色“精品县”大有可为。通过发展小龙虾、茶叶、柑橘、香菇、莲、蕲艾等特色县域精品，带动一批农文旅融合发展的休闲农业园或示范点，吸引资金进入，发布招商引资重点项目，招引一批产业链头部企业及上下游配套企业。对于区域特色优势明显、产品在全国叫得响的“精品县”，省级财政应给予适当倾斜，金融资金应予以积极扶持，鼓励支持设立金融资本、社会资本广泛参与的农业产业化发展资金，促进“精品县”快速做大做强。

（四）加大科技创新力度，推动优质种业发展。

种业是农业发展的核心和关键环节。科技创新是推动农产品全要素生产率提高的重要力量，也是保障种业安全的根本措施。我省种业发展水平还不高，关键核心技术仍有待突破，种源技术“卡脖子”的问题仍然存在，先进技术与农产品生产结合的紧密程度还有待提高。加快发展水稻、蔬菜、生猪、家禽、水产、中药材等优质种业，优化种养业品质，落实“科技支撑”“藏粮于技”的粮食安全战略，落实农产品的精品名牌战略，从而推进农产品加工提档升级，实现重点农业产业链向深延伸。

撰稿：李邦志

2021年武汉农业重点产业链发展报告

近年来，在市委、市政府高度重视下，全市以确保超大型城市民生保障为中心，围绕农村一二三产业融合发展，聚力整合各类政策资源要素，狠抓“三农”领域招商引资，着力引进和培育农业龙头企业，不断推进农业产业化链条式发展，现代种业产业链、“菜篮子”产业链、“农业+”产业链和农业科创等五大产业链快速发展。

一、“菜篮子”畜禽和水产产业链发展情况

（一）品牌数量大幅提升。

全市以增加绿色优质农产品供给为主攻方向，大力发展绿色食品、有机食品和农产品地理标志登记保护产品，积极引导农产品生产主体将其优质农产品认证为绿色食品或有机食品，深挖特色农产品资源，农产品品牌数量大幅提升。2021年，全市“菜篮子”产业链“二品一标”品牌数量338个，同比增长39.7%。其中：蔬菜“二品一标”品牌数量311个，同比增长46.7%。生猪品牌数量新增加5个，实现了零的突破。淡水产品品牌数量22个，同比下降26.7%。

区域公用品牌7个，同比增长16.7%。其中：蔬菜及食用菌5个，与上年持平，淡水产品2个，同比增长100%。

（二）“菜篮子”总体稳定。

2021年，全市“菜篮子”产业链农业生产实现产值468.81亿元，同比增长6.2%。其中：蔬菜及食用菌产值270.64亿元，生猪产品产值61.48亿元，淡水产品产值136.69亿元。

2021年蔬菜播种面积273.78万亩，比同比增长2.7%；蔬菜（食用菌）产品产量820.59万吨，增长5.5%。新、改、扩建生猪养殖企业建设投产速度加快，落实项目用地并启动实施的生猪产业绿色发展项目共计19个。2021年全市新增大型养殖企业存栏已达10.2万头，生猪出栏186.75万头，增长63.9%，猪肉产量14.36万吨，增长66.5%。淡水产品产量44.52万吨，增长1.6%。池塘养殖面积为58.1万亩，减少1.2%。

（三）企业数量持续增长。

2021年，规模以上“菜篮子”产业链农产品加工企业37家，同比增长5.7%。其中：蔬菜食用菌加工企业19个，同比增长5.6%。淡水产品加工企业9个，与上年持平。生猪加工企业9个，同比增长12.5%。

“菜篮子”产业链省级以上龙头企业数18家，同比增长5.9%。其中：蔬菜食用菌加工8个，同比增长14.3%。淡水产品加工2个，生猪加工企业8个，均与上年持平。“菜篮子”产业链市级以上龙头企业38个，同比增长2.7%。其中：蔬菜食用菌加工19个，同比增长5.6%。淡水产品加工6个，生猪加工企业9个，均与上年持平。

省级农业产业化联合体5个，同比增长400%。其中：蔬菜食用菌净增2个，淡水产品净增1个，生猪净增1个。省级现代农业产业园3个，同比增长200%。其中：蔬菜食用菌净增1个，生猪净增1个。

（四）生猪加工企业营业收入大幅下降。

2021年，“菜篮子”产业链农产品加工企业主营业务收入123.31亿元，同比下降2.8%。其中：蔬菜食用菌42.11亿元，同比增长14.9%，淡水产品39.09亿元，同比下降2.0%，生猪42.11亿元，同比下降16.4%。

（五）淡水产品加工业能力大幅下滑。

2021年，“菜篮子”产业链产品规上加工业产值与农业总产值之比为0.27，同比下降1.7%。其中：蔬菜食用菌为0.09，同比增长2.4%，淡水产品0.37，同比下降10.3%，生猪为0.86，同比增长9.6%。

（六）冷链设施大幅增长。

2021年，“菜篮子”产业链冷链（仓储）物流中心43个，同比增长437.5%。其中：蔬菜食用菌41个，同比增长583.3%，淡水产品和生猪1个，保持持平。

二、现代种业产业链

（一）产业发展初具规模。

武汉是全国重要的农业科技创新策源地，农业科教资源居全国前列。武汉集聚了46所涉农高校和科研院所、8个国家重点实验室、11个国家级工程技术中心，5个部级检测中心、7个博士后流动站、87个硕士点和54个博士点；云集了全国高水平的种业方面的科技人才，其中本地院士10人，外地院士工作站8个，各类专业技术人才近

10万人，人才智力密集程度位居全国前列，具备全国领先的生物育种能力。

近年来，武汉种业创新成果中，诞生了全球第一张水稻全基因组育种芯片，奠定了两系法杂交水稻技术基础，发现了第一个油菜雄性不育材料、红莲型水稻，育成了全国第一个双低油菜品种、全球第一支试管藕，以及优质柑橘、优质稻、水生蔬菜、淡水鱼、优质瘦肉猪等一批国际国内领先的标志性成果。

种质资源体系十分健全，现建成国家级种质资源库5个，收藏各类植物种质资源2.5万余种、十余万份，设立种质资源保护区4个。其中，水生蔬菜资源圃保存从全国20多个省份及10个国家收集的12类水生蔬菜种质资源2500余份，是目前世界上保存水生蔬菜种类、资源数量最多、生态型和类型最丰富的水生蔬菜资源圃。现代种业产业发展已初具规模，核心区聚集了高新技术种子企业60余家、院士领衔创新团队11个、国家重点实验室5家、国家工程技术中心3家，成功引进杜邦先锋、拜耳作物、先正达集团等世界500强企业研发中心，研制出红莲型水稻、华油系列油菜、鄂莲系列莲藕等高转化性育种成果83项。

2021年，全市现代种业市州级以上龙头企业18个，与上年持平。其中省级以上龙头企业5个，较上年减少1家；主营业务收入过10亿的有3家，分部在武汉市东西高新技术开发区、江夏区和黄陂区。主营业务收入1-10亿的有7家，同比增加16.7%。

（二）种业播种面积产量大幅增长

2021年，种业播种面积1.76万亩，同比增长30.3%。其中：水稻0.49万亩，同比增长140.1%；油菜0.16万亩，同比增长207.5%；蔬菜1.1万亩，同比增长0.8%。

种业产品产量1525吨，同比增长61.7%。其中：水稻915吨，同比增长110.3%；油菜120吨，同比增长106.9%；莲藕200吨，与上年持平；蔬菜苗290吨，同比增长16%。能繁母猪存栏9.39万头，同比增长18.2%，种禽存栏500.5万只，同比增长0.4%。鱼苗114.3万尾，同比增长114.3%。

三、存在的问题

（一）农产品加工产业链条不长。

农产品上市产品多为初级产品，产品附加值不高，配套冷链设施相对缺乏，贮藏能力严重不足，由于农产品加工企业受工业用地考核亩平投资、税收强度和用地指标的限制，各区一般对引进农产品加工项目不太积极，不少引进的农业项目因解决不了建设用地指标问题而难以落地。

（二）区域公用品牌发展缺少龙头带动。

品牌整合力量不够集中，缺乏强有力的抓手，政府、协会、企业等主体之间职能界定不明晰，企业动力不足、实力不够、缺乏公用品牌意识，追求短期利益，不愿先投入、多投入。同时，品牌授权使用监督管理不到位。

（三）种业龙头企业竞争力不强。

种子市场准入门槛低，种子企业数量多、规模小、研发能力弱，育种资源和人才不足，竞争力不强。全市近100家种子生产经营企业中，只有10家年经营额过亿元，这导致种子企业研发投入不够，无法通过市场和商业模式有效推动成果转化。中国种子协会刚刚发布的中国种子行业信用评价结果显示，全国179家信用等级种子企业，武汉有14家入选，但位列第104-118位，排名靠后。10家中国种业信用明星企业和20家中国蔬菜种业信用骨干企业中均没有武汉企业上榜。

四、对策建议

（一）坚持提质增效，提升产业效益。

一是加强设施农业建设，转变农业生产方式。坚持贯彻落实习近平总书记“藏粮于地，藏粮于技”的指示精神，持续推进高标准农田、连栋温室、规模化畜禽养殖场、工厂化渔业养殖场等现代化农业生产设施的建设，从向规模要效益转变为向品质要效益，以科技为引领，加大投入提升农业现代化生产水平。二是坚持调优结构，扩大优质农产品的生产。以市场需求为导向，加强政策引导，推广优质优价农产品生产，做好优势区域布局，提升产业集中度，提升产业效益。

（二）坚持文化先导，提升品牌价值。

农产品具备着鲜明传统文化特色，例如：洪山菜薹被称作“孝子菜”，有着1700多年的深厚历史；舒安藠头有着3700年历史，江夏子莲，从明清延续至今；蔡甸莲藕，是中国莲藕人工栽培的起源地之一，通长肥硕、质细白嫩。这些农产品特色鲜明，历史文脉悠长。讲好品牌故事，建立品牌文化，让消费者在享用优质农产品所带来的物质利益之外，还能有一种文化上的满足。通过建设几个强势农产品文化品牌，利用我市优秀农产品品牌的美誉度和知名度进行产品延伸，进一步带动其他农产品的竞争力。

（三）充分利用种质资源，强化育种基础研究。湖北地处南北过渡地带，生态类型多样，是农业种质资源大省之一。武汉种质资源丰富，拥有花卉、水生蔬菜等国家种质资源库和种质资源圃，以及多个国家级渔业种质资源保护区等。强化育种基础研究，提升育种创新能力。强化种业原始创新，支持本地原创的油菜、红莲型水稻、多倍体水稻、水生蔬菜、种猪、淡水鱼育种创新，联合攻关，突破“卡脖子”技术，发展壮大优势种业。

撰稿：高　伟

壮强十大农业产业链　提升农业产业化水平

——2021年黄石农业产业链发展报告

乡村振兴，产业振兴是关键。黄石深入贯彻落实习近平总书记关于乡村产业振兴工作的重要论述和重要指示批示精神，以打造十大重点农业产业链为抓手，持续提升农业产业化水平，为建设区域性中心城市夯基筑台。2021年，按照全省《湖北省十大重点农业产业链统计监测方案》要求，黄石认真落实，联动相关部门协调配合，收集重点农业产业链和农业产业化龙头企业相关基础数据，据实反映十大重点农业产业链和农业产业化龙头企业发展情况。

一、十大重点农业产业链基本情况

（一）农产品品牌。2021年全市有“两品一标”品牌45个，在2020年基础上增加8个；无农产品类中国驰名商标；区域公用品牌2个，与2020年一致。

（二）农产品生产情况。2021年全市优质稻米覆盖率达到100%，种植面积87.77万亩，同比增长1.6%，产量46.05万吨，同比增长5.5%；生猪出栏98.1万头，同比增长50%，优质产品出栏93.86万头，同比增长52.2%；淡水产品养殖面积52.97万亩，同比增长40.4%，淡水产品产量23.69万吨，同比增长5.5%；蔬菜种植面积45.41万亩，同比增长2.5%，蔬菜产量88.68万吨，同比增长7.2%；家禽出栏2018.34万只，同比增长1.2%，蛋产品产量5.10万吨，同比增长3.6%；茶叶播种面积6.88万亩，同比增长14.5%，茶叶产量1398吨，同比增长25.8%；油菜籽播种面积55.1万亩，同比增长2.6%，油菜籽产量8.46万吨，同比增长2.0%；柑橘播种面积11.92万亩，同比减少1.9%，柑橘产量7.75万吨，同比增长1.6%；中药材播种面积7.92万亩，同比增长5.6%，中药材产量1.04万吨，同比增长81.2%。

（三）农产品加工情况。2021年全市规上农产品加工企业32个，比2020年增加5个；市州及以上龙头企业数6个，与2020年持平；省级以上龙头企业11个，比2020年减少1个；省级农业产业化联合体5个，比2020年增加1个；省级现代农业产业园2个，比2020年增加1个；农产品加工企业营业收入110.13亿元，同比增长19.4%；十大重点农业产业链规上农产品加工产值31.28亿元，同比减少8.9%。

（四）农产品流通情况。2021年全市冷链（仓储）物流中心9个，与2020年一致；农产品销售额50.34亿元，同比增长9.9%；农产品网络销售额1.42亿元，同比增长8.3%；农产品销售收入47.69亿元，同比增长9.5%。

二、农业全产业链建设有序推进

（一）突出顶层设计，产业链建设稳步推进。

一是统筹谋划推动。出台了水产、中药材、蔬菜、茶叶、水果等五大产业链2022年度行动方案。二是建立重点产业链链长制。对5条重点产业链，实行“五个一”，即一条产业链一名市领导领衔、一个牵头单位负责、一个工作专班推进、一个专家团队指导，扶持一个龙头企业。三是各位链长带头示范。他们以上率下，靠前指挥，明确任务书、时间表、路线图，推进产业链与创新链、价值链深度融合。四是上下同频共振。市委、市政府在抓产业上，给全市树立了标杆、激发了动能。各县（市、区）出台了方案，制定了实施细则，真金白银抓农业产业链建设。全市上下以思想破冰引领产业发展，着力下好产业链“先手棋”，狠抓农业产业化的浓厚氛围已经形成。

（二）突出重点环节，产业链建设推进成势见效。

一是培优壮强大龙头。支持五大重点产业链企业做大做强，劲牌公司入选全国农业产业化头部企业100强，持正堂、联海今年分别入选全省中药材、生猪产业链头部企业，康之堂、紫鑫、邦之德等6家获认高新技术企业，博大、鑫东、祥云等5家企业入选省上市后备“银种子”企业。二是谋划实施大项目。围绕五大重点产业，储备入库项目83个，银瑞设施蔬菜大棚项目落户大箕铺镇，东卓鹌鹑蛋品加工落户军垦，唯康农业甲鱼名特水产养殖加工项目落户东风农场管理区。一大批项目落地实施有力促进了产业链现代化。三是高品质培育区域公用品牌。大力推动我市从“卖资源”走向“卖产品”“卖品牌”，提高品牌影响力，提升产品附加值，带动农民增收致富。2022年举办了黄石首届“美丽香椿文化旅游节”、黄石白茶品鉴推广活动、“我最喜爱的农产品”评选活动。“黄石福柑”国家地理标志证明商标正在注册申请，“阳新湖蒿”获农产品地理标志证书，野菊花被列入省“五大特色药材”，金贝“妙可嘉”、桃花茶获2022黄石十大消费品牌金奖。四是促进产业大融合。全市已创建1个全国休闲农业重点县、3个国家农业产业强镇，6个全国“一村一品”示范村，5个省级现代农业产业园，6家省级农业产业化联合体，17家省级休闲农业重点园区。推进农产品加工园建设，通过集聚资源、集中力量，建设特色产业集聚区，打造乡村产业发展平台，提升乡村产业层次水平。

（三）突出要素统筹，全方位为农业产业输血赋能。

一是引导金融扶持。扶持五大重点农业产业链头部企业发展。开展“信贷直通车”活动，强化“政担银”衔接，合力打造“主体直报需求、农担公司提供担保、银行信贷支持”体系，金融“活水”助力主体壮大。二是强化平台合作。积极与省级平台公司省农发集团对接，加快推进双方合作步伐。三是营造发展环境。完善龙头企业调度机制。今年以来，“学习强国”宣传报道黄石乡村产业发展信息18篇，茗山玫瑰、金湖黄桃、三山湖翠冠梨、金牛蓝莓、排市油菜花海、王英桑蚕、荆头山再生稻、大王香椿、河口螃蟹被国家媒体点赞，营造了良好的乡村产业发展氛围。

三、存在的问题和短板

（一）龙头企业引领发展功能弱。建强产业集群，依托产业集群引领产业发展是实施全产业链经营的重要基础。目前我市龙头企业带动能力不强，影响辐射范围不广，难以发挥支撑和引领产业链发展的担当。

（二）公共服务平台建设滞后。健全高效的学研、科普、信息、质检、现代化仓储物流、大数据服务、区域品牌等综合公共服务平台，是发展全产业链经营的重要保障手段，目前我市在公共服务平台建设上得到了重点关注和支持，但存在综合性能不强，服务质量不高的短板。

（三）产品品质参差不齐。农业发展受载体的影响，容易出现种植品种多、从业人员多、散户经营多、生产基地分布散的现象，我市尚未形成和推广地方统一生产的标准，导致同类产品品质参差不齐，严重影响了其商品性和加工性。

（四）加工链弱小制约产业链发展。加工链弱小，是制约产业链发展的“瓶颈”和突出短板，是造成产业高质量发展“肠梗阻”的主要原因，如何将一二三产融合发展是关键，只有推出切实有效的方案，十大重点农业产业链才能够得到发展壮大。

四、农业全产业链建设的建议

（一）建设一批高标准的生产基地。

以“农业科技园区”为核心，以龙头企业为纽带，通过建设规模化、专业化、生态化、标准化、集约化的原料生产基地，推进主导产业的发展。筛选出当前有高附加值或有发展潜力的农产品主产区，重点规划优先建设主产区基地，从源头上保证全产业链中核心领军主体的原料供给和农产品质量安全，强化农业全产业链的基础。

（二）扶强一批领军型的经营主体。

一方面，要继续加大培育经营主体，促进主体间的联动。以产业分工、利益联结为根基，建立健全各类经营主体间、主体与普通农民间的联结机制，促进各类主体与关联产业协同发展。另一方面，要发挥领军型农业龙头企业的引领带动作用。做大做强龙头，引领各主导产业种子种苗、生产、加工、运输、销售等主体联动融合发展。

（三）培育一批有影响的农业品牌。

一要挖掘本地具有区域特性和优势的农产品，大力推进农业农村部农产品地理标志保护登记，形成响亮的有文化、有品质、有历史的区域特色农产品品牌。二要继续鼓励优质农产品创牌，包括市级、省级、国家级品牌，实现名特优新农产品走得出去。集中培养打造创意农业品牌（商标、专利），并围绕该品牌构建全产业链。三是结合各类农博会和展销会，推介、宣传本地特色的农业品牌，真正培育出一批在省内、国内叫得响的、有黄石特色的品牌。

（四）发展一批相配套的流通平台。

一是根据资源优势和区位优势，发展一批与全农业产业链相配套的农产品批发市场，推动农业龙头企业集群与专业批发市场的对接。支持农业龙头企业加强储藏、运输和冷链设施建设。二是鼓励农业龙头企业开设直营店和连锁店，积极与大型连锁超市、流通企业对接，开拓国内外市场。三是大力发展农产品电子商务，实现“电商换市”，鼓励有条件的农业龙头企业建立网上展示交易平台。

撰稿：董明媚

2021年十堰十大重点农业产业链发展报告

全市农业产业链基地建设，以十大产业链为抓手，以“生态立市”为主线，着力改变农业发展方式，突出产业基地建设，发挥比较优势，深化结构调整，突破性发展农产品加工业，着力促进农业一二三产业融合发展，十大重点农业产业发展虽然取得一定成绩，但存在的问题不容忽视。

一、十大重点农业产业链品牌和优质农产品发展现状

市委、市政府坚持“三农”工作重要地位不动摇，落实农业农村优先发展总方针，着力提升农业产业化、现代化水平，十大重点农业产业链呈现稳步发展态势。

（一）农产品品牌开发成效显著。2021年，全市“二品一标”品牌192个，其中有机食品品牌48个，占全省1/3；29个农产品获“湖北省著名商标”，47个产品获“湖北名牌产品”称号。“武当道茶”继获“湖北第一文化名茶”“国家农产品地理标志保护产品”“2012年中国最具影响的农产品区域公用品牌百强”之后，2014年6月被农业部中国优质农产品开发服务协会授予“中国第一文化名茶”“武当道茶”品牌价值达到40亿元。中国驰名商标（农产品类）6个，与2020年持平；区域公用品牌40个，比去年增加3个。房县小花菇登上央视“舌尖上的中国2”栏目，品牌影响力大幅提升。

（二）优质农产品种植面积、产量、产值稳步增长。2021年，全市优质农产品种植面积394.75万亩，增长7%；十大产业农产品产量274.6万吨，增长10.6%；十大产业农产品产值247.19亿元，增长13.2%。

（三）农产品加工企业招商引资实际到位资金增长迅猛。2021年，农产品加工企业招商引资实际到位资金11.7亿元，增长195.2%；龙头企业年末贷款余额10.4亿，增长11.6%；农产品加工企业营业收入合计达到243.3亿元，增长7.7%；招商引资农产品加工企业投产7个，增长133.3%。

（四）农产品销售额出口额快速增长。2021年，冷链（仓储）物流中心34个，增长25.9%；农产品销售额达到278.6亿元，增长12.5%；农产品网络销售额达到16.8亿元，增长20.1%；农产品销售收入达到285.5亿元，增长14.4%；农产品出口达到28.8亿元，增长174.5%。

二、十大农业产业具体生产特点

（一）优质稻米订单产量占比不断扩大。

2021年，优质稻米种植面积24.2万亩，其中优质稻米订单面积6.76万亩，占优质稻米面积的27.9%。优质稻米产量13.8万吨，占稻谷产量的72.2%。

（二）优质生猪占六成。

2021年，生猪出栏153.7万头，其中优质生猪出栏93.41万头，占60.8%。全市的优质猪主要是农户散养黑土猪。

（三）淡水养殖面积和产量有所增加。

2021年，淡水产品养殖面积10.6万亩，淡水养殖产量4.32万吨；其中小龙虾养殖面积0.47万亩，小龙虾产量0.06万吨。

（四）蔬菜面积产量产值稳定增长。

2021年，蔬菜播种面积136.37万亩，蔬菜产量176.2万吨，蔬菜产值91.95亿元，2020年蔬菜播种面积129.72万亩，蔬菜产量164.6万吨，蔬菜产值73.62亿元，蔬菜面积、产量、产值分别增长5.1%、7%、24.9%。

（五）家禽出笼快速增长。

2021年，家禽出笼3785.65万只，比上年家禽出笼2997.49万只增加788.16万只，增长26.3%。2021年禽蛋产量7.34万吨，比上年6.71万吨增加0.63万吨，增长9.4%。

（六）茶叶面积产量产值保持较快增长。

2021年，茶园面积81.63万亩，茶叶产量1.92万吨，茶叶产值29.84亿元，2020年茶园面积76.88万亩，茶叶产量1.69万吨，茶叶产值23.21亿元，茶叶面积、产量、产值分别增长6.2%、13.6%、28.6%。

（七）现代种业面积和产量小。

2021年，种业播种面积2.46万亩，比上年增长7.1%，种业产品产量3.29万吨，比上年增长1.5%。主要农作物种子不能自给，每年要从外地购进种子。

（八）油菜籽面积产量平稳增长。

2021年，油菜籽播种面积70.19万亩，油菜籽产量9.33万吨，油菜籽产值5.24亿元，2020年油菜籽播种面积68.04万亩，油菜籽产量8.92万吨，油菜籽产值4.07亿元，油菜籽面积、产量、产值分别增长3.2%、4.6%、28.7%。

（九）柑橘产量产值保持快速增长态势。

2021年，柑橘面积31.66万亩，柑橘产量39.89万吨，柑橘产值11.67亿元，2020年柑橘面积29.35万亩，柑橘产量29.8万吨，柑橘产值9.01亿元，柑橘面积、产量、产值分别增长7.9%、33.8%、29.5%。

（十）中药材面积产量产值大幅增长。

2021年，中药材播种面积50.69万亩，中药材产量18.48万吨，中药材产值26.2亿元，2020年中药材播种面积41.41万亩，中药材产量14.73万吨，中药材产值21.93亿元，中药材面积、产量、产值分别增长22.4%、25.5%、19.5%。中药材面积增长原因，一是部分中药材加工企业扩建新基地；二是部分村、农户通过土地流转成立中药材合作社种植中药材。

三、十大重点农业产业链发展存在的问题

（一）十大重点农业产业链发展不平衡。2021年，十大产业链产值排在前三位的有蔬菜、生猪、茶叶产业，产值分别为91.95亿元、53.63亿元、29.84亿元，占十大产业产值总量的比重分别为37.2%、21.7%、12.1%；优质稻谷产值5.26亿元，特色淡水产品产值14.78亿元，禽蛋产值8.62亿元，现代种业销售额9.45亿元，柑橘产值11.67亿元，五大产业的产值在10亿元左右，说明十大产业链发展不平衡。2021年十大产业产值后两位为优质稻米、油菜籽，产值分别为5.26亿元、5.24亿元，占十大产业产值总量的比重分别为2.1%、2.1%。

（二）农产品加工企业实力不强。2021年，全市规模以上农产品加工企业126家、市级龙头企业111家、省级龙头企业39家，分别增加11家、4家、7家；主营业务收入5亿～10亿的企业8家，与2020年相比增加6家；全省主营业务收入过10亿元的企业62家，十堰没有1家；省级农业产业化联合体9个、省级现代农业产业园7个，分别增加6个、3个；规上农产品加工产值与农业总产值比值为0.71∶1，低于全省农产品加工产值与农业总产值之比1.47∶1，十堰市农产品加工产值与农业总产值之比不到全省平均水平的一半，远远落后于全省平均水平。十堰市农产品加工企业数量少、规模小、实力弱、辐射带动不够有力，在很大程度上制约了农产品产业链发展。

（三）农产品加工深度开发不够。全市农产品初加工多，精深加工少，高附加值的农产品提取物及深度开发产品更是屈指可数，优势未能彰显；农产品结构虽然有较大改观，但总体上仍较单一，农产品质量不高，特色农产品产业链不长、不协调；没有相应技术含量较高的产业配套和链接，农产品加工、运输、储藏、销售中的腐烂、浪费损失严重。

（四）农业品牌知名度不高。农产品品牌数量多、知名度较小，市场竞争能力较差。以茶叶产业为例，全市现有各种茶叶品牌众多，企业各打各的牌，品牌未能有效整合。虽然2008年全市统一打造“武当道茶”品牌，但由于各地认识未能真正统一，加之品牌宣传推广力度不够，“武当道茶”知名度虽有较大提升，但与全国全省知名品牌相比差距仍然较大。茶叶缺乏统一影响力较大的品牌，极大制约了产业效益发挥，茶企、茶农未能在产业链建设中获得更多效益。

（五）农业产业发展机制不活。在经营主体层面，农户分散经营，企业各自为政，农户与企业、企业与企业之间未能建立有效的利益同盟和合作机制，市场交易成本较高，农业产业链规模小且松散，组织化程度较低；在市场营销方面，眼光局限在本地，外地市场开拓不够；农户和中小农产品加工企业获取市场信息少，再加上农业的分散性和小规模特点，在生产组织、质量监控、信息传输、价格协商等方面难度大，阻碍农业产业链健康发展。

四、十大重点农业产业链发展建议

（一）做好基地建设，筑牢产业发展基础。

在基地建设上，对老基地进行整治，建设标准化、规模化、机械化、优质化生产基地；在经营方式上，由粗放经营模式向集约经营转变，加速推进土地向新型农业经营主体流转集中，提高基地管理水平，提高企业经营效益；在品种选择和加工上，要加强高产优质品种的选育和推广，提高农产品产量和质量，统筹发展农产品初加工、精深加工和综合利用加工；做好物流体系配套建设，推动农产品生产、加工和销售一条龙产业链发展；在产业发展上，注重第一产业向二、三产业融合发展转变，由数量型向效益型转变。

（二）加强主体引领，打造农业全产业链。

依托市级以上农业产业化龙头企业，培育“链主”企业，构建生产基地、仓储设施、科研院所、加工流通、产业协会、种子种苗、服务机构、电商平台、融资机构等经营主体，一体打造农业全产业链。由龙头企业牵头，与种业公司、粮食收储企

业、种养大户、合作社、家庭农场、小农户和社会化服务组织组建农业产业化联合体，把小农户引入现代农业轨道；建设区域性农业全产业链综合服务中心，整合农艺、农机、农资、技术、信息、人才等各类生产要素和服务主体，提供全程专业社会化服务。

（三）拓展农业功能，催生新产业新业态。

拓展农业生态涵养功能，推动农业绿色发展、低碳发展、循环发展，培育绿色低碳新增长点，生产优质绿色品牌产品，加快形成发展新动能，提高农业质量效益和竞争力；拓展农业休闲体验功能，推动农业与旅游、文化、教育、康养加快融合，发展休闲农业、创意农业、乡村旅游、健康养老等新兴业态，跨行业融合、产业叠加，提高产业链附加值；拓展农业文化传承功能，保护、传承和弘扬农耕文化，推动生产、消费、文化协同发展，融入现代元素，推进产业创新，为产业链铸魂赋能。

（四）创新体制机制，加强产业服务指导。

建立完善农业产业开发建设目标考核机制，优化调整考核目标，统一考核标准，严格目标考核。积极探索农业产业建设的企业融资、土地流转、农业保险、政府激励等新机制，用机制创新激活产业发展活力。转变政府指导方式，将重点转移到示范带动、服务指导、检查督导上来，围绕重点农业产业链，创建示范基地。职能部门各司其职，密切配合，为农业产业经营主体提供优质服务，在全市上下营造关心支持、推进农业产业基地建设的良好氛围，促进农业产业又好又快发展。

撰稿：杨静波　舒　闻

聚力提升农业产业化水平
全力推动八大产业链稳步发展

——2021年宜昌十大重点农业产业链发展报告

近年来，宜昌认真贯彻落实“三农”工作专题会议精神，坚持以工业化、城镇化、信息化思维推进农业产业化，奋力打造柑橘、茶叶、优质畜牧、蔬菜、优质粮油、道地药材、水产、现代种业八大重点农业产业链向价值链中高端攀升（与全省十大重点农业产业链比较，宜昌将粮食和油料合并，生猪和禽蛋合并），为全市“强产兴城、能级跨越、争当龙头”提供坚强产业支撑。

一、十大产业链发展现状

（一）基本情况。

2021年全市推进柑橘、茶叶等农业产业链建设，提升农业产业化发展水平。据测算，全市八大产业链综合产值达到1860亿元。除现代种业外，七条重点农业产业链农产品生产产值均在10亿元以上。其中，产值百亿元以上农业产业链3条（蔬菜产业链、畜牧产业链、柑橘产业链）。十大重点农业产业链中各项监测指标均相对于去年同期有所提升。

八大产业链稳步发展。1.柑橘产业链着力打造世界最干净、最安全的柑橘产区，加快引进一批4.0智能分选线，实施分级销售。2.茶叶产业链强化与中茶所等科研院所合作，全面优化茶叶生产工艺；完善精制茶加工链条，加快打造长江中上游最大茶叶交易市场和茶叶出口基地。3.畜牧产业链大力推广生态循环养殖模式，建成全省生态养殖样板区，全力推动三峡畜牧产业园和正大集团当阳畜牧产业园等园区建设，打造鄂西南畜产品加工及冷链物流区域中心。4. 蔬菜产业链建成国家高山蔬菜示范基地，大力发展平丘地区预制菜、净菜等，建设百亿魔芋产业集群。5.水产产业链聚力攻坚大水面生态渔业开发，推动鲟鱼产业能级跨越，建成全国最大的鲟鱼养殖加工基地。6. 粮油产业链着力打造瓦仓冷水米等特色稻，大力发展“双低双高”油菜。7.道地药材产业链大力发展定制药园，联合申报“宜荆荆恩”道地药材产业集群，加快建设三峡中药材交易中心；大力提升道地药材加工水平，做大做强加工企业。8.现代种业产业链着力建设三峡种子种苗繁育基地，打造长江高档水产品种苗繁育基地，全省畜禽生态养殖品种繁育基地。

（二）主要特点。

1.特色产业提质增效。根据自然资源禀赋条件，通过整合各类农业市场主体，因地制宜形成茶叶、柑橘、蔬菜，畜牧等农业特色产业链，实现从区域特色、块状经济到现在的产业链条经济的转变。宜昌是全国知名橘都茶乡，是全国全省特色农业产业大市，是中国传统三大红茶之一“宜红茶”的主要原产地，是全国最大的宽皮柑橘生产基地和橘瓣罐头加工基地，是农业农村部规划的“长江上中游特色和出口绿茶重点区域”和全国知名的高山反季节蔬菜基地。2021年，柑橘面积212.77万亩、产量404.69万吨、产值158.28亿元；茶叶采摘面积85.54万亩、产量11.18万吨、产值49.1亿元；蔬菜面积219.83万亩、产量527.52万吨、产值188.84亿元；生猪出栏551.83万头，畜牧业总产值230.91亿元，建成国家生猪调出大县6个。

2.扶强培优取得新进展。发挥安琪酵母公司龙头引领作用，组建宜茶集团；稳步推进一致魔芋、康农种业上市，屈姑食品成为省级上市后备“金种子”企业，枝江丰联佳沃公司入选粤港澳大湾区“菜篮子”生产基地（第九批）名单。2021年，全市规模以上农产品加工企业达375家，规模以上农产品加工企业产值达到1154亿元，同比增长26.0%，其中全市十大重点农业产业链企业达到190家，市州级以上龙头企业146个。农业产业化重点龙头企业达369家，其中十大重点农业产业链省级龙头企业达65家。累计创建国家级现代农业产业园1个、省级农业产业化联合体14个，国家级农产品加工园区2个、省级农产品加工园区2个。宜昌共签约农业项目239个，签约资金282.4亿元。招商引资农产品加工企业投产数（规上企业）达到73个，农产品加工企业招商引资实际到位金额28.86亿元。

3.品牌唱响取得新成效。农产品品牌驰名知名，小产品通过产业链的发展，形成大品牌。深入实施农产品加工品牌培育工程和农产品品牌提升行动，着力打造农产品“区域公用品牌+企业品牌+产品品牌”矩阵，推动农产品从“卖资源”向“卖品牌”转变。2021 年，全市十大重点农业产业链拥有农产品驰名商标 21 件，农产品“两品一标”278 个，区域公用品牌 27 个。“宜昌蜜橘”“秭归脐橙”荣获“中国百强农产品区域公用品牌”，“秭归脐橙”正在打造世界级地标产品、世界级文化载体，“宜昌蜜橘”品牌价值在全国 200 个地理标志产品中位列 21 位，宜红品牌、宜昌蜜橘先后入选中欧地理标志协定保护名录，“宜昌宜红”“宜昌毛尖”“湖北青砖茶”纳入全省 7 大区域公用品牌建设。宜昌蜜橘、宜昌宜红、秭归脐橙、一致魔芋入选“品牌强国工程”，在全国消费者心中也已有了一定的知名度，极大提高了宜昌优质农产品知名度和市场占有率。这是农业产业链效应和品牌塑造的典范。

4. 渠道贯通探索新模式。本地企业与良品铺子、盒马鲜生、喜茶等一批自带流量的渠道商深度合作，主动融入其供销链。深入推进“互联网+现代农业”行动，加快农业“小脑”建设，充分发挥宜昌秭归脐橙电商价格指数、产地收购价格指数、销地批发价格指数指导服务农业生产和销售的作用。秭归县柑橘协会与京东、阿里巴巴、抖音、盒马鲜生等平台企业和渠道商深度对接合作，销售量达到该县脐橙总产量的三分之一以上，销售价格达到 6.0-8.4 元/公斤，同比上涨 40%。2021 年，全市十大重点农业产业链冷链（仓储）物流中心 223 个，农产品销售额达到 725 亿元，农产品销售收入达到 470.25 亿元，农产品出口 40.91 亿元。

二、产业链发展存在问题

全市八大重点农业产业链建设取得一定成效，但对照对产业裂变和农业产业化工作的要求，还有一定差距。

（一）产业链发展基础条件不强，链上衔接不够紧密。

产业基础相对薄弱。硬件设施较为薄弱，软件服务难以跟上。很多鲜活农产品装车大多是在露天环境下而不是按照国际标准在冷库和保温场所下进行，冷链设施不够完备；还有农业全产业链上相关标准体系建设也不健全，追溯管理信息系统还不完善。农业订单不够稳定，订单农业范围还不够广泛，没有形成大面积的稳定关系。

（二）产业链集聚整合力不强，研发创新能力较弱。

企业加工销售能力不强，产业集聚整合力不强，无法产生规模效应和协同效应。很多农业龙头企业局限在传统的产品市场上，导致农业龙头企业的自主创新能力和技术水平较弱，农产品停留在初加工水平上，精深加工能力较差，加工增值链条较短，仍处于产业链的中低端，附加值低。以柑橘产业链为例，柑橘加工规上工业产值与农业总产值之比仅为 0.28。农产品销售还停留在传统销售模式上，网络营销等新型农产品销售模式还不够多。农产品网络销售额仅为 53.9 亿元，仅占农产品销售额（725 亿元）的 7.4%。

三、发展建议

（一）引进一批头部企业。

紧盯业内大集团、大龙头、大品牌，绘制招商地图，开展拜访走访、洽谈和对接服务。坚持市县联动，信息互通、资源共用、成果共享，强化招商项目“保姆式”服务。拓展老园区，建设新园区，依托园区优势，招引一批头部企业入驻。

（二）扶强一批领军企业。

整合资源、聚集要素，培育壮大成长型龙头企业、专精特新“小巨人”企业、产业隐形冠军企业、产业链头部企业队伍。支持龙头企业开展股份制改造，建立现代化的治理结构。组建产业链联合体，推进产业链上下游龙头企业协同发展、整合上市。

（三）培育一批农业品牌。

大力推动柑橘、茶叶品牌整合，加快构建农产品品牌体系、评价体系、标准体系、营销体系、质量监管体系，规范公用品牌授权管理，完善品牌培育、发展和保护机制。加强与平台公司、渠道商通力合作，强化品牌营销策划和宣传推介。

（四）发展一批流通平台。

主动对接和拥抱渠道商，加快引进良品铺子、盒马鲜生等一批自带流量的渠道商，推动本土企业、合作社与渠道商的深度合作。进一步培育和挖掘电商主体潜力，持续推进“互联网+农产品出村进城”工程，大力发展直销配送、网络销售、农超对接、场景销售等营销模式。

（五）打造一批产业联盟。

推进联盟协同发展行动。充分发挥各类产业联盟整合资源、技术攻关、抱团大市场等重要作用，进本地企业、事业单位迅速融入全国各地的产业联盟，共同制订标准、创建品牌、开发市场、攻关技术、扩大融资、争取项目等；依托优势产业集群组建产业联盟，完善产业链条，整合各地农业优势资源，拼盘他人资源为我所用，实现各类优势互补，扩展发展空间、提高竞争力。

撰稿人：吴华蓉

2021 年襄阳十大重点农业产业链发展调研报告

襄阳作为全省农业大市，坚持把“三农”工作作为重中之重，坚持“以龙头企业培育为抓手，推动重点产业集群建设、全力以赴补链延链强链”的发展思路，抓时起势、攻坚破题，积极融入省十大重点产业链布局，奋力向农业强市迈进。全市十大重点农业产业链补链延链强链取得突破性进展，产业链上下游市场主体蓬勃发展，农业在全市经济中的基础性地位更加牢固。

一、十大重点农业产业链发展现状

2021 年以来，按照全省十大农业产业链发展战略布局，襄阳结合全市农业发展资源禀赋、产业基础，因地制宜确定了以粮食、生猪、淡水产品等十大农业产业链为重点的产业发展规划，2021 年，第一产业占 GDP 比重达到 10.4% ，对 GDP 增长贡献率 8.9%，拉动 GDP 增长 1.3 个百分点。

（一）农业产业链工作有序推进。

1. 抓项目，串链条。一是精准锚定重点产业链项目，加快引进项目建设。2021 年全市重点农业产业链招商引资项目签约企业 241 个，合计投资额 458 亿元（包含纺织产业链项目 34 个，合计投资额 71 亿元），同比分别增长 23%、10.3%。二是积极争取上级资金支持，用好专项资金。市委市政府积极主动向省产业链汇报我市产业链工作进展情况，大力争取国家以工代赈示范工程计划，2021 年全市共争取到省级重点农业产业链资金 4322 万元，截至 2022 年 8 月，已拨付到经营主体共 3747 万元，总体拨付进度为 86.7%。

2. 抓龙头，立标杆。积极培育农业产业化龙头企业，重点培育省级以上龙头企业，引导龙头企业开展技术改造、设备更新，延长产业链条，提升综合效益。2021 年，实现规模以上农产品加工产值 1634.24 亿元，比上年同期增长 21.39%；市州级以上农业产业化龙头企业 341 家，其中省级以上 113 家，国家级 7 家，省级及以上总数稳居全省第一。全市市级以上农业产业化龙头企业固定资产总额达 208 亿元，年主营收入达 605 亿元，年缴纳税收 8.5 亿元。龙头企业吸纳就地就近从业人员 7.5 万人，带动农户 66 万户，带动增收 70 亿元。

3.抓品牌，树名声。加强公共品牌推广宣传，大力支持品牌认证，深入实施“公共品牌+企业品牌”双品牌战略，提升品牌运营思维，拓宽销售渠道。2021 年，“两品一标”品牌 266 个，同比增长 10.8%；中国驰名商标（农产品类）13 个，区域公用品牌 17 个。

（二）十大产业链发展现状。

1.粮食产业链。作为全省唯一的百亿斤粮食大市，襄阳始终坚持抗牢粮食安全责任，在确保粮食产量保持在 95 亿斤的基础上，不断加大科技投入提升单产，深挖潜力充分利用撂荒冬闲田，全力冲刺百亿斤目标。在粮食生产端稳住生产、提高总产的同时，紧盯粮食产业链加工环节，延伸粮食产业链，截至 2022 年 8 月，全市粮食加工产值实现 146.87 亿元，同比增长了 7.4%，其中，加工产值首次突破 10 亿元的粮食企业有 2 家，首次突破 1 亿元的达到 6 家，新增 2 家稻米万吨以上加工龙头企业。市级以上粮食加工龙头企业达到 76 家，其中国家级 4 家，省级 26 家，市级 46 家。相继完成了“襄阳大米”区域公共品牌、LOG0 和系列标准发布，稻米正式有了自己的“身份证”。襄阳粮食加工企业与好邻居超市、中国银联云闪付平台、北京云丝路供应链公司签订了“襄阳大米”合作协议，拓宽了粮食从生产端到百姓家中的链条。同时在建的年加工农副产品 15 万吨湖北盼盼食品公司生产基地项目、投资 3 亿元日烘干 1000 吨、仓储 8.4 万吨湖北郭氏阜丰公司加工基地、华茂粮油公司有机稻米生产线等一批强链延链龙头企业相继投入运营。

2.生猪产业链。2021 年，全市生猪出栏 591.51 万头，比上年增加 207.89 万头，增长 54.2%，占全省生猪出栏总量的七分之一，位居全省第一；猪肉产量 45.56 万吨，增加 15.84 万吨，增长 53.28%。作为生猪调出大市，襄阳高度重视生猪养殖工作，先后引进了牧原、新希望等养殖龙头企业在襄阳建厂规模化养殖，生猪年出栏产能达 600 万头以上，年屠宰生猪 180 万头。同时以正大为首的生猪产品深加工企业发展迅速，2021 年以来，襄阳正大农牧百万吨饲料加工项目、海大年产 36 万吨饲料生产项目、正大酱卤制品生产项目等建成投产，其中正大百万吨饲料加工厂单场产能亚洲第一，智能化水平全球领先。2021 年，生猪产业链省级以上龙头企业12个，市州级以上龙头企业32个，“二品一标”品牌10个，生猪产业重点项目持续推进，生猪产业蓬勃发展，后劲十足。

3.淡水产品产业链。充分发挥汉江及全市丰富的水资源大力发展淡水产品，不断提高淡水产品产量和品质。2022年上半年淡水产品产量9.6万吨，同比增长达12.4%。上半年淡水产品产业在库项目84个，总投资15亿元，其中，宜城神品农业科技年产2万吨小龙虾熟食加工项目、保康鲟鱼生态养殖园区、楚绿虾稻水产品加工、老河口工厂化养殖基地等淡水产品发展项目相继投产。

4.蔬菜产业链。2021年，全市蔬菜及食用菌种植面积133.2万亩，产量299.7万吨，同比增长1.8%。全市蔬菜（食用菌、山药）产业链有省级重点龙头企业18家，市级重点龙头企业49家，市级以上农民专业合作社66家，从业人员3万多人，“两品一标”49个，区域公共品牌5个，中国驰名商标1个，国家级外贸出口转型升级基地（食用菌）1个。湖北金盆岭菌业有限公司“灵芝菌+羊肚菌”轮作种植推广、襄阳润景农业有限公司食用菌加工出口和新建3600冷库、襄阳优滋脆食品有限公司年产2000吨香菇休闲即食食品加工出口等12个蔬菜加工项目正在建设，建成运营后将大幅提升全市蔬菜生产和加工产能，进一步延长、拓宽全市蔬菜产业链。

5.家禽及蛋制品产业链。2021年，全市家禽出笼6961.56万只，禽蛋产量38.02万吨，同比增长3.1%。家禽及蛋制品相关国家级龙头企业2家、省级11家、市级20家。区域公用品牌2个，“二品一标”品牌16个，有“宜城松花皮蛋”“宜城板鸭”“五官山”等8个地方特色品牌。今年上半年宜城楚大鸭业鸭产品精深加工、枣阳贝迪鸽业肉鸽现代农业产业园、襄州和亮家禽屠宰加工车间等总投资约4.5亿元7个在建项目预计年底建成投产。

6.茶叶产业链。2021年，全市茶叶种植面积30.2万亩，产量1.1万吨，同比增长3.5%，今年上半年累计加工成品茶19800吨，实现销售收入38.8亿元。与乡村振兴融合推进，大力扶持保康、谷城、南漳等优质产业生产基地，引进茶叶生产加工企业，打响襄阳高香茶品牌。一是在招商引资上下功夫，今年以来相继引进了襄阳国际旅游茶城、西岭山居茶旅融合等重大项目，上半年茶产业重大入库项目11个；二是在龙头企业培育上下功夫，指导支持16家茶叶加工主体完成改造升级，新增14家市级茶叶龙头企业；三是在宣传茶文化上下功夫，今年以来相继举办了不同形式的襄阳高香茶全民饮茶季、茶园开园节、茶文化节、茶王赛、“十大制茶工匠”技能大赛等活动，成功打响了襄阳“茶”品牌，效果明显。保康县、谷城县先后荣获“全国重点产茶县”“全国十大生态产茶县”“全国特色茶旅资源区”等称号，有力推动了全市茶产业链发展壮大。

7.现代种业产业链。襄阳种业产业规模位居全省市州第二位，农作物种子企业15家，2021销售收入过亿元5家，其中正大农业、扶轮农业、腾龙种业、圣光种业等4家企业拥有省级以上农作物种子生产经营许可证。种猪、种牛、种鸡（鸽）企业31家，菌种企业4家。育成具有自主知识产权和重要应用前景的品种260个。

8.菜籽油产业链。2021年，油料作物种植面积183.4万亩，产量36.5万吨。上半年，全市成品油产量12234.53吨，同比增长2.3%。全市油料加工省级农业产业化重点龙头企业9家，湖北元大等企业12个项目列入油菜籽产业链发展规划。“鲁花”“聚香达”“復泰华”等品牌影响力和知名度不断提高。

9. 林果产业链。近年来，林果产业大力发展一县一品。优化调整产品结构，品种繁多，产量稳中有升，以“枣阳皇桃”“汉水砂梨”等林果品牌培育初见成效。2021年，全市林果种植面积50.8万亩，产量70.4万吨，同比增长9.9%。随着林果经济效益的提升，林果种植面积和产量快速增长，林果加工企业蓬勃发展，重点监测林果加工企业24家，市级龙头企业9家。

10.道地药材产业链。近年来，中药材销售量及价格成倍上升，为全市传统中药业带来不可多得的发展机遇，是农民致富的有效途径，也为中药材种植及加工带来极好的效益。2021年，全市道地药材种植面积13.4万亩，产量3.8万吨，亩均效益在5000元以上，中药材种植成为南漳、保康特色农业支柱产业之一，取得了明显成效。以山茱萸为主导的湖北省道地药材“一县一品”列入全省10个优势品种。

二、存在问题

（一）粗加工卖不出好价钱。目前十大产业经营大多停留在生产养殖初级阶段，全市农业产业链缺少带动力强的加工产能，缺乏附加值高的加工项目。一是简单加工、包装，缺少精深加工。襄阳作为粮食生产大市、生猪生产、调出大市，但仅襄阳正大、襄大农牧建有熟食品生产线，未形成优质精加工品种；二是没有最大限度提高产品口感、品质，无法增加附加值。以我市主要水果鲜桃为例，鲜桃年产量在60万吨左右，但还是以大白桃、毛桃普通品种为主，目前市场流行的蟠桃、黄桃等精品水果占比还不够高；三是未挖掘产品绿色优势。襄阳地处汉江中游平原腹地，地理环境优厚，但我市目前绿色农产品较少，生产规模小，绿色农产品经营企业相对分散，企业难以形成合理，产品卖不出好价钱。

（二）小品牌走不出大市场。尽管各大龙头企业均有自己的品牌，但品牌打造推销不够，缺乏宣传，无法走出襄阳、湖北，进入全国大市场，类似鲁花企业没有。一是品牌意识有待进一步加强，宣传不够，截至2021年，全市拥有中国驰名商标（农产品类）13个，区域公共品牌17个，分别位于全省第二位、第六位，与襄阳农业实际发展不符；二是品质意识有待进一步加强，质量不高，截至2021年，全市拥有“二品一标”品牌266个，仅位于全省第四位，其中南漳县依托有机谷申报了112个；三是竞争意识有待进一步加强，格局不大。

（三）浅认识带不来大效益。道地药材专业性强，地域性强，普遍认识较低，宣传较少，虽然全市资源得天独厚，但全市中药材种植模式主要以农户分散种植经营为主，基本处于粗放型种植阶段，在全省占比未形成规模优势，辐射带动作用不明显，无法依据南保谷山脉优势大规模种植、加工。目前全市规模以上中药材加工企业不足五家，带动群众能力差。中药材大部分以原料销售、一家一户的粗加工为主，从而使原本得天独厚的资源不能体出现独特优势，总体上发展受到市场要素的制约。

三、加快发展农业产业链的建议

（一）实施农技人才工程。

引进外部优秀人才、培育本土专家。围绕“谁来种地，谁来振兴乡村”，坚持本地培养和引进输入相结合，推进乡村人才振兴。加强农村实用人才队伍建设，抓好农业职业教育，培养现代农民和乡土人才。鼓励引导企业员工、大学生、复转军人、返乡农民工、科技人员、执业兽医等到农村创新创业，为农业现代化增添新活力。

（二）强化品牌质量意识。

不断提升产品质量、提高附加值。以地理标志商标和区域公用品牌为重点，以“襄阳牛肉面”“襄阳高香茶”等响亮品牌为样板，努力构建“一业一品”发展格局。按照“有标采标、无标创标、全程贯标”的要求，鼓励龙头企业、新型农业经营主体创建特色品牌，鼓励运用商标和地理标志产品保护制度壮大品牌，提升襄阳农产品品牌知名度和市场占有率，以品牌建设引领产业升级，促使我市农业产品有形象、有影响、走得远。

（三）提高精准招商力度。

依据各地自然资源禀赋，立足产业发展现状，围绕培育壮大主导产业，坚持全产业链开发、全供应链服务、全价值链提升。以补链、强链、延链“三链”为重点，谋划引进优质加工型企业，着力提升农产品附加值，带动发展农业产业集群，引领产业链做大做强。

撰稿：刘　征

2021年鄂州十大产业链研究报告

大力发展农业重点产业链一直是鄂州市委、市政府"三农"工作的重点，农产品深加工的程度决定着农业增值程度、农民富裕程度和农业现代化程度。近年来，全市在突破性发展农产品加工业，实现农产品的转化增值，提高农产品加工能力，打造精品名牌，快速实现农业增效、农民增收方面做了大量工作，取得了明显成效，培植了一批龙头企业，开发了一批名牌产品，带动了一批农户，初步解决了千家万户小生产与大市场的对接，形成了规模扩大、领域延伸的新格局，显现了竞争力增强、带动力加大的新态势。

一、发展现状

(一)加工企业门类齐全。

全市共有农产品加工企业60家，十大产业链规模以上农产品加工企业共有14家，其中优质稻米加工企业2家，生猪加工企业1家，淡水产品加工企业2家，蔬菜食用菌加工企业1家，禽蛋加工企业2家，中草药加工企业6家。

(二)龙头企业初具规模。

围绕大宗农产品深加工，主导产品精加工，农副产品综合利用，着力培育和发展了一批有基地、有特色、有前景的龙头企业。全市现有十大重点农业产业市级重点龙头企业8家(其中省级6家)，涵盖六大类，其中优质稻米类2家，生猪类1家，淡水产品类2家，蔬菜食用菌类1家，现代种业类1家，中药材加工类1家。上述8家龙头企业中主营业务收入1-10亿的有4家，主营业务收入超过10亿的有1家。

(三)武昌鱼产业链异军突起。

鄂州是武昌鱼的原产地，鄂州武昌鱼有深厚的历史文化底蕴、有较好的养殖基础和精湛的烹饪技术。鄂州发展武昌鱼产业链优势得天独厚，湖北省委、省政府将武昌鱼产业链作为全省十条农业产业链之一重点建设。湖北富农食品工业园荣获全国农业产业化重点龙头企业称号，是鄂州目前唯一一家国家级龙头企业。湖北富农食品工业园有限公司位于鄂城区杜山镇，是一家集农产品养殖、加工、开发、销售于一体的农业产业化龙头企业，以武昌鱼、臭鳜鱼、大白刁等水产类食品和自热米饭系列产品为主，还生产鸡鸭、猪牛肉系列产品。经过10多年的发展，该公司现有一座占地30余亩的大型多功能农产品加工基地，及300亩自有武昌鱼养殖示范基地。

二、发展瓶颈

(一)农产品加工发展滞缓。

全市农产品产后保鲜、贮运、加工环节科技攻关滞后，特别是深加工、精加工更薄弱。农产品加工业还不发达，不仅低于发达地区，而且低于全国平均水平。我国沿海地区农产品加工业产值与农业产值之比为2:1，全国平均为1:1，湖北平均为0.75:1，我市仅为0.25:1。加工业的滞后发展不仅影响到农业产业化程度和农村经济的发展，而且对产业结构的优化升级及工业化极为不利。

(二)招商引资落实困难。

2021年规模以上招商引资农产品加工企业投产数为0。全市区位条件优越，背靠武汉，交通方便，但是仍存在配套能力偏弱，政策的支持力度对投资企业的吸引力不足等问题。尤其是对农业企业招商力度不足，重视程度不高，难以落实农业加工业大型项目的招商投产。

(三)三是精品名牌发展滞后。

全市大多数农产品加工企业生产的还是初加工、粗加工产品，科技含量低，增值少，档次不高，缺乏真正叫得响、有市场竞争力的精品名牌。2021年我市"两品一标"品牌仅有54个，区域公共品牌仅有2个。我市有不少农产品及加工制品，产品很好，但牌子不响，难以参与市场竞争，无法创造较高效益。以水产为例，我市武昌鱼加工业起步较早，但至今仍是有产品无规模，有好鱼有名牌无多大市场份额，甚至有的地方从我市购去水产品，加工包装后印上品牌返销我市，以致近几年我市名优水产品市场占有额越来越少。

三、对策建议

(一)持续提升农业产业化水平。

以规模化、科技化、标准化、品牌化、集群化、多元化、国际化为导向，坚持产业链、循环经济和产业融合发展理念，大力推进农业产业化，加快建设农业产业强省。完善"链长制"，建立统筹推进、分工协作的工作机制，培优建强十大重点农业产业链，促进全环节提升、全链条增值、全产业融合。

以拓展产业增值空间为重点，开发特色化、多样化产品，提升产业附加值。深入实施“十百千万”工程，建立重点企业库、重大项目库、重点任务清单。统筹财政涉农资金、地方专项债券，发挥社会资本投资作用，支持农业全产业链建设。鼓励各类农业经营主体合作建立农业供应链体系，发展种养加、产供销、内外贸一体化的现代农业。

（二）加强“三农”领域招商引资。

招引一批农业产业化头部企业，培育一批重点龙头企业，扶优一批科技型龙头企业，垂直整合一批同质化企业。以大龙头、大品牌为牵引，推进产业链上下游企业整合，支持符合条件的企业上市。深入推进品牌强农，加强农产品品牌的整合、策划、推介与营销，打造核心区域公用品牌，推动从“卖原料”向“卖产品”“卖资源” 向“卖品牌”转变，持续提升湖北农产品品牌影响力和美誉度。办好湖北农业博览会等展会活动。大力培养农业经纪人和产业带头人，支持围绕农业全产业链开展创业创新。培育农业产业化联合体，使更多农户深度融入农业产业链价值链。

（三）提高农产品品牌建立意识。

农产品生产经营者的品牌建设意识是品牌建设成效的关键。面对激烈的市场竞争，加强品牌化建设能有效提高农业生产水平，提高产品的市场竞争力。因此，地方农业主管部门及专业合作社需要有计划地通过系列工作来提升农产品生产经营主体的品牌建设意识。一方面，要向农产品的生产经营主体积极宣传品牌建设的理念，系统化培训品牌建设的相关知识，抓住当地典型案例，重点宣传品牌建设对提升涉农收益的示范作用，多维度宣传品牌在市场竞争中的重要性。另一方面，配合“两品一标”和绿色认证等政策措施，积极引导当地生产经营规模较大的生产经营者创立具有地方特色的本土品牌，提高生产经营主体的品牌注册的主观能动性。

撰稿：刘雨涵

2021 年荆门十大产业链研究报告

为大力推进农业产业化，实现农业农村现代化，湖北省制定发布了《湖北省重点农业产业链实施方案》，打造湖北优质稻米、生猪、特色淡水产品（小龙虾）、蔬菜等重点农业产业链成为湖北农业产业化高质量发展的强引擎。荆门十大产业链发展重点结合“五个一”工程着力提升产业基地、推进项目建设、延伸产业链条、打响农业品牌、强化招商引资，为全市农业产业化发展和全面乡村振兴打造有力支撑。

一、2021 年农业十大产业链成效。

（一）培育壮大农业龙头企业。

全市现有市级以上农业产业化重点龙头企业 275 家，省级 73 家，其中国家级 8 家，培育省级农业产业化联合体 13 个。大力发展绿色农业、特色农业、精品农业、品牌农业，切实加快农业产业化发展，努力实现从农业大市向农业强市迈进。把握市场导向，做大规模，做出特色，打响品牌，延长产业链，提升附加值，不断增强企业整体实力与市场竞争力。

（二）打造“一村一品”示范村镇建设。

按照国内外市场需求，充分发挥本地资源优势，通过大力推进规模化、标准化、品牌化和市场化建设，培育市场潜力大、区域特色明显、附加值高的主导产品和产业，打造特色鲜明的全国“一村一品”示范村，带动全市乡土特色产业发展。

（三）发展休闲农业与乡村旅游业。

依托农村绿水青山、田园风光、乡土文化等资源，打造了一批生态优、环境美、产业强、机制好、农民富的休闲农业和乡村旅游精品。全市省级以上休闲农业示范点达到 19 处，其中 7 处晋级“全国休闲农业与乡村旅游示范点”“全国休闲农业与乡村旅游五星级示范企业（园区）”“中国美丽休闲乡村”等“国字号”。坚持每年举办油菜花节、丰收节等节庆旅游活动，在今年的丰收节里，有 52 家企业参加扶贫农产品展示展销。

（四）开展品牌建设。

聚焦“荆品名门”农产品区域公用品牌建设，大力开发特色种养、特色加工、特色食品、特色制造和特色手工业等产业，创响了一批“土字号”“乡字号”特色产品品牌。新认证“二品一标”农产品 36 个，总数达到 212 个，京山桥米入选 2021 年国家地理标志产品保护示范区筹建名单。加强宣传力度，市财政划拨了 2000 万元品牌宣传经费，对“荆品名门”品牌打造给予重点支持。“荆品名门”“荆门高油酸菜籽油”等“荆”字品牌登录央视、走进高铁和武汉商圈，产品进驻京东、天猫以及武商量贩、中百仓储、家乐福、沃尔玛等大型商超。

（五）促进返乡农民工创业创新。

依托现代农业产业园、农产品加工园、电商物流园等，建立“园中园”式农村创新创业园，全市有 7 个园区入选《全国农村创业创新园区（基地）目录》。实施农村创新创业带头人培育行动，加大扶持，培育一批扎根乡村、服务农业、带动农民的创新创业群体。开展农村创新创业项目创意大赛，选拔推介优秀创新创业项目和人才，激发农村创新创业活力。在第三届全国农村创新创业项目创意大赛中，我市选手昆虫业秦明轩夺得初创组三等奖。

（六）抓农产品初加工（仓储保鲜冷链设施）建设项目。

根据《农业农村部关于加快农产品仓储保鲜冷链设施建设的实施意见》（农市发〔2020〕2 号）文件精神，荆门及时启动了项目建设，经申报和公示，全市有 36 个经营主体实施 2020 年度农产品仓储保鲜冷链设施建设项目（其中钟祥 20 个，京山 16 个），总库容 50370 立方米。项目计划投资 3000 万元左右，其中申请国家补助资金 1000 万元。京山市秋满园葡萄种植专业合作社，种植葡萄、草莓、车厘子等主流高端水果，基地面积 1200 余亩，急需建设仓储保鲜设施。2020 年在农业农村部重点农产品市场信息平台农产品仓储保鲜冷链信息系统 APP 线上申报项目成功。冷库当年建设、当年投产，在葡萄收获季节及时投入使用，储藏葡萄 75 吨，10 月后价格每斤上涨 10 元，产生直接经济效益 120 万元。

二、特点

全市以农业产业化为主攻方向，以一二三产业融合发展为路径，突出龙头企业与重点产业一体培育壮大，全面实施“五个一”工程。不断做大产业规模、最高产业能级、做强产业竞争力，打造稻米、油菜、生猪、小龙虾、花卉苗木五条农业全产业链，推动我市由农业产量大市向农业产业强市转变。

聚焦稻米、油菜、生猪、小龙虾、花卉苗木五大产业，明确主攻方向，着力强链补链延链。

——稻米产业：主攻优质稻，重点巩固提升桥米品牌优势，推进品牌整合，在加工市场畅销优质大米的同时，大力发展功能食品、休闲食品等食品深加工，将“一袋米”打造成为湖北区域品牌、全国知名的优质稻米品牌。

——油菜产业：主攻高油酸，重点推进以油用为主的多功能开发，着力发展高油酸油菜种业和加工，开发油料蛋白、生物活性物质等高端制品，将“一壶油”打造成为湖北区域品牌、全国高油酸油菜第一品牌。

——生猪产业：主攻精深加工，重点发展生猪屠宰和肉制品精深加工，推进种业、饲料、兽药、冷链物流、粪污资源化利用等上下游关联产业协同发展，打造全国有影响力的肉制品加工基地和华中地区重要的饲料加工生产基地。

——小龙虾产业：主攻清水小龙虾，重点以漳河小龙虾为品牌，主打生态牌，大力发展“三白虾”（鳃白、腹白、肉白）标准化养殖，走差异化发展之路，打造小龙虾产业“升级版”。

——花卉苗木产业：主攻精品化，重点聚焦柴湖花卉、京山对节白蜡，突出高档盆花、小微盆景、花卉旅游三大领域，引进培育上下游配套企业，加快交易市场建设，打响大柴湖“中国花城”品牌，打造大洪山百里对节白蜡精品走廊。

此外，在全市实施“五个一”工程的基础上，东宝区结合自身优势，特色推出“一株药”产业。

——中药材产业：主攻发展订单种植和土地流转发展基地规模模式，按照“企业+基地+农户”的产业化经营模式，实现企业、基地、农户共赢的良好局面，形成以中药材种植、收购、加工、营销“一条龙”产业发展链条，促进中药材产业规模逐渐扩大。

三、存在问题

（一）领军企业偏少。我市农产品加工企业个数较多，但总的看来个头不大、布局相对比较分散，聚集效应差。主营收入全年过10亿元的企业只有10家，行业领军、辐射带动力强的企业较少，联动效应不足。除“一袋米”外，大型龙头企业缺乏，龙头企业总体规模小。农产品精深加工不足，产品附加值低，品牌在国内影响力、知名度不够突出。现代企业管理、科研、营销人才匮乏。

（二）创新能力不足。我市建有众多院士工作站和大批人才库，但企业对科技创新和成果运用依然不足，科技优势还没有转化为产业优势，科技成果没有实现产业化。农产品加工企业普遍缺乏技术人才，不少企业加工创新能力不足，工艺技术装备落后，大多缺乏自主创新和成果运用的条件和环境，模仿多、创新少，引进多、自创少，单打独斗多、联合创新少，企业发展方式还比较粗放。

（三）企业融资难、融资贵。虽然我市出台了一系列政策，但金融服务仍明显不足，从农业自身经济特性看，农业投资周期长、回收慢、利润薄、风险大（自然、市场）、成本高、抵押不足、信息不对称（家族式、无账本）、季节性强，难以满足银行贷款条件。银行借贷门槛高、程序多，抵押物只有房地产和机械装备，仓单、出口订单、农产品、林权证、流转土地经营权、知识产权等都不便于抵押，目前农产品加工企业只有20%能够满足贷款需求，50%的只能满足一半，30%的很难满足。

四、发展建议

（一）育引龙头企业。

大力培育龙头企业，聚焦稻米、油菜、生猪、小龙虾、花卉苗木五大产业，鼓励和支持国宝桥米、民峰油脂、神地科贸等企业向“高、精、尖”方向纵深发展，明确主攻方向，着力强链补链延链。加强招商引资，在每条产业链上着力引进龙头企业，培育大企业，带动相关产业集群化、规模化发展，构建从田园到餐桌全产业链条。按照“龙头企业+产业基地+市场品牌”的模式，着力构建优质稻米、高油酸油菜、生猪、特色水产、花卉苗木等全产业链，纵深推进农业产业化，凝聚主导产业链附加值，组建产业联盟，支持龙头企业实施并购重组、强强联合，引领企业抱团发展，力争每个产业都有2-3个龙头企业。

（二）支持产业创新。

加大政策支持力度，从规划、资金、土地、人才、机制创新等方面给予倾斜。健全校地合作共建机制，支持中国农业大学、中国农业科学院、华中农业大学等涉农高校和科研院所与荆门共建分校、分院，开展经济作物、设施农业、农林产品精深加工、仓储物流等科技研发和成果推广，提升荆门农业科技自主研发和支撑能力。以国家农高区和荆楚科创城建设为牵引，实施百名“农博士”服务百家新型农业经营主体活动，加快新技术新成果转化应用，实施现代种业提升行动，开展优质桥米、高油酸油菜良种繁育，强化东宝黑头羊、荆门黑羽绿壳蛋鸡等地方品种（系）开发利用，做强一批育繁推一体化企业。实施科技强农工程，建设市级智慧农业云平台和农业大数据中心。

（三）加大重点龙头企业和重点项目的宣传推介力度。

组织企业积极参加涉农企业融资合作平台银企对接活动，加强与省担保公司荆门运营中心联系，配合开展农业信贷担保；进一步创新财政支农方式，积极引导金融支持农业，放大支农政策效应，力争更多的中、小、微型企业获得信贷支持。

（四）加强品牌建设。

实施品牌强农工程，大力推广“荆品名门”农产品区域公用品牌。利用参加展览会、大型活动等机会，运用媒体宣传手段，扩大优势农产品的区域知晓面，提升企业形象，宣传产品品牌，充分展示中国农谷建设成就。着力打造地方知名农产品品牌，加快释放农业品牌效应，推动从“卖原料”向“卖产品”“卖资源”向“卖品牌”转变，持续提升农产品的影响力和美誉度，擦亮地方特色农产品名片。积极打造“荆品名门”区域公用品牌，规范品牌管理，维护品牌价值，主动对接全省十大重点农业产业链，推动“京山桥米”“荆花”“农谷一号”、京山对节白蜡等特色品牌宣传，实现打响一个品牌、带动一个产业、活跃一片经济、富裕一方百姓目标。

（五）稳步推进农业八大重点产业。

实施产业强农工程，加快实施八大产业发展行动计划，落实年度推进方案，稳步推进优质稻米、高油酸油菜、食用菌、漳河果冻橙、漳河清水小龙虾、长寿食品、花卉（对节白蜡）、绿色家居等八个重点特色产业，创响特色产品品牌，实现现代农业高质量发展。加快“一圈三带”建设，打造一批现代农业综合体，积极培育“农业+”多业态，推动农村一二三产业深度融合，延伸农产品深加工产业链，把农业附加值更多留在荆门。

撰稿：严婷婷

2021年孝感十大重点农业产业链发展探析

2021年，孝感市委市政府按照全省统一部署，积极培育壮大农业产业化龙头企业，高度重视优质稻谷、生猪、特色淡水产品、蔬菜等十大产业链的发展，通过开展"一袋米""一头猪""一篮菜"、"一枚蛋"" 一杯茶""五个一"强链工程对接十大产业，出台了各种强农惠农扶持政策，加大农产品品牌的创建和宣传，全市十大重点农业产业链快速发展，各具特色。

一、十大重点农业产业链发展现状和特色

（一）优质稻谷生产平稳增长。

全市稳定水稻种植面积，推进农业绿色高质高效发展，着力创建水稻万亩核心示范区，发展"香粳糯"优质稻，推广"香稻+"、稻渔共作、水稻"一种两收"等绿色高效模式，再生稻面积达到10万亩，稻渔综合种养面积45万亩以上，重点推广广两优香66、鄂香2号、丰两优香1号、甬优4949、鄂晚17等优质品种。云梦在道桥镇建设万亩优质珍珠糯稻示范区，在义堂、伍洛等地建设8000亩早稻"一种双收"示范片；应城在周岗和陈王片、杨岭祝墩片、陈河举办了三个万亩糯稻高产创建示范样板，在随应线周岗和陈王片等地举办了糯稻高产创建示范样板；汉川实施部级水稻绿色高质高效创建项目，通过优选绿色优质水稻品种，集成"水稻+"绿色高效技术模式，建立12万亩的绿色高产示范区，助推全市水稻产业提质增效。2021年，创建稻谷"二品一标"品牌37个，稻谷总产量203.15万吨，同比增长0.7%。

（二）生猪养殖产业快速发展。

2020年非洲猪温和新冠肺炎对全市生猪养殖企业影响较大，2021年，市委市政府加大对生猪养殖资金、服务、政策等方面的倾斜力度，使全市生猪养殖企业恢复生产发展势头向好，虽然上半年生猪出栏价格较低，但下半年生猪出栏价格基本稳定在15元/公斤左右，由于养殖户出于资金周转，持续压栏亏损将会更多等方面考虑，选择集中出售，出栏均价基本稳定在15元/公斤左右，出栏均重为110公斤/头左右。2021年，创建生猪"二品一标"品牌2个，生猪出栏287.34万头，同比增长52.1%。

（三）特色淡水产品生产绿色健康。

全市相关农业部门坚持渔业禁捕执法长效机制建设，积极引导稻渔综合种养，突出生态渔业发展，开展养殖尾水治理，加大健康养殖示范场创建力度，做好水产品质量安全工作，渔企、渔户密切关注疫情防控与产业动态，切实加强养殖管理。以汉川、应城、孝南、云梦为核心，建立汉江流域健康生态水产养殖区，重点发展淡水渔业，主要以淡水鱼、小龙虾、黄鳝、泥鳅、鳖鱼为主要发展方向，以生态养殖和精养鱼池相结合，在孝南和汉川建设孝感健康生态水产产业园，积极推广稻渔共作、渔菜共生、一种两收。注重健康生态水产养殖业，全面提升绿色发展水平，渔业生产形势较好。2021年，"二品一标"品牌8个，同比增加2个，渔业面积和产量保持"双稳"，产量43.28万吨，同比增长3.0%。

（四）蔬菜生产稳定高效。

强化产地蔬菜质量安全监测，做好蔬菜的田间管理，加强苗床管理，各类蔬菜长势较好。开展白茄子—冬瓜—西兰花、西兰花—毛豆—松花菜等50多个绿色高效种养模式，以水生蔬菜、露地蔬菜、设施蔬菜为重点，打造汉川莲藕、孝南肖港小香葱、云梦百合花菜、安陆南乡萝卜、汉川杨林沟芋头等特色小版块，孝南在肖港、卧龙乡、祝站建设速生蔬菜绿色高质高效示范区。全市蔬菜供给充足，产地批发价基本保持稳定，品种丰富，应有尽有，季节交替合理，充分满足了市民日益增长的餐桌需求。2021年，创建蔬菜"二品一标"品牌44个，同比增加8个，播种面积174.71万亩、产量460.76万吨，同比分别增长3.1%、5.2%。

（五）禽蛋产品产量稳步增长。

以湖北神丹健康食品有限公司为龙头，围绕"一枚蛋"，着力搞好种苗培育、家禽养殖、肉蛋加工、冷链仓储等建设，着力打造孝感家禽及蛋制品产业链，提升冷鲜禽肉和传统蛋品加工水平，发展休闲食品、预制调理食品和禽蛋精深加工产品。2021年，创建禽蛋"二品一标"品牌10个，新增加1个，禽蛋产品产量27.25万吨，同比增长3.6%。

（六）茶叶生产销售取得突破。

市委出台一号文件打响公用品牌，全市优化茶产业布局，推进茶旅融合、线上线下展销拓展茶

产业功能。抢抓“一带一路”机遇，发展绿茶、红茶、抹茶等出口茶产业，茶叶出口取得突破。“孝感红”在做好俄罗斯、中东、东南亚、太平洋岛国等海外市场的基础上，积极开拓南美洲市场，在第四届中国国际茶叶博览会上“孝感红”作专场推介，与乌克兰因科贸易有限公司签订价值 1620 万美金的红茶销售协议，与委内瑞拉零售巨头特拉基百货集团签订战略合作伙伴协议，共同开发南美洲市场。大悟、孝昌、孝南等地推广无性系茶苗良种和机收机采，加大夏秋茶开发利用，建立更合理的高中低档茶叶结构。2021 年，“二品一标”品牌 35 个，新增加 1 个，产量 9160 吨，同比增长 7.9%。

（七）现代种业育种创新平台从无到有。

强化种苗繁育，发挥全国区域性水生蔬菜、茶苗良种繁育基地优势，年外销莲藕种苗 12000 吨，年销茶苗 1.2 亿株以上，云梦县红光村蔬菜集约化育苗工厂，年育苗量 700 万株以上。创立市农作物品种试验示范展示中心，建设面积 450 余亩，基础设施建设累计投入 600 余万元，可实现农作物多品种，同等生态条件、同等耕作模式、同等技术要求下的“同台竞技”，建立起种企、农技人员、农户双向选择平台，展示品种累计达 700 余个，带动良种示范推广面积 200 万亩，2021 年入选了首批“国家农作物品种展示评价基地”。2021 年有国家级良繁基地 1 个，保种场 1 个，种业播种面积 4800 亩，同比增长 11.6%。

（八）油菜籽喜获丰收。

受政策利好影响，全市 7 个县市区在高铁、高速公路沿线连片种植油菜，油菜保险实现了全覆盖，油菜轮作试点项目示范带动明显，极大地减少了冬闲田。政府帮助采购种子、肥料，安装北斗监测联合播种机，提供农机服务、以奖代补等服务。农业农村部门积极抓好油菜生产管理、病虫害防控和防灾减灾工作，油菜生长期间气候适宜，整体长势良好，喜获丰收。2021 年，油菜籽播种面积 117.98 万亩，同比增长 10.0%，总产量 19.57 万吨，同比增长 8.3%。

（九）柑橘产量稳中有增。

2021 年柑橘园面积 9168 亩，比同期略有下降，产量 2.03 万吨，同比增长 3.2%，产量占全市园林水果产量的 12.7%，柑橘品种包括柑、橘、橙、柚，其中橘占柑橘产量的 58.2%。全市 7 个县市区均种植柑橘，其中孝昌县对老化树种进行了调整和品种更新，面积为 4455 亩，与同期持平，年产量 1.33 万吨，同比增长 6.1%，产量占全市柑橘产量的 65.4%。

（十）中药材种植面积与产量同步增长。

中药材种植品种包括草本药材和木本药材，全市当年采收面积较大的草本药材有艾叶、菊花、栀子、油用牡丹、野菊花、苍术等，在地面积较大的木本药材有银杏、金银花等。2021 年，中药材采收面积 3.18 万亩，同比增长 56.6%，大悟、孝昌、安陆、孝南、汉川采收面积占全市的比例分别是 69.6%、18.8%、10.8%、0.6%、0.2%。2021 年中药材产量 1.30 万吨，同比增长 62.9%，实现产值 2.06 亿元，同比增长 47.6%；2021 年，从事中药材种养或加工的从业人员数 2492 人，同比增长 6.8%。

二、十大重点农业产业链发展中需要注意的问题

（一）种植产业稳产高质高效基础不够牢。部分田块基础设施较差，电力设施布局不合理、年久老化。天气干旱时水源保障不够，下雨积水时庄稼易造成损失，用电存在困难，野草秸秆难以处理，有的农田不规整比较分散，机耕路不方便，影响机械化种植，粮食储备及烘干困难，农田水利基础设施与生产不相适应的问题依然存在，防御重大自然灾害、旱涝保收能力不强，抗灾夺丰收的风险和压力较大。

（二）农业产业专业技术落实比较困难。由于种植业生产周期长、成本高，部分农民特别是青壮年劳动力存在“在家种田，不如外出打工挣钱”的思想，每逢农忙季节往往用工紧张，生产压力较大。农业专业技术人才短缺，由于工作地点偏远、工作条件艰苦、工资待遇不高等原因，聘请专业管理型和技术型人才成为难点，农村劳动力数量和质量都不能满足生产需求，农村专业技术型人才与农业产业提升不匹配，田管关键技术难以落实，新的模式难以推动，制约了农业产业发展速度。

（三）农产品产业链还不够长。目前有些农产品只是提供初级产品，或者只是进行干燥等简单初加工，为其他制造商提供原材料，或者提供给外地销售大户集中销售，但是收益还不能最大化，配套产业相关设施不健全，不能充分拉动本地劳动力就业，不能最大程度拉动当地经济效益。

（四）农民持续增收压力较大。虽然农产品价格逐步上升，但是农资价格上涨较快，如：种子价格同比增长 10%以上、化肥增长 15%以上、农药增长 10%以上、人工工价增长 30-50 元/人/天、农机服务费增长13%以上，还有土地流转费增长较快，传统大宗农产品增产增收突破难度大，农业生产整体收益不高，农民持续增收面临较大难度。

三、对十大重点农业产业链发展的相关建议

（一）夯实农业农村现代化发展基础。

一是围绕农业产业发展，加快推动高标准农田建设，提前做好水源组织调度，有针对性地开展气象为农服务，加强旱情、洪涝等灾害以及病虫害的监测和预警，着力提升农业防御极端天气、洪涝干旱、病虫害等自然灾害的能力。二是继续加大小型农田水利工程建设力度，全面推进乡村沟渠塘堰综合整治和加固，实施农业高效用水行动，大力推广微灌、滴灌等高效节水灌溉技术。三是大力提高农业设施和农业机械化水平，推进农业配套设施建设工程。

（二）积极提升农业产业技术能力。

一是强化新型职业农民培训，向各县乡镇增派农技干部，加大对农业生产的指导，引导农民合作社、家庭农场、专业技术协会、龙头企业及社会组织的专业人员为农民培训，开展科技服务能力提升，培养农业技术人才、经营管理人才和乡村产业发展人才。二是给予在农业院校、农科类专业中的乡村学生适当资助，引导其毕业后返乡发展，鼓励外出务工农民等回乡创业，引导各类人才向农村流动，带动农村产业发展。三是加强农业科技社会化服务体系建设，完善农业综合信息服务体系，加大对农业产业的业务指导，推进农业产业高质量发展。

（三）大力推进农业产业链建设。

结合全市农业产业特色，以香粳糯优质稻、莲藕、蔬菜、茶叶等优势产业为重点，打造优质农产品基地，壮大重点龙头企业，重点打造孝感香米、应城糯米、汉川莲藕、孝感红等区域公用品牌，延长产业链条，加大深加工开发，促进农业产业建设和转型升级。

（四）努力提高农民生产积极性。

一是政府加大扶持力度，提供一系列惠农政策，加大对农民的种植补贴，包括物资补贴和直接补贴，落实稳粮惠农补贴，让农民感受到政府的关怀，增强种植信心，营造有利于农业生产发展的良好氛围，提高农民收益。二是扎实开展打假保生产活动，保证农民购买到“放心农资”，特别是“放心种”。三是全面推进农业绿色高质高效创建，充分发挥项目带动作用，突出水稻、油菜、蔬菜、茶叶、水果等优势主导产业，集成示范绿色高效模式、新技术和新装备，向规模化、标准化发展，挖掘绿色生产潜力，助推种植业高质量发展，促进农民增收。

撰稿：胡启明　程三清　刘全红

2021年荆州十大重点农业产业链研究报告

"产业兴旺"作为乡村振兴战略的重中之重，是解决农村一切问题的前提，农业集约化、产业化发展是促进农业产业结构调整，加快农业发展方式转变的必然举措，也是破解农业增效、农民增收、农村共富难题的重要突破口。2021年，湖北省委一号文件提出"建设农业强省"的目标，提出打造优质稻米等十大重点农业产业链，精准设计湖北农业各大行业发展之路。荆州聚焦农业功能拓展，培植农业新兴业态，强化农业"接二连三"融合发展，围绕十大农业重点产业链，一方面突出特色优势产业，另一方面以全产业链贯穿农业生产，农业品牌效应逐渐凸显、农民收入显著提升，农业发展交出了一份"荆"彩答卷。

一、产业链建设基本情况

（一）农业农村经济发展情况。

荆州地处江汉平原腹地，素来以"鱼米之乡"闻名，是全国有名的农业大市。全市现有耕地面积1035.57万亩，2021年全年粮食产量455.93万吨，占湖北省粮食总产量的16.5%，在全省排名第二。其中，监利县粮食总产量127.85万吨，位居全省第一。淡水养殖面积180.58万亩，水产品产量117.24万吨，位居全省第一。2017-2021年农林牧渔业总产值分别为：702.17亿元，711.42亿元，766.45亿元，808.07亿元，946.79亿元。

（二）十条重点产业链发展情况。

市委、市政府高度重视农村产业融合发展建设，发展以特色淡水渔业、优质稻米、菜籽油、生猪四大农业产业链为抓手，以全产业链的思路推进农村产业融合发展，强化龙头示范引领作用，培育、孵化一批特色鲜明、带动力强的农业龙头企业。2021年，全市10条重点农业产业链规模以上企业217家，其中，主营业务10亿元以上的有6家。省级以上重点龙头企业71家，农产品加工业产值422.37亿元。2021年有省级现代农业产业园10个，冷链（仓储）物流中心138个。实现农产品销售额514.60亿元，其中网络销售额14.94亿元。2018-2020年农业科技进步贡献率分别为：61.9%，61.9%，62.0%。现有"二品一标"品牌193个，8家企业产品入选"荆楚优品"目录。洪湖莲藕、荆州鱼糕登陆央视品牌强国工程。全市打造优质农产品种植面积1245.6万亩。

1.小龙虾产业领航发展。2021年，全市淡水产品养殖面积506.66万亩，淡水产品产量117.90万吨。实现淡水产品产值322.82亿元，淡水产品销售额181.11亿元。小龙虾成为荆州淡水产品支柱产业。2021年小龙虾养殖面积329.9万亩，占淡水养殖面积的65.1%，小龙虾产量46.30万吨，占淡水产品产量的39.2%。据农业部门统计，2021年全市发展小龙虾加工企业55家，其中规模以上企业36家，加工成品14.9万吨，小龙虾总产值508亿元，现有小龙虾省级以上重点龙头企业14家。争取省小龙虾支持资金9950万元，其中水产品加工和冷藏保鲜能力建设项目资金4600万元，小龙虾优势特色产业资金1800万元，小龙虾提质增效资金1600万元，小龙虾产业化龙头企业扶持资金1950万元。

2. 优质稻米是传统支柱产业。2021年全市拥有稻米"二品一标"品牌106个，占全产业链"二品一标"品牌的54.9%；稻米产业链拥有规模以上企业132家，占全产业链规上企业的60.1%，其中，省级以上重点龙头企业30家，占全产业链省级以上重点龙头企业的42.3%；有稻米专业仓储物流中心52个，占全产业链仓储物流中心的37.7%。优质稻种植面积600.13万亩，产量382.22万吨。稻米产值118.24亿元，销售收入85.49亿元，其中网络销售额6.37亿元。

3.菜籽油产业战略性发展。全市菜籽油产业链拥有规模以上企业10家，省级以上重点龙头企业5家。油菜播种面积305.24万亩，产量49.86万吨，较2019年增20.23%。菜籽油产品产值27.94亿元，销售收入20.05亿元。

4.生猪产业链集约化、规模化。全市生猪产业链拥有规模以上企业14家，省级以上重点龙头企业4家。2021年生猪出栏354.56万头，其中优质产品出栏307.80万头。实现生猪产品产值98.88亿元，规上生猪加工企业12个，生猪和猪肉销售额63.72亿元。

5.禽蛋产业链走出国门。2021年，全市禽蛋产业链拥有规模以上企业14家，省级以上重点龙头企业7家，家禽出笼6524.03万只，蛋产量18.55

万吨。禽蛋产品产值18.68亿元，全年禽蛋销售额20.78亿元，其中网络销售额1.67亿元，出口额1.32亿元。

6.蔬菜产业链渠道畅通。全市蔬菜产业链拥有规模以上企业9家，省级以上重点龙头企业7家。蔬菜播种面积147.09万亩，产量326.68万吨，蔬菜产品产值154.17亿元，销售额72.65亿元。共建蔬菜冷链、仓储物流中心21个，为打通蔬菜外销渠道提供设施基础。

7.现代种业产业逐步发展。长期以来荆州市种业对国外、省外进口依赖较大。受国际贸易冲突和疫情双重影响，引进种业成本提高。荆州大力引进先进种业技术，积极发展本土种业。全市现代种业产业链拥有规模以上企业4家，国家级良繁基地6个，保种场4个。大宗作物种子播种面积6.34万亩，种子产量1.71万吨，能繁母猪存栏1.71万头，种禽存栏384.70万只，鱼苗259.40亿尾。种业销售额19.01亿元。

8.柑橘产业品质优化。全市柑橘产业链拥有规模以上企业4家，省级以上重点龙头企业2家。柑橘种植面积25.6万亩，产量30.57万吨，柑橘产品产值10.65亿元，销售收入6.83亿元。

9.茶叶产业综合实力有所提升。全市茶叶产业链拥有规模以上企业4家，省级以上重点龙头企业2家。茶叶种植面积1.05万亩，产量63吨。茶叶产值151万元，销售额1591.90万元。

10.中药材产业链多点分布。全市中药材产业链拥有规模以上企业8家，中药材种植面积4.07万亩，产量1.24万吨。中药材产值2.94亿元。中药材种植各县市区均以订单式生产为主。

二、全力推进产业链建设

（一）强化组织领导，坚持高位推进。

按照全省统一要求，对重点农业产业链实行链长制，建立了“七个一”的工作机制，即“一条产业链、一位市领导、一个牵头部门、一个专家团队、一个工作方案、一个支持政策、一个工作专班”。由四大家领导领衔，农业农村、财政、发改、资规等9家市直单位牵头，与省产业链牵头单位一一对应。健全从市到县的工作联络机制，确保市县两级产业链工作顺畅。并将产业链工作纳入乡村振兴考核，调动部门工作积极性。

（二）加强实地调研，科学制定方案。

在深入县市区和企业调研了解和广泛征求行业专家、企业家意见后，荆州市制定了十条产业链工作方案，明确发展目标和工作措施，并确定重点领军企业名单。根据“一链一案，一企一策”，每条产业链制定了“二库一清单”（企业库、项目库和问题清单）。针对省委提出的十条重点农业产业链，荆州市结合自身资源优势和产业发展情况，选择以淡水产品、优质稻米、菜籽油和生猪四大产业为重点，同时兼顾其他产业链的全产业链发展模式。各县（市、区）各选择一到二条农业产业链作为重点，并实行错位发展。

（三）加大扶持力度，壮大市场主体。

新型农业经营主体是农业产业链发展的主力军，全市始终将培育壮大主体作为农业农村工作的重点。据农业部门统计，2021年，全市注册登记农民专业合作社11072家、注册登记家庭农场10080家，其中“六有”家庭农场4974家；规模以上农产品加工企业492家，其中省级以上农业产业化龙头企业109家。农民专业合作社、家庭农场、龙头企业的数量均居全省前列。积极争取省产业链资金5662万元，贷款贴息4419万元，落实市级产业链资金2738万元。市场主体得到帮扶力度前所未有，其中小胡鸭得到财政奖补资金就有一千多万，中央和省市产业链奖补达到500万元。今年开始到2025年4年期间，荆州将每年统筹3个亿、4年12个亿，成立农业产业基金，采取市场运作的办法，扶持壮大一批重点龙头企业。

（四）狠抓招商引资，推进项目落实落地。

坚定招商引资工作龙头地位不动摇。主要领导站位招商引资第一线，三分之一的精力用在招商引资上，重要客人亲自接待，重大项目亲自谈判，重大问题亲自解决。依托我市农业资源优势和高新区“农”字国牌，瞄准世界500强、中国500强、行业100强等行业头部企业，以延链补链强链为重点，全市共签约亿元以上农产品加工项目66个、投资金额194.51亿元，其中10亿元以上项目6个，已注册公司项目63个，已开工项目36个，已达产项目10个。全省首个禽蛋产业链加工项目——七尚家禽及蛋制品精深加工产业园落户荆州高新区，项目规划投资10亿元，一期工程正在大力推进中。

三、农业重点产业链发展存在的问题

荆州农业产业链发展呈现大龙头少、规模化发展不足等缺点，如何培育壮大农业龙头企业、延长农业产业链，逐步实现农业产量大市向产业强市转变，是我们亟须解决的问题。

（一）龙头引领示范作用不强，产业融合度不够。2017-2021 年荆州市农产品加工业产值与农业总产值之比分别为：1.8∶1，1.4∶1，1.2∶1，1.0∶1，0.96∶1，荆州远低于全省平均水平，且这一差距逐年加大，现有国家级重点农业龙头企业 8 家，仅占全省总数的 9.8%；省级龙头企业 101 家，占 23.3%，龙头企业数在全省排第二位，但国家级龙头企业的占比与省级龙头企业占比不匹配。从 109 家省级以上龙头企业产业融合的纵向融合程度看，多数以从事农产品加工为主，其中从事初加工的较多，产品不耐储存且附加值不高，产业融合带来的经济效益不明显。大部分企业仍处于成长阶段，企业经营模式单一，经营规模普遍不大，农业生产集约化、规模化发展不足，缺乏较为完整的产业链，造成这些企业在整合资源、拓展和提升市场方面竞争力不强，无法形成较有影响力的“超级龙头企业”。

（二）新型农业经营主体发展参差不齐，缺乏统一管理。在农业产业的市场主体中，除一些传统以一产业经营为主的专业合作社，铺天盖地的小微企业和非正规市场主体也蓬勃发展。这些新业态往往由村民自发组织，不仅接地气，其创新经营形式往往是推动农村产业发展提质争效的“点睛之笔”。但新型农业经营主体由于其市场定位良莠不齐，较少有主体深入开展农产品精深加工，小而散的经营主体产品的销售渠道有限，大多为订单式生产。因此新型农业经营主体的产业链往往较短，难以创造更大的经济效益。各经营主体存在同质化竞争，为追寻利益高点，争相模仿周围发展态势较好的经营主体，缺乏创新和核心竞争力。

（三）土地规模化经营程度不高，产业融合环境需进一步优化。当前，荆州土地流转交易市场的机制尚不健全，这一定程度上制约了新型农业经营主体在发展产业融合项目中对土地规模化经营的需求。部分乡镇存在“旱地流不出、水田流不进”的现象，土地流转缺乏统一的标准和法律保障。据有关部门统计，全市规模经营土地面积，仅占全部耕地面积的 14.2%。调研中发现，不少农户在土地流转中未签订规范的土地流转合同，影响了经营主体对承租土地的稳定和持久投入。由于国家农田保护力度较大，农业用地的使用和建设审批程序较为复杂，不利于土地向规模化经营转型。土地经营的集中程度决定了农村产业融合的综合实力。要想实现产业融合成果转化，需要我们集中精力破解农村土地流转难题。此外，部分调研对象表示，农村水电建设整体水平、仓储物流网络环境建设、快递网点设置与城镇仍然存在较大差距，也是制约农产业融合发展的因素之一。

（四）农村人才严重匮乏，先进技术要素扩散渗透力不强。农村劳动力市场的流失是当前制约农村经济发展的要素之一，农村产业融合发展对高素质产业人才的迫切需求和农村技术人才的短缺之间的矛盾日益凸显。由于农业存在着自然和市场双重风险，加之盈利低下，许多社会资本和先进成熟的技术生产要素向农业农村扩散渗透进程缓慢，同时还由于农民的技能素质较低，农村产业融合型人才缺乏，也抑制了先进技术要素的融合渗透。部分经营主体成长速度慢，开发新产品、新模式、新业态和新产业的能力不强，懂技术、会经营、善管理的农村产业融合发展复合型人才缺乏。部分新型农业经营主体的管理者对行业发展的前景认识不深，缺乏准确的信息获取渠道，对新技术的敏感度不高，对有关政策的了解和认识不足。

四、发展农业产业链的对策及建议

（一）培育壮大农业产业集群，打响农业强市招牌。

荆州是农业大市，如何由“大”转“强”，是农业发展的必由思路。因此，建议重点关注产业融合模式，以龙头企业为引领，支持有条件的龙头企业通过资本运作不断促进跨区域、跨行业的兼并和重组，不断扩大经营规模，充分发挥龙头带动作用。全盘思考农业产业化发展的方向。深度分析农业产业化发展中的市场份额。在较稳定农产品加工龙头企业中，确定代表荆州的“拳头产品”，围绕但不局限于优质水稻、小龙虾、畜禽产品等精深加工行业，塑造一批品牌农业，推广高端农产品生产，打造不可替代的区位优势。同时进一步加大招商引资力度，着力引进与本地农产品关联度大、综合利用率高的精深加工及下游企业，提高农产品加工转化率和附加值。支持农民专业合作社发展特色产业基地，支持新型经营主体积极探索“互联网+”经营模式，拓宽销售渠道。

（二）强化政府引领，新型农业经营主体“抱团发展”。

荆州是水稻和生猪生产大市，水稻面积、产量占全省 20%以上；年出栏生猪 350 万头左右，有松滋、公安、石首、监利四个生猪调出大县。2021 年，全市重点发展的四大产业链，水稻和生猪各只有争取到补助资金200万元，占比4%。第一，整合资源扶持龙头企业。从龙头企业项目建设来看，扩建生产线或新建厂房投入基本都要上千万。需要政府部门加大建设新型农业经营主体的政策扶持力度，通过整合农业产业融合项目资金，在产业链的项目安排上充分考虑各地农业资源情况和产业发展重点，助力地方将产品优势转化为产业优势，鼓励社会资本融入新型农业经营主体。第二，完善新型农业经营主体的政府服务体系。对新型农业经营主体提供农技服务、抗灾减灾、行业培训等多方面支持，引导新型农业经营主体制定长久发展计划。第三，充分保障新型农业经营主体的经营环境。完善农村基础设施，优化营商环境，各级财政加大对新型农业经营主体在金融上的扶持力度，帮助主题解决融资困难。各主体之间可根据市场需求，利用自身优势形成紧密的产业联盟。所谓“抱团发展”即各合作社、家庭农场在资金、设备和销售渠道等方面开展互助共赢，形成良好的互动和竞争关系。

（三）加大土地集约化经营力度，优化农村产业融合发展环境。

在严格遵守国家农村土地政策的基础上，农业农村部门要加强对土地承包的合同监督和引导力度，规范农村土地经营权转让流程，确保流转双方在土地流转过程中的合法权益受到保障，从而加大农业产业融合项目的长期投入和运营力度。此外，鼓励依法利用宅基地或者地上房屋开展乡村旅游、农产品初加工或农村电商等产业，盘活农村存量建设用地。充分利用国家项目和资金，重点做好农村交通运输、供水供电和通信网络等基础设施建设，突出做好金融保险、仓储物流等服务设施的建设，加快形成满足农业产业链发展的硬环境。

（四）加强职业农民培育，以人力资本推进产业链长足发展。

农业龙头企业的发展壮大离不开高素质的现代人力资本。通过政府推行新型职业农民培育工程，加上在新型农业经营主体的培育中，学习农业生产、技术和信息使用等多方面的现代技能，加强农村专业人才队伍建设。同时，实施各类人才下乡返乡创业计划，为农民创造良好的创业条件，促进更多的资金、技术和管理人才向农村涌入，让他们积极投身于荆州市农村创业中，不断提升生产经营者的服务收益，从而促进产业结构的快速升级。

撰稿：梅华丽

2021年黄冈十大重点农业产业链发展情况分析报告

全市认真落实省培育壮大农业产业化龙头企业"十百千万"工程，围绕"大产业、大龙头、大平台、大科技、大品牌"发展思路，强化龙头企业带动、城乡要素联动、科技进步促动，着力推进重点农业产业链建设。十大重点农业产业链发展状况良好，主要经济指标保持较好增长，十大重点农业产业链初见成效。

一、重点农业产业链发展基本情况

（一）农产品生产稳步攀升。

全市重点农业产业链（除生猪、家禽及蛋制品、特淡水产品外）优质农产品种植面积达到948.45万亩，同比增长3.19%；生猪出栏498.31万头，同比增长92.83%，生猪生产总值131.72亿元，同比增长22.36%；家禽出笼7896.7万只，同比增长63.3%，蛋产品产量484271吨，同比增长53.98%，禽蛋产品产值59.79亿元，同比增加30.33%。农产品产量754.64万吨，同比增长5.54%，其中优质稻米产量233.40万吨，蔬菜产量359.58万吨，菜籽油31.82万吨，淡水产品产量48.78万吨，中药材产量23.28万吨，为重点农业产业链发展奠定了坚实的基础。农产品产值649.3亿元，同比增长12.35%。

（二）农产品加工快速增长。

农产品加工12个指标中有10个指标均为正增长，市级以上龙头企业数和招商引资农产品加工企业数2个指标持平；十大重点农业产业链农产品加工企业营业收入217.57亿元，同比增长14.38%；主营业务收入过10亿元的龙头企业达到4家，比去年增加1家，分别是李时珍医药集团（中药材）、黄冈中粮（菜籽油）、中粮家佳康（生猪）、康宏粮油（优质稻米）；主营业务收入过5亿元的龙头企业总数达到38家，比去年增加10家；省级以上龙头企业达到64家，比去年增加11家；农产品加工企业招商引资实际到位资金37.22亿元，比去年增加10.58亿元；省级农业产业化联合体个数达到18个，比去年增加9个；省级现代农业产业园10个，比去年增加3个。

（三）农产品流通方兴未艾。

全市农产品冷链（仓储）物流中心发展到180个，比2020年增加53个；农产品销售额达到349.53亿元，同比增长19.8%，其中农产品网络销售额42.14亿元，占农产品销售额的12.1%，农产品网络销售逐步成为农产品销售的又一主力军；农产品出口2.0亿元，同比增长5.9%，主要分布在中药材和茶叶两个产业，其中中药材出口1.75亿元，茶叶出口0.29亿元。

（四）农产品品牌初见成效。

全市"二品一标"农产品总数达175个，同比增加26个；中国驰名商标3个，分别是"接福"菜籽油、"二度梅"大米、"本草纲目"中药材。蕲春蕲艾入选省重点支持的核心大品牌，品牌价值达83.75亿元，排名居全国第39名；"麻城福白菊"品牌价值达到12.07亿元。蕲艾、大别山黑山羊入选全国特色农产品区域公用品牌，红安苕入选湖北省二十强农产品区域公用品牌，红安花生、大别山黑山羊、麻城福白菊等相继"亮相"央视。

（五）产业链资金争取有力。

围绕省十大重点农业产业链项目，全市共争取省级产业链项目资金3835万元，其中争取菜籽油项目资金955万元，道地药材项目资金800万元，家禽及蛋制品项目资金550万元，特色淡水产品（小龙虾）项目资金500万元，茶叶项目资金450万元，优质稻项目资金200万元，生猪项目资金200万元，现代种业项目资金130万元，柑橘项目资金50万元。

二、加快推进重点农业产业链发展

（一）明确工作目标。在深入调研的基础上，市政府先后召开3次专题会议听取培育壮大农业产业化龙头企业有关情况汇报。5月17日、5月28日市政府常务会、市委常委会分别审议通过了《黄冈市培育壮大农业产业化龙头企业行动方案（2021－2025年）》，6月2日市委办公室、市政府办公室正式印发实施，每年安排不少于3000万元支持龙头企业发展。同时出台了《黄冈市培育壮大农业产业化龙头企业行动方案（2021－2025年）》《关于加快推进农业产业化发展的若干措施》《十大重点农业产业链实施方案》等系列文件，进一步细化了十大重点产业链发展目标、路线图、工作举措、保障措施等。

（二）建立工作机制。建立市农业产业化联席会议制度，坚持把重点农业产业链建设作为发展县域经济的重要引擎，着力推进“建链、强链、补链、延链”，建立十大农业产业链链长制，由市委书记、市长担任市重点农业产业链召集人。建立了重点产业链运行机制，制定了《黄冈市重点产业链链长制运行机制》，建立重点产业链链长制，对10条重点产业链实行一条产业链一名市级领导领衔、一个牵头单位负责、一个工作专班推进、一个专家团队指导，重点解决制约产业链发展的瓶颈问题。2021年4月至6月，市委书记张家胜先后赴黄州、蕲春、罗田、团风、黄梅调研省级重点龙头企业发展情况，为农产品加工企业把脉问诊，强调要以更快步伐推进农业产业化，以龙头企业延伸产业链，在优势领域、细分行业培育一批具有主导力的“链主”企业和“旗舰”企业。

（三）出台奖补措施。9月17日，市政府办印发了《关于加快推进农业产业化发展的若干措施》，市级设立4850万元专项产业发展奖补资金，分三个部分22条具体措施支持农村一二三产融合发展，着力打造“生猪、蔬菜、粮食、水产、中药材”等十大重点农业产业链，加快推进农业产业高质量发展。10月15日，《黄冈日报》第三版整版报道了《黄冈加快推进农业产业化发展“22条干货”》相关内容，2021年4850万元产业发展奖补资金已全部拨付到各农业市场主体。

（四）举办推介活动。12月18日上午，全市农业产业链招商推介暨12月招商引资项目集中签约大会在黄州举行。会上，我市就农业产业链招商作推介，麻城市和蕲春县政府主要负责人就菊花产业和蕲艾产业作招商推介。签约招商引资项目21个，总投资87.22亿元，涉及特色种养、精深加工、智慧农业、农旅康养、冷链物流、中央厨房、农产品交易市场、智能农业装备制造等多种业态。

（五）强化科技支撑。各产业链围绕专家团队，积极服务重点产业新技术、新模式、新品种的应用。优质稻产业链成立了由省农科院、华中农业大学相关专家学者以及市县级相关专家组成“黄冈市优质稻米产业链专家团队”，为我市优质稻米产业链把好“发展”脉、开好“科技”方，组织筛选优质稻品种50个参加了黄冈市优质稻米品鉴会；蕲艾产业链同湖北中医药大学、省农科院等科研院所机构制定《中药材蕲艾生产技术规范》，并于2021年9月7日正式实施；

（六）实施一批项目。茶产业链组织各地谋划茶叶产业项目，目前建立了我市茶叶产业项目库，库内项目共82个，总投资98.8亿元。红安苕产业链成功撮合北京鼎萨投资公司注资1.2亿元并购阿帆食品、红福食品2家公司成立将乡红公司，联合瑞沣种植专业合作社打造全产业链红安苕龙头企业。道地药材产业链启动了国家区域中药材英山苍术良种制繁种能力提升项目建设，宏图药业启动建设茅苍术良种工厂化繁育园（玻璃温室）项目，一期投资已投资300万元，开展“苍术品种培育”及“苍术组培育苗”，与中南民族大学签订了《英山中药材产业专家对口指导服务协议》。菜籽油产业链推动省粮油集团、湖北省现代农业有限公司、武穴市福康油脂有限公司、武穴市农业农村局签订了“湖北省菜籽油产业链经营合作协议”，福康油脂公司与湖北省粮油集团就优质油菜基地共建、菜籽收储、加工贸易、科研创新等方面开展深入的合作。

三、存在的主要问题

（一）基地规模小。全市注册各类家庭农场和农民专业合作社1.3万家，规模化、标准化、集约化种植程度低，耕地流转率不足30%。水稻50亩以上种植主体2000家左右，1000亩以上的只有90余家，规模化种植面积低于20%；200亩以上蔬菜种植仅占7%；2000头以上生猪养殖仅占26%。

（二）产业链条短。黄冈是优质农产品的原料产地，农业生产和粗加工企业主要是为外地企业提供原材料，资源优势没有转变成产业优势。目前全市的农产品加工企业，大多数处于原料的初加工阶段，仅仅满足于“谷变米、籽变油、叶变茶”的粗放模式，同质化严重，产业链条短，离“吃干榨尽”还有较长的路要走。比如，浠水县是全国闻名的蛋鸡养殖大县，年产鲜蛋占鄂东四分之一，但该县没有一家蛋品精深加工企业。

（三）缺少大品牌。全市共有“两品一标”品牌257个，国家地理标志保护产品92个，各类农产品品牌3200多个。品牌数量看似不少，但缺乏知名品牌、特色品牌，在国内外、省内外有影响力的品牌较少，市场拓展能力不强。作为省政府重点培育的核心农产品品牌，蕲艾品牌综合产值才突破百亿。除此之外，全市产值过10亿元的区域公用品牌仅有蕲春蕲艾、英山云雾茶、罗田板栗和麻城福白菊四个系列。

四、对策建议

（一）加大政策支持力度。

一是要创新金融服务。市、县两级农业农村部门要与金融机构加强交流合作、加强信息资源共享，建立联动工作机制，加大对产业发展、联农带农效果明显的龙头企业金融支持力度。二是要强化用地保障。将农产品加工用地优先纳入国土空间规划和年度用地计划，各县(市、区)在土地利用年度计划中优先安排重点龙头企业项目建设、农产品加工园区用地。重点龙头企业所属生产设施、附属设施用地，符合国家和省有关设施农用地规定的，按农用地管理。积极探索点状供地模式，缓解重点龙头企业发展用地难题。

(二)加快推进产业项目。

一是谋划项目。未来一段时期，谋划推进一批重点农业产业链项目，重点谋划推进黄冈市农业科技示范园建设项目、黄冈“数字”良田示范区建设项目、黄冈大别山道地中药材产业集群创建项目、黄团浠都市休闲农业示范区建设项目，力争总投资额达到100亿元。二是引进项目。将入库储备项目与农业招商引资、行业固定资产投资相结合，制定重点农业产业链项目招商目录，推出一批重点招商引资项目，实行精准招商、靶向招商，主动引凤、招大引强，千方百计把优势企业、优质资本、优良项目引进来，力争每个县每年招商引进5000万以上的加工项目4个。

(三)突出全产业链打造。

一是要精准延链补链强链。拓展农产品初加工，突出农产品精深加工，引导领军企业开发营养均衡、养生保健、食药同源的加工食品和质优价廉、物美实用的非食用加工产品，提升农产品加工转化增值空间。聚焦各产业链中的突出短板，会同企业、科研单位等多方力量把脉问诊、协同攻关、对症下药，精准延链补链强链，促进全产业链发展。二是要拓展农业多种功能。充分挖掘农业食品保障、生态涵养、休闲体验、文化传承等多种功能，培育一批农文旅融合、线上线下结合的新业态新模式，围绕道地药材、红安苕、板栗、油菜、小龙虾等优势特色产业，推进“农业+”业态融合，打造一批贯通产加销、融合农文旅的农业产业强村、强镇、强县。三是要构建市场流通新格局。加快发展订单直销、网络直播、连锁配送、电子商务等新型流通业态，加快城乡配送体系建设，完善农资供应体系，打通农资下乡和农产品进城双向通道。支持大型屠宰加工、禽蛋龙头企业和小龙虾等水产养殖加工企业配套建设冷库、零售网点冷柜和冷链物流基础设施，扩大配送销售半径。

(四)打造特色产品品牌。

一是要培育区域公用品牌。依托特色优质农产品优势区建设，整合资源、集中力量做优红安苕、黄冈佛手山药、蕲艾、罗田板栗等知名农产品品牌，做强英山云雾茶、麻城福白菊等区域公用品牌。二是要打造企业产品品牌。支持企业提品质、扩品类、创品牌，对“土字号”“乡字号”特色品牌进行标准化打造，制定产品标准，保护传统工艺，凸显乡土品牌特色。支持企业申报绿色食品、有机农产品和农产品地理标志，对检测、认证费用给予适当补贴。三是要加大品牌推介力度。充分挖掘黄冈生态、历史和文化价值，讲好农产品品牌故事，提升农产品附加值。发挥传统主流媒体和网络新媒体作用，持续做好农产品品牌宣传工作。精心组织企业参加中国农交会、湖北农博会、中国农民丰收节等节会活动，提升品牌知名度和影响力。

撰稿人：李　瑛　徐秉东　汪小平

2021年咸宁十大重点农业产业链统计监测报告

为全面贯彻落实省委办、省政府关于培育壮大农业产业化龙头企业的意见和关于印发培育壮大农业产业龙头化企业工作方案的通知有关精神，咸宁立足市情，按照《湖北省十大重点农业产业链统计监测制度》，突出十大产业链龙头企业发展情况，对优质稻米、生猪、特色淡水产品、蔬菜、禽蛋、茶叶、现代种业、菜籽油、柑橘、中药材等十大重点农业产业链生产、加工、运输、销售环节开展统计监测，现将有关情况报告如下：

一、十大重点农业产业链发展总体情况

2021年咸宁农林牧渔业增加值250.46亿元，比上年增长8.9%。从农作物播种面积看，粮食作物面积139.38千公顷，同比增长0.4%；经济作物面积242.80千公顷，同比增长3.8%。从农畜水产品产量看，全年粮食产量119.51万吨，比上年增长2.3%，油料产量19.33万吨，同比增长2.7%，蔬菜及食用菌产量251.55万吨，同比增长2.5%；全年肉类产量22.89万吨，比上年增长43.5%；全年水产品产量达23.40万吨，比上年增长4.6%。

在农业生产扩面、增产、增收同时，农业现代化和产业链建设成效明显。2021年，全市共有市级及以上重点龙头企业265家（含省级61家、国家级3家）；农业产业链建设成效显著，2021年新增咸安区肉鸡产业化、通山县八福康枇杷产业化等2个省级联合体，全市省级产业化联合体8家、省级现代农业产业园区6个。咸宁农业品牌影响力进一步提升，赤壁青砖茶、黄袍山茶油两个区域公共品牌成功入选全省25个重点品牌。全市有效使用的“两品一标”146个（含绿色食品109个、有机产品26个、农产品地理标志11个）。农业产业化建设已成为赋能乡村振兴、繁荣农村经济的重要推动力。

1.*优质稻米*。全市稻谷面积208.94万亩，稻谷总产量101.17万吨。受稻谷最低收购价支撑政策影响，新稻价格在短暂低迷后反弹回升，价格稳定在1.3元/斤以上，有力确保了农民种粮积极性。全年优质稻米产品面积198.82万亩，订单生产率占15.6%。优质稻米产品产值40.14亿元，13家规模以上加工企业稻米加工产值37.03亿元，稻米销售额22.64亿元，同比增长2.4%。

2. *生猪*。2021年全年生猪出栏量228.50万头，恢复到2017年的99.6%，同比增长61.0%。其中，优质品种生猪出栏占比达31.4%。生猪出栏价格前三季度持续走低，在消费提振以及猪肉收储政策影响下，在四季度期间短暂回升，年末延续下行态势。生猪产业链产品产值61.37亿元，同比增长6.5%；现有规模以上屠宰加工企业5家，生猪和猪肉销售额达52.33亿元，同比增长15.5%，流通领域建有冷链物流中心4个。

3.*特色水产品（小龙虾）*。2021年，全市池塘养殖面积43.41万亩，其中精养鱼池35.08万亩，占比80.8%；稻田养殖面积44.35万亩。全年水产品总量达23.40万吨，同比增长4.6%。全市因地制宜大力推广南美白对虾、鳜鱼等高效养殖品种，名特优养殖面积达到23万亩，产量14.50万吨。受价格提升带动，全市淡水产品产值71.93亿元，同比增长27.1%，全市3家规上淡水产品加工企业营业收入同比增长91.8%，销售额同比增长61.1%，全产业链综合产值达90.07亿元。

4.*蔬菜及食用菌*。2021年全市蔬菜播种面积141.15万亩，同比增长1.64%；蔬菜及食用菌总产量251.55万吨，同比增长2.5%。全市“两瓜两菜”基地18万亩，水生蔬菜基地13万亩，设施蔬菜基地4万亩。全市现有蔬菜专业合作社520多家，创建蔬菜绿色食品认证32个、农产品地理标志认证2个、国家地理标志保护产品3个。其中，嘉鱼县富德蔬菜专业合作社和湖北联创食品有限公司入选粤港澳大湾区“菜篮子”生产基地。蔬菜产品销售额102.52亿元，同比增长7.2%。

5. *家禽及蛋产品*。2021年全市活家禽出笼3386.80万只，同比增长5.0%；禽蛋产品5.68万吨，同比增长8.4%。家禽规模养殖场425家，规模以上禽蛋加工企业3家，目前，在我市重点发展的肉鸡养殖省级以上龙头企业为温氏集团。禽蛋产品产值19.28亿元，同比增长22.9%；3家规上企业加工产值8.30亿元，同比增长28.4%。新建省级家禽联合体1个，助推禽蛋产品销售额超过18亿元，同比增长27.4%。

6.*茶叶*。2021年全市茶叶基地面积51.18万亩，同比增长2.8%，产量7.81万吨，同比大幅增长

30.5%，其中青砖茶产量达6.1万吨；茶叶初级农产品产值18.72亿元，销售额突破10.67亿元，全产业链综合产值超过130亿元。在青砖茶“六进”活动、2021年湖北农博会、“一带一路”茶产业大会等政策推介和“川”字牌青砖茶入选“湖北十大人气礼品”等因素影响下，全年茶叶总产量达到7.81万吨，同比大幅增长30.5%。全市茶业重点龙头企业国家级2个、省级16个，市级龙头企业43家；拥有茶叶加工企业154家，其中青砖茶加工企业17家。赤壁砖茶产业集群入选全省99个重点成长型产业集群，“赤壁青砖茶”品牌价值达33.65亿元，全国黑茶类排名第3位。

7.现代种业。2021年末全市市州级以上种业龙头企业8个，比上年增加3个；农作物种业播种面积2.43万亩，同比增长16.3%，主要覆盖水稻、蔬菜、柑橘、莲藕；渔业和畜牧业种业分布在能繁母猪和禽类，其中，全市种禽存栏数量10.30万只，同比增长5.1%；鱼苗2.0亿尾，同比增长11.1%。种业销售总额0.70亿元，同比增长24.3%，育苗育种业发展方兴未艾。

8.菜籽油。2021年全市继续实施油菜轮作试点，通过扩种油料作物、开发冬闲田，大力保障油料供给。全年油菜籽面积132.45万亩，同比增长5.4%，油菜籽产量15.12万吨，同比增长3.8%。优质油菜季度面积占比提高至45.2%；菜籽油产品产量16.10万吨，同比增长6.8%；菜籽油原产品产值10.84亿元，同比增长6.6%。菜籽油市场向好，网销额同比增长20.5%。

9. 柑橘。2021年，全市柑橘园面积14.05万亩，同比增长3.9%，其中，精品园柑橘面积5.83万亩，同比增长4.1%。受挂果期雨水较多影响，柑橘产量4.52万吨，同比微增0.6%。柑橘产品实现产值1.59亿元，增长8.2%；全市柑橘销售额1.62亿元，同比增长1.0%，其中网络销售额同比增长15.1%。

10.中药材。2021年全市中药材基地（含野生抚育）面积达26.45万亩，同比增长18.7%；中药材产量9.34万吨，同比增长23.8%。中草药材销售额15.66亿元，同比增长81.4%。全产业链综合产值达20.73亿元。鄂南九宫山、药姑山、黄袍山等地拥有极其丰富的野生中药材资源，天然野生中草药品种多达166科、1313种，占全省药用植物总数的46.6%，盛产黄精、白及、七叶一枝花、钩藤等名贵中药材，境内药姑山因中药材类别丰富被誉为“江南天然药库”。全市拥有市级及以上农业产业化龙头企业13家，其中省级3家，福人药业的金刚藤胶囊、益心颗粒等30个拥有自主知识产权的中医专用药品获国家生产批文并投产。真奥药业“金银花口服液”单品种销售过亿元、极具市场竞争力，占同类产品市场份额90%以上。

二、十大重点农业产业链发展呈现的特点

伴随农业供给侧结构性改革深入推进，咸宁重点农业产业发展势头迅猛，农业产业链条建设发展中的一些新特征竞相涌现。

（一）龙头企业引领示范作用不断增强。2021年7月5日，赤壁神山兴农科技有限公司正式登陆新加坡交易所主板，实现我省农业企业国外融资“零”的突破。神山兴农科技自成立以来，致力于猕猴桃品种选育、技术体系完善工作，通过标准化、机械化、信息化、智能化的“四化”建设，不断开展技术创新和产品升级，依托自主选育品种，建设高标准猕猴桃果园1000亩，建成了集猕猴桃品种研发、冷藏保鲜、检验检测、分选包装、市场交易、物流配送、精深加工于一体的多功能配套项目。

（二）初级产品“吃干榨净”，农旅融合“接二连三”。通过发挥咸宁自身农业特色，不断延长重点农业产业链条，发展农产品精深加工，在加工转化上做好文章。湖北联创食品有限公司作为莲产业领域的国家级龙头企业，现有莲子加工车间2个、莲子深加工车间1个，年生产各种莲蓉馅料3000多吨、湘莲10000吨，产值达到2.56亿元，出口创汇超过256万美元，真正推动莲藕、莲叶、莲蓬、莲子全行业“吃干榨净”。各地发挥资源优势，延伸产业条，丰富产业业态，宜农则农，宜旅则旅，千顷荷塘、万亩茶园、油菜花海等一批文旅融合项目层出不穷、跟随季节接替出现，大大促进农村一二三产业融合发展。

（三）农业产业链条成长模式日益创新。农业现代化进程加速，推动传统的单一品种、生产、单一加工、单一销售逐步向“粮经饲统筹”“农牧渔结合”“种养加一体”全方位立体式发展。通过新型农业经营主体带动、主导产业拉动、资源要素促动，培育产业融合型、产业链延伸型、业态包容型的融合发展模式。全市农产品成长链条从生产、流通到消费，新的模式孕育发展。“虾稻共作”模式加速推广应用，实现“一水两用、一田双收、稳粮增效”；休闲观光渔业场所跃升至500余家之众，赤壁砖茶由“青”转“轻”，个头由大变小更加便携

亲民，对接潜江搭建“虾茶之恋”“茶鱼饭后”的区域协同发展平台。

（四）农业朝向拓展功能和品牌建设用劲发力。积极推进特色农产品产区变景区，咸宁农高区依托绿色产业项目建设，发展现代庄园经济，振兴乡村特色产业，把农业风景变为产业美景、把农业颜值变为经济产值。各地坚持聚焦产业发展，筑牢品牌根基；聚焦主体培育，激发发展活力；聚焦“地标”管理，助力体系建设；聚焦媒体宣传，提升品牌关注度；聚焦节庆展会，拓展营销市场，加大咸宁农业品牌建设，嘉鱼蔬菜、赤壁茶叶通城生猪等一大批优势农产品加速进入外销市场，实现从“卖原料”到“卖产品”“卖资源”到“卖品牌”的华丽转身。

三、当前重点农业产业链建设面临的困难和问题

2021年全市粮食面积连续10年稳定在290万亩以上，粮食产量连续9年保持在110万吨以上，“米袋子”保供基础更加夯实，特色种养殖日趋丰富多样，但整体仍未摆脱传统经营主导模式，特别是在当前现代农业加快发展形势下，农业产业链条不完整、精深加工不足、龙头企业大而不强、带动力不强等困难问题也不容忽视。

（一）产业链条不完整制约发展动能。大量农产品作为原材料运往外地，附加值外流。全市油菜籽、柑橘等农产品生产规模客观，但在加工环节无1家规模以上企业。针对龙头不强，我省印发《关于培育壮大农业产业化龙头企业的意见》，启动实施培育壮大农业产业化龙头企业“十百千万”工程。

（二）农产品精深加工能力不足。目前我市19个水产养殖乡镇、87个养殖村从事水产养殖相关工作的人员超过8万人，全市水产品加工企业8家，大多只能从事水产初步加工，小龙虾等名优品种深加工企业培育不足，目前仅有赤壁市宇汇供销水产科技有限公司一家。

（三）产业龙头企业仍需扶持壮大。从全市十大重点农业产业链统计监测数据看，规上农产品加工企业近两年来只增加了3家，增长动力不足；主营业务收入超过5亿元的规上企业7家，主营业务超过10亿元的龙头企业数量为0。

（四）农业产业化建设仍需加力。农业产业化是现代农业的必由之路，从衡量农业产业化水平的省级产业化联合体数量、省级现代农业产业园数量两项关键指标分布情况看，咸宁省级产业化联合体数量8家，占全省总数（153家）的5.2%；现代农业产业园数量6家，占全省总数（126家）的4.8%。

四、推动重点农业产业链延伸发展的几点建议

加快推进农业产业链条延伸，推动咸宁农业高质量发展，对于稳定农业“基本盘”具有特殊重要意义，推动重点农业产业链发展取得新成效，需要从以下方面发力。

（一）科技助力提升农业保供能力。

全市上下要进一步增强“保障好初级农产品供给是事关全局战略性问题”的思想认识，坚持粮食安全党政同责，坚决遏制耕地“非农化”和防止耕地“非粮化”，围绕保供给、固安全，层层压实粮经作物播种面积，不断加大科技投入要素。一是要深入推进高标准基本农田建设，实施优质粮工程，确保粮食面积和粮油产量供给稳定充足。二是要加快推进茶叶蔬菜、中药材等特色产业转型升级，以赤壁青砖茶为重点，推动全市茶产业协同发展。大力发展现代种业配套服务业发展，在优质资源供给端加大研发。三是鼓励正大、温氏、双胞胎等重大畜禽产业链加强现代养殖技术转化应用，推动肉蛋及水产品供给稳定增长。

（二）政策加码强化重点链条建设。

明确围绕全市重点农业主导产业链，支持龙头企业立足主导产业，加快推动品种培优、品质提升、品牌打造，推进农业产业链建设。全市建立重点产业链链长制，对重点农业主导产业实行“一条产业链一名市领导领衔、一个牵头单位负责、一个工作专班推进、一个工作机制贯彻、一个专家团队指导、一名县级干部联络”的制度。市级财政配套安排专项奖补资金，以工业化思维发展现代农业，推动每个产业重点培育行业领军企业和加工型龙头企业。

（三）三产融合激发产业发展潜能。

一是要持之以恒推进农业产业化建设，以产业链、供应链、价值链为切入点，围绕“补链、强链、延链”做文章，推动农业价值链迈向中高端。各地要优化调整产业布局、服务重大农业产业项目申报建设，积极培育壮大农业龙头企业，确保省级农业产业化联合体全域覆盖。推动农旅产业融合发展，做好农业生产与文旅观光产业有机结合，实施咸宁农产品品牌计划，聚焦重点产业链培育一批企业产品品牌，积极参加农博会、农交会、茶博会等大型农业展会，多样化开展咸宁农产品品牌宣传推介。

（四）绿色引领推动特色提质增效。

深入贯彻落实绿色发展理念，不断培植壮大符合绿色标准的特色农业产业。一是在种养殖模式和品种上不断优化改进。各地要大力推广连作、套作、共作等高效种植养殖新模式，做深做细特色品种保护开发，推进生猪生态养殖、水产健康养殖等绿色产业发展，打好长江十年禁捕持久战。二是在农业标准化体系建设方面下好“先手棋”。在农业标准制定实施中抢占先机，坚持以优质、安全、绿色为导向，持续开展茶叶加工、畜牧养殖行业标准化示范基地建设，指导生产企业、农民专业合作社开展农业标准化生产，重点在主打产品精深加工、品牌话语权和影响力方面取得突破。

撰稿：胡大利

2021年随州十大农业产业链统计监测报告

随州立足农业资源禀赋和产业基础，积极对接省十大农业产业链，围绕食用菌、粮油、畜禽、果蔬、茶药重点产业链，建立了链长负责制，出台了一系列支持政策，形成了大抓农业产业化的机制。2021年全市农产品加工业产值实现557.3亿元，同比增长19.3%，高于全省平均增速8个百分点，约占全市规模以上工业总产值的31%；农产品出口达到9.5亿美元，占全省34.2%，其中香菇及制品出口8.5亿美元，连续多年位居全省第一。

一、基本情况

（一）特色产业蓬勃发展。一是粮油生产稳中有增。2021年全市粮食作物种植总播种面积314.7万亩，年产量147.0万吨，约占全省份额的6%，其中优质稻米全年种植面积152.0万亩，比上年同期增长2.6%，产量99.7万吨，比上年同期增长2.0%；全年油菜籽播种面积37.7万亩，比上年同期增长4.0%，油菜籽产量5.40万吨，比上年同期增长4.0%。二是畜禽生产大幅增长。2021年全年生猪出栏202.3万头，比上年同期增长47.7%，优质产品出栏16.5万头，比上年同期增长17.9%。家禽出栏7561.3万只，出笼量常年位居全省第三，规模化养殖比例达到90%以上。蛋产品产量14.61万吨，比上年同期增长0.6%。三是果蔬产业稳定向好。全年蔬菜种植面积59.0万亩，比上年同期增长1.6%，蔬菜及食用菌产量159.16万吨，比上年同期增长3.2%；其中政府重点扶持的香菇产业种植规模达到3.2亿袋，5万袋以上标准化基地295个，产量达7.08万吨，比上年同期增长14.2%，年总产量约占全国年总产量的5%，其中优质白花菇占全国同类花菇50%以上。水果种植面积21.5万亩，总产量15.6万吨。四是茶药产业稳步发展。我市全年茶叶播种面积8.1万亩，产量3678吨，形成了以随北草店镇、随南洪山镇、随中何店镇、随东武胜关镇为重点的5万亩规模化茶业种植基地。中药材播种面积6.7万亩，产量23018吨。其中集中连片种植面积超千亩的有10多种，中药材规模化种植态势初显。

（二）龙头企业不断壮大。围绕重点产业链，推进农产品加工企业“小进规、规壮大、大变强”工程，全市共培育十大产业链农产品加工规上企业90家，农业产业化市州及以上龙头企业数85个，较去年增加22个；省级以上龙头企业28个，较去年增加3个，省级农业产业化联合体6个，较去年增加2个；省级现代农业产业园5个，较去年增加2个。主营业务收入过10亿的企业有4家，收入在5-10亿元的企业有31家。龙头引领带动香菇、禽类、盐渍蔬菜、黑蒜、稻米油、中药材等特色优势产业蓬勃发展。意亚食品、万和食品、康华农业、腾云农业（加工产品以盐制辣椒、大蒜、黑蒜、葡萄汁、果酱、罐头等为主）年产值11.04亿元，出口创汇3000万美元。湖北现代农业把“一粒米”加工成“一滴油”“一片药”，提取的谷维素、阿魏酸供不应求，跻身全国稻米油加工企业10强，成为“全国稻米油加工基地”和“稻米油系列国家标准制修订基地”。随州神农茶业有限公司、湖北中兴食品有限公司2家省级龙头茶企实力不断壮大。随州神农茶业有限公司拥有茶叶基地8万余亩，其中核心企业自有高标准良种茶园13000亩已通过中国、欧盟、美国、日本有机认证、国际雨林认证，生产能力达2万吨。湖北中兴食品有限公司建有五个各具特色的茶叶生产基地，合作备案茶园基地达6万亩，加工产能达2万吨以上，在非洲设立销售机构，稳步占领非洲等40多个国家和地区市场。2家规模化中成药生产企业健民集团叶开泰国药（随州）有限公司、湖北广仁药业有限公司目前有中成药生产品种188个，204个中药批准文号。

（三）农产品加工有力推进。2021年全市规上农产品加工（十大农业产业链）企业90个，较去年增加1个；农产品加工企业营业收入164.7亿元，比上年同期增加12.0%。规上农产品加工产值与农业总产值之比从2020年的0.97提高到1.3，规上农产品加工产值超农业总产值。畜禽产业链逐步完善。以“工业化思路”谋划畜禽产业链建设，以湖北正大为带动，实施“亿只鸡”工程，从简单屠宰到熟食加工稳步迈向百亿元产业，种鸡养殖、孵化、肉鸡养殖、屠宰加工、熟食生产、鸡副产品处理等加工链不断完善。特色香菇产业形成了链条完整、结构合理、布局优化、主体集群、合作共享的全国香菇全产业链融合发展样板区。全市拥有5个大中型香菇交易市场、1个农业农村部食用菌综合试验站，1个食用菌菌种培育与检测室，160多家规模化菌种厂，16家食用菌机械设备规模生产企业，1个香菇学院，常年从事香菇产业30万人以上，产业链产值已超过300亿元，出口达到7.5亿美元，香菇精深加工产品出口超过60%，基本形成菌种繁育、集中制棒、规模种植、市场交易、精深加工、外贸出口、机械制造、技术培训等完整的产业体系。

（四）品牌培育稳步提升。实施重点品牌培育工程，形成“政府撬动、企业主动、部门联动、市场拉动”的品牌发展机制，品牌建设成效显著。2021年，全市十大产业链有“二品一标”品牌79个，比去年增加18个。其中果蔬产品“二品一标”认证47个，地理标志产品2个，分别为“随州泡泡青”“广水胭脂红”；绿色食品认证45个；纳入地理标志保护产品2个，分别为“随州泡泡青”“吉阳大蒜”；国家市场监督管理总局登记的地理标志证明商标3个，分别为“随州泡泡青”“余店大白菜”“随县油桃”。区域公用品牌4个，与去年持平，分别为“随州香菇”“随州香稻”“大洪山茶叶”“随州茶油”。其中“随州香菇”连续三年登上央视展播，获得国家农产品地理标志认证、地理标志证明商标注册。“随州香稻”获“湖北品牌”金奖。区域公用品牌产品标准化、“一品双标”全覆盖工作卓有成效。“随州香菇”分别授权22家香菇企业、11家粮食企业使用，并优先准入线上线下各类展会。以品源（随州）现代农业发展有限公司等企业带动建设香菇行业标准，正式发布“香菇酱”“香菇浓缩汁”两项团体标准，填补国内空白。

（五）内外流通持续加快。2021年全市冷链（仓储）物流中心20个，与去年一致；农产品销售额108.93亿元，比上年同期增加2.0%；农产品网络销售额4.28亿元，比上年同期增加14.0%；农产品销售收入109.91亿元，比上年同期增加25.0%；农产品出口额9.49亿美元，比上年同期增加23.0%。全市具备农产品出口资质企业56家，其中实现有效出口的企业47家、出口过千万美元企业20家。食用菌出口总额8.53亿美元，占我市农产品出口额比重高达90.1%，连续十二年位居全省第一位，占全省70%以上，品源现代、裕国菇业出口超2亿美元。传统干香菇在食用菌中的出口占比由2019年的56.7%降至2021年的25.9%，精深加工、高附加值产品比重提升到60%以上，出口结构不断优化。茶叶出口通过“买全国、卖全球”的模式，创造出“无有生有、有中生优”的“大洪山”现象。茶叶出口额793.2万美元，茶叶在农产品出口中占比为0.8%。湖北中兴食品有限公司出口产品畅销东南亚、中东、非洲等40多个国家和地区，是全省茶叶出口的领军企业。中药材、盐渍蔬菜出口均居全省第一。2021年中药材出口额、盐渍蔬菜出口额分别为5581万美元、900万美元，在农产品出口中占比依次为5.9%、1.0%。随州金船食品股份有限公司盐渍蔬菜出口额780万美元，占全省17%；万和食品作为全省唯一的黑蒜加工出口企业，年出口达到2065万元。鸿发、三元年出口中药材5620.1万美元，占全省比重达70%。

二、问题和短板

（一）企业实力不够强。现有农业产业化龙头企业块头不大，过10亿元产值的企业只有5家。加工型龙头企业偏少，并且处于初加工阶段，精深加工相对薄弱，产品同质化明显。存在产品特色优势不明显，市场竞争力不强等问题，亟须加快精深加工，丰富产品，实行差异化竞争。

（二）品牌知名度不够高。长期以来，我市农产品以外贸出口为主导，对国内市场的开发不够，导致我市地标产品、特色产品在省内国内的知名度不高，亟须抢抓机遇迎头赶上。“随州香菇”“随州香稻”虽已具一定名气，但仍还有很大上升空间。“一品双标”的应用还不广泛，如“随州香菇”还缺乏一批“龙头”企业和“拳头”产品。京东、盒马等知名平台没有随州特色农产品专区。

（三）融资渠道不够畅。农产品加工企业原料收购季节性强、资金需求量大、财务账期长、固定资产抵押不足，融资问题一直严重困扰企业发展。

（四）产业链建设不够全。十大产业链存在现代化基地建设的智能化水平不高；除了香菇在精深加工领域有了一定突破，其他特色农产品的精深加工产品开发都不太丰富、科技附加值不高等问题；供应链布局不够完善，特别是冷藏保鲜设施、物流园区建设还不够。

三、几点建议

（一）扶持龙头企业做大做强。

加快把品源现代、湖北现代等龙头企业培育成为行业领军企业、上市企业，促进全环节提升、全链条增值、全产业融合。紧盯国字号大企业、产业链头部企业及上下游配套企业，积极争取集团公司到我市发展产业链配套。

（二）推动特色名牌做精做广。

加快“一品双标”应用覆盖面，加强农产品质量监管和可追溯体系建设，推动香菇、香稻等特色农产品企业标准、行业标准、团体标准申报认定，持续提升品牌知名度与竞争力；借力央视、抖音等主流媒体平台，进博会、广交会等国家重大展会，寻根节、菇博会等重大活动，加快推进区域公用品牌建设，以品牌拉动农业全产业链价值提升。

（三）保障融资渠道畅通高效。

一方面充分发挥政策资金作用，抢抓中央一揽子支持湖北的惠农惠企政策机遇，认真落实“香菇十条”“农业产业链实施方案”等现有政策，继续争取和用好中央、省、市级政策项目资金，重点支持龙头企业做大做强；另一方面积极引入社会资本。引导社会资本参与农业产业发展，特别是要引导金融机构创新金融产品，对农业企业发放中长期贷款、低息贷款，提高担保贷款。

（四）深化基地建设产业融合。

围绕十大产业链建设，以龙头企业为主体打造一批标准化、规模化、智能化基地，加强农产品“二品一标”建设；深入推进产业链招商，加快产业集聚，打造一批集原料基地建设、农副产品加工、产品物流配送等功能于一体全产业链园区，形成集聚效益，降低要素成本。支持各地拓展农业多种功能、挖掘乡村多元价值，强化融合发展，丰富经济业态，建设产业强镇、现代农业产业园、农业现代化示范区，培育一批镇域“小老虎”。加快产业集聚，打造一批集原料基地建设、农副产品加工、产品物流配送等功能于一体全产业链园区，形成集聚效益，降低要素成本。

撰稿：李　琳

2021年恩施州十大重点农业产业链统计监测报告

恩施州按照“立足大生态、构建大交通、发展大旅游、打造大产业，推动绿色崛起”的总体思路，突出做好“土、硒、茶、凉、绿”五字文章，立足自身资源禀赋和优势特色，以培育壮大农业产业化龙头企业为抓手，以打造十大农业主导产业全产业链为目标，大力推进农业产业化提档升级。

一、十大产业链发展的基本情况

1.农产品品牌。

恩施州2021年有564个“二品一标”品牌，较上年增加124个；中国驰名商标2个，与上一年度相同，区域公用品牌20个，比上年增加3个。十大产业优质农产品种植面积558万亩，同比增加13万亩，增幅2.5%；农产品产量310.4万吨，同比增加5.08万吨，增长2.0%；农产品总产值253.5亿元，同比增加7.75亿元，增加3.2%。规上农产品加工企业数136家，较上年增加3家，增幅21.4%。市级以上龙头企业86家，比上年增2家。省级以上龙头企业43个，比上年增加11家。龙头企业年末贷款余额5.13亿元，同比增加0.78亿元，增长17.8%。冷链（仓储）物流中心72家，同比增加11家。农产品销售额109.78亿元，同比增加15.83亿元，增幅16.8%；其中网络销售额9.98亿元，占总销售额的比重为10.6%。农产品销售收入59.28亿元，同比增加12.82亿元，同比增长27.6%。农产品出口实现收入2.89亿元，同比增长6.8%。

2.优势产业。

茶叶。2021年，全州茶园面积182.78万亩，恩施、利川、巴东、宣恩、咸丰、鹤峰六县市被评为“2021年度茶业百强县”；茶叶基地总面积位居全省第一位；在全国地市州级产茶区中位居第四位，茶叶从业人数80万人以上，茶产业链综合产值达到190亿元。其中：茶叶农业产值（鲜叶收入）达到56.24亿元，同比增长12.7%；茶叶加工（干毛茶）产值达到89.23亿元，同比增长8.6%；干毛茶交易量超过3万吨，销售收入达到30亿元。规上茶叶企业达到80个，国家级龙头企业2个，省级24个，州级76个；农业产业化龙头企业主营业务收入达到35.13亿元；税款入库茶叶企业实现税收1081.79万元。全年配套扶持资金总额1.28亿元，开工项目32个。茶叶产业链招商引资签约金额8.25亿元，到位资金3.4亿元。州域公用品牌3个（恩施硒茶、恩施玉露、利川红），县市公用品牌6个，获得地理标志证明商标和农产品地理标志产品11个。全州共有茶叶行业协会9个，州级管理行业协会1个（州茶产业协会）。全州共有州级以上茶叶专业合作社72个，家庭农场69个。

生猪。2021年，全州出栏生猪404万头，养殖场（户）共36.07万家，规模养殖场641家，屠宰加工100万头以上，生猪从业人数40万人，生猪产业链总产值105亿元。全州规上生猪企业13个，国家级农业产业化龙头企业1个，省级6个，州级25个，农业产业化龙头企业主营业务收入达到10.7亿元；税款入库生猪企业实现税收516万元。全年配套产业链发展资金270万元；开工项目5个。全年生猪产业链招商引资签约金额53亿元，到位资金1亿元。生猪州域公用品牌1个（恩施黑猪肉），获得地理标志证明商标和农产品地理标志产品1个。全州共有生猪行业协会1个，其中州级管理的行业协会1个（州畜牧业协会）。全州共有州级以上生猪专业合作社31个，家庭农场1502个。

中药材。2021年，全州道地药材种植面积136.10万亩，近十年持续稳定在130万亩左右；采收面积43.82万亩，产量9.92万吨；全州中药材人工种植面积仅次于黄冈市位居全省第二，从业人员5.6万人，综合产值突破60亿元。全州中药材规上企业4个，省级农业产业化龙头企业4个，州级9个，农业产业化龙头企业主营业务收入达到9.6亿元；税款入库中药材企业实现税收610万元。全年配套产业链发展资金200万元，开工项目4个。全年中药材产业链招商引资签约金额9.4亿元，到位资金2.77亿元。全州共有中药材专业合作社51个，家庭农场501个。

柑橘。2021年，全州柑橘总面积达39.7万亩，产量22.6万吨，柑橘面积和产量分别位居全省第3和第4位，是全省第一大柚类产区；全州涉橘种植户达5.6万户、从业人数14.7万人，柑橘产业链综合产值15亿元。全州柑橘规上企业2个，省级农业产业化龙头企业2个，农业产业化龙头企业主营业务收入达到7500万元；税收入库柑橘企业实现税收 30 万元。全年配套产业链发展资金 500 万元，开工项目 5 个。全州共有柑橘行业协会 2 个。成功申报了“巴东椪柑”和“贡水白柚”国家地理标志证明商标，注册了“富源”“苗仙聚”“雷家坪椪柑”“雷家坪脐橙”等商标。入选湖北省优势商标 1 件。获得绿色食品认证 3 个，有机食品认证 2 个。柑橘产业链招商引资签约金额 3000 万，落地资金 2300 万元。全州共有州级以上柑橘类专业合作社 5 个，家庭农场 61 个。

家禽及蛋制品。2021 年，全州出笼家禽 1198.57 万羽，禽蛋产量 4.57 万吨，养殖场（户）共 21.28 万家，从业人数 20 万人，家禽及蛋制品产业链总产值 9.1 亿元。全州家禽及蛋制品规上企业 3 个，州级农业产业化龙头企业 7 个，农业产业化龙头企业主营业务收入达到 3 亿元；税款入库家禽及蛋制品企业实现税收 60 万元。全年配套产业链发展资金 200 万元，开工项目 4 个。全年家禽及蛋制品产业链招商引资签约金额 2.5 亿元，到位资金 1.5 亿元。全州共有州级以上家禽及蛋制品专业合作社 25 个，家庭农场 373 个。

蔬菜（魔芋和食用菌）。2021 年，全州魔芋种植面积 6.52 万亩，产量 10.31 万吨，魔芋产业链综合产值 6.6 亿元，魔芋生产规模、产量和产值与上年基本持平；食用菌 2150 万袋（筒），产量 0.73 万吨，食用菌产业链综合产值 2 亿元。全州魔芋规上企业 3 个，省级农业产业化龙头企业 1 个，州级 2 个，农业产业化龙头企业主营业务收入达到 1.3 亿元；税款入库魔芋企业实现税收 80 万元。食用菌规上企业 2 家，州级农业产业化龙头企业 4 家，农业产业化龙头企业主营业务收入达到 1 亿元；税款入库食用菌企业实现税收 70 万元。全年配套产业链发展资金（魔芋）120 万元，开工项目 1 个。积极接洽魔芋招商引资项目，初步达成合作意向，拟在恩施高新区投资 3 亿元，建设魔芋精深加工产业园。全州共有食用菌专业合作社 3 个，家庭农场 24 个；魔芋专业合作社 2 个，家庭农场 10 个。

优质稻米。2021 年，全州水稻种植面积 70.38 万亩，总产量 37.66 万吨，利川、恩施、建始、巴东、咸丰为全省产粮大县，从业人数 20 万人，优质稻米产业链综合产值达到 12 亿元。全州优质稻米规上企业 11 个，省级农业产业化龙头企业 1 个，州级 8 个，农业产业化龙头企业主营业务收入达到 2.6 亿元；税收入库优质稻米企业实现税收 109 万元。2021 年启动了“恩施大米”国家地标品牌申报注册工作。全州共有州级以上优质稻米类专业合作社 3 个，家庭农场 60 个。

菜籽油。2021 年，全州油菜种植面积达到 70.02 万亩，产量 7.99 万吨，面积和产量分别增长 3.5%、6.4%，从业人数 25 万人，菜籽油产业链综合产值达到 10 亿元。全州菜籽油规上企业 4 个，省级农业产业化龙头企业 2 个，州级 2 个，农业产业化龙头企业主营业务收入达到 7500 万元；税收入库菜籽油企业实现税收 140 万元。全年配套产业链发展资金 1050 万元，开工项目 8 个。2021 年全州共有州级以上菜籽油类专业合作社 2 个，家庭农场 1 个。

二、存在的问题

（一）市场主体实力不强。恩施州农业企业规模小、实力弱，大多为小型作坊式初加工厂，缺少体量大、产值高、带动力强的领军企业。从总量看，全州 6146 家涉农企业中，农产品加工企业 1346 家，只占 21.9%；规上农产品加工企业 172 家，只占 2.8 %；全州省级龙头企业 51 家，只占全省（990 家）的 5.2%；国家级龙头企业 3 家，只占全省（82 家）的 3.7%。从产值看，除烟草外，销售收入过亿元的企业只有 20 家，只占全州农业企业总数的 0.3%，占农产品加工企业的 1.4%；产值过 5 亿元的企业只有 1 家（思乐集团）；迄今为止没有一家主营收入过 10 亿元的农业龙头企业。规上农产品加工企业产值平均只有 4542 万元，仅为全州规上工业企业平均产值（6098 万元）的 74.5%。新型经营主体多但小而弱，规范化水平不高，带动力不强，全州“六有”家庭农场 2096 家，仅占注册总数的 38.7%，“六有”合作社 3447 家，仅占注册总数的 25.3%。

（二）特色产业规模效益不高。以茶叶为例，茶产业是我州主导产业，种植面积 181.2 万亩，投产茶园 143 万亩，居全国地市州第四，带动了 80 万茶农增收致富。但是恩施州茶产业链条短小，产业整体效益不高，主导产业亩均效益与全国、国内发达地区相比较低。2020 年全州投产茶园亩均产量 180 斤，是全国的 104.8%、浙江的 138.2%，但亩均农业产值仅有 3317.7 元，仅占全国的 76.5%、浙江的 67.2%。

（三）基础设施建设不完善。一是高标准农田建设标准低。恩施州山地丘陵较多，耕地资源分散，高标准农田建设区域多为交通不便、立地条件较差的坡耕地，目前高标准农田建设亩均投资标准仅为2000元/亩，其中中央1000元、省级300元，需县市配套700元，受地方财力限制，县市基本没有配套资金，投入力度难以满足建设要求，建设标准不高。二是设施农业水平低。现有设施农业基地多为简易大棚，高标准温室和智能大棚较少，田间机耕道路、排灌设施设备等配套不完善，缺少低温预冷贮藏设施。

（四）现代化科技服务水平较低。一是农业机械化水平低，水稻、玉米、马铃薯等主要农作物耕种收综合机械化率为39%，与全国全省差距较大。二是加工设施设备落后，目前农产品加工企业以小型作坊式加工厂居多，生产线自动化、智能化水平不高，设备更新换代缓慢。三是社会化水平低，提供劳务、技术、销售等产前、产中、产后服务的社会化组织少，基层农技科技服务能力亟待加强，农业社会化服务有效供给能力较低。

三、对策建议

（一）加大政策倾斜，助推企业合作。

在产业链发展资金分配过程中给予脱贫地区倾斜，降低脱贫地区竞争性项目的门槛。鼓励“省字号”企业和大型民营企业与脱贫地区建立对口帮扶关系，支持其在脱贫地区投资，利用雄厚的资金、技术、渠道优势提升农产品精深加工能力、品牌策划能力和市场推广能力，带动脱贫地区农业产业化水平提升。

（二）发挥比较优势，避免同质竞争。

在省级层面优化重点产业链功能分区，指导各地因地制宜发展特色主导产业链，打造优势互补、协调联动、错位发展的区域发展共同体。

（三）建立产业联盟，推进资源整合。

由产业重点龙头企业、行业冠军企业牵头，组建十大产业联盟，带动各地抱团发展，形成主导产业发展合力。

（四）结合各地实际，合理安排项目。

以生猪和中药材为例，恩施州2021年获得省生猪产业链支持资金250万元，只占全省的5%，咸丰县作为生猪生产大县，未获得支持资金；获得省中药材支持资金400万元，只占全省的8%，利川作为中药材生产大县（市），利川黄连的品质享誉全国，同时拥有香连药业、远志中药材、诚实通中药材等省级龙头企业，但未获得支持资金。建议在产业链资金分配上，充分考虑各地产业发展实际，带动地方特色产业高质量发展。

撰稿：汪文霞

2021年仙桃重点产业链研究报告

仙桃境内沃野千里，河湖密布，物产丰富，土壤富硒，素以“鱼米之乡”著称，历来是全国重要的粮棉油、猪鱼蛋生产基地。目前已建成优质稻米、菜籽油、蔬菜、生猪、家禽蛋产品、淡水产品等六大特色板块，培育规模以上农产品加工企业130家，先后获得中国食品产业名城、全国农村一二三融合发展先导区创建单位、全国农业产业化先进市等多项殊荣。市委、市政府高度重点农业产业化发展，做出了以黄鳝产业示范带建设为突破口，强力推进“1+4”重点农业产业链建设的战略部署，全市农业产业化发展成势见效、亮点纷呈。

一、重点产业链的发展特点

(一)建设“大基地”，优质农产品供给大幅增加。

仙桃始终牢记“国之大者”的殷殷嘱托，深入推进“111350”工程(百万亩粮食、百万头生猪、千万羽蛋禽、五十万亩水产、五十万亩蔬菜、五十万亩稻渔)，确保重要农产品生产稳定、供给充足，为农产品精深加工夯实基础。2021年，全市粮食种植面积176.46万亩，实现总产14.17亿斤，完成目标任务。油菜面积80.7万亩，产量12.29万吨，同比增长0.5%；蔬菜总产58.63万吨，同比增长7.3%。水产养殖面积53.1万亩，产量29.1万吨。同时，大力实施“三品一标”工程，农产品质量和安全水平进一步提升。截至目前，全市绿色食品认证产品16个、产量4万吨。地理标志证明商标5个，省、市农产品质量安全例行监测总体合格率均为100%。

(二)培育“大龙头”，重点主体规模持续扩大。

全市农业主体已实现从数量增加到质量提升、从单纯生产到综合带动、从收益独占到利润共享的转变，展现出较强的经济实力、发展活力和带动能力，进入到成长成型的蓬勃发展期。2021年，全市发展重点农业经营主体达到4027家，同比新增632家。其中：农业产业化重点龙头企业101家，国家级龙头企业新增1家、达到2家，省级龙头企业新增4家、达到21家，均创历史纪录；农民合作社数量达2021家(国家级15家、省级16家、市级90家)，家庭农场数量达1905家(2021年省级家庭农场新增7家、达到34家、市级45家)，农民合作社、家庭农场成员总数超过16万人，带动农户18万户以上，占全市农户数60%以上。省级现代农业产业园新增2个、达到4个，省级农业产业化联合体新增2个、达到4个，省级休闲农业重点园区达到4个。

(三)打造“大产业”，特色产业链建设稳步推进。

黄鳝及富硒农产品、特色水产品、畜禽及蛋制品、现代种业等四大重点产业链建设稳步推进，促推全市农业农村发展成效显著。

1.黄鳝产业链初具规模。初步由单纯的网箱养鳝发展到黄鳝“五＋”(黄鳝苗种繁育＋网箱养鳝景观＋稻鳝农事体验＋黄鳝精深加工＋鳝鱼饮食文化＋黄鳝营销推介)的全产业链开发体系，产业链上集聚种苗繁育、网箱喂养、饲料、交易市场、冷链物流、加工销售、文旅开发等主体100多家，湖北顾大嫂食品、湖北允泰坊食品、仙桃市中合卫祥水产等公司生产的鳝鱼粉、鳝鱼片、鳝鱼段等食品俏销市场。

2.富硒农产品产业链成效明显。以沿东荆河现代农业示范区为重点，围绕富硒农产品、特色水产品、畜禽及蛋制品三大板块，以培育壮大龙头企业为抓手，推进三大产业链建设。近年来，恒泰米业、健仙粮油、华美食品等重点加工龙头企业纷纷技改扩规，优质稻年加工产能达到100万吨、莲藕加工产能超过2万吨，带动全市优质稻、菜籽油、蔬菜实现产量和效益双增。

3.特色水产品产业链不断壮大。永华食品投资7000万元新建小龙虾加工厂、强农公司投资1200万元对小龙虾预制菜加工项目、嘉康公司投资1400万元新上虾壳粉(浆)加工项目，带动全市小龙虾年加工产能新增1万吨、达到2万吨，小龙虾产业链条不断延伸、做大做强。

4.畜禽及蛋制品产业链稳步发展。绿生公司、九珠蛋业、贤哥食品、沙湖蛋业等稳步发展，年屠宰生猪18.76万头、年加工禽类制品5万吨、年加工禽蛋2万吨以上，带动全市畜禽及蛋制品产业链稳步发展。

5.现代种业产业链亮点突出。开展种质资源保护利用、农校合作、企业扶优、基地提升、技术转化五大行动，推进忠善、洪渊泽、卫祥等合作社的黄鳝苗种繁育，宏旺公司中华鳖水产种质资源场、中垦锦绣华农（仙桃）农作物种质资源库、庚源惠公司肉牛核心育种场建设，全市鳝苗、鳖苗年繁育量分别达到0.7亿尾、700万只，繁育水平全国领先；种牛场是省内唯一的标准化规模化肉牛核心育种场；水稻、油菜年制种量分别达到60万公斤、200万公斤。

（四）构建“大保障”，发展要素不断集聚。

围绕产业链，布置资金链、资源链、人才链，全方位为农业产业输血赋能。

1.落实产业扶持政策。2021年争取到产业发展专项资金3489万元，其中：小龙虾优势特色产业集群续建项目资金550万元，农产品仓储保鲜冷链设施300万元，龙头企业贷款贴息1566万元，社会资本投资农业奖补资金200万元，返乡下乡创业创新资金45万元，全省十大产业链奖补资金828万元。

2.加强产业金融支持。加强与省农业信贷担保公司、市“三农”金融服务中心、市财源担保公司等金融机构合作，为693家新型农业经营主体担保贷款4.1亿元。

3.完善产业技术支撑。鼓励重点农业主体加强与科研院所合作，强化科技支持。目前，全市已建有院士专家工作站6个，培育农业国家高新技术企业6个。成立了省级黄鳝产业研究院，研究院教授团队和洪渊泽、永泰坊、忠鳝合作社、伟鸣合作社等已经开展和正在进行的科研成果转化已达到15项。

二、推动十大产业链发展的制约因素

（一）三产融合层次有待进一步提升。

水产、家禽、富硒稻米和果蔬等特色农业资源优势发挥不充分，未转化为产业发展优势、品牌效应优势，在精细化、特色化、功能化上做得不深入。仙桃市虽然形成了张沟黄鳝、毛嘴卤鸡、沙湖咸蛋等一批地标品牌，但与潜江小龙虾、荆门国宝桥米相比差距较大，在全国叫得响的品牌基本没有。同时，“农业+旅游”同质化普遍，多以休闲观光、农业采摘为主，对乡土文化、民俗风情挖掘不够，差异化发展不大，特色不特。

（二）农业产业化链条紧密度有待进一步提高。

全市除旺旺、真巧、华美等规模以上农产品加工企业外，其他的企业在农产品加工结构上初级产品、粗加工、低附加值产品多，精深加工、高附加值产品少；有些加工企业与农户仅仅是买卖关系，有些只是与农户签订了产品购销合同，缺乏相应的技术服务和价格保护，农民得不到龙头企业生产、加工、运输、销售增值部分的利润。

（三）中小企业融资瓶颈有待进一步突破。

全市中小农产品加工企业总体规模偏小，大多在5000万元以下，抗风险能力较差，有效的抵押物不足，银行信用等级不高，较难获得银行贷款。从金融机构的角度来看，由于农业投入大，见效慢，受自然灾害影响比较大，银行放贷的风险相对较大，单笔成本也比较高，致使银行对中小龙头企业，特别是信用体系还未完善的企业发放贷款的积极性不高。

三、十大产业链的发展建议

以创建国家农业现代化示范区为主攻方向，以一二三产业融合发展为路径，强化农业主体带动、城乡要素互动、特色板块促动、上下链条联动，大力发展现代农业产业。

（一）发掘特色资源，打造产业新高地。

围绕“水田稻虾渔、旱地果菜药、池塘鳖蟹特”等特色产业，打造以西流河镇、张沟镇为核心的国家级稻鳝共作产业园，以彭场镇、杨林尾镇为核心的生态循环产业园，以排湖、郭河镇为核心的虾蟹产业园，以郑场镇为核心的富硒食品产业园，形成一批主导产业突出的专业村、产值超10亿元的产业强镇、产值超50亿元的特色产业集群。

（二）突出三产融合，丰富产业新业态。

大力发展“农业+加工”，围绕“1+4”重点产业链，拓展农产品初加工、提升农产品精深加工，力争农产品加工产值突破400亿元。大力发展“农业+全域旅游”，以阿尔迪、仙桃源、梦里水乡、沙湖国家湿地、之龙故里、渔泛古村等农旅融合点为核心，打造一批国家级农旅名区、文旅名村。大力发展“农业+电商”，以创建国家级电子商务进农村综合示范市为契机，发展农社、农超、农企对接和产地直供销售模式，推动农副产品“双线流通”。

（三）擦亮黄鳝品牌，重塑产业新优势。

着力构建“一带一镇一园”（即黄鳝产业示范带，张沟国家产业强镇，国家稻鳝现代农业产业园）的黄鳝产业发展总体布局，积极筹建黄鳝信息交易平台和种苗交易市场，启动编制黄鳝价格指数，加快完成黄鳝技术标准制定，加紧申报“仙桃黄鳝”商品商标，申请仙桃黄鳝农产品地理标识，筹备首届黄鳝文化节。

（四）培育农业主体，构建产业新矩阵。

实施新型农业经营主体培育提升计划，加大2家国家级、21家省级龙头企业的扶持力度，新评定10家农业产业化市级龙头企业，形成“三级联动”发展格局。支持龙头企业参与优势特色产业集群、现代农业产业园、农业产业强镇等项目建设，培育一批“产学研推用”紧密结合的“产创联合体”。

（五）推进创新创业，拓展产业新空间。

实施科技创新工程，加强黄鳝产业技术创新联盟建设，加快科研成果转化。实施农民素质提升工程，建立健全培训认定、政策扶持、跟踪服务“三位一体”的新型职业农民培育体系，健全职业农民培训、使用、评价、激励、保障等政策体系，持续推进农业主体经理人和农村实用人才培训项目。

（六）强化资金保障，增强产业新动能。

将农业产业培育作为政府支持重点，构建长效投入机制。落实“‘十四五’期末土地出让收益用于农业农村的比例要达到50%以上”的政策，优先支持乡村产业振兴。鼓励和支持金融机构加强面向小农户、新型农业经营主体、民营小微企业等的普惠金融服务。用好用足中央、省委一揽子惠农政策，力争更多产业政策、产业项目进入国家、省级层面规划。

撰稿：刘　俊

2021年天门重点农业产业链统计监测报告

全市农业发展主要以“调优品种、调高品质、调强品牌”为着力点，深入推进农业供给侧结构性改革，坚持科技兴农、质量兴农、品牌强农、绿色发展，稳步推进现代农业发展，着力构建现代农业强市。全市十大重点农业产业链呈现出稳中有进的高质量发展态势。

一、重点产业链发展现状及特点

（一）机制创建愈加完善。

制定印发了“关于培育壮大农业产业化龙头企业工作方案的通知”，把优质稻米产业链建设作为重点工作，摆在突出位置，纳入社会经济发展规划统筹谋划、实施。成立、完善优质稻米产业链链长制，由市委书记易先荣任链长，市农业农村局牵头负责，市发改委（粮食局）协同配合，并组建了工作专班，产业链相关工作纳入镇域经济发展目标考核，重点解决制约产业链发展的难题，集中时间、集中精力、集中要素强力推进优质稻米产业链建设。

规划建立以天西“十大农业产业链”为基础，重点开展优质稻米、绿色蔬菜、健康畜禽、特色水产四大农业产业链建设。以创建农产品加工园、现代农业产业园、农业科技园为抓手，按照“三园合一”的功能定位，推进“生产+加工+科技+物流”一体化发展，着力打造引领带动乡村产业振兴的平台载体和具备现代化核心功能的国家级农业产业园。

（二）品牌优势逐渐显现。

2021年全市“两品一标”品牌28个，比上年增加3个。其中优质稻米11个，蔬菜15个。拥有“中国驰名商标”1个（庄品健）、“湖北著名商标”（庄品健、深山老农）2个。元淼农业的“元淼”糍粑、集福德豆制品有限公司的集福德“黄金豆卷”在第十三届中国安徽名优农产品暨农业产业化交易会上获金奖，庄品健集团获湖北省优质稻米产业链项目奖补资金400万元。张港花椰菜先后通过“绿色食品”“农产品地理标志”“中国地理标志商标”认证，获得“湖北名牌”“荆楚优品”“全国名特优新农产品”“第十五届中国国际农交会金奖”“第十九届绿色食品博览会金奖”等荣誉，畅销全国，远销东南亚、蒙古、俄罗斯等国家和地区。通过树立品牌意识，实施精品战略，天门各大产业发展迅速，产品知名度稳步提升，影响力不断扩大。

（三）产量产值稳定增长。

2021年十大重点产业实现产值146.72亿元，同比增长20.5%。其中，稻米产品产量58.15万吨，同比增长1.5%；实现产值162713万元，同比增长1.4%。早籼稻收获质量全部达到国家三等标准，中、晚籼稻收获质量全部达到国家二等标准，早籼稻、中晚籼稻谷品质均达到优质稻谷（三级）标准。油菜籽实现“三增”，面积57.7万亩，同比增长10.2%，产量9.17万亩，同比增长7.7%，实现产值4.08亿元，同比增长7.7%。生猪出栏69.3万头，同比增长96.4%，实现产值21.85亿元，同比增长46.0%。目前，拖市、多宝等10个乡镇有生猪规模化养殖场238家，九真、石家河等乡镇有蛋鸡规模化养殖场169家。小龙虾养殖面积32.16万亩，同比增长3.8%，产量35714吨，同比增长8.3%，淡水产品实现产值51. 7亿元，同比增长24.0%。建立一个中心三个支点的渔业流通体系，大力发展小龙虾加工，以张港鑫天农业和工业园湖北启勋为龙头，整合天门市小龙虾加工，以海大、通威、粤海三家大型水产饲料生产企业为依托，整合天门市水产饲料生产加工以及渔业技术服务体系。蔬菜播种面积31.56万亩，同比增长3.4%，产量93.37万吨，同比增长7.6%，实现产值41.53亿元，同比增长20.7%。全市形成了十大特色蔬菜板块基地，有万亩以上的蔬菜乡镇9个，千亩以上的蔬菜专业村50多个，500亩以上的蔬菜种植大户和新型经营主体130余家。

（四）龙头企业日益壮大。

2021年全市市州级以上龙头企业数39个，主营业务收入过10亿的有1个，主营业务收入5亿～10亿的有2个，省级以上龙头企业数11个。金璨米业成功申报省级龙业产业化龙头企业，天门市庄品健农业产业化联合体、天门市元淼农业产业化联合体被认定为省级农业产业化联合体。全市企业整体加工产能较周边县市优势明显，其中庄品健稻米加工能力在单体企业中在全国排名靠前，2021年累计固定资产投资超过5000万元，年销售收入15亿元，较上年提升2亿元。

（五）产业链条日臻完善。

一是加工能力提升。2021 年全市农产品规上加工企业数 47 个。其中稻米加工企业 22 家，生猪加工企业 7 家，蔬菜食用菌加工企业 7 家，龙头企业的发展促进了各大产业的提档升级。二是配套设施健全。全市共拥有冷链（仓储）物流中心 118 个。依托规模化农产品物流市场和农产品物流企业，构建快捷通畅物流体系。三是销售能力增强。全市十大农产品产业销售额 48.99 亿元，同比增长 53.1%；农产品出口 1.52 亿元，同比增长 47.1%。各大龙头企业积极开展“农超对接、农餐对接、农企对接”，发展订单生产，为产品内销外运打开市场。线上搭台销售广，领尚农业发起成立天门市富硒产业联盟，建立了华中富硒农产品交易网；舒彬农产品开发有限公司打造了“互联网+”农庄，开展农副产品交易的线上线下配送业务；红日子农产品有限公司积极运用“互联网+”信息技术，融合打通了生产、加工、销售全过程，把生产计划、物资供应、销售发货，包括对经销商、批发商的管理及设备远程监控、财务结算、车间管理、科研开发，全部嵌入信息化系统管理，同时开发手机 APP 技术实现了质量安全可视化可追溯生产。

二、困难和问题

（一）基础设施建设滞后，抵抗自然灾害能力有待加强。

天门农产品生产一直以来主要靠农户、企业自身投入，多数产地基础设施不配套，大棚、仓储等农业设施简陋，抵御自然灾害能力弱。尽管经过近年来的政府政策扶持和资金补贴建设，天门各地的基础设施有了一定程度的改善，但受资金、地域等方面的限制，仍有部分基础设施建设滞后，标准化、智能化、现代化设施设备的配套率低，抵抗自然灾害能力有待加强。

（二）品种结构相对单一，特色品种竞争优势有待提高。

全市蔬菜生产以传统的露地生产为主，生产的蔬菜品种过多，大量种植的花椰菜、萝卜、甘蓝、大白菜等产品上市期集中，市场竞争力不强，江汉平原到处都可以生产出同质的产品。特色优势品种如岳口玉环、天门黄花菜、九真慈姑、九真荸荠、竟陵韭菜苔等又因种植规模小，采收环节投入劳动力多，机械化采收难，市场竞争力也难以提高，严重影响了天门蔬菜的提档升级。

（三）产品品牌识别度低，十大产业链建设有待完善。

农产品整体识别度不高，市场影响十分有限，品牌效应尚不明显。农产品虽然在区域内有一定的知名度，但影响力仍十分有限，此外缺乏大型规范化农产品批发市场，农产品采后商品化处理、冷藏保鲜和冷链运输等技术滞后，缺少生产、加工和销售的龙头企业，商品化处理尚处于初级阶段，农产品产销大多主要以初级产品为主，精深加工极少，产品附加值低，市场拓展受到制约。

（四）市场主体融资难，资金倾斜扶持政策有待完善。

作为现代农业的主力军，新型农业经营主体在保障国家粮食安全、带动小农户脱贫致富、促进农业供给侧结构性改革方面发挥了重要作用。新型农业经营主体的融资困境难以化解，农业生产经营集约化、规模化水平将难以显著提高。如鑫天公司产品季节性较强，短期资金需求量较大，虽已获农业银行 3000 万元授信，但因抵押物不足，无法获得高额度贷款。

三、发展建议

以市场为导向，以技术创新、体制创新和机制创新为动力，坚持稳定连片、突出新优特色、聚焦瓶颈短板、突出关键环节。按照全产业链开发的思路，补短板、强弱项，推动产业形态由“小特产”转变为“大产业”，空间布局由“平面分布”转变为“集群发展”，主体关系由“同质竞争”转变为“合作共赢”，促进优势特色产业实现转型升级、提质增效，推动产业由大变强，全面提升内在活力和竞争力，实现天门十大重点产业链高质量发展。

（一）夯实生产端。

以蔬菜为例，根据供给侧和需求侧要求，优化张港（花菜）、多宝（萝卜）、拖市（冬瓜、地瓜、马铃薯）、渔薪（豆）、蒋湖（西瓜）、黄潭（甜瓜）、九真（水生蔬菜）等主要蔬菜种植大镇的蔬菜品种结构；完善露地种植基地的道路、沟渠等田间基础设施，提升设施配套装备水平和环境调控能力；增强产业服务能力建设，推广标准化生产技术规程、提高农事操作的机械化、智能化、信息化作业水平，实现轻简、优质、绿色、高效。

（二）提升产品端。

一是成立天门农产品行业协会，规范天门特色农产品生产技术标准和产品上市标准，增强天门特色蔬菜和优质稻米市场识别度。通过选用新优品种、采用高新技术、探索高效模式、集成产业要素，规避其他区域的同质性竞争。二是支持新型经营主体开展品牌建设提高天门农产品市场竞争能力，鼓励经营主体开展“两品一标”认证工作，规范农产品从田头到餐桌的安全追溯。三是探索区域公用品牌建设，树立品牌意识，实施精品战略，提升天门农产品的区域影响力和品牌知名度。按照“区域公用品牌+企业产品品牌”模式，创建大而强的区域公用品牌、小而美的区域特色品牌。组织企业、新型农业经营主体参加食博会、农博会、产品推介会等大型展会，向社会集中推介优质品牌产品，扩大天门农产品品牌社会知名度、市场竞争力和品牌美誉度。四是延伸产业链条。加快建设天门市农产品“三园合一”现代农业产业聚集园，推进原料供应、精深加工、信息服务、质量检测和物流配送等平台建设，延伸农产品加工产业链条。五是鼓励科技人员、回乡青年创新创业，探索现代化农产品物流、电子商务、社会化服务、乡村旅游等新兴业态，建立完善的农产品全产业链体系。

（三）培育主体端。

一是强化主体培育。通过制定优惠的扶持政策和资金倾斜扶持，引入国家级和省级农业产业化龙头企业，整合家庭农场和合作社，建立天门农业产业联合体，大力发展订单农业，与农民形成利益共同体。发展农产品精深加工，延伸产业链，实现加工增值，提高经济效益，并通过市场带龙头企业、企业带基地、基地连农户的方式，逐步形成产加销、农工贸一体化的龙头型经济，促进我市新农村建设和城乡经济持续健康稳步快速发展。二是健全市场体系。支持仓储保鲜、烘干、分级、包装等初加工，推动冷链物流设施建设，引导龙头企业发展精深加工，延长产业链，发展线上、线下相结合的现代流通方式，完善农产品直供直销体系，创新农产品营销模式。

撰稿：曾　珍

2021 年潜江重点产业链发展研究报告

全市认真贯彻落实省委、省政府决策部署，抢抓全省十大重点农业产业链建设机遇，以推进全国农业现代化示范区创建为契机，立足本地农业资源特色和产业基础，以市场为导向，以科技为支撑，以制度创新和技术创新为动力，通过深化产业发展、培育产业主体、建设多产融合的新型发展模式，积极推动虾、稻、半夏等主要农产品品种培优、品质提升、品牌做强，促进各产业链高质量发展。

一、重点农业产业总体情况

（一）农产品品牌建设。

2021 年全市共有“二品一标”品牌 15 个，其中优质稻米 8 个，蔬菜 5 个，小龙虾 1 个，中药材 1 个；中国驰名商标 5 个，其中小龙虾 3 个，优质稻米 1 个，菜籽油 1 个；区域公用品牌 3 个，小龙虾、优质稻米、中药材各 1 个。

（二）农产品加工。

2021 年涉及十大重点农业产业的规上农产品加工企业为 30 家，其中稻米加工企业 17 家，水产品加工企业 10 家，年主营业务收入过亿元的 18 家，年末贷款余额 7.08 亿元，省级农业产业化联合体 4 个，省级现代农业产业园 4 个，农产品加工业产值 84.96 亿元，与农业总产值的比值为 0.6。

（三）农产品流通情况。

全市共有冷链（仓储）物流中心 36 家，农产品销售额 140.8 亿元，其中网络销售额 1.85 亿元，农产品销售收入 193.29 亿元，农产品出口 2.66 亿元。

二、虾、稻、半夏三大产业链加快发展

（一）小龙虾产业链稳步发展

2021 年，潜江小龙虾产业总产值约为 600 亿元，同比增长 15.4%，从业人数 22 万人。全市共有生产主体 3.28 万个、龙头企业 33 家、专业合作社 204 个、家庭农场 140 个。

一产业发展情况：2021 年全市小龙虾养殖面积 70.59 万亩，产量 12.02 万吨。建成 13 个万亩和 70 个千亩集中连片虾稻共作标准化生态种养基地，荣获首批国家级水产健康养殖和生态养殖示范区称号。

二产业发展：截至 2021 年底全市有小龙虾加工企业 37 家，其中国家级农业产业化龙头企业 2 家，省级农业产业化龙头企业 7 家，年加工能力达 50 万吨。

三产业发展：建成集度假旅游、龙虾美食、文化展示为一体的生态龙虾城，创新推出油焖大虾、蒜茸虾、清蒸虾、卤虾等 128 道小龙虾菜品，其中油焖大虾、蒜蓉大虾入选“中国名菜”，在全国开设虾皇、味道工厂、小二上虾等潜江龙虾餐饮名店 3000 余家。拥有全国最大的小龙虾交易中心及 12 家功能齐全的区镇街道交易分中心，实现“基地直采、产地直销、城乡直通”，形成覆盖全国 500 多个大中城市的冷链物流网，高峰期日均交易量可达 1500 吨。

品牌建设：秉持“潜江龙虾、世界共享”理念，与全国 82 个地区和企业签订战略合作协议，与近 40 个县市、100 多家市场主体开展品牌运营合作，实现“潜江龙虾”区域公用品牌共建共享共用。2022 年“潜江龙虾”品牌价值 288.9 亿元，比去年同期增长 14.7%，连续四年登顶行业榜首。先后开展潜江龙虾走进深圳、宁波、陕西、香港等活动，成功打开全国小龙虾消费市场，潜江龙虾市场认可度空前提升。

（二）优质稻米产业链发展

2021 年全市水稻良种覆盖率 100%，生产稻米全部达到国家优质标准（国标三级），优质率 100%，优质水稻注册商标数量 32 个，绿色食品和有机产品认证个数 8 个，绿色食品和有机产品认证面积 30.00 万亩，订单生产面积 45.00 万亩。建成全国“一村一品”示范村 3 个、“一镇一品”示范镇 1 个。与湖北省农科院等单位联合选育“虾稻 1 号”水稻品种 1 个。

一产业发展情况：2021 年全市水稻种植面积 89.1 万亩，比上年增加 0.44 万亩，增 0.5%，总产 48.15 万吨，比上年增加 0.57 万吨，增 1.2%。

二产业发展情况：全市稻米加工行业现有农业产业化国家重点龙头企业 2 家、省级重点龙头企业 4 家、市级重点龙头企业 17 家，年加工能力 80 万吨。建立潜江虾稻省级产业化联合体 2 个。潜江市优质稻米产业链参与申报的“湖北省优质稻米全产业链重点链”被农业农村部确认为“全国农业产业链重点链”。2021 年稻米加工企业新开工项目 5 个，建立了智能化生产线和标准化仓库，投资1.2亿元，年加工能力新增10万吨。开发虾稻专用米、专用粉、专用米糠油等精深加工产品5个，构建了完整的虾稻加工产业链。

三产业发展情况：全市已建成潜江虾稻国家现代农业产业园1个、省级现代农业产业园2个。构建了市、镇、村三级物流配送体系，共建23个区（镇、街道）分中心，打通流通渠道，解决物流最后和最初"一公里"，优质虾稻米可以供应到长江流域及以南地区。利用互联网、物联网、云计算、大数据等现代信息技术发展电子商务，与天猫、京东、抖音、拼多多等线上平台合作，开设网上粮店，构建了专业的网络交易平台和服务体系。

品牌建设情况：制定发布了《"潜江虾稻"团体标准》等6项潜江虾稻产业标准，"潜江虾稻"荣获湖北地理标志品牌培育大赛金奖，国家知识产权局授予"潜江虾稻"地理标志商标中国驰名商标称号，中国粮油学会授予潜江市"中国虾稻之乡"称号。"水乡虾稻生态香米""虾乡稻香米"2个品牌荣获"中国好粮油"称号，"水乡虾稻生态香米""巨金米业水乡虾稻""虾乡稻香米""虾香稻米"4个品牌被湖北省粮食行业协会评为"荆楚好粮油"品牌。

（三）潜半夏产业链发展情况

全市抢抓全省道地药材发展机遇，出台了《潜半夏产业发展实施方案》，通过推广"万户万亩万元"模式，建立潜半夏野生种质资源库和核心保护区。现已建成百亩以上连片规模半夏生产基地10个，千亩连片基地3个，2021年全市半夏收获面积1.8万亩，一批半夏加工企业稳步推进种苗选育、标准化种植、粗加工及中药饮片项目，加快补齐我市半夏产业链短板。"潜半夏"被评选为全省首批道地药材"一县一品"优势品种。

三、存在问题

（一）主体实力不强，抗风险能力差。

一是产业链条短。农民专业合作社、家庭农场等经营主体规模不大、组织化程度低、科技力量不足、与农户市场联结不紧密，难以实现规模效益。水稻种植的标准化程度还不高，全程社会化服务还不够。二是发展动能不足。随着经济增速减缓，生产原料价格、生产成本、劳务工资上扬，劳动力结构性短缺、市内外主要农产品市场竞争激烈，经营主体面临成本和市场双重压力。三是金融融资困难。融资困难仍是制约龙头企业发展的瓶颈，金融激励扶持机制不健全。

（二）产品加工滞后，营销手段落后。

一是农产品精深加工不足。部分经营主体特色产品加工以初加工产品为主，"拳头"产品和优势产品少，产品附加值小，市场综合竞争力不强。二是品牌宣传意识不强。许多农产品还处于初级"形象包装"阶段，品牌效应作用发挥不明显，消费者耳熟能详的潜江农产品品牌较少。三是市场信息对接不畅。对市场需求和相关政策缺乏了解渠道，缺乏农业信息化手段支撑，掌握信息有限，市场销售存在盲目性。四是电商缺乏竞争力。已建电商平台及企业网站服务模式单一，集商流、物流、信息流、资金流为一体的全流程电子商务体系尚未完全形成，缺乏龙头企业带动。

（三）联结形式不牢，带动能力有限。

一是原料供应不对称。忽视农产品供应价格和产品收购价格的逆差，导致适应企业的原材料短缺，农户存在销售困难的问题。二是利益联结不稳固。经营主体与农户基本上还是松散的买卖关系，没有形成一种稳固的契约关系或真正的利益共同体。三是融合发展层次较低。休闲农业、旅游农业以观光为主，"吃、住、行、游、购、娱"等旅游要素吸引力不强，农业多功能挖掘不够。

（四）机制体制不活，技术服务不足。

一是三产融合发展体制尚不健全。各地、各部门常态化研究解决三产融合问题的体制机制尚未健全，市镇之间、部门之间协作意识有待加强。二是未设立专项资金。市级统筹推进农业农村发展时，将一、二、三产业融合列入其中，但是没有设立专项发展资金，不利于工作持续推进。三是农业实用人才缺乏。农村产业发展技术干部结构不合理，农村实用人才少，给一、二、三产业的融合发展推进带来阻力。

四、几点建议

实现产业兴旺必须紧紧牵住一、二、三产业融合这个"牛鼻子"，大力发展新主体、新业态、新格局，构建现代农业产业体系、生产体系、营销体系，推动农业全面升级、农村全面进步、农民全面富裕。

（一）优化结构，增加供给，扩大"三产融合"新路径。

一是发展种养结合循环农业。积极探索粮—畜、菜—畜、果—畜等种养结合型循环模式，坚定走以种养平衡为路径的产业发展之路，深挖农业内部潜力，促进生态良性发展。二是优化产业布局。重点发展果蔬（黄桃、葡萄等）、中药材（潜半夏、艾草）、生态养殖（虾、鳝鱼等）等4个主导产业，继续着力培育“4+1”特色产业体系，提高产业覆盖度和受益面。三是推动农旅融合，借助“潜江虾稻”“潜江龙虾”的农业品牌优势，统筹考虑产业与旅游项目布点、旅游通道与绿化建设、虾稻产业与龙虾文化、培训基地与民宿休闲、学旅项目设置与工业旅游项目融合，把一产业养殖、二产业加工、三产业休闲都融合在乡村旅游之中。打造江汉平原农旅融合发展示范地。四是加大扶持力度。推进涉农资金融合，用规划引导各级各类资金扶持集中投送重点项目。适当集中资金，扶持重点，培强培壮，培育领军企业和知名品牌。

（二）强抓经营，扩大规模，搭建“三产融合”新平台。

一是打造智慧农业信息化平台，以潜江现代农业“两区一基地”为基础，以建设联合农企、种植基地和农业管理部门的管理平台为抓手，以搭建互联网期货平台进行认购的新型农产品销售模式为手段，形成底层有感知、对内有协同、对外有销售渠道，有效联结消费者与农产、农户、农企有机衔接的智慧农业信息平台。建设成为由市场供需引导农业企业和农户发展农业产品的新型产销模式，促进一二三产业深度融合。二是拓宽融资渠道。着力挖掘民间资本，加大对潜江虾—稻龙头企业、专业合作社固定资产和技术改造等中长期贷款的支持力度，促进农业企业现代化技改升级，为其发展提供强有力的资金支持和技术保障。三是加强科技引进应用。有针对性地开展新模式、新品种、新技术、新工艺的引进推广，加强防控技术，加快农业科技成果转化。

（三）推进加工，加强营销，打造“三产融合”新品牌。

一是发展农产品加工。组织有一定实力的龙头企业、合作社，采取独营和联营的形式，加工开发本地富余的农副产品，提高农民收益。二是提升品牌意识。利用新媒体、采取新方式、策划新活动、拓宽新渠道、搭建新平台，提高特色农产品品牌知名度和美誉度。三是强化农产品产销对接。积极组织龙头企业参加农产品展销会、农高会等展会，加速农产品与大市场对接，增加企业收入。四是提升营销水平。大力发展农产品电子商务，促进农产品网上销售，鼓励自媒体创新营销方式，拓宽营销渠道，提高经营效益。

（四）强势推进，形成合力，建立“三产融合”新保障。

一是强化组织推动。一二三产业融合涉及面广，政策性强，建议市委市政府成立工作专班，加强领导，通过虾稻产业全面升级打造乡村振兴“潜江模式”，通过虾稻产业核心示范区建设形成一条突出产业特色、创新运营模式的农业产业化发展道路。二是强化协调配合。引导各级各部门做到上下联动，明确任务分工，发挥各自职能，形成协同推进机制。三是强化人才队伍建设。打造人才引进、留用、住房、教育全流程服务链，解决人才后顾之忧，优先引进农旅策划、农业技术、营销管理类人才专家，确保各领域技术人才扎得下根、留得下来。四是加大扶持力度。推进涉农资金融合，用规划引导各级各类资金扶持集中投送重点项目。

撰稿：杨　隽

2021年神农架林区农业产业加快发展

2021年，是“十四五”开局之年，神农架林区党委政府紧扣中央和省委关于做好做强“三农”工作的文件精神，持续抓住乡村振兴重大机遇，以“产业兴旺、生态宜居、乡风文明、治理有效、生活富裕”为目标，大力推进“六种四养”产业发展，呈现农业生产上稳向好发展势态。

一、全年种植业生产形势

（一）粮食作物种植面积、产量双增。2021年全区农业种植面积、粮食产量双增，单产较上年比提高。粮食种植面79754亩，同比增长0.23%，夏粮25576亩、秋粮54178.5亩。其中：玉米28953亩、马铃薯31544亩、豆类亩。粮食总产量17902.8吨，同比增长3.3%，其中：夏粮5613.3吨，秋粮12289.5吨。增量、增产主要原因是薯类面积比去年增加。

（二）经济作物种植面积稳步增长。2021年全区经济作物播种面积93023亩，同比增长24.0%。其中：蔬菜种植47937亩，同比增长1.2%，蔬菜产量35372吨，同比增长1.6%。全区茶叶种植总面积16414亩（其中可采摘15270亩），茶叶总产量109吨。中药材种植面积37009亩，同比增长69.9%。猕猴桃在田面积2144亩与2020年基本持平。 水果面积7679亩，产量212吨。食用坚果产量742吨，其中核桃103吨、板栗产量639吨。

（三）“六种四养”政策激活农业产业发展。

1.全区发展的林下养殖初具规模。2021年林下产业发展品种主要为猪、牛、羊、鸡、蜂。据调查，林下养殖生猪比较好的为松柏、红坪、九湖、宋洛4个乡镇，饲养量达到4170头，出栏量占全区生猪出栏总数的11.6%，以红坪镇最多，达2316头，占总数的55.5%；林下养殖耕牛比较好的为松柏、九湖、新华3个乡镇，养殖371头；林下养殖山羊比较好的为红坪、九湖、宋洛、阳日、新华镇，养殖山羊10650只，宋洛、红坪、九湖、阳日发展良好，达8607头，占总数的80.8%；林下养殖土鸡好的为松柏、红坪、九湖、宋洛、阳日、新华，养殖土鸡10.05万只，其中松柏、宋洛、红坪三镇达7.26万只，占总数的72.2%；林下养殖中蜂比较好的为松柏、红坪、九湖、宋洛、阳日、新华和林业管理局，蜂箱投放1.91万箱，宋洛、红坪、松柏、九湖四镇占的79.3%。

2.产业布局不断优化。近年来，以大九湖镇、木鱼镇、红坪镇、下谷土家族乡4乡镇为主的旅农林产业融合发展已见雏形。在村级层面，基本形成了以长坊、麻湾村为主形成冷水鱼养殖专业村，以古水、清泉、阳日、豹儿洞、后山坪村为主的蔬菜专业村，以红花坪、青天、红花、太和山为主的茶叶专业村，以梨子坪、西坡、石屋头村为主的小杂粮种植专业村，以盘龙（迴龙坪）、八角庙、黄柏阡村为主的中药材种植专业村，村级产业集群建设步伐进一步加快，“一村一品”“数村一业”的区域特色产业体系正在形成。“六种四养”政策的逐步推进落实落地，带动了农业转型，稳定了种、养产业的发展。

（四）畜牧业生产呈恢复性增长。畜牧业生产在农业经济中占有重要的地位，生产形势直接影响着农村经济的总体质量。2021年，全区生猪出栏35100头，同比增长0.3%；牛出栏1200头，同比增长9.1%；羊出栏6025只，同比增长33.2%；家禽出笼381300万只，同比增长13.3%。据调查增长的主要原因：一是受春节拉动生猪平均单价从过去的12-14元/公斤上涨到20-24元/公斤。二是生猪、山羊价格回升极调动了农民发展养殖业的积极性，据养殖意向调查，全区96%的农户依旧对发展养殖业抱有信心。三是全区生猪规模养殖保持稳定。截至2021四季度，全区生猪规模养殖场63个，其中年养殖量5000头以上1家，年养殖量500头以上15家；规模养禽场（户）25家，其中年存笼3000只以上蛋鸡场2家，年养殖森林鸡500羽以上18户；年养殖山羊50只以上34户，年养殖耕牛10头以上8户，规模养殖户数量与上年比基本持平。四是林区党委政府充分利用好惠农政策，通过强农政策、技术指导、严防严控等服务措施，实现全区畜牧产业稳量、增繁、提质、供优，为2021年畜牧发展奠定了良好的基础。

（五）农民外出务工人数、打工经济收入双增。2021年全区农民外出打工总人数1.04万人，同比增长3.4%。从外出打工地域看，县内乡外2710人，同比增长25.4%；省内县外2916人，同比下降

1.7%；省外4752人，同比下降4.0%；港澳台、境外23人，基本持平；从打工经济收入看，月收入501-1000元的没有，月收入1001-2000元占13.5%；月收入2001-3000元占26.1%；月收入在3001元及以上的占59.3%。月收入3000元以上务工人员增多，极大地拉动了农村常住居民可支配收入的增长。2021年，全区农村常住居民可支配收入12547元，同比增长9.9%。

（六）受种、养产业良性发展拉动农村经济增长迅速。2021年，全区农业总产值49546万元同比增长18.4%。其中，农业产值29170万元，林业产值7242万元，牧业产值11510万元，渔业产值502万元，农林牧渔及服务业产值1011万元。

二、当前农业发展存在的问题

（一）农业生产基础设施薄弱。

林区可用耕地90%以上位于坡地，保水保肥能力差，地块零碎，不利于机械作业，生产效率较低。

（二）种植户素质参差不齐。

农村青壮年劳动力大量外出打工，留守种田的大多文化素质不高，与外界沟通较少，难以熟练掌握先进实用生产技术。

（三）农业抗击自然灾害的能力较弱。

林区种植业基本还处于靠天吃饭，对自然灾害的抵御能力较差。

三、对农村产业发展的建议

按照发展现代农业的要求，进一步优化种植业结构，加快优质农产品基地建设，稳定粮食播种面积，主攻单产，提高品质，提高总产，加强农业基础设施建设，提高农业综合生产能力，切实加强科技创新和科技服务，提高农业科技水平，贯彻落实支农惠农政策，确保粮食增产、农业增效和农民增收。

（一）进一步贯彻落实好支农惠农政策。进一步加大政策宣传工作力度，认真执行好支农惠农政策，严把资金政策关，认真督促落实各项支农惠农政策，严格按每个农户补贴的面积、金额进行详细的张榜公布，做到应免尽免、应补尽补、足额到位、公开透明，使各项支农惠农政策真正进村入户惠及农民。

（二）进一步优化种植业结构。要扛起粮食安全生产的政治责任，稳定粮食种植面积，紧绷粮食安全生产的弦要不放松，不折不扣地完成粮食安全生产任务。

（三）进一步加强农业技术推广和农民科技培训。广大农民已充分认识到先进实用的农业技术对农业生产和脱贫致富的重要性，农业部门还需要进一步进村入户，拓宽培训渠道，创新培训工作，确保农业技术的全覆盖。

（四）继续做好农情信息报送工作。积极收集、整理、分析和报送农情生产形势，逐步提高农情监测、分析、报送的时效性、针对性和准确性，充分发挥农情信息的参谋助手和指导服务作用。

（五）开展标准化生产提高农产品质量。把发展绿色食品产业与种植业结构调整相结合，通过相应政策扶持、项目开展等手段，在稳定粮食播种面积的前提下，因地制宜，发展高附加值的高山特色农作物生产基地，打造一批上档次、上规模、信誉好、竞争力强的无公害、绿色、有机农产品品牌和地标产品。

（六）加强天气预测预报及应对机制，做好农业防灾减灾联动工作。深化与气象部门的合作，建立部门间信息共享、协调配合、高效联动的农业防灾减灾工作机制，通过气象部门的准确预测预报，提前做好准备应对工作，以减少灾害天气带来的损失和危害，努力确保农民利益。

撰稿：金立新

二、数据篇

《湖北农村统计年鉴—2022》

1.农村基本情况 ☑

2.农业产值

3.种植业

4.林业及土特产

5.畜牧业

6.渔业

7.农业机械化

8.农村主要能源及物资消耗

9.农业技术推广及应用

10.水利建设

11.农垦及监狱系统农场

农村基层组织情况

单位：个

地区	乡镇政府个数	其中：镇个数	办事处个数	村民委员会个数	村民小组个数
湖北省	**922**	**761**	**333**	**22091**	**198783**
武汉市	**4**	**1**	**156**	**1904**	**16673**
武汉市辖区	1		104	121	736
汉南区			7	69	305
蔡甸区	1		8	283	2032
江夏区			10	268	2656
黄陂区	1		15	589	6160
新洲区	1	1	12	574	4784
黄石市	**28**	**27**	**19**	**788**	**7796**
黄石市辖区	1	1	14	15	106
阳新县	16	16		417	3723
大冶市	11	10	5	356	3967
十堰市	**106**	**72**	**13**	**1788**	**10026**
茅箭区	3	1	4	41	210
张湾区	4	2	4	70	424
郧阳区	19	16		340	1753
郧西县	16	9		275	2013
竹山县	17	9		231	1311
竹溪县	15	11		313	1742
房县	20	12		293	1445
丹江口	12	12	5	225	1128
宜昌市	**86**	**67**	**24**	**1323**	**8030**
宜昌市辖区	5	2	18	72	583
夷陵区	11	9	1	177	1104
远安县	7	6		102	494
兴山县	8	6		89	502
秭归县	12	8		167	1097
长阳自治县	11	8		146	908
五峰自治县	8	5		97	714
宜都市	9	8	1	123	828
当阳市	7	7	3	156	940
枝江市	8	8	1	194	860
襄阳市	**78**	**74**	**28**	**2280**	**14447**
高新区	2	2	4	13	108
襄城区	3	2	6	118	656
樊城区	2	2	8	70	555
襄州区	12	12	2	424	2936
南漳县	10	10		269	1242
谷城县	10	9		240	1222
保康县	11	10		257	1224
老河口	8	7	2	217	1577
枣阳市	12	12	3	482	3536
宜城市	8	8	3	190	1391
鄂州市	**21**	**18**	**4**	**314**	**3898**
梁子湖	5	5		87	1006
华容区	6	4		106	1335
鄂城区	10	9	4	121	1557
荆门市	**50**	**48**	**11**	**1321**	**9816**
东宝区	7	6	2	162	1020
掇刀区	2	2	4	78	657
沙洋县	13	13		232	2444
钟祥市	16	15	2	492	3347
京山市	12	12	3	357	2348
孝感市	**95**	**72**	**13**	**1629**	**21581**

续表

地区	乡镇政府个数	其中：镇个数	办事处个数	村民委员会个数	村民小组个数
孝感市辖区				9	56
孝南区	11	8	4	200	2951
孝昌县	12	8		219	3474
大悟县	17	14		265	3685
云梦县	12	9		133	1640
应城市	10	10	5	245	3237
安陆市	13	9	2	227	2837
汉川市	20	14	2	331	3701
荆州市	**100**	**88**	**18**	**1478**	**16893**
荆州开发区	1		1	14	84
沙市区	4	4	7	47	376
荆州区	7	7	4	111	872
公安县	16	14		258	3354
监利县	21	18		323	3684
江陵县	9	7		107	809
石首市	12	11	2	153	2473
洪湖市	15	14	2	233	2741
松滋市	15	13	2	232	2500
黄冈市	**115**	**99**	**12**	**3982**	**37175**
龙感湖农场				56	56
黄州区	4	3	5	111	846
团风县	10	8		294	2340
红安县	11	10		403	3791
罗田县	12	10		397	4082
英山县	11	8		309	2579
浠水县	13	12		658	5817
蕲春县	14	13		529	4871
黄梅县	16	12		460	4040
麻城市	16	15	3	453	6210
武穴市	8	8	4	312	2543
咸宁市	**64**	**52**	**6**	**883**	**9972**
咸安区	10	9	3	125	2212
嘉鱼县	8	8		79	511
通城县	11	9		165	1997
崇阳县	12	8		187	1875
通山县	12	8		187	1753
赤壁市	11	10	3	140	1624
随州市	**37**	**37**	**8**	**848**	**8481**
曾都区	5	5	4	149	1504
随县	19	19		347	2943
广水市	13	13	4	352	4034
恩施自治州	**83**	**54**	**7**	**2012**	**20368**
恩施市	13	6	5	165	1475
利川市	12	8	2	463	5120
建始县	10	7		362	3214
巴东县	12	10		294	3448
宣恩县	9	5		147	1968
咸丰县	10	7		192	1999
来凤县	8	6		184	1780
鹤峰县	9	5		205	1364
仙桃市	**15**	**15**	**4**	**617**	**4407**
潜江市	**10**	**10**	**7**	**329**	**2562**
天门市	**22**	**21**	**3**	**528**	**6336**
神农架林区	**8**	**6**		**67**	**322**

耕地情况

单位：公顷

地区	耕地	水田	水浇地	旱地
湖北省	**4733806**	**2538238**	**366342**	**1829226**
武汉市	**234690**	**123762**	**62929**	**47999**
武汉市辖区	16529	5075	10173	1281
汉南区	8623	616	7974	33
蔡甸区	28837	13619	14471	747
江夏区	50187	30802	270	19116
黄陂区	79393	49970	3866	25557
新洲区	51119	23680	26175	1264
黄石市	**105095**	**57972**	**1239**	**45884**
黄石市辖区	1464	437	352	675
阳新县	56511	29535	701	26275
大冶市	47119	27999	186	18934
十堰市	**183661**	**28232**	**1535**	**153894**
十堰市辖区	2274	53	263	1959
郧阳区	39099	2185	413	36502
郧西县	38300	2621	109	35571
竹山县	26728	6161	211	20357
竹溪县	22580	4963	9	17609
房县	31838	7188	172	24478
丹江口市	22841	5063	359	17418
宜昌市	**291584**	**94155**	**17357**	**180072**
宜昌市辖区	2575	579	210	1787
夷陵区	28495	10369	116	18010
远安县	15632	9700	462	5470
兴山县	15471	1046	10	14415
秭归县	22307	328	44	21935
长阳县	44298	2591	13	41694
五峰县	20503	41		20462
宜都市	13797	2350		11447
当阳市	80843	46463	16438	17942
枝江市	47662	20688	65	26909
襄阳市	**668390**	**246760**	**9155**	**412475**
襄阳市辖区	49108	24065	1782	23261
襄州区	166198	40347	1204	124647
南漳县	68863	33553	1441	33869
谷城县	33136	18183	846	14108
保康县	28638	3140	3	25495
老河口市	57611	14416	679	42516
枣阳市	160826	65330	1479	94017
宜城市	104009	47726	1719	54564
鄂州市	**44212**	**21513**	**14016**	**8683**
梁子湖区	14574	8988	540	5046
华容区	15183	5984	8093	1106
鄂城区	14455	6541	5383	2531
荆门市	**495112**	**313792**	**3521**	**177800**
荆门市辖区	62586	47425	755	14406
京山市	111279	71697	611	38971
沙洋县	122506	100691	1266	20549
钟祥市	198741	93978	889	103874
孝感市	**385025**	**247040**	**46853**	**91132**

注：初步数据，未经国家确认。

续表 单位：公顷

地区	耕地	水田	水浇地	旱地
孝南区	44760	28998	2569	13192
孝昌县	54120	36676	560	16883
大悟县	59057	28724	146	30188
云梦县	35696	25572	5887	4237
应城市	59688	46337	240	13111
安陆市	60156	48382	99	11675
汉川市	71548	32351	37351	1846
荆州市	**688010**	**518937**	**155863**	**13211**
沙市区	22552	17988	4564	
荆州区	47423	32038	15309	76
公安县	133224	90852	40535	1838
监利县	184667	162987	21641	39
江陵县	67653	57234	10419	
石首市	70487	45405	23398	1683
洪湖市	75933	58959	16971	3
松滋市	86072	53475	23025	9572
黄冈市	**482145**	**319648**	**15870**	**146626**
黄州区	9049	3760	3595	1695
团风县	25343	18393	2436	4514
红安县	58860	31001	760	27099
罗田县	32725	28725	7	3993
英山县	18200	11555	177	6468
浠水县	67332	49177	1290	16865
蕲春县	60034	45471	499	14064
黄梅县	74346	46836	434	27076
麻城市	89255	52402	2229	34624
武穴市	47001	32328	4445	10228
咸宁市	**170850**	**122161**	**17101**	**31589**
咸安区	24952	19169	654	5128
嘉鱼县	32537	15688	14108	2740
通城县	25925	22745	129	3051
崇阳县	27497	19906	1455	6136
通山县	24714	13789	532	10393
赤壁市	35226	30863	222	4141
随州市	**230237**	**167752**	**4801**	**57684**
曾都区	40660	31645	893	8122
随县	113857	86056	2092	25709
广水市	75720	50051	1816	23853
恩施州	**348406**	**57810**	**216**	**290380**
恩施市	64431	4922		59509
利川市	80849	19660		61189
建始县	41889	2850	2	39038
巴东县	49873	1313	133	48427
宣恩县	33570	7875	69	25626
咸丰县	36845	10249		26596
来凤县	21925	10131	2	11792
鹤峰县	19025	812	11	18203
仙桃市	**113856**	**65411**	**6072**	**42372**
潜江市	**121223**	**74758**	**5214**	**41251**
天门市	**166255**	**78509**	**4365**	**83381**
神农架林区	**5056**	**26**	**236**	**4794**

农村劳动力文化程度和年龄状况

单位：万人

地区	外出从业人员	其中：男性	从业人员文化程度			从业人员年龄状况		
			小学及以下	初中	高中及以上	20岁以下	21岁–49岁	50岁以上
湖北省	**1182.96**	**710.74**	**114.27**	**629.80**	**438.90**	**135.01**	**848.14**	**199.82**
武汉市	**72.41**	**45.98**	**6.58**	**38.19**	**27.63**	**8.98**	**48.41**	**15.02**
武汉市辖区	3.55	1.91	0.22	1.80	1.53	0.24	2.61	0.70
汉南区	1.63	0.93	0.10	0.67	0.86	0.13	1.18	0.32
蔡甸区	6.12	3.72	0.43	3.11	2.58	0.55	4.15	1.41
江夏区	11.57	7.03	1.82	5.76	4.00	1.71	7.11	2.75
黄陂区	26.86	17.87	3.30	14.77	8.79	3.31	18.26	5.29
新洲区	22.68	14.52	0.71	12.09	9.88	3.05	15.09	4.55
黄石市	**56.70**	**36.14**	**5.96**	**29.88**	**20.86**	**7.07**	**38.84**	**10.79**
黄石市辖区	1.04	0.65	0.13	0.41	0.50	0.09	0.70	0.25
阳新县	36.82	22.63	3.65	19.96	13.21	4.96	24.75	7.12
大冶市	18.84	12.86	2.18	9.51	7.15	2.03	13.39	3.42
十堰市	**77.39**	**47.55**	**10.93**	**42.44**	**24.01**	**8.29**	**54.49**	**14.60**
茅箭区	0.96	0.61	0.08	0.44	0.45	0.03	0.74	0.19
张湾区	1.61	1.04	0.29	0.82	0.50	0.19	1.07	0.35
郧阳区	15.70	9.73	1.92	9.07	4.71	2.26	10.62	2.82
郧西县	14.63	8.08	1.92	8.43	4.28	1.13	10.56	2.94
竹山县	12.98	8.40	2.07	6.71	4.19	1.52	9.00	2.46
竹溪县	8.79	5.65	1.62	4.75	2.42	1.13	6.05	1.61
房县	14.29	8.78	2.32	7.79	4.19	1.45	10.60	2.24
丹江口市	8.43	5.27	0.70	4.44	3.28	0.58	5.85	2.00
宜昌市	**69.82**	**41.89**	**5.74**	**34.10**	**29.98**	**6.15**	**49.19**	**14.49**
宜昌市辖区	4.23	2.47	0.42	2.00	1.81	0.28	2.96	0.99
夷陵区	10.14	6.09	0.95	4.38	4.81	1.00	6.73	2.40
远安县	4.77	2.93	0.33	2.85	1.59	0.57	3.35	0.85
兴山县	2.51	1.78	0.11	1.46	0.94	0.14	1.92	0.46
秭归县	9.31	5.30	0.75	4.46	4.09	0.58	7.12	1.61
长阳土家族自治县	10.56	6.46	1.15	4.96	4.45	1.05	6.76	2.75
五峰土家族自治县	3.86	2.32	0.47	1.89	1.49	0.45	2.64	0.76
宜都市	9.73	5.87	0.78	5.21	3.75	0.88	7.16	1.69
当阳市	7.24	4.38	0.53	3.40	3.31	0.82	5.47	0.95
枝江市	7.46	4.30	0.24	3.49	3.73	0.36	5.08	2.02
襄阳市	**111.54**	**64.42**	**7.15**	**52.27**	**52.12**	**9.84**	**81.98**	**19.72**
高新区	2.03	1.34	0.10	0.97	0.95	0.12	1.65	0.25
襄城区	6.30	3.25	0.38	2.96	2.96	0.44	4.03	1.83
樊城区	6.05	4.12	0.63	2.84	2.58	0.48	3.45	2.12
襄州区	27.91	15.02	1.24	5.82	20.85	0.73	24.11	3.07
南漳县	12.81	7.35	1.38	7.31	4.12	1.66	9.09	2.06
谷城县	11.52	6.90	0.98	7.15	3.38	1.24	8.23	2.05
保康县	6.34	4.10	0.49	3.03	2.82	0.21	4.78	1.36
老河口市	9.23	5.00	0.55	5.33	3.35	1.58	6.31	1.34
枣阳市	18.83	11.43	0.79	11.43	6.62	2.25	13.46	3.12
宜城市	10.53	5.91	0.61	5.43	4.49	1.13	6.89	2.51
鄂州市	**17.26**	**10.53**	**1.56**	**9.36**	**6.34**	**2.55**	**11.29**	**3.42**
梁子湖区	4.49	2.32	0.18	2.62	1.68	0.50	3.37	0.62
华容区	3.87	2.48	0.07	2.14	1.66	0.21	2.74	0.91
鄂城区	8.90	5.72	1.31	4.60	3.00	1.84	5.18	1.89
荆门市	**57.03**	**34.28**	**3.21**	**29.62**	**24.20**	**5.13**	**45.19**	**6.71**
东宝区	4.31	2.46	0.19	1.52	2.60	0.38	3.37	0.56
掇刀区	1.57	1.08	0.03	0.80	0.74	0.06	1.28	0.23
沙洋县	13.33	7.79	1.15	6.70	5.49	1.05	11.02	1.26
钟祥市	23.25	14.30	1.51	13.19	8.54	2.52	18.25	2.48
京山市	14.57	8.66	0.33	7.42	6.82	1.11	11.27	2.19
孝感市	**137.62**	**92.07**	**10.41**	**83.51**	**43.71**	**17.54**	**101.39**	**18.70**

续表

单位：万人

地区	外出从业人员	其中：男性	从业人员文化程度			从业人员年龄状况		
			小学及以下	初中	高中及以上	20岁以下	21岁—49岁	50岁以上
孝感市辖区	0.66	0.45	0.10	0.26	0.31	0.06	0.52	0.08
孝南区	17.32	11.28	1.56	11.60	4.16	1.21	13.68	2.42
孝昌县	19.56	12.50	1.79	12.69	5.07	2.99	14.79	1.78
大悟县	19.76	12.69	1.03	11.45	7.29	3.25	13.60	2.91
云梦县	18.78	16.49	1.87	12.37	4.54	2.19	13.80	2.79
应城市	19.40	11.90	0.75	10.97	7.68	2.10	14.32	2.99
安陆市	16.76	11.52	0.94	9.47	6.34	1.82	13.42	1.52
汉川市	25.38	15.24	2.36	14.70	8.32	3.91	17.27	4.20
荆州市	**116.64**	**64.14**	**10.19**	**63.21**	**43.24**	**15.63**	**84.13**	**16.88**
荆州开发区	0.43	0.24		0.22	0.20	0.01	0.36	0.06
沙市区	2.71	1.46	0.19	0.90	1.61	0.36	2.13	0.22
荆州区	6.75	3.76	0.37	3.22	3.16	0.52	5.08	1.15
公安县	18.30	9.96	1.22	10.03	7.06	2.35	13.15	2.80
监利县	34.39	18.57	4.64	19.22	10.53	6.51	21.53	6.35
江陵县	6.35	3.52	0.62	3.15	2.58	0.84	5.31	0.20
石首市	13.01	7.42	0.72	6.22	6.06	1.20	10.12	1.69
洪湖市	15.88	8.82	1.43	9.23	5.22	1.93	11.73	2.23
松滋市	18.82	10.39	0.99	11.01	6.81	1.90	14.74	2.18
黄冈市	**173.69**	**106.08**	**22.06**	**89.63**	**62.00**	**17.54**	**123.29**	**32.86**
龙感湖农场	0.46	0.23	0.01	0.26	0.20	0.04	0.36	0.06
黄州区	4.57	2.77	0.44	2.44	1.69	0.43	3.12	1.01
团风县	10.79	6.76	1.58	6.18	3.03	0.99	6.86	2.93
红安县	17.80	11.10	1.80	9.32	6.68	1.94	11.28	4.58
罗田县	16.85	10.73	1.48	9.18	6.19	1.02	13.07	2.76
英山县	9.95	5.18	0.74	1.53	7.68	0.95	7.37	1.63
浠水县	27.50	17.00	3.81	13.21	10.48	2.92	18.43	6.15
蕲春县	25.38	15.03	4.22	13.86	7.30	3.13	17.28	4.97
黄梅县	13.75	7.43	2.42	7.99	3.35	1.48	12.12	0.15
麻城市	26.43	16.33	3.74	14.88	7.81	3.08	19.78	3.57
武穴市	20.21	13.53	1.82	10.79	7.60	1.56	13.62	5.04
咸宁市	**58.35**	**33.87**	**6.58**	**31.20**	**20.57**	**8.58**	**40.76**	**9.01**
咸安区	7.71	4.97	1.12	3.54	3.05	1.21	5.41	1.08
嘉鱼县	6.92	4.25	0.73	3.49	2.70	0.91	4.32	1.68
通城县	11.52	6.27	1.07	7.07	3.38	2.62	8.07	0.83
崇阳县	11.07	6.51	1.18	5.94	3.95	1.28	8.40	1.38
通山县	11.87	6.88	1.84	6.12	3.90	1.63	7.84	2.40
赤壁市	9.27	4.99	0.64	5.04	3.59	0.93	6.71	1.63
随州市	**50.27**	**28.76**	**4.89**	**27.60**	**17.79**	**7.12**	**35.48**	**7.68**
曾都区	9.66	6.13	0.66	5.22	3.78	1.20	7.24	1.22
随县	18.25	10.27	1.91	10.53	5.81	3.30	12.71	2.24
广水市	22.36	12.36	2.32	11.84	8.20	2.61	15.53	4.22
恩施土家族苗族自治州	**94.87**	**55.74**	**11.83**	**53.31**	**29.73**	**9.91**	**70.63**	**14.34**
恩施市	14.65	9.12	1.64	8.67	4.34	1.26	10.76	2.62
利川市	22.67	13.09	2.23	12.87	7.57	2.49	17.27	2.90
建始县	13.50	7.92	1.56	8.17	3.76	1.18	10.39	1.93
巴东县	9.59	5.56	1.23	5.26	3.11	0.98	6.44	2.17
宣恩县	10.94	5.86	1.68	6.86	2.40	1.29	7.78	1.86
咸丰县	8.32	5.41	0.86	4.57	2.89	0.94	6.55	0.83
来凤县	10.11	5.80	2.20	4.37	3.55	1.48	7.39	1.24
鹤峰县	5.09	2.98	0.44	2.53	2.12	0.28	4.03	0.78
仙桃市	**33.08**	**16.84**	**2.15**	**17.54**	**13.39**	**4.57**	**24.08**	**4.43**
潜江市	**20.06**	**11.28**	**1.64**	**10.23**	**8.20**	**2.35**	**14.51**	**3.20**
天门市	**35.18**	**20.48**	**3.21**	**17.12**	**14.86**	**3.69**	**23.70**	**7.79**
神农架林区	**1.04**	**0.70**	**0.18**	**0.58**	**0.28**	**0.06**	**0.80**	**0.18**

农村劳动力外出渠道和从业时间

单位：万人

地区	外出渠道				外出从业时间		
	政府有关部门组织	中介组织介绍	企业招收	自发及其他	1个月—3个月	3个月—6个月	6个月以上
湖北省	**149.88**	**81.37**	**177.92**	**773.79**	**99.09**	**259.23**	**824.65**
武汉市	**6.99**	**3.86**	**12.47**	**49.09**	**5.96**	**18.65**	**47.80**
武汉市辖区	0.49	0.23	1.16	1.67	0.23	0.93	2.39
汉南区	0.05	0.01	0.79	0.78	0.06	0.20	1.37
蔡甸区	0.30	0.50	1.72	3.59	0.70	1.60	3.82
江夏区	1.15	0.78	1.97	7.67	1.44	3.83	6.30
黄陂区	2.92	0.91	2.74	20.29	2.21	7.42	17.22
新洲区	2.08	1.43	4.08	15.10	1.32	4.66	16.70
黄石市	**4.39**	**3.78**	**12.79**	**35.75**	**5.60**	**13.05**	**38.05**
黄石市辖区	0.19	0.05	0.32	0.48	0.12	0.19	0.72
阳新县	2.48	2.61	8.99	22.74	3.70	7.73	25.39
大冶市	1.71	1.11	3.48	12.53	1.77	5.13	11.94
十堰市	**10.42**	**6.74**	**10.60**	**49.62**	**5.93**	**17.32**	**54.14**
茅箭区	0.06	0.05	0.15	0.70	0.04	0.11	0.80
张湾区	0.12	0.25	0.15	1.09	0.10	0.30	1.20
郧阳区	1.52	1.30	2.69	10.20	1.36	3.89	10.46
郧西县	3.75	1.67	1.85	7.36	0.82	3.06	10.74
竹山县	1.30	1.09	1.55	9.04	1.72	4.06	7.21
竹溪县	1.22	0.30	1.66	5.62	0.42	1.44	6.94
房县	1.82	1.35	1.30	9.81	0.84	2.46	10.99
丹江口市	0.64	0.73	1.26	5.80	0.63	2.01	5.79
宜昌市	**12.85**	**6.17**	**11.48**	**39.32**	**6.66**	**16.65**	**46.51**
宜昌市辖区	0.26	0.36	0.97	2.63	0.55	1.22	2.45
夷陵区	1.03	1.01	1.80	6.30	1.12	2.46	6.55
远安县	0.61	0.45	1.04	2.67	0.39	0.77	3.62
兴山县	0.15	0.08	0.27	2.02	0.08	0.58	1.86
秭归县	1.22	0.73	1.04	6.32	0.71	1.58	7.02
长阳土家族自治县	1.78	1.04	1.67	6.07	1.29	3.64	5.63
五峰土家族自治县	1.04	0.41	0.45	1.96	0.50	1.15	2.20
宜都市	1.14	0.93	1.89	5.77	0.68	2.02	7.02
当阳市	0.88	0.69	1.79	3.88	0.69	1.46	5.09
枝江市	4.74	0.47	0.56	1.70	0.64	1.76	5.06
襄阳市	**11.28**	**7.91**	**21.48**	**70.88**	**8.61**	**21.11**	**81.82**
高新区	0.07	0.34	0.52	1.10	0.49	0.75	0.79
襄城区	0.58	0.52	1.15	4.06	0.59	1.39	4.32
樊城区	0.37	1.17	0.79	3.71	0.64	1.57	3.84
襄州区	1.47	1.80	7.74	16.91	2.11	4.26	21.54
南漳县	0.84	0.77	2.84	8.35	1.23	2.46	9.12
谷城县	2.56	0.41	0.70	7.86	0.70	2.41	8.41
保康县	0.38	0.36	0.65	4.96	0.50	1.48	4.36
老河口市	0.45	0.69	2.26	5.82	0.59	1.37	7.26
枣阳市	2.49	1.16	2.54	12.65	0.56	3.17	15.09
宜城市	2.08	0.70	2.29	5.46	1.20	2.25	7.08
鄂州市	**1.11**	**1.40**	**2.92**	**11.83**	**1.98**	**4.32**	**10.96**
梁子湖区	0.47	0.32	0.49	3.21	0.30	1.38	2.81
华容区	0.17	0.19	0.81	2.70	0.27	0.96	2.64
鄂城区	0.47	0.89	1.62	5.93	1.42	1.98	5.51
荆门市	**7.63**	**4.80**	**8.40**	**36.19**	**4.47**	**10.84**	**41.71**
东宝区	0.70	0.60	0.43	2.57	0.38	0.98	2.94
掇刀区	0.11	0.11	0.31	1.05	0.11	0.36	1.10
沙洋县	1.42	0.85	2.52	8.55	1.51	2.53	9.29
钟祥市	2.34	2.12	3.01	15.77	1.89	4.38	16.98
京山市	3.06	1.11	2.14	8.26	0.58	2.58	11.41
孝感市	**14.22**	**9.50**	**21.34**	**92.56**	**13.30**	**35.75**	**88.57**

续表 单位：万人

地区	外出渠道				外出从业时间		
	政府有关部门组织	中介组织介绍	企业招收	自发及其他	1个月—3个月	3个月—6个月	6个月以上
孝感市辖区	0.03	0.09	0.23	0.32	0.10	0.19	0.38
孝南区	1.58	1.05	2.31	12.38	1.41	4.70	11.21
孝昌县	2.91	1.80	2.36	12.50	2.39	6.41	10.77
大悟县	2.53	1.40	2.71	13.13	1.69	4.00	14.07
云梦县	1.64	1.07	1.38	14.68	1.05	5.33	12.40
应城市	0.72	0.91	3.49	14.29	1.03	3.17	15.21
安陆市	1.72	1.13	3.18	10.73	2.33	5.20	9.23
汉川市	3.11	2.05	5.69	14.53	3.30	6.77	15.31
荆州市	**8.01**	**7.74**	**11.55**	**89.34**	**6.01**	**20.09**	**90.54**
荆州开发区	0.02	0.01	0.04	0.35	0.01	0.05	0.37
沙市区	0.08	0.09	0.80	1.75	0.08	0.45	2.18
荆州区	0.31	0.36	0.79	5.29	0.57	1.52	4.66
公安县	1.53	0.77	1.14	14.86	0.79	2.52	14.99
监利县	2.39	2.52	2.69	26.79	1.29	6.43	26.66
江陵县	0.49	0.22	0.26	5.38	0.44	0.94	4.97
石首市	1.53	1.24	2.77	7.47	0.73	2.83	9.45
洪湖市	0.34	0.46	1.14	13.94	1.04	2.11	12.74
松滋市	1.33	2.08	1.91	13.50	1.06	3.23	14.52
黄冈市	**21.93**	**12.77**	**25.75**	**113.23**	**18.80**	**43.31**	**111.58**
龙感湖农场		0.01	0.04	0.42	0.01	0.01	0.44
黄州区	0.43	0.40	0.88	2.86	0.36	1.04	3.17
团风县	1.20	0.85	1.72	7.03	1.54	3.26	5.99
红安县	2.60	1.43	2.93	10.84	2.31	5.13	10.36
罗田县	1.58	1.44	2.94	10.89	1.28	5.26	10.31
英山县	1.66	1.09	1.52	5.68	1.59	3.19	5.17
浠水县	2.17	1.93	4.67	18.73	2.77	5.12	19.61
蕲春县	3.81	1.93	5.28	14.37	2.29	5.56	17.53
黄梅县	0.78	0.06	0.09	12.82	0.42	3.38	9.96
麻城市	1.90	2.26	3.51	18.76	4.15	6.56	15.71
武穴市	5.81	1.38	2.17	10.85	2.08	4.80	13.33
咸宁市	**5.75**	**3.94**	**9.58**	**39.08**	**5.25**	**12.50**	**40.59**
咸安区	1.13	0.53	1.74	4.32	0.73	2.21	4.77
嘉鱼县	0.51	0.83	1.06	4.52	0.49	1.44	4.98
通城县	0.80	0.75	1.81	8.16	0.89	2.34	8.29
崇阳县	1.44	0.86	1.95	6.82	1.08	2.45	7.54
通山县	1.08	0.41	1.89	8.49	1.23	2.17	8.48
赤壁市	0.79	0.57	1.12	6.78	0.84	1.90	6.53
随州市	**4.03**	**4.44**	**8.70**	**33.10**	**4.79**	**11.99**	**33.49**
曾都区	0.67	0.76	2.07	6.17	0.53	2.07	7.06
随县	1.75	1.93	2.04	12.54	1.04	4.67	12.54
广水市	1.62	1.76	4.59	14.39	3.22	5.25	13.90
恩施土家族苗族自治州	**33.90**	**4.77**	**7.31**	**48.90**	**7.02**	**16.28**	**71.58**
恩施市	5.21	0.85	1.08	7.51	1.28	2.81	10.56
利川市	14.40	0.66	0.90	6.70	1.65	2.94	18.08
建始县	3.48	0.56	1.11	8.35	0.97	2.32	10.21
巴东县	1.51	0.91	1.23	5.94	0.74	1.55	7.31
宣恩县	1.13	0.34	0.86	8.61	0.66	1.58	8.69
咸丰县	3.05	0.21	0.82	4.23	0.67	2.22	5.43
来凤县	1.90	0.77	0.63	6.81	0.67	1.73	7.71
鹤峰县	3.21	0.46	0.68	0.74	0.38	1.12	3.59
仙桃市	**2.02**	**0.40**	**4.41**	**26.25**	**1.58**	**4.81**	**26.70**
潜江市	**1.30**	**1.06**	**3.87**	**13.83**	**1.06**	**6.14**	**12.86**
天门市	**4.05**	**2.07**	**5.23**	**23.83**	**2.01**	**6.23**	**26.94**
神农架林区		**0.02**	**0.03**	**0.99**	**0.06**	**0.20**	**0.79**

农村劳动力转移地点

单位：万人

地区	外出地点				
	县内乡外	省内县外	省外（不含港澳台及境外）	港、澳、台	境外
湖北省	**197.75**	**323.90**	**659.25**	**0.90**	**1.16**
武汉市	**18.01**	**36.84**	**17.50**	**0.04**	**0.02**
武汉市辖区	1.98	1.23	0.32	0.01	
汉南区	0.96	0.53	0.14		
蔡甸区	1.74	3.20	1.18		
江夏区	3.77	4.82	2.98		
黄陂区	6.20	17.08	3.55	0.02	0.01
新洲区	3.36	9.97	9.34	0.01	0.01
黄石市	**10.42**	**14.28**	**31.82**	**0.06**	**0.11**
黄石市辖区	0.38	0.44	0.22		
阳新县	4.62	8.30	23.80	0.05	0.04
大冶市	5.42	5.53	7.80	0.01	0.07
十堰市	**14.28**	**19.95**	**42.86**	**0.09**	**0.21**
茅箭区	0.71	0.06	0.19		
张湾区	0.94	0.38	0.29		
郧阳区	3.20	6.71	5.70	0.01	0.08
郧西县	1.53	3.82	9.26		0.01
竹山县	2.41	2.74	7.77	0.01	0.04
竹溪县	1.36	1.46	5.96		0.01
房县	1.81	2.45	9.92	0.07	0.05
丹江口市	2.32	2.32	3.77		0.01
宜昌市	**17.61**	**22.43**	**29.67**	**0.04**	**0.06**
宜昌市辖区	1.30	1.61	1.31		
夷陵区	3.14	3.42	3.53	0.02	0.02
远安县	1.09	1.42	2.26		
兴山县	0.39	0.81	1.32		
秭归县	2.04	2.56	4.70		0.01
长阳土家族自治县	1.89	4.15	4.51		0.02
五峰土家族自治县	0.64	1.61	1.61		
宜都市	2.76	3.07	3.89		
当阳市	2.27	1.51	3.45		
枝江市	2.10	2.26	3.09		0.01
襄阳市	**13.83**	**24.36**	**73.29**	**0.03**	**0.03**
高新区	0.59	0.55	0.88		
襄城区	1.21	1.50	3.60		
樊城区	1.71	1.58	2.75		
襄州区	3.74	6.40	17.77		
南漳县	1.56	2.20	9.04	0.01	
谷城县	0.61	2.74	8.15	0.01	0.01
保康县	0.63	1.62	4.09		0.01
老河口市	0.74	1.36	7.12		
枣阳市	1.15	4.63	13.05		
宜城市	1.90	1.78	6.85		
鄂州市	**5.03**	**5.96**	**6.21**	**0.01**	**0.05**
梁子湖区	1.13	1.87	1.48		
华容区	1.36	1.58	0.90		0.04
鄂城区	2.54	2.51	3.84	0.01	0.01
荆门市	**8.94**	**16.10**	**31.89**	**0.09**	**0.01**
东宝区	0.86	1.28	2.16		
掇刀区	0.46	0.69	0.43		
沙洋县	2.37	4.57	6.39		
钟祥市	3.79	6.58	12.81	0.07	
京山市	1.47	2.98	10.10	0.02	0.01
孝感市	**21.08**	**41.35**	**74.83**	**0.11**	**0.25**

续表 单位：万人

地区	外出地点				
	县内乡外	省内县外	省外（不含港澳台及境外）	港、澳、台	境外
孝感市辖区	0.12	0.24	0.30		
孝南区	2.40	4.33	10.59		
孝昌县	2.84	5.09	11.61	0.02	
大悟县	3.95	6.59	9.14	0.02	0.06
云梦县	1.86	4.70	12.19	0.03	
应城市	2.52	6.16	10.69	0.01	0.04
安陆市	2.16	4.63	9.79	0.03	0.15
汉川市	5.24	9.62	10.52		
荆州市	**15.97**	**25.97**	**74.66**	**0.02**	**0.01**
荆州开发区	0.20	0.14	0.09		
沙市区	0.91	0.51	1.29		
荆州区	1.51	1.96	3.28		
公安县	2.32	4.84	11.14		
监利县	4.13	6.07	24.19		
江陵县	0.53	1.51	4.30		
石首市	2.01	2.90	8.08		0.01
洪湖市	1.43	4.76	9.69		
松滋市	2.93	3.27	12.60	0.01	
黄冈市	**24.19**	**49.73**	**99.34**	**0.19**	**0.24**
龙感湖农场	0.07	0.09	0.30		
黄州区	1.48	1.29	1.79		0.02
团风县	2.30	4.37	4.05	0.01	0.06
红安县	3.06	7.18	7.53	0.02	0.01
罗田县	1.53	3.88	11.41	0.01	0.01
英山县	1.41	1.90	6.62	0.02	
浠水县	2.23	8.40	16.72	0.04	0.11
蕲春县	3.60	6.53	15.20	0.04	0.01
黄梅县	2.43	5.42	5.90	0.01	
麻城市	4.13	6.72	15.53	0.05	
武穴市	1.95	3.97	14.29		0.01
咸宁市	**9.45**	**14.75**	**33.99**	**0.09**	**0.07**
咸安区	1.15	1.78	4.77	0.01	
嘉鱼县	1.17	2.08	3.64	0.02	0.01
通城县	1.58	2.41	7.52		
崇阳县	1.69	3.35	5.98	0.03	0.01
通山县	2.15	3.30	6.38	0.01	0.03
赤壁市	1.70	1.83	5.70	0.02	0.01
随州市	**8.90**	**13.14**	**28.16**	**0.04**	**0.03**
曾都区	2.55	2.76	4.33	0.01	0.01
随县	2.49	4.20	11.54	0.01	0.01
广水市	3.86	6.18	12.30	0.02	0.01
恩施土家族苗族自治州	**16.75**	**17.02**	**61.03**	**0.03**	**0.04**
恩施市	4.92	2.70	7.02		0.01
利川市	2.89	3.58	16.19	0.01	0.01
建始县	2.52	3.03	7.93	0.01	0.01
巴东县	1.36	2.33	5.89	0.01	
宣恩县	1.50	1.40	8.04		
咸丰县	1.46	1.53	5.31		
来凤县	0.94	1.30	7.87		
鹤峰县	1.16	1.15	2.78		
仙桃市	**5.37**	**9.69**	**17.99**	**0.03**	
潜江市	**3.94**	**3.95**	**12.17**		**0.01**
天门市	**3.68**	**8.23**	**23.25**	**0.02**	**0.01**
神农架林区	**0.27**	**0.18**	**0.59**		

农村劳动力外出地域及从事行业

单位：万人

地区	外出地域				外出从业人员从事行业		
	东部	中部	西部	东北地区	第一产业	第二产业	第三产业
湖北省	**520.50**	**556.76**	**69.72**	**33.92**	**64.12**	**639.75**	**479.09**
武汉市	**13.69**	**56.03**	**2.03**	**0.61**	**2.74**	**39.32**	**30.35**
武汉市辖区	0.24	3.25	0.04	0.01	0.15	1.71	1.68
汉南区	0.08	1.52	0.02	0.01	0.04	0.95	0.64
蔡甸区	0.88	5.05	0.12	0.06	0.25	3.42	2.45
江夏区	2.39	8.73	0.39	0.06	0.77	6.30	4.50
黄陂区	2.42	23.97	0.28	0.17	1.15	13.08	12.64
新洲区	7.67	13.51	1.19	0.30	0.39	13.86	8.44
黄石市	**27.69**	**25.31**	**2.17**	**1.35**	**2.62**	**31.70**	**22.39**
黄石市辖区	0.16	0.82	0.05	0.01	0.09	0.63	0.32
阳新县	20.66	13.28	1.66	1.12	1.79	20.33	14.71
大冶市	6.87	11.21	0.46	0.22	0.74	10.74	7.36
十堰市	**30.52**	**35.77**	**6.83**	**3.96**	**4.93**	**41.46**	**30.99**
茅箭区	0.13	0.78	0.02	0.02	0.04	0.43	0.48
张湾区	0.15	1.39	0.05	0.02	0.03	0.88	0.70
郧阳区	2.87	9.93	1.17	1.64	1.56	6.55	7.59
郧西县	5.54	5.75	2.38	0.94	1.16	8.25	5.22
竹山县	5.32	5.15	1.57	0.89	1.19	7.67	4.12
竹溪县	5.12	3.21	0.37	0.09	0.38	4.58	3.83
房县	8.45	4.60	0.90	0.22	0.22	7.83	6.25
丹江口市	2.95	4.95	0.36	0.15	0.35	5.27	2.81
宜昌市	**21.25**	**42.87**	**4.02**	**1.57**	**4.53**	**35.46**	**29.83**
宜昌市辖区	0.88	2.95	0.28	0.11	0.52	2.06	1.65
夷陵区	2.37	7.14	0.42	0.18	0.42	4.83	4.89
远安县	1.92	2.54	0.21	0.09	0.48	2.55	1.75
兴山县	1.01	1.27	0.19	0.04	0.13	1.44	0.94
秭归县	3.81	4.86	0.56	0.07	0.63	4.30	4.38
长阳土家族自治县	2.69	6.70	0.72	0.43	1.36	4.77	4.44
五峰土家族自治县	1.19	2.35	0.25	0.07	0.19	1.89	1.78
宜都市	3.01	5.88	0.52	0.30	0.25	5.25	4.22
当阳市	2.19	4.42	0.44	0.18	0.45	3.61	3.18
枝江市	2.18	4.76	0.41	0.10	0.10	4.76	2.60
襄阳市	**57.61**	**42.45**	**8.59**	**2.84**	**9.39**	**60.67**	**41.48**
高新区	0.69	1.15	0.09	0.09	0.31	1.13	0.59
襄城区	2.65	3.10	0.38	0.17	0.48	3.32	2.51
樊城区	1.80	3.43	0.75	0.06	0.46	3.30	2.29
襄州区	13.98	11.08	2.09	0.76	4.99	12.19	10.74
南漳县	6.37	3.77	1.57	1.08	1.13	5.38	6.30
谷城县	6.31	4.07	1.06	0.06	0.66	7.30	3.56
保康县	3.31	2.59	0.33	0.11	0.41	3.92	2.01
老河口市	6.49	2.16	0.49	0.08	0.26	5.97	2.99
枣阳市	10.29	6.84	1.48	0.23	0.26	13.41	5.16
宜城市	5.72	4.26	0.35	0.19	0.44	4.75	5.33
鄂州市	**4.77**	**11.51**	**0.60**	**0.32**	**0.97**	**9.45**	**6.84**
梁子湖区	1.45	3.01	0.03		0.11	2.75	1.63
华容区	0.69	3.05	0.07	0.03	0.09	2.11	1.67
鄂城区	2.64	5.46	0.50	0.29	0.77	4.59	3.55
荆门市	**22.83**	**29.47**	**3.66**	**0.97**	**2.80**	**31.46**	**22.77**
东宝区	1.06	2.49	0.69	0.06	0.26	2.39	1.66
掇刀区	0.36	1.15	0.04	0.01	0.04	0.99	0.54
沙洋县	5.10	7.56	0.51	0.16	0.47	7.04	5.82
钟祥市	8.15	12.91	1.64	0.48	1.17	12.99	9.08
京山市	8.16	5.37	0.77	0.25	0.85	8.05	5.67
孝感市	**50.22**	**65.62**	**10.71**	**10.72**	**5.44**	**76.16**	**56.02**

续表 单位:万人

地区	外出地域				外出从业人员从事行业		
	东部	中部	西部	东北地区	第一产业	第二产业	第三产业
孝感市辖区	0.23	0.35	0.02	0.06	0.07	0.50	0.09
孝南区	8.45	6.82	0.65	1.39	0.85	10.09	6.38
孝昌县	7.73	8.19	2.10	1.53	0.90	9.75	8.91
大悟县	5.03	10.67	2.68	1.31	1.07	12.57	6.12
云梦县	5.82	8.87	1.17	2.89	0.39	11.49	6.91
应城市	8.82	8.68	0.97	0.90	0.65	10.38	8.37
安陆市	5.73	6.98	1.88	1.99	0.62	9.00	7.15
汉川市	8.41	15.06	1.24	0.67	0.89	12.39	12.10
荆州市	**61.33**	**47.87**	**6.01**	**1.39**	**2.92**	**64.96**	**48.76**
荆州开发区	0.09	0.34				0.28	0.15
沙市区	1.02	1.66	0.03		0.03	2.05	0.63
荆州区	2.92	3.57	0.20	0.05	0.19	3.77	2.79
公安县	9.36	8.25	0.59	0.10	0.65	10.58	7.07
监利县	20.38	11.81	1.60	0.59	1.03	16.28	17.07
江陵县	3.96	2.11	0.26	0.02	0.08	4.07	2.20
石首市	6.14	5.55	1.26	0.04	0.24	7.73	5.03
洪湖市	7.24	7.27	1.06	0.31	0.40	8.83	6.66
松滋市	10.22	7.31	1.00	0.27	0.31	11.36	7.15
黄冈市	**85.48**	**76.62**	**8.47**	**2.69**	**12.98**	**87.41**	**73.30**
龙感湖农场	0.29	0.16	0.01		0.12	0.27	0.06
黄州区	1.48	2.76	0.09	0.22	0.43	2.72	1.41
团风县	3.52	6.67	0.14	0.39	1.16	6.06	3.57
红安县	6.06	10.91	0.50	0.29	1.53	9.21	7.06
罗田县	10.75	5.63	0.41	0.04	0.40	10.23	6.23
英山县	5.41	3.59	0.90	0.03	1.05	5.10	3.79
浠水县	15.41	10.63	0.75	0.56	1.86	12.35	13.29
蕲春县	13.67	10.18	1.10	0.38	2.93	12.24	10.20
黄梅县	5.53	8.07	0.13	0.01	0.12	8.05	5.58
麻城市	12.62	11.07	2.61	0.09	2.30	8.36	15.77
武穴市	10.74	6.95	1.84	0.68	1.08	12.81	6.32
咸宁市	**29.57**	**25.62**	**1.94**	**1.04**	**4.81**	**29.75**	**23.79**
咸安区	4.02	3.30	0.33	0.04	0.23	3.52	3.96
嘉鱼县	2.59	4.09	0.14	0.07	0.50	3.44	2.98
通城县	7.05	4.00	0.23	0.24	0.63	6.23	4.66
崇阳县	5.31	5.04	0.41	0.27	1.63	5.24	4.19
通山县	5.69	5.66	0.33	0.14	0.99	5.71	5.17
赤壁市	4.91	3.53	0.50	0.29	0.82	5.61	2.83
随州市	**23.89**	**22.96**	**1.86**	**1.50**	**2.50**	**26.03**	**21.75**
曾都区	3.82	5.44	0.20	0.18	0.63	4.35	4.68
随县	9.52	7.38	0.69	0.64	0.99	9.00	8.25
广水市	10.54	10.14	0.98	0.68	0.87	12.68	8.81
恩施土家族苗族自治州	**48.50**	**37.30**	**6.75**	**2.25**	**4.38**	**58.90**	**31.59**
恩施市	5.68	8.14	0.71	0.11	0.90	9.29	4.46
利川市	12.56	6.54	2.37	1.18	1.53	13.12	8.02
建始县	5.69	6.44	1.02	0.33	0.29	9.62	3.59
巴东县	4.58	4.11	0.79	0.10	0.37	5.46	3.76
宣恩县	6.96	3.57	0.39	0.03	0.30	7.52	3.13
咸丰县	4.35	3.43	0.41	0.12	0.10	5.08	3.14
来凤县	6.47	2.67	0.67	0.31	0.34	6.02	3.75
鹤峰县	2.21	2.40	0.40	0.07	0.55	2.79	1.76
仙桃市	**14.61**	**15.24**	**2.54**	**0.66**	**1.20**	**16.39**	**15.49**
潜江市	**10.44**	**8.45**	**0.86**	**0.31**	**1.18**	**13.09**	**5.79**
天门市	**17.64**	**13.23**	**2.57**	**1.71**	**0.69**	**16.88**	**17.61**
神农架林区	**0.47**	**0.45**	**0.09**	**0.03**	**0.04**	**0.65**	**0.35**

农村劳动力外出从业形式及培训情况

单位：万人

地区	外出从业形式			外出从业人员职业技能培训情况		
	务工	自营	其他	参加过职业技能培训	其中：参加过政府举办的技能培训	持有职业技术资格证书
湖北省	**894.71**	**186.70**	**101.55**	**356.43**	**154.93**	**167.35**
武汉市	**55.38**	**11.31**	**5.72**	**23.39**	**9.50**	**10.67**
武汉市辖区	2.90	0.38	0.26	1.33	0.44	0.97
汉南区	1.29	0.12	0.21	0.13	0.07	1.21
蔡甸区	4.42	1.05	0.64	1.22	0.53	0.57
江夏区	8.51	1.88	1.18	2.48	1.06	1.62
黄陂区	20.10	5.24	1.53	9.25	3.12	3.07
新洲区	18.16	2.64	1.89	8.98	4.28	3.23
黄石市	**42.16**	**8.93**	**5.62**	**7.26**	**4.53**	**7.53**
黄石市辖区	0.84	0.11	0.09	0.18	0.08	0.08
阳新县	27.70	5.46	3.67	4.80	2.88	4.27
大冶市	13.62	3.36	1.86	2.28	1.56	3.17
十堰市	**61.99**	**7.69**	**7.70**	**26.91**	**14.38**	**11.73**
茅箭区	0.71	0.06	0.18	0.33	0.16	0.19
张湾区	1.34	0.11	0.17	0.55	0.26	0.28
郧阳区	11.56	1.78	2.36	4.20	2.24	2.54
郧西县	11.50	1.93	1.19	5.57	3.00	2.17
竹山县	10.25	1.42	1.30	4.36	2.18	2.04
竹溪县	7.16	0.50	1.13	1.75	0.90	0.70
房县	12.12	1.26	0.91	6.39	3.78	1.89
丹江口市	7.35	0.63	0.45	3.76	1.85	1.91
宜昌市	**54.43**	**8.83**	**6.56**	**27.11**	**12.40**	**12.94**
宜昌市辖区	3.09	0.66	0.47	1.31	0.45	0.62
夷陵区	7.92	1.31	0.91	4.73	2.00	2.87
远安县	3.88	0.56	0.34	1.90	0.57	0.64
兴山县	2.23	0.16	0.13	1.18	0.51	0.46
秭归县	7.41	0.73	1.17	1.77	0.93	0.63
长阳土家族自治县	8.00	1.25	1.31	3.32	1.29	1.31
五峰土家族自治县	3.28	0.50	0.08	1.64	0.93	0.66
宜都市	7.28	1.47	0.98	3.79	1.75	1.96
当阳市	5.26	1.43	0.56	4.48	2.53	2.18
枝江市	6.08	0.77	0.62	3.00	1.44	1.61
襄阳市	**90.43**	**13.11**	**8.01**	**39.15**	**15.58**	**20.39**
高新区	1.82	0.16	0.05	0.44	0.06	0.45
襄城区	4.94	0.69	0.67	2.24	0.62	0.93
樊城区	5.21	0.44	0.40	0.84	0.36	0.48
襄州区	22.32	3.86	1.73	9.60	3.18	6.27
南漳县	10.36	0.80	1.64	2.78	1.33	1.24
谷城县	9.65	1.17	0.70	3.92	1.42	1.46
保康县	5.49	0.58	0.27	1.69	1.00	0.62
老河口市	7.56	1.11	0.55	3.03	0.73	1.48
枣阳市	15.59	3.24		11.58	5.38	6.22
宜城市	7.47	1.07	1.99	3.02	1.48	1.24
鄂州市	**13.58**	**2.48**	**1.20**	**5.21**	**2.37**	**3.01**
梁子湖区	3.88	0.50	0.10	1.29	0.25	1.01
华容区	3.29	0.50	0.07	0.94	0.18	0.79
鄂城区	6.40	1.48	1.02	2.99	1.94	1.20
荆门市	**40.36**	**11.81**	**4.86**	**18.66**	**10.46**	**7.28**
东宝区	3.16	0.53	0.62	2.49	1.80	1.47
掇刀区	1.41	0.15	0.01	0.35	0.21	0.28
沙洋县	9.95	2.22	1.16	3.70	2.71	1.76
钟祥市	15.81	5.61	1.82	6.03	3.24	1.89
京山市	10.03	3.29	1.25	6.09	2.50	1.87
孝感市	**97.11**	**32.84**	**7.68**	**50.33**	**20.78**	**27.68**

续表

单位:万人

地区	外出从业形式			外出从业人员职业技能培训情况		
	务工	自营	其他	参加过职业技能培训	其中:参加过政府举办的技能培训	持有职业技术资格证书
孝感市辖区	0.49	0.12	0.05	0.15	0.08	0.27
孝南区	13.60	3.11	0.61	3.15	1.38	1.79
孝昌县	13.91	4.69	0.96	8.22	4.79	11.34
大悟县	12.49	5.61	1.67	6.37	3.71	2.70
云梦县	14.69	3.54	0.55	8.67	1.75	3.10
应城市	14.13	4.24	1.03	5.80	3.43	2.82
安陆市	12.67	3.51	0.57	9.66	2.08	2.37
汉川市	15.13	8.02	2.23	8.31	3.55	3.30
荆州市	**85.66**	**22.20**	**8.78**	**27.41**	**11.51**	**13.28**
荆州开发区	0.39	0.01	0.03	0.02		
沙市区	2.29	0.21	0.21	0.48	0.14	0.42
荆州区	5.17	1.08	0.51	1.91	0.70	0.78
公安县	14.70	2.52	1.09	5.76	1.77	2.14
监利县	21.00	10.14	3.24	4.78	1.89	3.22
江陵县	5.05	1.16	0.13	0.90	0.57	0.67
石首市	9.31	1.99	1.71	3.35	1.54	1.45
洪湖市	11.75	2.77	1.37	2.04	1.41	1.33
松滋市	15.99	2.32	0.50	8.18	3.48	3.26
黄冈市	**133.26**	**22.29**	**18.14**	**44.27**	**18.00**	**18.13**
龙感湖农场	0.38	0.06	0.02	0.12	0.01	0.04
黄州区	3.60	0.45	0.51	1.40	0.44	0.76
团风县	7.79	0.88	2.12	2.07	1.03	1.14
红安县	12.72	2.81	2.27	6.74	2.90	3.84
罗田县	13.48	1.82	1.55	3.92	1.20	1.45
英山县	7.97	0.93	1.05	2.35	0.86	0.78
浠水县	20.34	3.62	3.54	5.62		
蕲春县	19.42	2.98	2.98	4.22	2.07	2.77
黄梅县	10.69	2.48	0.59	5.01	4.02	2.06
麻城市	21.72	2.73	1.98	6.01	2.51	
武穴市	15.16	3.52	1.53	6.81	2.96	5.28
咸宁市	**42.47**	**8.63**	**7.25**	**20.16**	**8.44**	**7.69**
咸安区	5.60	1.02	1.09	2.77	1.37	0.37
嘉鱼县	5.39	0.77	0.76	3.08	1.15	1.30
通城县	7.98	1.75	1.80	3.86	1.62	1.44
崇阳县	8.50	1.34	1.23	6.22	2.52	2.11
通山县	8.22	2.08	1.58	2.02	0.90	1.48
赤壁市	6.79	1.68	0.80	2.22	0.89	1.00
随州市	**35.23**	**9.41**	**5.63**	**18.59**	**6.96**	**8.66**
曾都区	7.39	1.29	0.98	3.60	1.09	2.15
随县	12.13	3.46	2.66	6.35	2.14	3.79
广水市	15.70	4.67	1.99	8.65	3.73	2.72
恩施土家族苗族自治州	**80.02**	**8.57**	**6.28**	**23.93**	**11.67**	**7.40**
恩施市	12.73	1.25	0.68	5.15	3.64	1.52
利川市	18.29	1.78	2.61	3.84	1.74	1.48
建始县	11.73	1.00	0.77	3.45	1.55	1.04
巴东县	8.07	1.20	0.33	3.13	1.37	0.71
宣恩县	9.02	1.35	0.56	0.80	0.48	0.35
咸丰县	7.23	0.73	0.36	2.65	1.22	0.75
来凤县	8.87	0.63	0.62	3.63	0.98	0.75
鹤峰县	4.10	0.63	0.36	1.28	0.68	0.79
仙桃市	**21.55**	**7.44**	**4.09**	**9.57**	**2.55**	**4.16**
潜江市	**16.47**	**1.97**	**1.63**	**6.39**	**2.57**	**3.35**
天门市	**23.73**	**9.13**	**2.31**	**7.53**	**2.96**	**3.34**
神农架林区	**0.87**	**0.07**	**0.10**	**0.56**	**0.27**	**0.12**

农村劳动力外出劳务收入情况

单位:万元、万人

地区	劳务经济总收入(年)	按月收入分的外出务工人数				
		其中:月收入1000元以下	1001元—2000元	2001元—3000元	3001元—4000元	4000元以上
湖北省	**43469517**	**14.95**	**120.12**	**348.97**	**387.67**	**311.25**
武汉市	**2784485**	**0.92**	**6.10**	**25.53**	**23.03**	**16.82**
武汉市辖区	151382		0.16	0.69	1.87	0.82
汉南区	79015		0.05	0.61	0.55	0.42
蔡甸区	215111	0.03	0.38	1.98	2.18	1.54
江夏区	387329	0.11	1.06	4.92	3.75	1.73
黄陂区	1108242	0.04	0.25	8.33	8.46	9.78
新洲区	843406	0.74	4.20	9.00	6.23	2.52
黄石市	**2259684**	**0.28**	**4.12**	**12.27**	**16.49**	**23.54**
黄石市辖区	45634		0.06	0.24	0.47	0.27
阳新县	1557168	0.26	2.11	7.61	12.35	14.50
大冶市	656882	0.01	1.95	4.43	3.67	8.78
十堰市	**2659903**	**0.21**	**8.61**	**18.40**	**27.60**	**22.57**
茅箭区	40391		0.04	0.35	0.47	0.10
张湾区	48655		0.29	0.73	0.47	0.11
郧阳区	491132	0.18	3.39	4.30	4.30	3.54
郧西县	517188	0.03	1.44	3.86	5.77	3.53
竹山县	423494		1.05	3.05	4.72	4.16
竹溪县	372408		0.73	1.57	3.21	3.28
房县	469604		1.42	3.13	6.18	3.57
丹江口市	297031		0.25	1.42	2.48	4.27
宜昌市	**2372962**	**0.42**	**8.84**	**20.93**	**23.29**	**16.34**
宜昌市辖区	94801	0.06	0.31	1.19	1.47	1.20
夷陵区	424963	0.02	0.76	2.45	3.55	3.36
远安县	129513	0.01	0.90	1.58	1.67	0.61
兴山县	89374		0.16	0.73	0.90	0.72
秭归县	236920	0.12	0.92	2.99	3.52	1.77
长阳土家族自治县	398261	0.11	1.41	2.99	3.26	2.79
五峰土家族自治县	71406		0.51	1.35	1.29	0.71
宜都市	330576	0.02	2.10	3.51	2.16	1.94
当阳市	257558	0.09	1.41	2.70	2.48	0.56
枝江市	339590		0.37	1.43	2.99	2.68
襄阳市	**4053280**	**0.83**	**8.73**	**27.21**	**37.06**	**37.72**
高新区	67567	0.02	0.11	0.65	0.50	0.74
襄城区	249894	0.04	0.33	1.89	1.91	2.14
樊城区	245973	0.02	0.37	1.30	2.43	1.93
襄州区	907648	0.53	2.64	5.68	7.91	11.15
南漳县	505385	0.20	1.05	2.49	4.25	4.82
谷城县	452320		1.19	2.83	4.90	2.60
保康县	182342	0.01	0.19	1.01	2.41	2.73
老河口市	322187	0.01	0.65	1.73	3.61	3.23
枣阳市	716178		1.84	7.51	5.01	4.47
宜城市	403786		0.36	2.13	4.13	3.92
鄂州市	**426903**	**0.46**	**3.40**	**5.06**	**5.21**	**3.13**
梁子湖区	26920	0.10	1.56	1.75	0.71	0.36
华容区	127065	0.03	0.55	1.50	1.40	0.39
鄂城区	272918	0.33	1.28	1.81	3.10	2.38
荆门市	**2224778**	**0.10**	**7.70**	**18.13**	**20.44**	**10.66**
东宝区	173680	0.01	0.21	0.92	2.04	1.13
掇刀区	61600		0.07	0.41	0.73	0.36
沙洋县	589964	0.05	0.77	3.60	5.16	3.74
钟祥市	832495	0.04	5.78	7.75	6.86	2.82
京山市	567039		0.87	5.45	5.64	2.61
孝感市	**5768312**	**3.13**	**16.06**	**41.39**	**39.82**	**37.22**

续表　　　　　　　　　　　　　　　　　　　　　　　　　　　　　　　　单位:万元、万人

地区	劳务经济总收入(年)	按月收入分的外出务工人数				
		其中:月收入1000元以下	1001元—2000元	2001元—3000元	3001元—4000元	4000元以上
孝感市辖区	23554		0.03	0.07	0.17	0.40
孝南区	739688	0.05	0.14	2.06	6.17	8.90
孝昌县	784495	0.57	3.70	8.02	4.07	3.20
大悟县	796382	0.67	4.12	4.82	4.45	5.70
云梦县	784065	0.02	1.02	6.15	8.54	3.05
应城市	992038		0.90	3.41	7.50	7.59
安陆市	736235	0.02	0.76	6.66	4.59	4.72
汉川市	911855	1.81	5.39	10.20	4.32	3.66
荆州市	**4284171**	**0.97**	**12.38**	**45.32**	**37.89**	**20.08**
荆州开发区	17433		0.02	0.14	0.19	0.08
沙市区	122885		0.11	0.59	1.38	0.63
荆州区	262971		0.36	2.11	2.86	1.41
公安县	546405	0.10	1.36	10.53	4.55	1.76
监利县	1192775	0.56	6.35	11.71	10.60	5.17
江陵县	267602		0.47	4.24	1.18	0.45
石首市	490489		0.49	5.99	4.48	2.05
洪湖市	555567	0.23	1.77	5.59	5.73	2.56
松滋市	828044	0.08	1.42	4.41	6.94	5.96
黄冈市	**6191753**	**2.36**	**13.65**	**43.64**	**63.25**	**50.79**
龙感湖农场	12931		0.01	0.06	0.08	0.31
黄州区	113381	0.03	0.27	1.14	1.68	1.45
团风县	295122	0.17	1.23	2.44	2.94	4.01
红安县	541738	0.37	1.38	4.39	5.16	6.51
罗田县	665098	0.11	0.86	2.72	5.64	7.52
英山县	420276		0.05	1.38	6.83	1.68
浠水县	914772	0.12	0.25	5.27	9.94	11.92
蕲春县	1049751	0.28	2.14	5.67	9.26	8.02
黄梅县	535932	0.01	0.92	6.60	6.00	0.22
麻城市	746582	1.12	5.42	8.40	8.55	2.94
武穴市	896170	0.15	1.11	5.57	7.16	6.22
咸宁市	**1871489**	**2.71**	**7.06**	**17.59**	**18.27**	**12.70**
咸安区	235816	0.07	0.72	2.50	2.58	1.84
嘉鱼县	318467		0.71	2.51	2.15	1.54
通城县	358620	1.84	3.48	4.50	1.30	0.41
崇阳县	425130		0.24	3.13	4.66	3.03
通山县	244541	0.53	1.11	2.76	3.95	3.52
赤壁市	288915	0.27	0.80	2.20	3.64	2.36
随州市	**1656274**	**1.13**	**9.02**	**16.13**	**15.13**	**8.86**
曾都区	392130	0.20	1.73	3.91	2.97	0.85
随县	406539	0.52	3.95	5.36	5.10	3.32
广水市	857605	0.41	3.34	6.86	7.06	4.69
恩施土家族苗族自治州	**3396476**	**0.63**	**7.26**	**34.61**	**28.87**	**23.50**
恩施市	576633	0.05	0.76	5.39	4.59	3.86
利川市	846385	0.08	0.46	8.07	5.74	8.32
建始县	493909	0.14	1.15	4.91	4.67	2.63
巴东县	343455	0.17	1.49	3.37	2.72	1.85
宣恩县	256582	0.06	1.52	5.08	3.27	1.02
咸丰县	321813	0.01	0.18	3.04	2.76	2.33
来凤县	364962	0.11	1.47	3.53	3.22	1.78
鹤峰县	192737		0.23	1.24	1.91	1.71
仙桃市	**1191844**	**0.57**	**4.45**	**11.42**	**11.13**	**5.51**
潜江市	**829293**	**0.04**	**0.69**	**4.38**	**7.87**	**7.08**
天门市	**1470871**	**0.19**	**2.04**	**6.83**	**12.01**	**14.11**
神农架林区	**27039**		**0.01**	**0.14**	**0.27**	**0.62**

农村劳动力外出从业环境及社会保障

单位：万人

地区	从业环境				社会保障					
	雇主拖欠工资人数	从事高危、有害工作人数	致伤致残人数	享受劳保补贴人数	与雇主签订劳动合同	参与养老保险人数	参与医疗保险人数	参与失业保险人数	参与生育保险人数	参与工伤保险人数
湖北省	**6.13**	**36.15**	**1.29**	**159.27**	**590.59**	**649.94**	**778.42**	**188.27**	**142.04**	**333.00**
武汉市	**0.54**	**0.91**	**0.03**	**14.60**	**37.41**	**35.43**	**42.76**	**14.16**	**13.99**	**21.80**
武汉市辖区		0.02		0.71	2.40	2.21	1.91	1.27	1.27	1.66
汉南区				0.89	1.57	1.57	1.57	1.42	1.41	1.42
蔡甸区	0.01	0.05		0.79	4.24	4.08	4.01	3.76	3.16	3.47
江夏区		0.06		2.16	5.43	4.91	6.53	3.00	2.50	2.98
黄陂区	0.25	0.41	0.01	5.83	11.94	12.21	19.00	2.30	2.07	6.36
新洲区	0.28	0.37	0.02	4.21	11.83	10.44	9.75	2.40	3.58	5.91
黄石市	**0.41**	**3.07**	**0.17**	**8.81**	**27.78**	**27.55**	**31.92**	**13.35**	**11.51**	**20.60**
黄石市辖区		0.01		0.02	0.71	0.71	0.76	0.52	0.46	0.56
阳新县	0.16	1.57	0.13	4.09	20.13	19.22	21.17	11.06	9.73	14.52
大冶市	0.25	1.49	0.03	4.70	6.94	7.63	9.99	1.77	1.32	5.52
十堰市	**0.35**	**4.45**	**0.19**	**9.26**	**34.70**	**43.44**	**53.38**	**7.79**	**4.34**	**17.60**
茅箭区		0.02		0.11	0.64	0.66	0.81	0.17	0.20	0.29
张湾区		0.02		0.24	1.03	0.92	0.93	0.28	0.14	0.44
郧阳区	0.13	0.61	0.03	2.25	6.25	7.84	11.69	1.36	0.61	2.85
郧西县	0.11	0.94	0.04	1.17	6.08	7.30	8.68	1.57	1.04	2.74
竹山县	0.02	0.83	0.05	1.00	4.30	10.42	12.65	0.54	0.73	2.49
竹溪县		0.58	0.01	0.83	2.95	4.10	5.98	0.65	0.24	0.88
房县	0.04	1.07	0.04	1.19	6.92	6.22	6.45	1.33	0.32	4.67
丹江口市	0.04	0.38	0.02	2.46	6.54	5.99	6.19	1.91	1.06	3.25
宜昌市	**0.10**	**2.25**	**0.08**	**11.44**	**41.81**	**43.28**	**47.25**	**16.85**	**16.75**	**27.70**
宜昌市辖区	0.01	0.11	0.01	0.52	2.99	2.98	2.98	2.68	2.61	2.71
夷陵区	0.01	0.31	0.02	1.66	6.54	6.70	6.88	2.54	1.90	3.79
远安县	0.01	0.20	0.01	0.59	2.55	2.31	2.53	0.74	0.65	1.27
兴山县		0.04		0.54	1.57	2.50	2.49	0.49	0.37	0.64
秭归县	0.01	0.19		0.95	4.29	4.19	4.85	2.60	2.36	3.01
长阳土家族自治县	0.05	0.39	0.01	0.94	6.49	6.83	7.50	2.43	3.78	4.14
五峰土家族自治县		0.34		1.31	2.29	2.71	3.74	0.28	0.24	1.59
宜都市		0.28		1.93	5.51	5.32	6.45	1.77	1.23	3.69
当阳市		0.28		1.77	4.69	4.73	5.02	0.93	1.03	3.23
枝江市		0.11	0.03	1.22	4.89	5.02	4.81	2.38	2.57	3.63
襄阳市	**0.38**	**2.09**	**0.05**	**24.87**	**61.14**	**58.51**	**63.18**	**24.09**	**13.92**	**34.28**
高新区				0.12	1.24	1.19	1.17	0.52	0.36	0.71
襄城区		0.09	0.01	1.08	2.06	3.67	4.26	1.96	1.32	1.87
樊城区	0.30	0.35	0.01	0.42	1.81	2.70	3.35	0.46	0.45	0.82
襄州区	0.01	0.24	0.01	4.06	13.96	11.33	10.88	9.91	3.57	8.11
南漳县		0.06		1.20	6.33	6.93	10.13	1.11	1.08	2.06
谷城县	0.01	0.47	0.01	0.96	5.74	5.92	6.50	2.74	2.13	3.78
保康县		0.19		0.37	3.63	3.44	3.71	1.43	1.23	1.67
老河口市	0.01	0.27		1.45	4.50	3.80	4.84	0.58	0.19	2.80
枣阳市		0.17		14.26	17.85	14.63	12.36	4.74	3.15	11.02
宜城市	0.04	0.25		0.95	4.01	4.90	5.98	0.66	0.43	1.44
鄂州市	**0.05**	**0.35**	**0.01**	**1.56**	**5.47**	**8.02**	**11.41**	**2.12**	**1.95**	**3.63**
梁子湖区		0.04		0.25	1.40	1.07	4.00	0.35	0.53	1.37
华容区	0.01	0.06		0.57	1.29	1.10	1.05	0.93	0.70	1.07
鄂城区	0.03	0.25	0.01	0.74	2.78	5.84	6.36	0.84	0.72	1.20
荆门市		**0.75**	**0.01**	**7.70**	**29.77**	**32.97**	**44.61**	**7.63**	**4.29**	**16.52**
东宝区		0.12		1.60	3.58	3.40	3.51	1.42	0.73	2.81
掇刀区		0.02		0.34	1.34	1.33	1.56	0.49	0.32	0.72
沙洋县		0.07		1.61	5.42	5.57	7.84	2.78	1.90	4.62
钟祥市		0.40	0.01	2.04	9.74	11.74	17.28	1.18	0.75	4.05
京山市		0.14		2.11	9.68	10.94	14.42	1.76	0.59	4.31
孝感市	**1.36**	**8.09**	**0.16**	**11.97**	**67.85**	**89.57**	**102.82**	**14.44**	**6.43**	**27.99**

续表 单位：万人

地区	从业环境				社会保障					
	雇主拖欠工资人数	从事高危、有害工作人数	致伤致残人数	享受劳保补贴人数	与雇主签订劳动合同	参与养老保险人数	参与医疗保险人数	参与失业保险人数	参与生育保险人数	参与工伤保险人数
孝感市辖区				0.08	0.46	0.31	0.30	0.29	0.29	0.44
孝南区	0.13	0.60		0.81	4.42	14.71	15.26	1.38	0.97	1.85
孝昌县	0.04	2.06	0.05	1.90	8.50	8.11	15.07	1.60	0.35	2.81
大悟县	0.16	0.82	0.02	3.14	12.27	19.34	19.22	2.32	1.20	4.92
云梦县	0.25	2.91	0.03	0.98	9.53	7.49	4.39	1.56	0.07	5.26
应城市		0.07		2.36	11.80	18.26	19.40	2.60	1.22	3.74
安陆市	0.12	1.17	0.04	0.09	9.56	6.11	11.05	1.11	0.22	2.30
汉川市	0.65	0.45	0.01	2.61	11.30	15.24	18.13	3.59	2.12	6.67
荆州市	**0.27**	**1.16**	**0.09**	**9.91**	**49.73**	**54.55**	**73.01**	**7.78**	**4.60**	**25.47**
荆州开发区					0.16	0.23	0.23	0.09	0.01	0.05
沙市区				0.04	0.71	1.97	1.98	0.08	0.05	0.58
荆州区		0.02	0.02	0.01	3.82	3.77	4.20	0.25	0.22	2.23
公安县	0.02	0.25	0.02	1.35	9.40	10.95	12.10	1.11	0.66	4.09
监利县	0.12	0.25	0.05	1.09	3.95	13.67	23.35	2.02	1.01	3.43
江陵县	0.06	0.12		0.52	4.77	1.23	3.82	0.31	0.11	1.61
石首市		0.24		1.90	6.23	7.34	7.96	2.84	2.20	4.21
洪湖市	0.06	0.09		1.44	6.79	6.95	10.72	0.12	0.09	1.17
松滋市	0.02	0.19		3.56	13.91	8.44	8.64	0.97	0.23	8.09
黄冈市	**1.18**	**6.22**	**0.34**	**31.39**	**89.82**	**105.91**	**114.97**	**38.04**	**33.13**	**56.42**
龙感湖农场				0.02	0.09	0.18	0.34	0.01		0.03
黄州区	0.02	0.19	0.01	0.48	2.46	2.71	2.65	0.67	0.59	1.09
团风县	0.01	0.48	0.02	1.31	4.04	5.19	5.80	1.11	0.82	2.40
红安县	0.31	0.68	0.05	6.30	10.89	12.16	13.71	6.12	5.93	7.51
罗田县	0.07	0.63	0.03	2.15	10.14	10.24	10.55	6.05	5.29	7.70
英山县	0.01	0.19		0.90	9.36	9.03	9.13	8.76	8.63	9.62
浠水县	0.27	1.27	0.08	4.95	12.58	20.57	25.12	4.98	3.83	8.77
蕲春县	0.21	0.60	0.12	2.45	8.68	10.60	13.75	3.57	2.85	4.78
黄梅县	0.13	0.09	0.01	1.71	6.14	8.60	8.54	1.18	0.82	0.57
麻城市	0.11	1.52	0.01	6.87	13.57	11.65	11.65	1.35	1.26	7.03
武穴市	0.05	0.57	0.02	4.26	11.87	14.97	13.75	4.24	3.11	6.93
咸宁市	**0.53**	**1.57**	**0.05**	**7.34**	**34.23**	**37.25**	**43.26**	**13.62**	**9.11**	**20.83**
咸安区	0.01	0.04	0.02	0.95	4.68	3.89	3.85	2.81	2.60	3.41
嘉鱼县		0.09		1.30	6.09	6.50	6.52	1.65	0.70	3.73
通城县	0.02	0.36		1.19	5.97	5.21	6.32	1.30	0.15	3.01
崇阳县	0.02	0.07	0.01	1.33	6.19	8.89	9.98	2.08	1.14	2.05
通山县	0.27	0.69	0.01	2.14	5.64	6.76	7.95	3.57	3.07	4.47
赤壁市	0.21	0.32		0.43	5.66	6.00	8.63	2.22	1.46	4.15
随州市	**0.40**	**0.78**	**0.03**	**6.02**	**24.72**	**27.30**	**34.25**	**6.39**	**5.45**	**13.76**
曾都区	0.01	0.22		2.14	3.75	7.51	7.57	1.02	0.95	2.65
随县	0.05	0.21	0.01	1.82	8.89	6.86	9.39	0.64	0.61	2.97
广水市	0.33	0.34	0.01	2.07	12.08	12.93	17.28	4.73	3.89	8.14
恩施土家族苗族自治州	**0.11**	**2.81**	**0.05**	**7.72**	**43.45**	**44.73**	**55.84**	**11.33**	**8.80**	**22.89**
恩施市		0.53		1.70	7.43	5.85	7.11	2.49	0.76	5.00
利川市	0.04	0.63	0.03	1.26	10.30	12.62	16.88	2.44	2.87	5.26
建始县	0.01	0.32		0.93	5.71	6.68	9.17	1.54	1.13	3.69
巴东县	0.01	0.10		0.24	4.53	4.64	4.73	1.67	1.57	2.18
宣恩县		0.08	0.01	0.20	3.10	1.87	2.01	0.91	0.65	1.01
咸丰县	0.04	0.37	0.01	1.16	4.54	4.10	4.59	0.79	0.59	3.68
来凤县		0.57		1.14	4.95	6.01	7.76	0.53	0.30	1.02
鹤峰县		0.22		1.09	2.90	2.94	3.60	0.97	0.95	1.05
仙桃市	**0.30**	**0.83**	**0.03**	**1.94**	**16.82**	**14.58**	**26.58**	**1.26**	**0.87**	**9.67**
潜江市	**0.03**	**0.19**		**3.33**	**12.71**	**10.50**	**13.92**	**3.63**	**2.48**	**5.20**
天门市	**0.13**	**0.60**		**1.36**	**12.48**	**15.62**	**18.37**	**5.70**	**4.39**	**8.38**
神农架林区	**0.01**	**0.03**		**0.06**	**0.70**	**0.74**	**0.90**	**0.10**	**0.04**	**0.27**

《湖北农村统计年鉴—2022》

全省农林牧渔业总产值

（按当年价格计算） 单位：亿元

年份	农林牧渔业总产值	农业	林业	牧业	渔业	农林牧渔专业及辅助性活动
1978	84.46					
1980	94.95	64.7	7.28	17.29	1.46	
1985	192.32	129.61	8.15	39.08	8.18	
1990	402.23	252.92	14.15	98.04	23.88	
1991	405.04	247.01	16.81	102.19	25.06	
1992	435.42	265.53	17.36	110.37	27.59	
1993	501.17	301.99	22.39	134.02	42.77	
1994	786.84	481.82	26.47	219.53	59.01	
1995	988.53	612.12	28.33	268.09	79.98	
1996	1140.76	670.27	33.62	337.02	99.86	
1997	1243.68	711.91	37.33	381.4	113.04	
1998	1222.58	688.06	41.29	371.37	121.86	
1999	1126.1	645.98	40.86	311.43	127.83	
2000	1125.64	615.74	40.24	338.77	130.89	
2001	1172.82	658.26	27.11	352.63	134.82	
2002	1203.3	671.2	28.33	354.84	148.93	
2003	1342.09	733.36	34.78	383.71	170.43	
2004	1695.44	921.59	31.78	514.52	205.68	21.87
2005	1775.58	932.15	37.3	545.4	236.49	24.24
2006	1842.2	995.46	40.5	487.09	221.42	97.73
2007	2281.21	1147.31	41.86	678.27	310.83	102.94
2008	2900.59	1385.21	49.69	985.51	372.98	107.2
2009	2924.66	1490.91	57.67	851.62	413.14	111.33
2010	3407.64	1883.22	65.37	883.09	458.58	117.38
2011	4110.16	2244.55	86.1	1137.84	508.8	132.87
2012	4542.16	2416.35	100.1	1244.29	626.2	155.22
2013	4920.13	2585.15	122	1286.55	748.4	178.03
2014	5162.94	2651.16	157	1301.06	844.2	209.53
2015	5387.13	2674.07	180.6	1354.28	922.77	255.42
2016	5863.98	2794.79	203.43	1527.29	1030.01	308.46
2017	6129.72	2962.49	213.26	1478.1	1089.08	386.79
2018	6207.83	3033.76	235.23	1386.53	1105.95	446.36
2019	6681.85	3257.85	258.47	1521.49	1152.68	491.36
2020	7303.64	3492.54	245.37	1864.78	1156.78	544.16
2021	8296.44	3912.47	302.70	1990.16	1458.88	632.23

注：农村牧渔业总产值 2007—2017 年数据依据第三次农业普查结果进行了修订。

全省农林牧渔业增加值

（按当年价格计算）

单位：亿元

年份	农林牧渔业增加值	农业	林业	牧业	渔业	农林牧渔专业及辅助性活动
1995	639.31	414.41	19.42	148.28	57.19	
1996	716.34	444.17	22.53	179.79	69.85	
1997	767.92	459.2	25.57	207.86	75.28	
1998	748.22	439.51	28.49	197.85	82.37	
1999	694.8	408.26	28.03	175.29	83.21	
2000	684.13	380.24	26.12	194.79	82.98	
2001	711.18	408.53	16.65	200.38	85.62	
2002	734.26	417.11	17.25	201.42	98.48	
2003	808.63	451.46	20.47	217.4	109.02	10.29
2004	1031.06	563.99	18.42	305.57	131.86	11.22
2005	1081.23	571.87	20.54	324.19	152.31	12.32
2006	1140.41	624.96	23.3	311.39	165.87	14.89
2007	1368.49	718.98	25.21	395.24	192.01	37.05
2008	1755.53	877.34	30.22	574.56	233.91	39.49
2009	1758.99	932.07	35.08	490.83	259.35	41.67
2010	2088.38	1207.57	40.06	507.28	288.3	45.18
2011	2518.67	1474.59	46.51	632.22	315.87	49.48
2012	2732.88	1565.46	53.54	672.96	382.84	58.06
2013	2951.62	1666.87	62.02	687.49	467.35	67.89
2014	3080.59	1715.93	76.5	691.13	518.04	79
2015	3210.92	1727.91	100.68	720.92	553.92	107.48
2016	3527.93	1865.06	112.33	810.63	618.44	121.47
2017	3690.3	1962.12	117.57	785.29	663.97	161.34
2018	3733.62	2008.90	128.63	736.19	673.80	186.11
2019	4014.00	2157.30	141.33	808.22	702.24	204.91
2020	4358.69					228.24
2021	4923.06					261.40

分地区农林牧渔业总产值

单位：万元

地区	农林牧渔业总产值	农业	林业	牧业	渔业	农林牧渔专业及辅助性活动
湖北省	**82964405**	**39124730**	**3026985**	**19901590**	**14588784**	**6322317**
武汉市	**7754590**	**4461573**	**127965**	**1088831**	**1426364**	**649856**
武汉市辖区	469682	306811	431	9795	128463	24183
汉南	296136	158668	716	36271	82107	18374
蔡甸	924214	588636	4856	68530	201666	60525
江夏	1995222	1101560	6561	437095	312529	137477
黄陂	2425828	1446323	64851	354236	345121	215297
新洲	1643506	859575	50550	182903	356479	194000
黄石市	2211241	917054	99684	438567	639721	116215
黄石市辖区	**25090**	**8953**	**19**	**42**	**11079**	**4997**
阳新	1230480	534802	45326	204630	387404	58318
大冶	955671	373299	54338	233895	241239	52900
十堰市	**3687189**	**2005164**	**459164**	**977636**	**147821**	**97404**
茅箭区	37954	15476	5805	15065	157	1451
张湾区	66111	47399	5569	9379	2492	1272
郧阳区	639222	344797	51663	225722	5825	11215
郧西县	475211	303230	42699	114958	3665	10659
竹山县	614211	360281	107921	107523	20798	17688
竹溪县	492270	320759	45029	109022	3607	13853
房县	690514	339207	116135	196465	18554	20153
丹江口市	671696	274015	84343	199502	92723	21113
宜昌市	**9666194**	**5664381**	**378240**	**2309055**	**601666**	**712852**
宜昌市辖区	190419	135200	6531	35617	1299	11771
夷陵区	1552329	1004333	65016	345840	21331	115809
远安县	470800	299459	28052	100615	7718	34956
兴山县	325307	172044	25911	104597	22	22733
秭归县	655731	372915	40571	164420	574	77251
长阳县	957444	580964	28203	252886	26318	69073
五峰县	518309	327961	54783	101270	76	34219
宜都市	1124365	672688	50478	305455	27346	68398
枝江市	1935887	1033799	47953	443261	268092	142782
当阳市	1935603	1065018	30742	455093	248890	135860
襄阳市	**9876159**	**4780223**	**235472**	**3492283**	**649051**	**719130**
高新区	58686	35170	180	11983	5748	5604
襄城区	461443	260326	15608	115350	43760	26399
樊城区	310278	220520	9243	49924	12725	17866
襄州区	2125761	1012453	14131	733756	150914	214507
南漳县	1118353	533883	58238	463214	25802	37217
谷城县	890932	376434	52767	383248	40475	38008
保康县	481878	237112	31825	187973	5767	19200
老河口市	1175953	568777	8569	415749	96568	86291
枣阳市	2042236	959398	20819	715503	166489	180027
宜城市	1210639	576150	24092	415583	100803	94011
鄂州市	**1994112**	**489447**	**32050**	**454271**	**915212**	**103132**
梁子湖区	620185	126892	12238	140017	307659	33379
华容区	615791	144798	8944	150293	282789	28967
鄂城区	758136	217757	10868	163961	324764	40786
荆门市	**4996969**	**2208780**	**109603**	**1077302**	**1130405**	**470879**
东宝区	442789	213126	10485	113663	80552	24963
掇刀区	278823	160145	6173	40529	48747	23229
沙洋县	1355375	558923	11513	263630	409583	111726
钟祥市	1603110	733455	37744	362807	310275	158829
京山市	1316872	543131	43688	296673	281248	152132
孝感市	**6859721**	**2856880**	**232022**	**2045721**	**1167056**	**558042**

续表 单位:万元

地区	农林牧渔业总产值	农业	林业	牧业	渔业	农林牧渔专业及辅助性活动
孝感市辖区	14061	7428	96	3384	1923	1230
孝南区	801402	320650	8174	217314	162232	93032
孝昌县	797325	384057	28710	237643	83477	63438
大悟县	858629	414930	119218	199143	86285	39053
云梦县	831576	418336	10609	251991	108926	41714
应城市	1121823	422322	6142	332141	290692	70526
安陆市	844246	316398	30104	346326	78243	73175
汉川市	1590659	572759	28969	457779	355278	175874
荆州市	**9467889**	**3720198**	**143951**	**1486422**	**3228230**	**889088**
开发区	15891	12783		707		2401
沙市区	396999	203121	2491	24723	108734	57930
荆州区	964458	493506	9545	144567	229256	87584
公安县	1478932	739650	17155	229741	346690	145696
监利县	2226141	752428	45323	315448	891579	221363
江陵县	565040	301814	8557	105928	76386	72355
石首市	915181	359905	27088	168637	271974	87577
洪湖市	1912344	437601	14712	109133	1213150	137748
松滋市	992903	419390	19080	387538	90461	76434
黄冈市	**8981275**	**3996147**	**565247**	**2282895**	**1447443**	**689541**
黄州区	315164	172696	9924	21966	87442	23137
团风县	391278	143737	24306	106694	92180	24361
红安县	569968	234074	70876	180928	31665	52426
罗田县	649061	348659	70474	156453	17474	56001
英山县	731633	492749	105025	68242	10888	54729
浠水县	1366433	579877	43819	396430	267521	78785
蕲春县	1217675	469931	57457	350242	259070	80975
黄梅县(含龙感湖)	1246382	485716	47884	257167	369624	85992
麻城市	1326029	626529	98889	372142	101971	126499
武穴市	1167653	442181	36594	372632	209609	106637
咸宁市	**4223132**	**2103486**	**150861**	**929354**	**719303**	**320128**
咸安区	707332	261324	15342	230932	139107	60626
嘉鱼县	868545	552108	7860	27288	207352	73937
通城县	615869	292014	28857	208171	39167	47661
崇阳县	558589	241978	32243	200713	42703	40952
通山县	478215	201756	52584	158150	40530	25194
赤壁市	994583	554306	13974	104100	250444	71758
随州市	**3411372**	**1566244**	**128638**	**1060428**	**345989**	**310074**
曾都区	717457	225152	32203	335137	61869	63096
随县	1496440	756843	41492	400056	165180	132869
广水市	1197476	584249	54942	325235	118941	114109
恩施自治州	**4121987**	**2271359**	**277618**	**1301621**	**17205**	**254183**
恩施市	712392	363465	57832	242034	3418	45644
利川市	833410	483347	56986	231229	7243	54606
建始县	516854	282773	18614	184058	1928	29481
巴东县	527695	265560	30669	200573	261	30633
宣恩县	438360	249156	23727	140683	641	24153
咸丰县	447429	233580	30614	154038	250	28947
来凤县	333711	202976	22117	83951	3179	21489
鹤峰县	312136	190503	37060	65056	286	19231
仙桃市	**2042361**	**604737**	**25364**	**378033**	**918727**	**115499**
潜江市	**1749787**	**617302**	**22951**	**252321**	**717116**	**140096**
天门市	**1870881**	**832585**	**30803**	**315339**	**516971**	**175184**
神农架林区	**49546**	**29170**	**7353**	**11511**	**502**	**1012**

分地区农林牧渔业增加值

单位：万元

地区	农林牧渔业增加值	农林牧渔专业及辅助性活动
湖北省	**49230610**	**2613996**
武汉市	**4703186**	**261013**
武汉市辖区	344524	7693
汉南	177130	5592
蔡甸	576739	23503
江夏	1171608	54503
黄陂	1455118	84865
新洲	977957	84760
黄石市	**1323600**	**49700**
黄石市辖区	15300	2100
阳新	723400	23950
大冶	584900	23650
十堰市	**2126372**	**41400**
茅箭区	21024	585
张湾区	39002	542
郧阳区	364302	4758
郧西县	275809	4530
竹山县	358793	7525
竹溪县	287438	5890
房县	398347	8594
丹江口市	381657	8976
宜昌市	**5789617**	**300249**
宜昌市辖区	187991	7495
夷陵区	938237	49101
远安县	275926	14313
兴山县	193948	9924
秭归县	397167	32203
长阳县	517196	26439
五峰县	285983	13379
宜都市	669959	29172
枝江市	1160302	60488
当阳市	1162908	57735
襄阳市	**5834134**	**290731**
高新区	33962	2268
襄城区	256966	10682
樊城区	181636	7231
襄州区	1296298	86669
南漳县	626709	15034
谷城县	525656	15373
保康县	275127	7813
老河口市	656469	34871
枣阳市	1259287	72787
宜城市	722023	38002
鄂州市	**1190587**	**41430**
梁子湖区	391843	13576
华容区	334026	11490
鄂城区	464717	16363
荆门市	**2965890**	**191696**
东宝区	292148	10247
掇刀区	144976	9365
沙洋县	804788	45444
钟祥市	949345	64638
京山市	774633	62002
孝感市	**4057340**	**237610**

续表　　　　　　　　　　　　　　　　　　　　　　　　　　　　单位：万元

地区	农林牧渔业增加值	农林牧渔专业及辅助性活动
孝感市辖区	8607	510
孝南区	475541	38811
孝昌县	471106	23406
大悟县	507667	9353
云梦县	501369	17830
应城市	669936	21944
安陆市	484780	29390
汉川市	938334	96366
荆州市	**5634174**	**357442**
开发区	9694	969
沙市区	242174	23402
荆州区	575174	35263
公安县	904815	58544
监利县	1339125	89107
江陵县	335181	29058
石首市	538935	35246
洪湖市	1100493	55240
松滋市	588583	30613
黄冈市	**5320853**	**286716**
黄州区	189321	9498
团风县	227781	10375
红安县	348401	23299
罗田县	381646	23879
英山县	459814	23674
浠水县	800059	33124
蕲春县	697251	29508
黄梅县（含龙感湖）	739275	35786
麻城市	784453	53143
武穴市	692853	44430
咸宁市	**2504600**	**138600**
咸安区	408700	21800
嘉鱼县	513800	28700
通城县	368300	25700
崇阳县	337800	23100
通山县	227700	8800
赤壁市	648300	30500
随州市	**1995600**	**133400**
曾都区	404200	27200
随县	887100	57200
广水市	704300	48900
恩施自治州	**2353438**	**108381**
恩施市	406289	19375
利川市	484730	23326
建始县	295536	12414
巴东县	298009	13240
宣恩县	248704	10151
咸丰县	251188	12328
来凤县	190861	9107
鹤峰县	178122	8439
仙桃市	**1234365**	**47392**
潜江市	**1045029**	**56444**
天门市	**1122961**	**71360**
神农架林区	**28864**	**433**

2021 年各市州农、林、牧、渔业总产值指数(上年=100)

(按可比价计算)

年份	合计	农业	林业	畜牧业	渔业	农林牧渔专业及辅助性活动
全省	114.3	104.1	120.3	137.7	107.3	113.7
武汉	112.4	106.1	96.9	146.1	106.3	127.3
黄石	111.8	106.2	121.6	133.8	102.2	132.0
十堰	114.1	104.6	160.4	123.3	89.9	107.2
宜昌	119.0	105.9	145.8	151.4	111.2	119.5
襄阳	114.9	102.0	117.4	137.9	107.2	112.7
鄂州	114.5	104.6	103.0	152.1	108.1	102.9
荆门	114.9	103.5	122.3	137.7	117.6	107.5
孝感	112.1	103.3	124.4	129.2	103.7	120.0
荆州	114.9	103.7	107.5	154.3	111.3	110.8
黄冈	115.0	105.7	130.4	133.8	103.2	119.7
咸宁	111.6	102.4	97.6	144.8	113.9	101.5
随州	114.4	102.0	120.1	131.1	108.7	117.2
恩施	115.5	103.5	119.5	133.2	121.8	106.8
仙桃	118.1	103.6	169.1	174.2	108.1	125.9
潜江	112.3	99.5	103.4	143.1	117.4	110.1
天门	114.1	105.7	123.9	159.0	105.4	113.2
神农架	102.8	110.8	104.6	119.6	246.1	98.7

2020年各市州农、林、牧、渔业总产值指数(上年=100)

（按可比价计算）

年份	合计	农业	林业	畜牧业	渔业	农林牧渔专业及辅助性活动
全省	100.7	103.9	97.1	92.5	101.2	105.9
武汉	95.4	98.5	95.6	70.1	104.6	97.9
黄石	100.6	104.1	110.1	87.4	106.8	100.9
十堰	100.9	106.1	102.7	95.9	96.3	102.5
宜昌	102.8	107.4	102.0	93.6	101.3	101.5
襄阳	103.0	104.9	97.8	103.4	107.2	105.0
鄂州	96.9	104.4	90.3	90.4	94.0	109.2
荆门	101.8	105.4	101.6	92.1	102.7	107.8
孝感	102.2	103.8	102.8	102.0	100.1	109.1
荆州	100.8	104.8	90.7	83.6	104.9	108.6
黄冈	100.3	103.9	99.2	90.8	101.5	113.0
咸宁	100.7	103.1	99.5	97.1	102.9	112.7
随州	103.9	104.3	84.8	94.1	198.5	106.1
恩施	100.9	105.1	92.6	97.8	164.5	104.2
仙桃	98.3	102.4	92.9	103.0	94.8	99.5
潜江	100.5	102.4	87.4	91.7	103.5	109.3
天门	98.3	103.2	87.8	87.5	105.4	105.9
神农架	99.5	96.8	115.6	98.9	91.4	107.5

各市州农、林、牧、渔业增加值指数(上年=100)

（按可比价计算）

年份	农林牧渔业		第一产业		农林牧渔专业及辅助性活动	
	2021 年	2020 年	2021 年	2020 年	2021 年	2020 年
全省	111.3	100.3	111.1	100.0	113.7	105.4
武汉	109.5	96.3	108.7	96.2	125.3	97.9
黄石	109.1	100.5	108.4	100.5	130.0	100.9
十堰	110.9	100.7	111.0	100.7	105.6	102.5
宜昌	114.8	102.3	114.7	102.3	117.6	101.5
襄阳	111.5	102.4	111.6	102.3	111.0	105.0
鄂州	111.2	97.5	111.6	97.2	101.3	109.2
荆门	111.5	101.5	111.9	101.1	105.8	107.8
孝感	109.3	101.8	108.7	101.4	118.1	109.1
荆州	111.5	100.6	111.7	100.2	109.1	108.6
黄冈	111.6	100.3	111.3	99.6	117.9	113.0
咸宁	108.9	100.6	109.4	100.0	100.0	112.7
随州	111.4	103.1	111.1	103.0	115.4	106.1
恩施	112.0	100.7	112.4	100.6	105.2	104.2
仙桃	114.1	98.6	113.7	98.6	123.9	99.5
潜江	109.4	100.4	109.5	100.1	108.4	109.3
天门	110.9	98.6	110.9	98.2	111.4	105.9
神农架	101.8	99.6	101.9	99.5	97.2	107.5

分地区农、林、牧、渔业增加值指数(上年=100)

（按可比价计算）

年份	农林牧渔业		第一产业		农林牧渔专业及辅助性活动	
	2021 年	2020 年	2021 年	2020 年	2021 年	2020 年
湖北省	**111.3**	**100.3**	**111.1**	**100.0**	**113.7**	**105.4**
武汉市	**109.5**	**96.3**	**108.7**	**96.2**	**125.3**	**97.9**
青山区	110.3	95.7	109.3	95.7	801.3	97.9
洪山区	105.4	96.6	105.3	96.6	106.8	97.9
蔡甸区	109.0	100.3	107.9	100.4	146.9	97.9
江夏区	109.1	95.7	108.4	95.6	126.5	97.9
黄陂区	109.1	95.7	108.9	95.6	112.2	97.9
新洲区	109.1	95.7	109.0	95.5	110.0	97.9
武开区	109.0	96.6	104.9	96.6	705.3	97.9
东开区	151.7	96.6	150.0	96.6	209.4	97.9
临空港	109.1	96.6	102.3	96.6	964.5	97.9
黄石市	**109.1**	**100.5**	**108.4**	**100.5**	**130.0**	**100.9**
大冶市	109.2	101.6	108.5	101.5	130.7	103.9
阳新县	109.4	101.9	108.7	101.9	132.3	99.3
黄石港区	90.9	50.1	88.2	49.4	103.9	84.3
西塞山区	90.9	50.1	89.1	48.7	103.9	84.3
下陆区	90.9	50.1	87.8	49.1	103.9	84.3
铁山区	90.9	50.1	83.3	50.0	103.9	100.0
十堰市	**110.9**	**100.7**	**111.0**	**100.7**	**105.6**	**102.5**
茅箭区	113.6	100.7	113.7	100.7	108.8	102.3
张湾区	113.7	100.5	113.8	100.5	109.0	102.5
郧阳区	111.7	100.9	111.8	100.9	106.6	103.1
郧西县	109.3	100.7	109.4	100.7	103.6	102.6
竹山县	110.8	100.5	111.0	100.5	105.5	102.4
竹溪县	110.8	100.6	110.9	100.6	105.4	102.5
房县	100.0	100.9	110.2	100.9	104.5	102.4
丹江口市	112.0	100.7	112.1	100.7	106.9	102.5
宜昌市	**114.8**	**102.3**	**114.7**	**102.3**	**117.6**	**101.5**
宜都市	115.3	102.2	115.9	102.3	103.9	100.5
枝江市	115.2	102.3	115.1	102.4	118.6	100.5
当阳	115.2	102.4	115.4	102.5	112.2	100.5
远安	115.2	102.3	115.2	102.3	115.7	100.5
兴山	115.2	102.3	115.0	102.4	121.1	100.5
秭归	115.9	102.3	112.6	102.4	176.5	100.5
长阳	115.3	102.3	115.3	102.4	116.2	100.5
五峰	115.2	102.4	115.5	102.4	109.3	100.5
夷陵区	116.0	102.3	115.9	102.4	116.5	100.5
西陵区	90.2	91.6	91.3	91.3	67.9	96.1
伍家岗	97.0	91.2	95.8	90.9	114.1	96.1

续表 1

年份	农林牧渔业		第一产业		农林牧渔专业及辅助性活动	
	2021 年	2020 年	2021 年	2020 年	2021 年	2020 年
点军区	108.6	101.7	108.7	101.9	106.9	96.9
猇亭区	97.2	91.7	97.9	91.5	86.2	96.7
襄阳市	**111.5**	**102.4**	**111.6**	**102.3**	**111.0**	**105.0**
枣阳市	112.1	102.1	112.2	101.9	111.3	104.9
宜城市	111.4	102.8	111.5	102.7	110.3	105.1
南漳县	112.4	102.5	112.4	102.5	112.4	104.8
谷城县	111.6	102.6	111.6	102.6	112.0	105.2
保康县	103.6	102.9	103.7	102.8	99.3	105.0
老河口市	111.5	102.9	111.5	102.9	111.3	104.7
襄州区	112.3	102.0	112.3	101.8	112.0	105.0
襄城区	111.9	102.7	112.0	102.6	109.2	106.0
樊城区	111.6	102.8	111.7	102.7	109.2	105.9
高新区	111.6	102.7	111.7	102.6	109.2	105.5
鄂州市	**111.2**	**97.5**	**111.6**	**97.2**	**101.3**	**109.2**
鄂城区	110.9	96.5	111.3	96.2	101.4	109.2
华容区	111.5	97.4	112.0	97.2	100.9	109.3
梁子湖区	111.2	98.7	111.6	98.4	101.5	109.2
荆门市	**111.5**	**101.5**	**111.9**	**101.1**	**105.8**	**107.8**
沙洋县	111.5	101.4	111.9	101.2	106.1	107.8
钟祥市	111.6	101.7	112.0	101.6	105.8	108.1
京山市	111.5	101.3	112.0	100.4	105.7	107.7
东宝区	111.4	102.2	111.6	102.1	105.9	108.0
掇刀区	111.0	100.2	111.4	99.7	105.8	107.9
孝感市	**109.3**	**101.8**	**108.7**	**101.4**	**118.1**	**109.1**
孝南区	109.5	101.9	108.8	101.5	118.1	108.0
孝昌县	109.2	101.7	108.7	101.5	117.6	109.1
大悟县	109.1	102.0	108.9	102.0	117.3	108.5
云梦县	109.3	101.7	109.0	101.5	117.8	110.7
应城市	109.4	101.8	109.1	101.6	117.9	111.0
安陆市	108.9	101.6	108.3	101.3	117.1	109.1
汉川市	109.4	101.8	108.4	101.1	118.9	108.9
市直	101.3	97.6	101.2	92.3	102.7	109.2
荆州市	**111.5**	**100.6**	**111.7**	**100.2**	**109.1**	**108.6**
荆州区	108.5	101.9	108.3	101.6	110.5	108.4
沙市区	108.5	102.3	108.3	101.7	110.4	107.7
江陵县	111.7	101.8	111.7	101.4	111.2	108.3
松滋市	116.0	101.4	116.4	101.1	109.8	108.9
公安县	113.7	98.7	114.0	98.1	108.7	109.1
石首市	111.9	103.0	112.1	102.7	109.1	108.4

续表 2

年份	农林牧渔业		第一产业		农林牧渔专业及辅助性活动	
	2021 年	2020 年	2021 年	2020 年	2021 年	2020 年
监利县	112.1	98.8	112.5	98.3	106.3	108.6
洪湖市	108.8	101.7	108.7	101.4	111.3	108.5
黄冈市	**111.6**	**100.3**	**111.3**	**99.6**	**117.9**	**113.0**
黄州区	107.5	100.1	106.7	99.7	122.8	108.7
团风县	111.0	100.1	110.7	99.6	117.1	111.9
红安县	110.9	100.1	110.8	98.7	113.0	113.6
罗田县	110.8	100.4	110.7	99.3	112.4	112.0
英山县	109.3	101.2	108.7	100.9	123.1	109.1
浠水县	111.4	100.2	111.1	99.8	121.5	114.2
蕲春县	112.5	100.2	112.2	99.8	118.3	112.9
黄梅县	112.9	99.7	112.6	99.2	118.5	111.6
麻城市	111.2	100.3	110.8	99.4	117.4	114.9
武穴市	113.7	100.2	113.5	99.5	117.2	114.3
咸宁市	**108.9**	**100.6**	**109.4**	**100.0**	**100.0**	**112.7**
咸安区	111.3	102.1	112.0	101.5	99.9	115.7
嘉鱼县	105.2	99.8	105.5	99.2	100.0	112.5
赤壁市	110.8	98.5	111.4	97.9	99.8	114.8
通城县	111.4	101.0	112.4	100.2	99.8	113.2
崇阳县	107.3	102.3	107.9	101.9	100.3	108.8
通山县	107.1	102.4	107.4	102.2	100.7	108.5
随州市	**111.4**	**103.1**	**111.1**	**103.0**	**115.4**	**106.1**
曾都区	111.4	103.0	111.5	102.9	108.8	106.2
随县	111.4	103.2	111.6	103.1	108.2	105.9
广水市	111.4	103.1	110.3	102.9	129.1	106.2
恩施州	**112.0**	**100.7**	**112.4**	**100.6**	**105.2**	**104.2**
恩施市	112.0	100.7	112.0	100.6	112.0	103.0
利川市	112.3	100.7	112.6	100.5	105.3	104.9
建始县	112.5	100.9	113.1	100.8	100.3	103.8
巴东县	112.2	100.8	112.7	100.6	101.4	103.8
宣恩县	111.9	100.7	112.4	100.6	100.6	103.6
咸丰县	112.0	100.7	112.4	100.5	104.2	103.6
来凤县	110.9	100.5	110.9	100.3	110.6	103.7
鹤峰县	111.7	100.8	112.0	100.5	105.0	107.3
仙桃市	**114.1**	**98.6**	**113.7**	**98.6**	**123.9**	**99.5**
潜江市	**109.4**	**100.4**	**109.5**	**100.1**	**108.4**	**109.3**
天门市	**110.9**	**98.6**	**110.9**	**98.2**	**111.4**	**105.9**
神农架林区	**101.8**	**99.6**	**101.9**	**99.5**	**97.2**	**107.5**

《湖北农村统计年鉴—2022》

粮食作物播种面积

单位：千公顷

年份	粮食作物	小麦	稻谷	薯类	玉米	大豆
1978	5544.78	1122.28	2894.63	427.23	403.14	173.43
1980	5352.04	1292.29	2708.22	387.46	406.91	138.94
1985	5108.25	1331.42	2538.57	354.01	374.17	134.64
1990	5200.01	1352.10	2636.47	391.90	386.11	164.65
1995	4776.65	1179.93	2408.66	397.65	393.77	188.01
1996	4880.28	1230.14	2448.58	419.53	405.07	174.71
1997	4944.66	1276.52	2467.51	415.74	400.30	182.51
1998	4737.15	1212.08	2244.74	431.02	442.84	201.32
1999	4673.11	1074.43	2284.98	448.72	460.82	207.01
2000	4156.20	845.10	1995.29	467.61	424.10	224.75
2001	4015.73	735.85	1953.77	237.75	401.11	218.01
2002	3816.08	679.02	1888.75	430.61	384.04	217.82
2003	3572.74	603.43	1808.75	208.56	349.81	196.47
2004	3817.89	605.08	2084.02	403.79	357.49	186.05
2005	4068.05	730.61	2162.39	397.75	428.79	179.79
2006	3902.27	1016.93	1975.07	218.67	431.93	118.40
2007	4032.18	1099.41	2027.17	217.51	444.55	117.20
2008	3891.72	1006.35	1956.92	212.20	488.24	115.60
2009	4072.96	1001.98	2093.62	230.05	536.46	111.36
2010	4135.78	1011.70	2087.84	260.83	572.53	109.94
2011	4191.52	1028.32	2081.07	283.93	603.37	108.12
2012	4294.51	1084.08	2086.42	275.94	663.58	105.67
2013	4416.60	1117.11	2202.55	272.53	653.43	103.27
2014	4522.12	1099.38	2201.79	274.15	745.72	136.79
2015	4784.38	1122.15	2383.35	276.80	813.53	144.40
2016	4816.14	1140.67	2358.67	276.35	797.33	202.25
2017	4852.99	1153.21	2368.07	282.72	794.78	212.34
2018	4847.01	1104.96	2390.99	308.13	781.20	219.77
2019	4608.61	1017.75	2286.75	322.48	727.53	211.72
2020	4645.28	1031.38	2280.73	319.23	752.00	219.71
2021	4685.98	1052.05	2272.59	328.82	762.71	223.77

注:2007 年—2017 年数据依据第三次全国农业普查结果进行了修订。

经济作物播种面积

单位：千公顷

年份	经济作物								
		棉花	油菜籽	花生	芝麻	黄红麻	甘蔗	甜菜	烤烟
1978	2386.27	593.19	165.27	34.14	102.71	8.39	2.31	0.13	24.75
1980	2125.02	591.67	175.75	40.76	113.51	12.17	1.49	0.12	9.69
1985	2223.46	464.97	361.42	65.94	173.31	94.17	7.85	0.08	37.67
1990	2161.13	455.92	744.31	63.75	126.85	27.33	8.07	0.01	46.35
1995	2655.06	502.03	838.82	91.91	110.04	10.83	15.97	0.03	41.16
1996	2698.73	474.38	855.26	90.82	107.72	8.59	16.59		51.92
1997	2794.55	480.56	829.80	95.20	107.35	10.10	18		70.99
1998	2958.83	431.58	887.01	121.48	113.62	7.94	19.97		48.47
1999	3115.55	310.70	1003.64	143.87	127.14	4.30	23.34		48.32
2000	3427.87	318.07	1158.94	193.42	143.82	3.14	22.17		48.10
2001	3473.26	346.65	1118.06	210.06	129.93	2.65	18.88		40.43
2002	3465.53	286.37	1155.25	206.04	138.88	5.13	19.18		42.90
2003	3580.50	355.02	1174.63	201.11	124	2.97	17.24		39.45
2004	3407.24	408.30	1186.10	173.03	111.20	1.36	10.01		39.94
2005	3323.25	360.95	1178.65	171.71	102.52	0.98	9.95		43.68
2006	3198.32	496.40	1001.20	140.10	97.24	0.69	3.70		32.13
2007	2961.51	514.22	912.69	139.45	88.14	0.53	3.48		32.42
2008	3241.14	543.00	1056	180.24	87.79	0.41	6.19		45.97
2009	3257.20	460.08	1112.36	190.41	91.45	0.26	9.36		54.42
2010	3244.47	480.05	1089.43	198.50	82.46	0.07	7.04		39.36
2011	3266.40	488.66	1055.39	203.96	77.28	0.06	6.60		45.61
2012	3393.32	472.87	1062.61	257.57	74.28	0.05	6.37		49.40
2013	3318.17	415.59	1098.94	217.77	69.06	0.04	5.95		46.69
2014	3272.64	344.80	1101.62	218.37	71.50	0.02	5.83		36.53
2015	3201.92	264.74	1070.11	221.65	66.75	0.02	6.30		39.60
2016	3092.36	204.96	983.62	232.14	64.31	0.04	6.42	0.02	40.89
2017	3103.14	204.80	971.17	230.53	62.69	0.03	6.57	0.02	36.62
2018	3105.89	159.26	932.97	232.60	67.87	0.01	6.45	0.02	33.63
2019	3207.29	162.83	938.31	243.62	77.22	0.01	6.48		30.38
2020	3329.12	129.73	1034.36	248.72	80.10	0.01	6.63		31.58
2021	3423.26	120.71	1094.02	244.67	77.34		6.35		34.11

注:2007—2017 年数据依据第三次全国农业普查结果进行了修订。

主要农产品产量

单位：万吨

年份	粮食			棉花	油料		
		夏粮	秋粮			花生	油菜籽
1949	578.13	101.85	476.28	5.74	13.37	3.17	4.12
1952	747.54	148.81	598.73	12.17	22.34	4.56	7.09
1957	986.08	180.87	805.21	21.02	25.26	11.23	4.86
1962	960.41	246.34	714.07	14.22	18.30	3.81	4.29
1965	1241.34	255.01	986.33	38.29	22.32	5.15	6.76
1970	1268.67	187.06	1081.62	29.64	14.93	4.82	3.94
1975	1561.51	230.10	1331.41	40.61	21.44	5.12	10.65
1978	1725.60	315.04	1410.56	36.67	23.71	4.90	10.72
1980	1536.43	341.32	1195.11	31.63	20.58	5.85	11.59
1985	2216.13	429.58	1786.56	49.22	72.98	13.52	41.14
1990	2475.03	474.96	2000.07	51.73	95.75	12.79	70.90
1995	2463.84	447.20	2016.64	58.60	189.44	27.28	146.24
1996	2484.40	465.24	2019.16	43.01	181.82	30.77	134.88
1997	2634.40	542.60	2091.80	58.09	195.47	31.24	147.53
1998	2475.79	501.69	1974.10	32.50	216.69	42.87	154.76
1999	2451.88	392.71	2059.17	28.15	228.27	48.15	159.97
2000	2218.49	322.39	1896.10	30.43	269.98	53.46	192.40
2001	2138.49	319.14	1819.35	37.35	279.45	63.99	194.79
2002	2074.00	232.27	1841.73	32.26	245.29	72.25	151.40
2003	1921.02	255.65	1665.37	32.50	272.72	68.37	187.10
2004	2100.12	271.24	1828.96	39.54	314.38	63.19	235.12
2005	2177.38	302.49	1874.89	37.50	293.90	60.19	219.15
2006	2099.10	369.08	1730.02	55.20	254.45	48.40	191.83
2007	2139.07	409.86	1729.21	55.73	252.78	49.01	190.71
2008	2145.47	382.28	1763.19	49.86	279.20	50.24	209.17
2009	2291.05	392.08	1898.97	48.05	306.83	64.21	227.13
2010	2304.26	411.90	1892.36	47.18	302.28	66.64	220.35
2011	2407.45	415.67	1991.78	52.58	293.13	71.67	206.02
2012	2485.14	437.75	2047.39	53.15	305.13	78.16	212.15
2013	2586.21	490.08	2096.13	45.97	315.57	72.21	227.90
2014	2658.26	493.82	2164.44	35.95	321.18	73.83	230.86
2015	2914.75	493.09	2421.66	29.76	316.71	73.21	226.02
2016	2796.35	497.59	2298.76	19.00	305.15	77.98	211.14
2017	2846.12	488.25	2357.87	18.36	307.69	78.37	213.17
2018	2839.47	467.60	2371.87	14.93	302.48	80.67	205.31
2019	2724.99	457.00	2267.99	14.36	313.95	85.71	211.35
2020	2727.44	471.96	2255.48	10.79	344.45	87.10	241.06
2021	2764.33	473.44	2290.89	10.89	354.14	86.27	251.78

注:1.2007—2017 年数据依据第三次全国农业普查结果进行了修订。

2.秋粮包含早稻。

粮食作物生产情况（2020—2021）

单位：千公顷、万吨

指标名称	播种面积		产 量	
	2020年	2021年	2020年	2021年
全年粮食	4645.28	4685.98	2727.44	2764.33
一、夏收粮食	1276.06	1305.84	471.96	473.44
（一）谷物	1039.91	1061.18	403.41	402.21
1.小麦	1031.38	1052.05	400.66	399.34
2.其他小谷物	8.53	9.12	2.75	2.88
#大 麦	7.05	7.83	2.35	2.55
燕 麦	0.08	0.08	0.02	0.02
荞 麦	0.37	0.47	0.06	0.08
其他小杂粮	1.03	0.75	0.32	0.23
（二）豆类	16.05	18.07	2.51	2.89
蚕豌豆	16.05	18.07	2.51	2.89
（三）薯类	220.10	226.59	66.04	68.34
#马铃薯	220.10	226.59	66.04	68.34
二、秋收粮食	3369.22	3380.15	2255.48	2290.89
（一）谷物	3038.42	3041.94	2177.94	2209.66
1.稻谷	2280.73	2272.59	1864.34	1883.62
#早稻	122.43	120.22	68.29	71.38
中稻	1998.97	2019.15	1687.35	1719.52
晚稻	159.33	133.21	108.70	92.72
2.玉米	752.00	762.71	311.54	323.54
3.其他小谷物	5.69	6.64	2.06	2.50
（二）豆类	231.67	235.99	37.24	39.00
1.大豆	219.71	223.77	35.54	37.21
2.绿 豆	7.25	7.69	0.97	1.06
3.红小豆	3.05	2.94	0.38	0.37
4.其他小豆类	1.65	1.59	0.36	0.36
（三）薯类	99.13	102.22	40.30	42.23
1.马铃薯	22.61	21.92	10.40	10.29
2.甘薯	76.51	80.30	29.90	31.93

分地区粮食作物播种面积

单位：千公顷

地区	粮食作物面积				
		夏收粮食			
			小麦	豆类	马铃薯
湖北省	**4685.98**	**1305.84**	**1052.05**	**18.07**	**226.59**
武汉市	**145.20**	**11.90**	**10.82**	**0.26**	**0.76**
武汉市辖区	8.53	0.77	0.76	0.01	
蔡甸区	21.20	2.14	1.84	0.12	0.15
江夏区	31.88	0.64	0.60		0.03
黄陂区	46.08	2.97	2.58	0.03	0.33
新洲区	37.51	5.39	5.04	0.10	0.24
黄石市	**85.58**	**10.26**	**7.40**	**0.20**	**2.62**
黄石市辖区	0.14	0.11	0.09		0.02
大冶市	38.31	4.42	3.29	0.03	1.10
阳新县	47.12	5.73	4.03	0.18	1.50
十堰市	**212.14**	**77.17**	**52.87**	**5.44**	**18.55**
茅箭区	0.36	0.10	0.07	0.01	0.03
张湾区	0.49	0.16	0.10		0.06
郧阳区	50.09	23.53	21.34	0.65	1.54
郧西县	36.52	15.72	11.32	0.81	3.59
竹山县	39.40	11.66	6.15	1.45	4.05
竹溪县	38.35	12.20	3.09	2.13	6.71
房县	24.45	4.27	2.11	0.04	2.10
丹江口市	22.48	9.53	8.70	0.36	0.47
宜昌市	**320.82**	**89.69**	**40.72**	**2.15**	**44.55**
宜昌市辖区	2.71	0.31	0.03	0.11	0.16
夷陵区	41.94	8.78	0.03	0.34	8.32
枝江市	61.96	21.16	18.32	0.54	1.81
当阳市	84.31	22.23	19.08	0.16	1.67
宜都市	21.32	4.84	0.44	0.14	4.26
远安县	14.23	2.51	0.74	0.17	1.22
兴山县	14.09	4.54	0.07	0.31	4.17
秭归县	22.72	5.59	1.13	0.08	4.37
长阳县	29.46	8.32	0.71	0.14	7.47
五峰县	28.09	11.43	0.15	0.16	11.11
襄阳市	**792.03**	**377.56**	**357.75**	**1.13**	**17.76**
襄阳市直	53.64	23.31	23.26	0.05	
襄州区	208.30	104.37	100.49	0.23	3.18
南漳县	78.78	37.15	34.26	0.09	2.74
谷城县	46.04	18.95	16.95	0.26	1.74
老河口市	69.79	34.44	33.98	0.15	0.31
枣阳市	201.83	100.00	97.45	0.05	2.19
宜城市	102.56	47.91	45.75	0.14	1.97
保康县	31.09	11.42	5.59	0.17	5.63
鄂州市	**39.15**	**6.14**	**5.47**	**0.07**	**0.46**
荆门市	**467.27**	**123.47**	**121.04**	**0.55**	**1.77**
荆门市直	45.10	5.13	4.74	0.16	0.23
京山市	119.39	34.09	33.10	0.19	0.81
沙洋县	127.58	26.66	26.39	0.11	0.16
钟祥市	175.20	57.58	56.82	0.09	0.58
孝感市	**353.44**	**85.47**	**81.87**	**0.39**	**3.10**
孝南区	32.50	3.82	3.67	0.04	0.11

地区	粮食作物面积	夏收粮食	小麦	豆类	马铃薯
孝昌县	39.39	8.56	8.09	0.02	0.45
大悟县	43.42	11.83	10.84	0.09	0.79
云梦县	39.06	8.50	7.36	0.12	1.02
应城市	51.97	7.82	7.75	0.01	0.07
安陆市	64.20	18.55	18.19	0.01	0.35
汉川市	82.89	26.40	25.98	0.11	0.30
荆州市	**708.36**	**170.40**	**163.65**	**2.80**	**0.87**
荆州市直	65.99	15.51	14.73	0.30	0.26
公安县	143.83	42.97	40.50	0.32	0.16
监利县	171.56	18.56	16.77	1.66	0.13
江陵县	88.37	35.99	35.93	0.01	0.05
石首市	54.14	11.98	11.75	0.14	0.07
洪湖市	96.14	19.93	19.54	0.33	0.06
松滋市	88.33	25.47	24.43	0.05	0.16
黄冈市	**395.21**	**47.30**	**36.70**	**0.20**	**10.24**
黄州区	6.41	3.19	3.13		0.05
团风县	17.52	1.98	1.72	0.01	0.25
红安县	31.04	2.24	1.60		0.64
罗田县	41.57	8.00	7.45	0.08	0.44
英山县	18.47	4.58	2.68		1.90
浠水县	55.02	3.16	1.14		2.02
蕲春县	64.80	3.75	0.66	0.06	2.91
黄梅县	64.41	8.58	8.02	0.04	0.53
麻城市	49.82	6.71	5.72		0.99
武穴市	46.15	5.10	4.58	0.01	0.51
咸宁市	**197.38**	**13.76**	**6.17**	**1.12**	**6.46**
咸安区	35.33	1.92	0.25	0.58	1.09
嘉鱼县	28.73	3.70	3.40	0.07	0.23
赤壁市	41.74	2.48	0.57	0.08	1.83
通城县	29.85	1.56	0.28	0.12	1.17
崇阳县	39.15	2.66	1.27	0.16	1.23
通山县	22.58	1.43	0.41	0.12	0.91
随州市	**209.81**	**59.99**	**52.93**	**0.33**	**6.47**
曾都区	39.31	12.68	11.36	0.09	1.19
随县	118.67	39.16	34.37	0.12	4.52
广水市	51.83	8.15	7.20	0.12	0.77
恩施自治州	**374.72**	**112.63**	**1.65**	**2.91**	**107.55**
恩施市	60.49	20.67	0.02	0.77	19.86
利川市	77.87	22.94	0.11	0.72	22.11
建始县	50.14	17.67	0.01	0.36	16.83
巴东县	61.51	20.74	1.51	0.79	18.40
咸丰县	46.07	12.71		0.05	12.66
宣恩县	31.29	6.84		0.04	6.81
来凤县	29.15	4.98		0.17	4.81
鹤峰县	18.19	6.08		0.01	6.07
仙桃市	**117.64**	**28.61**	**26.63**	**0.24**	**0.73**
潜江市	**101.89**	**29.17**	**28.00**	**0.09**	**1.05**
天门市	**160.04**	**60.62**	**58.17**	**0.10**	**2.33**
神农架林区	**5.32**	**1.71**	**0.21**	**0.08**	**1.31**

续表 2 单位：千公顷

地区	秋收粮食面积	稻谷	早稻	中稻和一季晚稻	双季晚稻
湖北省	**3380.15**	**2272.59**	**120.22**	**2019.15**	**133.21**
武汉市	**133.30**	**104.32**	**14.84**	**73.43**	**16.04**
武汉市辖区	7.76	2.41		2.41	
蔡甸区	19.06	9.69	0.10	9.52	0.06
江夏区	31.24	23.01	3.33	15.60	4.08
黄陂区	43.10	39.75	5.22	29.58	4.96
新洲区	32.13	29.45	6.18	16.32	6.95
黄石市	**75.32**	**58.51**	**2.24**	**52.35**	**3.93**
黄石市辖区	0.04				
大冶市	33.89	27.48	1.27	24.64	1.56
阳新县	41.39	31.03	0.96	27.71	2.36
十堰市	**134.97**	**22.66**		**22.66**	
茅箭区	0.26	0.01		0.01	
张湾区	0.33	0.02		0.02	
郧阳区	26.56	2.65		2.65	
郧西县	20.80	1.87		1.87	
竹山县	27.74	4.92		4.92	
竹溪县	26.15	5.02		5.02	
房县	20.18	4.61		4.61	
丹江口市	12.94	3.57		3.57	
宜昌市	**231.13**	**76.89**	**1.31**	**74.36**	**1.33**
宜昌市辖区	2.40	0.05		0.05	
夷陵区	33.16	9.12		9.12	
枝江市	40.80	22.06	1.31	19.52	1.22
当阳市	62.08	32.47		32.47	
宜都市	16.48	4.08		4.08	
远安县	11.72	6.22		6.22	
兴山县	9.55	0.83		0.83	
秭归县	17.13	1.01		1.01	
长阳县	21.14	0.96		0.96	
五峰县	16.66	0.09		0.09	
襄阳市	**414.47**	**202.70**		**202.70**	
襄阳市直	30.33	19.81		19.81	
襄州区	103.93	42.04		42.04	
南漳县	41.63	25.74		25.74	
谷城县	27.09	16.68		16.68	
老河口市	35.35	10.57		10.57	
枣阳市	101.83	49.12		49.12	
宜城市	54.65	36.53		36.53	
保康县	19.67	2.22		2.22	
鄂州市	**33.01**	**26.72**	**0.92**	**23.59**	**2.21**
荆门市	**343.81**	**255.88**	**2.62**	**248.88**	**4.39**
荆门市直	39.97	34.82		34.82	
京山市	85.31	63.37	2.34	57.00	4.03
沙洋县	100.91	89.39	0.28	88.75	0.35
钟祥市	117.61	68.30		68.30	
孝感市	**267.97**	**246.76**	**2.32**	**240.52**	**3.91**
孝南区	28.69	27.76	0.26	27.09	0.41

地区	秋收粮食面积	稻谷	早稻	中稻和一季晚稻	双季晚稻
孝昌县	30.84	28.65	0.79	26.29	1.57
大悟县	31.60	30.21	0.02	30.13	0.06
云梦县	30.56	27.06	0.52	25.74	0.81
应城市	44.15	42.05	0.38	41.36	0.32
安陆市	45.65	43.38		43.38	
汉川市	56.50	47.64	0.37	46.52	0.75
荆州市	**537.96**	**457.95**	**29.07**	**399.08**	**29.80**
荆州市直	50.48	40.95	0.10	40.75	0.10
公安县	100.86	84.65	5.69	73.08	5.88
监利县	153.01	143.65	14.96	113.58	15.11
江陵县	52.38	48.67	0.30	47.98	0.40
石首市	42.16	30.38	1.01	28.33	1.04
洪湖市	76.22	67.17	5.61	55.90	5.67
松滋市	62.86	42.47	1.40	39.47	1.60
黄冈市	**347.90**	**310.09**	**38.83**	**228.77**	**42.49**
黄州区	3.22	2.25	0.03	2.18	0.04
团风县	15.53	14.95	1.03	12.81	1.10
红安县	28.80	24.06	3.17	17.73	3.15
罗田县	33.57	27.28	0.41	26.59	0.28
英山县	13.89	10.93	0.42	10.12	0.40
浠水县	51.86	48.98	9.07	29.80	10.11
蕲春县	61.05	57.15	16.52	22.61	18.01
黄梅县	55.83	48.13	2.23	42.46	3.45
麻城市	43.11	39.10	3.61	32.37	3.12
武穴市	41.05	37.26	2.33	32.10	2.83
咸宁市	**183.62**	**139.29**	**22.75**	**93.12**	**23.43**
咸安区	33.41	26.83	1.93	22.90	2.00
嘉鱼县	25.03	18.44	1.49	15.45	1.50
赤壁市	39.26	36.21	5.98	24.02	6.21
通城县	28.29	22.58	7.33	8.23	7.02
崇阳县	36.49	24.90	5.70	12.82	6.38
通山县	21.15	10.33	0.31	9.70	0.32
随州市	**149.82**	**128.64**		**128.64**	
曾都区	26.64	22.68		22.68	
随县	79.50	70.53		70.53	
广水市	43.68	35.43		35.43	
恩施自治州	**262.08**	**46.92**		**46.92**	
恩施市	39.82	3.07		3.07	
利川市	54.93	17.12		17.12	
建始县	32.47	3.08		3.08	
巴东县	40.78	1.86		1.86	
咸丰县	33.36	7.25		7.25	
宣恩县	24.44	5.59		5.59	
来凤县	24.17	8.20		8.20	
鹤峰县	12.12	0.75		0.75	
仙桃市	**89.02**	**64.74**	**0.51**	**63.76**	**0.47**
潜江市	**72.73**	**59.40**		**59.40**	
天门市	**99.42**	**71.10**	**4.82**	**60.95**	**5.33**
神农架林区	**3.61**	**0.04**		**0.04**	

续表 4　　　　单位：千公顷

地区	秋收粮食面积	玉米	高粱	大豆	秋薯
湖北省	**3380.15**	**762.71**	**5.99**	**223.77**	**102.22**
武汉市	**133.30**	**16.85**		**9.27**	**1.98**
武汉市辖区	7.76	2.63		2.63	0.09
蔡甸区	19.06	6.76		2.10	0.25
江夏区	31.24	6.23		1.27	0.44
黄陂区	43.10	0.94		1.52	0.72
新洲区	32.13	0.29		1.76	0.49
黄石市	**75.32**	**10.25**	**0.20**	**2.64**	**3.64**
黄石市辖区	0.04			0.02	0.01
大冶市	33.89	3.81	0.09	0.95	1.53
阳新县	41.39	6.43	0.11	1.67	2.10
十堰市	**134.97**	**77.04**	**0.76**	**15.08**	**15.12**
茅箭区	0.26	0.21		0.04	
张湾区	0.33	0.27		0.04	
郧阳区	26.56	19.00		1.51	2.63
郧西县	20.80	12.41	0.15	2.68	2.88
竹山县	27.74	14.67	0.15	4.37	2.67
竹溪县	26.15	11.97	0.27	4.08	3.60
房县	20.18	12.31	0.17	1.59	1.20
丹江口市	12.94	6.21	0.03	0.76	2.13
宜昌市	**231.13**	**130.83**		**9.79**	**12.87**
宜昌市辖区	2.40	1.18		0.05	1.12
夷陵区	33.16	19.99		1.43	2.56
枝江市	40.80	15.39		2.54	0.79
当阳市	62.08	25.36		1.51	2.50
宜都市	16.48	9.32		0.33	2.55
远安县	11.72	4.77		0.18	0.54
兴山县	9.55	8.05		0.59	0.06
秭归县	17.13	15.28		0.75	0.09
长阳县	21.14	18.07		1.31	0.63
五峰县	16.66	13.41		1.11	2.03
襄阳市	**414.47**	**200.23**	**1.39**	**5.62**	**4.06**
襄阳市直	30.33	10.23	0.04	0.19	0.05
襄州区	103.93	59.25	1.19	0.81	0.62
南漳县	41.63	15.33	0.02	0.25	0.28
谷城县	27.09	8.99	0.01	0.87	0.35
老河口市	35.35	23.97	0.10	0.61	0.02
枣阳市	101.83	51.54	0.03	0.53	0.56
宜城市	54.65	16.69		0.63	0.80
保康县	19.67	14.23	0.01	1.73	1.37
鄂州市	**33.01**	**1.09**	**1.33**	**2.30**	**1.11**
荆门市	**343.81**	**52.80**		**33.08**	**1.83**
荆门市直	39.97	4.72		0.33	0.09
京山市	85.31	15.03		6.01	0.75
沙洋县	100.91	4.62		6.73	0.14
钟祥市	117.61	28.43		20.01	0.84
孝感市	**267.97**	**14.00**	**0.16**	**5.65**	**0.81**
孝南区	28.69	0.64		0.26	0.01

续表 5

单位：千公顷

地区	秋收粮食面积	玉米	高粱	大豆	秋薯
孝昌县	30.84	0.79		0.90	0.18
大悟县	31.60	0.24	0.16	0.68	0.27
云梦县	30.56	2.73		0.61	0.08
应城市	44.15	0.74		1.22	0.11
安陆市	45.65	1.55		0.67	0.05
汉川市	56.50	7.29		1.32	0.12
荆州市	**537.96**	**33.11**	**0.52**	**44.63**	**1.41**
荆州市直	50.48	5.95	0.32	2.89	0.27
公安县	100.86	3.49	0.05	12.28	0.28
监利县	153.01	0.67		8.44	0.25
江陵县	52.38	0.37		3.31	0.03
石首市	42.16	1.62		10.10	0.06
洪湖市	76.22	2.51		6.46	0.05
松滋市	62.86	18.51	0.15	1.16	0.48
黄冈市	**347.90**	**10.03**	**0.15**	**16.72**	**9.65**
黄州区	3.22	0.46		0.46	0.05
团风县	15.53	0.11		0.25	0.17
红安县	28.80	0.61		1.06	3.07
罗田县	33.57	1.76	0.05	3.30	1.04
英山县	13.89	1.24		0.83	0.87
浠水县	51.86	1.15		1.21	0.31
蕲春县	61.05	0.59	0.10	1.58	1.27
黄梅县	55.83	2.06		4.42	0.98
麻城市	43.11	1.16		1.57	1.08
武穴市	41.05	0.89		2.05	0.82
咸宁市	**183.62**	**22.48**		**8.65**	**12.15**
咸安区	33.41	3.35		1.38	1.49
嘉鱼县	25.03	5.20		0.99	0.24
赤壁市	39.26	1.20		1.38	0.42
通城县	28.29	1.38		1.86	2.31
崇阳县	36.49	5.50		1.97	4.02
通山县	21.15	5.85		1.08	3.66
随州市	**149.82**	**17.82**		**1.44**	**1.68**
曾都区	26.64	3.48		0.15	0.28
随县	79.50	8.32		0.52	0.09
广水市	43.68	6.02		0.77	1.31
恩施自治州	**262.08**	**155.04**	**0.68**	**23.31**	**34.25**
恩施市	39.82	26.31	0.56	5.38	4.07
利川市	54.93	29.76		4.51	3.21
建始县	32.47	23.42		2.68	3.11
巴东县	40.78	29.34	0.12	3.61	5.39
咸丰县	33.36	15.39		2.84	7.67
宣恩县	24.44	12.60		2.08	4.09
来凤县	24.17	9.14		1.65	5.00
鹤峰县	12.12	9.07		0.56	1.71
仙桃市	**89.02**	**13.62**	**0.53**	**9.47**	**0.55**
潜江市	**72.73**	**2.32**	**0.02**	**10.75**	**0.23**
天门市	**99.42**	**3.27**		**24.93**	**0.11**
神农架林区	**3.61**	**1.93**	**0.25**	**0.43**	**0.80**

分地区粮食总产量

单位:吨

地区	粮食总产量	夏粮总产量	小麦	豆类	马铃薯
湖北省	**27643260**	**4734410**	**3993363**	**28846**	**683438**
武汉市	**907479**	**32745**	**29805**	**395**	**2353**
武汉市辖区	34848	2303	2284	19	
蔡甸区	118286	6511	5753	180	488
江夏区	204716	1601	1492		110
黄陂区	321208	7078	5927	39	1012
新洲区	228421	15253	14350	159	744
黄石市	**544024**	**28940**	**21609**	**2889**	**6986**
黄石市辖区	400	316	250	3	63
大冶市	252756	12724	9457	45	3204
阳新县	290868	15899	11901	241	3719
十堰市	**845398**	**240420**	**166408**	**8204**	**65203**
茅箭区	1221	336	222	13	101
张湾区	1644	512	288		224
郧阳区	207053	80728	74281	1048	5399
郧西县	129773	47544	32947	1266	13332
竹山县	151026	34111	18044	2068	13999
竹溪县	150515	36361	9605	3150	23054
房县	109483	13305	5773	68	7411
丹江口市	94684	27523	25248	592	1683
宜昌市	**1533670**	**286421**	**137778**	**3466**	**137069**
宜昌市辖区	10938	759	83	161	515
夷陵区	205957	31859	98	638	30837
枝江市	323196	70991	61339	901	6738
当阳市	470756	76617	66539	234	4934
宜都市	98708	14567	1168	238	13161
远安县	81503	7079	2470	306	3422
兴山县	53125	12764	256	411	12097
秭归县	84924	15981	3381	128	12472
长阳县	108427	23430	2014	247	21169
五峰县	96136	32374	430	202	31724
襄阳市	**4731694**	**1940590**	**1867180**	**1959**	**66990**
襄阳市直	333382	116500	116407	93	
襄州区	1270088	601604	586402	426	12498
南漳县	439433	139741	129372	139	9900
谷城县	270409	83677	77149	438	6090
老河口市	357700	166219	164821	259	1138
枣阳市	1273929	556722	546825	72	8190
宜城市	650766	233676	225965	233	7305
保康县	135987	42452	20239	299	21869
鄂州市	**252756**	**18091**	**16021**	**106**	**1569**
荆门市	**2908630**	**392265**	**384777**	**916**	**6324**
荆门市直	326871	16043	14945	281	817
京山市	713368	108119	105354	307	2458
沙洋县	909020	86056	85272	188	596
钟祥市	959370	182049	179207	140	2454
孝感市	**2361379**	**257384**	**247128**	**655**	**9250**
孝南区	240770	11794	11387	67	340

续表 1　　单位：吨

地区	粮食总产量	夏粮总产量	小麦	豆类	马铃薯
孝昌县	253919	26786	25576	22	1189
大悟县	298803	32989	30308	155	2175
云梦县	247642	25875	22351	199	3324
应城市	352575	22691	22482	13	196
安陆市	441778	57714	56588	15	1110
汉川市	525892	79536	78436	184	915
荆州市	**4559305**	**491640**	**474901**	**5023**	**3206**
荆州市直	414300	44655	42534	460	998
公安县	886191	127419	121469	558	703
监利县	1278506	50171	46598	3127	428
江陵县	512128	105724	105532	14	131
石首市	303432	33014	32523	239	212
洪湖市	646820	53817	53050	556	211
松滋市	517928	76840	73195	69	523
黄冈市	**2731498**	**143055**	**109601**	**290**	**32778**
黄州区	31145	8701	8536		165
团风县	112867	5442	4639	21	782
红安县	185261	6575	4620		1955
罗田县	260223	27395	25836	129	1343
英山县	105557	13172	7186		5986
浠水县	418973	9771	3469		6303
蕲春县	462033	12867	2915	82	9570
黄梅县	462189	24600	22818	45	1737
麻城市	363201	19929	16804		3125
武穴市	330050	14602	12778	12	1811
咸宁市	**1195091**	**38664**	**17363**	**1769**	**19532**
咸安区	225947	4778	687	881	3210
嘉鱼县	179159	10548	9679	125	744
赤壁市	281356	7054	1715	141	5198
通城县	170715	4780	780	200	3800
崇阳县	220300	7454	3552	272	3630
通山县	117614	4050	950	150	2950
随州市	**1470123**	**217946**	**193967**	**544**	**22598**
曾都区	267014	45250	40797	143	4180
随县	820113	146416	129757	199	15938
广水市	382995	26280	23413	202	2480
恩施自治州	**1471373**	**302933**	**4967**	**4379**	**292061**
恩施市	210047	57737	82	1143	56480
利川市	319839	54381	310	1093	52978
建始县	208561	51698	41	462	49773
巴东县	205197	55048	4533	1245	49199
咸丰县	202174	33725		84	33642
宣恩县	120086	19080		69	19012
来凤县	133351	12705		271	12434
鹤峰县	72116	18558		13	18545
仙桃市	**708303**	**78610**	**73362**	**414**	**2050**
潜江市	**596715**	**87017**	**83362**	**160**	**3400**
天门市	**807920**	**172077**	**164539**	**160**	**7300**
神农架林区	**17903**	**5613**	**598**	**116**	**4767**

续表 2　　　　单位：吨

地区	秋粮总产量	稻谷	早稻	中稻和一季晚稻	双季晚稻
湖北省	**22908849**	**18836153**	**713773**	**17195185**	**927195**
武汉市	**874734**	**773134**	**85611**	**586935**	**100588**
武汉市辖区	32546	16253		16253	
蔡甸区	111776	75305	620	74278	407
江夏区	203114	170149	19222	125107	25820
黄陂区	314130	304455	30199	241696	32561
新洲区	213168	206971	35570	129601	41799
黄石市	**515085**	**460474**	**12922**	**421265**	**26287**
黄石市辖区	83				
大冶市	240032	219801	7286	201845	10671
阳新县	274970	240673	5636	219420	15616
十堰市	**604978**	**191050**		**191050**	
茅箭区	885	86		86	
张湾区	1132	150		150	
郧阳区	126324	21512		21512	
郧西县	82229	15544		15544	
竹山县	116915	42475		42475	
竹溪县	114154	43087		43087	
房县	96178	38800		38800	
丹江口市	67161	29396		29396	
宜昌市	**1247249**	**645086**	**7879**	**628368**	**8838**
宜昌市辖区	10179	419		419	
夷陵区	174098	76369		76369	
枝江市	252205	183089	7879	166372	8838
当阳市	394139	274194		274194	
宜都市	84141	35161		35161	
远安县	74424	53133		53133	
兴山县	40361	6503		6503	
秭归县	68943	8020		8020	
长阳县	84997	7554		7554	
五峰县	63762	644		644	
襄阳市	**2791105**	**1841038**		**1841038**	
襄阳市直	216883	169600		169600	
襄州区	668483	388338		388338	
南漳县	299693	225400		225400	
谷城县	186732	149000		149000	
老河口市	191481	91600		91600	
枣阳市	717207	462300		462300	
宜城市	417090	335600		335600	
保康县	93535	19200		19200	
鄂州市	**234665**	**213626**	**5277**	**192884**	**15465**
荆门市	**2516364**	**2223230**	**16774**	**2176375**	**30082**
荆门市直	310829	289210		289210	
京山市	605249	526650	14839	484262	27550
沙洋县	822965	791521	1935	787054	2532
钟祥市	777322	615849		615849	
孝感市	**2103994**	**2031540**	**14460**	**1990306**	**26774**
孝南区	228976	225659	1546	221527	2586

续表 3 单位：吨

地区	秋粮总产量	稻谷	早稻	中稻和一季晚稻	双季晚稻
孝昌县	227133	221457	5020	205385	11052
大悟县	265813	261850	114	261267	469
云梦县	221768	209586	3152	201206	5228
应城市	329884	323620	2331	319149	2140
安陆市	384065	376489		376489	
汉川市	446356	412879	2297	405284	5299
荆州市	**4067665**	**3822203**	**183550**	**3417729**	**220924**
荆州市直	369645	334667	589	333390	688
公安县	758773	718664	35014	640091	43559
监利县	1228335	1208870	95428	1000017	113424
江陵县	406404	398371	1775	393735	2861
石首市	270418	243375	6081	230169	7126
洪湖市	593003	570152	36101	492553	41498
松滋市	441088	348103	8563	327773	11767
黄冈市	**2588443**	**2468252**	**228727**	**1939565**	**299960**
黄州区	22444	19169	187	18722	260
团风县	107425	105472	5852	92492	7128
红安县	178686	161941	17829	125104	19008
罗田县	232827	213386	2366	209188	1832
英山县	92385	82465	2359	77363	2743
浠水县	409202	399645	53122	272161	74362
蕲春县	449167	435850	97939	208291	129619
黄梅县	437588	414706	13790	378592	22325
麻城市	343272	329396	21450	285366	22580
武穴市	315448	306222	13833	272286	20103
咸宁市	**1156427**	**1011671**	**126230**	**728329**	**157112**
咸安区	221169	200507	10530	176670	13307
嘉鱼县	168611	145837	8400	127193	10244
赤壁市	274301	266560	33000	191059	42500
通城县	165935	149391	41200	61355	46837
崇阳县	212846	174057	31500	100378	42179
通山县	113564	75319	1600	71674	2045
随州市	**1252177**	**1165029**		**1165029**	
曾都区	221764	205608		205608	
随县	673698	639035		639035	
广水市	356715	320385		320385	
恩施自治州	**1168440**	**376577**		**376577**	
恩施市	152310	24304		24304	
利川市	265458	134163		134163	
建始县	156863	26615		26615	
巴东县	150150	13878		13878	
咸丰县	168449	61491		61491	
宣恩县	101006	44660		44660	
来凤县	120646	65514		65514	
鹤峰县	53558	5953		5953	
仙桃市	**629693**	**549972**	**3277**	**543383**	**3312**
潜江市	**509698**	**481539**	**7**	**481532**	
天门市	**635843**	**581483**	**29058**	**514572**	**37853**
神农架林区	**12290**	**250**		**250**	

续表 4 单位：吨

地区	秋粮总产量	玉米	高粱	大豆	秋薯
湖北省	**22908849**	**3235439**	**22532**	**372129**	**422262**
武汉市	**874734**	**75545**		**15631**	**8774**
武汉市辖区	32546	11315		4691	287
蔡甸区	111776	31040		3690	1126
江夏区	203114	28205		2164	2040
黄陂区	314130	3798		2391	3197
新洲区	213168	1187		2697	2124
黄石市	**515085**	**35067**	**781**	**4632**	**14013**
黄石市辖区	83	13		28	41
大冶市	240032	12663	350	1584	5581
阳新县	274970	22391	432	3020	8391
十堰市	**604978**	**312230**	**2788**	**25862**	**67640**
茅箭区	885	721		77	
张湾区	1132	908		65	8
郧阳区	126324	88479		2664	12641
郧西县	82229	48224	546	4640	12347
竹山县	116915	54345	578	7391	10820
竹溪县	114154	46496	817	6835	15478
房县	96178	47796	717	2900	5595
丹江口市	67161	25261	130	1289	10750
宜昌市	**1247249**	**529727**		**17260**	**54188**
宜昌市辖区	10179	4820		96	4840
夷陵区	174098	83805		2698	11134
枝江市	252205	60864		4455	3765
当阳市	394139	105603		2887	11154
宜都市	84141	37892		551	10255
远安县	74424	18965		309	2005
兴山县	40361	32700		922	218
秭归县	68943	59240		1300	383
长阳县	84997	72534		2170	2512
五峰县	63762	53304		1872	7922
襄阳市	**2791105**	**912896**	**5227**	**10025**	**21177**
襄阳市直	216883	46500	144	387	237
襄州区	668483	270196	4486	1647	3789
南漳县	299693	71800	74	677	1710
谷城县	186732	34100	23	1441	1920
老河口市	191481	98100	366	1171	111
枣阳市	717207	250100	112	1113	3446
宜城市	417090	76200		903	4388
保康县	93535	65900	23	2686	5576
鄂州市	**234665**	**4975**	**4610**	**4756**	**5218**
荆门市	**2516364**	**235867**		**48853**	**8132**
荆门市直	310829	20720		468	410
京山市	605249	66812		8281	3324
沙洋县	822965	20754		10017	631
钟祥市	777322	127581		30088	3766
孝感市	**2103994**	**59173**	**565**	**9046**	**2883**
孝南区	228976	2846		432	24

续表 5

单位：吨

地区	秋粮总产量	玉米	高粱	大豆	秋薯
孝昌县	227133	3287		1291	701
大悟县	265813	1149	565	1252	949
云梦县	221768	10771		963	326
应城市	329884	3819		1966	452
安陆市	384065	6658		774	145
汉川市	446356	30643		2368	286
荆州市	**4067665**	**154862**	**2228**	**81651**	**6227**
荆州市直	369645	26784	1540	5177	1334
公安县	758773	15648	191	22685	1414
监利县	1228335	3260		15291	914
江陵县	406404	1624		6307	102
石首市	270418	7547		19217	269
洪湖市	593003	11848		10807	160
松滋市	441088	88151	497	2166	2034
黄冈市	**2588443**	**46369**	**627**	**28622**	**41822**
黄州区	22444	2320		817	137
团风县	107425	466		567	691
红安县	178686	2436		1795	12514
罗田县	232827	8426	211	5784	4778
英山县	92385	5543		1289	3068
浠水县	409202	5688		1913	1570
蕲春县	449167	2738	416	2957	6557
黄梅县	437588	10261		7789	3973
麻城市	343272	5464		2652	5430
武穴市	315448	3026		3060	3104
咸宁市	**1156427**	**78981**		**14018**	**50187**
咸安区	221169	11929		2138	6087
嘉鱼县	168611	19806		1705	1025
赤壁市	274301	3954		2129	1580
通城县	165935	4390		3100	8803
崇阳县	212846	18106		3123	17417
通山县	113564	20795		1823	15276
随州市	**1252177**	**75850**		**2738**	**8050**
曾都区	221764	14590		252	1181
随县	673698	33216		1001	385
广水市	356715	28044		1485	6483
恩施自治州	**1168440**	**621062**	**3068**	**37374**	**127372**
恩施市	152310	101415	2546	8207	15293
利川市	265458	111703		7932	10968
建始县	156863	113268		4100	12471
巴东县	150150	110898	504	4785	19550
咸丰县	168449	74429		5654	26543
宣恩县	101006	39310		3251	13668
来凤县	120646	29692	18	2561	22525
鹤峰县	53558	40346		883	6354
仙桃市	**629693**	**59628**	**2176**	**15279**	**2373**
潜江市	**509698**	**10711**	**85**	**16395**	**960**
天门市	**635843**	**14262**		**39555**	**511**
神农架林区	**12290**	**8236**	**376**	**434**	**2736**

续表

单位：千公顷、万吨

指标名称	播种面积		产量	
	2020 年	2021 年	2020 年	2021 年
（五）瓜菜类	126.35	128.90	484.97	494.73
其中：黄　瓜	60.42	61.25	211.27	214.80
南　瓜	28.41	29.64	114.65	117.86
冬　瓜	17.09	18.28	72.68	76.08
（六）豆类	101.90	102.37	297.38	300.77
其中：豇　豆	54.45	55.54	154.56	159.93
四季豆	34.40	36.24	91.65	96.70
（七）茄果菜类	173.01	173.92	479.97	483.66
其中：茄　子	46.23	46.89	132.99	134.92
辣　椒	84.50	84.90	195.34	198.12
西红柿	33.66	34.10	120.00	121.33
（八）葱蒜类	64.54	65.13	181.00	183.51
其中：大　葱	23.62	23.81	62.57	64.75
蒜　头	27.75	28.20	66.54	67.53
（九）水生菜类	80.69	83.58	296.02	320.91
其中：莲 藕	72.22	74.53	264.73	288.77
（十）其他蔬菜	48.65	51.58	141.83	151.01
（十一）食用菌	—	—	46.37	51.87
1.干品	—	—	15.74	17.82
其中:香　菇	—	—	12.35	14.02
黑木耳	—	—	2.44	2.49
2.鲜品	—	—	30.62	34.06
其中:蘑　菇	—	—	21.73	23.77
八、瓜果类	99.07	100.50	350.45	361.41
其中：西　瓜	77.70	78.29	288.86	297.55
香　瓜（甜瓜）	14.52	15.49	46.38	49.48
草　莓	4.78	5.30	8.39	9.65
九、其他农作物	126.31	120.57	—	—
其中：青饲料	63.73	66.39	—	—
十、特种作物	—	—	—	—
花卉	28.77	29.84	—	—
鲜切花（万枝）	—	—	15659.08	16519.78
盆栽观赏植物（万盆）	—	—	4086.00	4583.43
香料	—	—	0.34	0.31
其中：花 椒	—	—	0.26	0.24
八 角	—	—	0.08	0.06

分地区经济作物播种面积

单位：千公顷

地区	经济作物播种面积	油料作物面积	花生	油菜籽	芝麻	棉花面积
湖北省	**3423.26**	**1429.48**	**244.67**	**1094.02**	**77.34**	**120.71**
武汉市	**277.01**	**58.60**	**13.14**	**38.74**	**6.70**	**9.64**
武汉市辖区	27.31	0.91	0.36	0.31	0.25	0.01
汉南区	10.68	0.53	0.02	0.40	0.07	
蔡甸区	38.32	3.16	0.44	2.23	0.49	0.51
江夏区	55.04	13.32	2.03	8.91	2.38	0.04
黄陂区	91.73	24.27	8.21	14.00	2.07	3.47
新洲区	53.92	16.40	2.07	12.89	1.45	5.62
黄石市	**92.62**	**48.01**	**5.40**	**36.74**	**5.68**	**2.98**
黄石市辖区	0.83	0.17	0.03	0.14		
阳新县	51.98	24.99	2.51	18.73	3.63	1.54
大冶市	39.80	22.85	2.86	17.86	2.05	1.44
十堰市	**214.80**	**78.47**	**18.06**	**46.84**	**12.80**	
茅箭区	1.08	0.09	0.02	0.02	0.05	
张湾区	2.67	0.26	0.11	0.11	0.04	
郧阳区	38.97	14.90	2.78	9.20	2.90	
郧西县	39.32	10.73	2.50	5.60	2.56	
竹山县	40.58	20.80	7.80	11.11	1.88	
竹溪县	38.87	15.40	2.00	10.19	2.51	
房县	36.11	9.54	1.48	6.78	1.28	
丹江口市	17.21	6.77	1.37	3.83	1.57	
宜昌市	**316.05**	**98.12**	**11.15**	**84.78**	**2.07**	**3.11**
宜昌市辖区	6.39	1.37	0.14	1.17	0.06	
夷陵区	41.92	12.21	1.67	10.18	0.36	
远安县	11.12	7.07	0.24	6.81	0.02	
兴山县	18.69	4.61	0.27	4.25	0.06	
秭归县	26.12	7.99	1.81	6.04	0.14	
长阳土家族自治县	46.69	8.65	1.53	7.12		
五峰土家族自治县	44.04	2.41	0.19	2.22		
宜都市	15.40	8.52	0.78	7.70	0.04	
当阳市	55.98	28.22	3.35	23.76	1.03	0.49
枝江市	49.70	17.06	1.17	15.53	0.35	2.62
襄阳市	**254.73**	**122.26**	**61.80**	**39.94**	**17.95**	**8.27**
高新区	2.99	1.44	0.97	0.47		0.05
襄城区	11.77	3.43	2.13	1.30		0.01
樊城区	11.73	3.50	1.36	1.35	0.79	
襄州区	47.77	34.97	25.85	2.30	6.82	1.51
南漳县	25.73	6.66	0.48	5.67	0.51	0.02
谷城县	18.62	7.44	2.22	3.42	0.15	
保康县	23.87	8.45	2.90	5.34	0.20	
老河口市	25.38	6.12	3.13	1.09	1.90	0.17
枣阳市	36.20	24.83	14.03	4.00	6.80	1.09
宜城市	50.68	25.43	8.72	15.01	0.79	5.42
鄂州市	**47.90**	**17.74**	**2.30**	**12.24**	**0.31**	**3.87**
梁子湖区	12.99	6.12	1.18	3.94	0.10	0.40
华容区	17.22	7.03	0.66	4.61	0.13	1.90
鄂城区	17.69	4.59	0.46	3.69	0.07	1.58
荆门市	**224.07**	**149.49**	**16.11**	**128.78**	**4.56**	**3.24**
东宝区	22.46	14.62	0.91	13.35	0.36	0.05
掇刀区	22.11	16.67	1.38	15.24	0.05	
沙洋县	68.17	52.83	4.32	47.24	1.27	0.47
钟祥市	67.53	42.63	6.78	34.95	0.90	2.00
京山市	43.81	22.72	2.72	17.99	1.98	0.73
孝感市	**252.56**	**111.07**	**29.13**	**78.65**	**3.27**	**8.68**

续表 1　　　　单位：千公顷

地区	经济作物播种面积	油料作物面积				棉花面积
			花生	油菜籽	芝麻	
孝感市辖区	0.67	0.57	0.24	0.28	0.05	0.01
孝南区	34.42	17.08	1.67	15.01	0.40	1.60
孝昌县	33.18	19.98	4.78	14.44	0.76	0.84
大悟县	42.10	24.48	18.87	5.40	0.21	0.34
云梦县	32.53	10.07	0.33	9.60	0.15	1.50
应城市	34.65	14.07	0.96	12.81	0.31	0.71
安陆市	26.01	11.37	1.96	8.20	1.18	1.36
汉川市	49.00	13.46	0.33	12.92	0.21	2.31
荆州市	**384.26**	**210.72**	**1.62**	**203.49**	**5.61**	**34.28**
荆州开发区	0.67	0.10		0.10		
沙市区	10.94	2.68		2.67	0.01	0.21
荆州区	29.35	10.15	0.18	9.30	0.67	0.85
公安县	67.24	35.13	0.24	34.55	0.34	12.80
监利县	114.68	77.83	0.21	76.69	0.93	6.35
江陵县	27.25	19.28	0.45	18.19	0.64	1.00
石首市	37.79	17.95	0.06	17.64	0.25	4.90
洪湖市	51.40	28.74	0.11	26.28	2.35	2.19
松滋市	44.93	18.85	0.37	18.06	0.43	5.96
黄冈市	**444.38**	**212.08**	**46.58**	**155.49**	**9.65**	**22.65**
龙感湖农场	1.27	0.07		0.07		
黄州区	14.63	2.69	0.14	2.46	0.09	1.11
团风县	15.43	7.66	1.22	4.32	2.12	1.67
红安县	41.76	27.47	18.76	8.41	0.30	1.10
罗田县	40.51	14.63	2.16	11.36	1.11	0.25
英山县	28.41	8.18	0.87	6.70	0.31	0.22
浠水县	66.82	29.33	4.33	23.67	1.33	3.33
蕲春县	72.17	24.75	1.89	22.12	0.73	3.48
黄梅县	46.34	33.02	1.13	30.74	1.15	4.65
麻城市	76.59	36.12	15.16	19.16	1.76	4.19
武穴市	40.45	28.17	0.92	26.49	0.74	2.64
咸宁市	**242.80**	**100.95**	**8.53**	**88.30**	**3.30**	**3.36**
咸安区	47.86	28.94	1.55	26.76	0.56	0.18
嘉鱼县	42.55	9.73	0.51	8.42	0.81	0.14
通城县	33.67	13.51	1.47	11.99	0.05	
崇阳县	36.58	14.13	1.66	12.39	0.08	0.55
通山县	25.02	8.43	1.73	6.47	0.23	
赤壁市	57.12	26.20	1.61	22.27	1.57	2.48
随州市	**96.54**	**42.58**	**11.35**	**25.12**	**1.22**	**3.99**
曾都区	15.24	6.00	0.45	4.25	0.07	0.57
随县	37.29	16.33	3.70	9.58	0.73	0.84
广水市	44.01	20.25	7.20	11.30	0.41	2.58
恩施自治州	**341.34**	**56.53**	**8.82**	**46.68**	**0.34**	
恩施市	62.29	9.09	1.23	7.73		
利川市	70.56	5.59	0.64	4.41		
建始县	33.96	7.64	1.10	6.53		
巴东县	49.70	15.96	2.28	13.34	0.34	
宣恩县	32.87	3.71	1.38	2.32		
咸丰县	45.98	6.96	1.56	5.40		
来凤县	15.67	5.51	0.47	5.03		
鹤峰县	30.30	2.07	0.15	1.92		
仙桃市	**105.39**	**57.21**	**1.24**	**53.80**	**2.17**	**9.05**
潜江市	**42.23**	**17.99**	**1.31**	**15.76**	**0.92**	**1.36**
天门市	**80.39**	**47.38**	**8.11**	**38.46**	**0.80**	**6.23**
神农架林区	**6.20**	**0.28**	**0.02**	**0.20**		

地区	麻类面积	糖料面积	烟叶（未加工烟草）面积	烤烟（未去梗）	中草药材面积	蔬菜及食用菌面积
湖北省	**3.54**	**6.35**	**39.05**	**34.11**	**293.12**	**1309.95**
武汉市		**0.39**			**0.37**	**182.52**
武汉市辖区		0.03				23.20
汉南区					0.03	8.81
蔡甸区						28.15
江夏区						34.77
黄陂区		0.15				59.29
新洲区		0.22			0.34	28.31
黄石市		**0.12**			**5.28**	**30.28**
黄石市辖区						0.66
阳新县	1.53	0.00			4.69	16.80
大冶市	0.08	0.12			0.59	12.82
十堰市		**0.55**	**6.47**	**6.38**	**33.18**	**90.91**
茅箭区					0.17	0.80
张湾区					0.03	2.35
郧阳区					3.75	19.52
郧西县		0.52	0.49	0.49	8.29	18.01
竹山县			1.67	1.67	3.47	14.58
竹溪县		0.04	1.51	1.51	6.92	14.92
房县			2.68	2.68	7.58	13.79
丹江口市			0.12	0.04	2.96	6.95
宜昌市		**0.01**	**3.97**	**3.25**	**45.59**	**146.56**
宜昌市辖区					0.05	4.93
夷陵区			0.01	0.01	1.82	26.48
远安县					0.59	2.55
兴山县			1.44	1.44	3.25	9.25
秭归县			1.48	1.48	3.09	13.36
长阳土家族自治县			0.27	0.10	12.94	24.76
五峰土家族自治县			0.75	0.22	23.66	11.71
宜都市			0.02		0.08	6.35
当阳市					0.12	24.52
枝江市		0.01			0.01	22.63
襄阳市		**0.14**	**3.64**	**3.64**	**8.96**	**88.82**
高新区						1.21
襄城区					0.72	6.62
樊城区					0.08	7.88
襄州区			0.02	0.02	0.26	9.84
南漳县		0.01	0.74	0.74	0.88	13.94
谷城县					0.83	9.13
保康县			2.54	2.54	3.32	9.52
老河口市					0.84	15.74
枣阳市		0.10	0.35	0.35	0.94	5.00
宜城市		0.02			1.09	9.93
鄂州市		**0.09**			**0.19**	**22.65**
梁子湖区		0.02			0.08	4.74
华容区		0.04			0.01	6.86
鄂城区		0.03			0.11	11.05
荆门市		**0.20**			**4.16**	**53.82**
东宝区					0.43	5.49
掇刀区		0.01				4.03
沙洋县		0.11			0.03	13.31
钟祥市		0.01			1.95	18.64
京山市		0.07			1.75	12.35
孝感市		**0.28**			**3.06**	**116.47**

续表 3　　单位：千公顷

地区	麻类面积	糖料面积	烟叶（未加工烟草）面积	烤烟（未去梗）	中草药材面积	蔬菜及食用菌面积
孝感市辖区		0.01				0.09
孝南区		0.03			0.01	14.08
孝昌县		0.13			0.53	10.72
大悟县	0.01	0.01			2.13	12:94
云梦县						20.38
应城市						18.40
安陆市		0.04			0.39	10.95
汉川市		0.06			0.00	28.91
荆州市		**1.04**			**2.71**	**98.06**
荆州开发区						0.55
沙市区						7.22
荆州区		0.04			0.40	15.20
公安县	0.07	0.14			0.38	12.35
监利县		0.44			0.07	21.62
江陵县	0.01	0.13			1.11	4.12
石首市		0.11			0.28	10.48
洪湖市	0.00	0.11			0.07	12.00
松滋市		0.08			0.41	14.52
黄冈市		**0.95**			**65.44**	**124.89**
龙感湖农场						1.10
黄州区		0.01				9.42
团风县		0.05			0.80	4.38
红安县		0.01			1.53	11.45
罗田县	0.01	0.15			14.00	10.20
英山县		0.05			12.11	7.09
浠水县		0.15			1.20	29.84
蕲春县	1.04	0.36			23.10	14.31
黄梅县		0.02			0.70	7.46
麻城市		0.04			11.30	23.01
武穴市	0.02	0.10			0.70	6.64
咸宁市		**1.34**			**15.75**	**94.10**
咸安区	0.33				0.35	14.58
嘉鱼县	0.10	0.58				29.39
通城县					7.59	7.91
崇阳县	0.10	0.22			4.43	12.91
通山县	0.17				2.97	8.55
赤壁市	0.07	0.53			0.42	20.75
随州市		**0.05**			**4.49**	**39.32**
曾都区					0.38	7.48
随县		0.01			2.60	14.33
广水市		0.04			1.52	17.50
恩施自治州			**24.97**	**20.83**	**97.49**	**143.57**
恩施市			3.31	2.74	17.95	31.18
利川市			4.81	4.21	15.52	36.77
建始县			2.67	1.82	6.35	13.54
巴东县			3.59	3.15	13.14	16.46
宣恩县			3.69	3.42	9.81	11.40
咸丰县			3.56	2.53	16.48	18.83
来凤县			0.42	0.24	1.92	6.46
鹤峰县			2.92	2.73	16.30	8.92
仙桃市		**1.00**			**0.40**	**33.08**
潜江市		**0.05**			**0.58**	**20.67**
天门市		**0.12**			**2.98**	**21.04**
神农架林区					**2.47**	**3.20**

续表 4　　　　单位:千公顷

地区	瓜果类面积	西瓜	香瓜（甜瓜）	草莓	其他农作物面积	青饲料
湖北省	**100.50**	**78.29**	**15.49**	**5.30**	**120.57**	**66.39**
武汉市	**16.68**	**13.33**	**2.23**	**1.11**	**8.80**	**5.57**
武汉市辖区	1.38	0.86	0.12	0.40	1.79	1.79
汉南区	0.96	0.86	0.09	0.01	0.35	0.21
蔡甸区	4.93	3.91	0.97	0.05	1.57	0.55
江夏区	4.41	3.68	0.63	0.10	2.50	1.25
黄陂区	2.66	2.29	0.18	0.19	1.89	1.25
新洲区	2.34	1.73	0.25	0.35	0.69	0.51
黄石市	**2.60**	**2.26**	**0.11**	**0.24**	**1.73**	**1.31**
黄石市辖区						
阳新县	1.67	1.49	0.07	0.11	0.76	0.37
大冶市	0.94	0.77	0.03	0.14	0.96	0.94
十堰市	**1.60**	**1.10**	**0.15**	**0.36**	**3.61**	**1.39**
茅箭区	0.02			0.02		
张湾区	0.03	0.01		0.02		
郧阳区	0.70	0.52	0.08	0.10	0.10	0.10
郧西县	0.12	0.08	0.01	0.04	1.17	0.19
竹山县	0.07	0.07				
竹溪县	0.07	0.05		0.02		
房县	0.18	0.06	0.04	0.08	2.34	1.09
丹江口市	0.41	0.32	0.02	0.07		
宜昌市	**6.27**	**3.58**	**2.29**	**0.33**	**12.43**	**10.47**
宜昌市辖区	0.03	0.01	0.01	0.01		
夷陵区	0.68	0.39	0.13	0.16	0.73	0.63
远安县	0.04	0.04			0.86	0.50
兴山县	0.09	0.09			0.05	0.05
秭归县	0.09	0.06		0.03	0.12	0.12
长阳土家族自治县	0.04	0.02		0.02	0.04	0.03
五峰土家族自治县	0.03	0.03			5.48	5.48
宜都市	0.13	0.06	0.03	0.04	0.30	0.30
当阳市	1.08	0.55	0.45	0.02	1.55	1.09
枝江市	4.06	2.34	1.67	0.05	3.31	2.28
襄阳市	**12.98**	**11.60**	**0.79**	**0.59**	**9.66**	**5.97**
高新区	0.29	0.25	0.04			
襄城区	0.37	0.28	0.05	0.04	0.62	0.01
樊城区	0.18	0.07	0.04	0.06	0.10	
襄州区	1.17	0.94	0.13	0.11		
南漳县	0.25	0.22	0.01	0.02	3.23	0.91
谷城县	0.21	0.15	0.03	0.02	1.02	0.49
保康县	0.03	0.01		0.01	0.02	0.01
老河口市	1.47	1.28	0.19		1.03	1.03
枣阳市	1.32	1.03	0.22	0.08	2.57	2.57
宜城市	7.71	7.37	0.09	0.25	1.07	0.94
鄂州市	**1.74**	**0.95**	**0.42**	**0.17**	**1.61**	**0.49**
梁子湖区	0.62	0.35	0.10	0.03	1.00	0.25
华容区	0.77	0.49	0.19	0.05	0.61	0.24
鄂城区	0.34	0.11	0.13	0.09		
荆门市	**7.60**	**5.24**	**1.19**	**0.38**	**5.55**	**3.53**
东宝区	1.50	0.92	0.41	0.06	0.36	0.09
掇刀区	1.33	0.95	0.11	0.13	0.07	0.05
沙洋县	0.76	0.61	0.13	0.02	0.65	0.59
钟祥市	2.19	1.61	0.30	0.10	0.11	0.11
京山市	1.82	1.16	0.24	0.07	4.36	2.69
孝感市	**8.42**	**6.41**	**1.60**	**0.41**	**4.56**	**1.88**

续表 5　　　　单位：千公顷

地区	瓜果类面积	西瓜	香瓜（甜瓜）	草莓	其他农作物面积	青饲料
孝感市辖区						
孝南区	1.45	1.16	0.25	0.04	0.17	0.07
孝昌县	0.88	0.62	0.19	0.07	0.10	0.01
大悟县	1.16	0.79	0.33	0.04	1.03	1.03
云梦县	0.56	0.45	0.09	0.01	0.02	0.02
应城市	1.46	1.09	0.26	0.10		
安陆市	1.42	1.06	0.31	0.05	0.48	0.23
汉川市	1.49	1.24	0.16	0.09	2.76	0.52
荆州市	**14.84**	**12.06**	**2.46**	**0.32**	**22.52**	**10.46**
荆州开发区	0.02	0.01	0.01			
沙市区	0.47	0.21	0.10	0.16	0.36	0.07
荆州区	2.25	1.48	0.75	0.02	0.46	0.05
公安县	2.14	1.62	0.42	0.09	4.23	1.72
监利县	1.84	1.43	0.40	0.01	6.53	2.94
江陵县	1.38	1.19	0.19	0.01	0.22	0.03
石首市	1.78	1.44	0.33	0.02	2.29	0.12
洪湖市	1.43	1.29	0.13		6.87	5.15
松滋市	3.54	3.39	0.13	0.02	1.57	0.38
黄冈市	**5.27**	**3.74**	**1.05**	**0.33**	**12.03**	**4.74**
龙感湖农场	0.10	0.10				
黄州区	0.84	0.44	0.29	0.11	0.56	0.17
团风县	0.39	0.33	0.03	0.02	0.49	0.23
红安县	0.19	0.14		0.05	0.02	0.02
罗田县	0.41	0.29	0.04	0.07	0.88	0.75
英山县					0.76	0.33
浠水县	0.56	0.37	0.07	0.01	2.40	0.73
蕲春县	0.86	0.65	0.17	0.04	4.27	1.93
黄梅县	0.48	0.32	0.17			
麻城市	0.39	0.32	0.06	0.01	1.54	0.31
武穴市	1.05	0.78	0.21	0.02	1.12	0.26
咸宁市	**10.35**	**8.53**	**1.15**	**0.48**	**16.17**	**7.10**
咸安区	2.78	2.51	0.16	0.11	0.69	0.11
嘉鱼县	1.59	1.12	0.36	0.10	1.00	0.70
通城县	0.38	0.33	0.01	0.03	4.29	1.68
崇阳县	1.78	1.48	0.20	0.10	2.45	
通山县	0.51	0.35	0.06	0.09	4.39	3.00
赤壁市	3.31	2.74	0.36	0.04	3.35	1.62
随州市	**3.69**	**2.79**	**0.70**	**0.19**	**2.42**	**1.10**
曾都区	0.53	0.41	0.11	0.01	0.28	0.13
随县	1.37	1.09	0.21	0.06	1.81	0.91
广水市	1.79	1.29	0.38	0.12	0.32	0.06
恩施自治州	**1.58**	**1.25**	**0.09**	**0.22**	**17.20**	**10.21**
恩施市	0.13	0.08	0.02	0.03	0.62	0.46
利川市	0.34	0.19	0.03	0.11	7.53	2.59
建始县	0.11	0.08		0.02	3.66	2.98
巴东县	0.25	0.22	0.01	0.01	0.29	0.28
宣恩县	0.27	0.27			3.98	3.69
咸丰县	0.14	0.13		0.01		
来凤县	0.24	0.20	0.02	0.02	1.12	0.22
鹤峰县	0.09	0.07		0.02		
仙桃市	**3.16**	**2.44**	**0.68**	**0.04**	**1.50**	**1.50**
潜江市	**1.52**	**1.23**	**0.23**	**0.06**	**0.06**	**0.06**
天门市	**2.19**	**1.77**	**0.36**	**0.06**	**0.45**	**0.37**
神农架林区					**0.26**	**0.26**

分地区经济作物产量

单位：吨

地区	油料产量	花生	油菜籽	芝麻	棉花产量	麻类产量
湖北省	**3541368**	**862670**	**2517789**	**130667**	**108878**	**8615**
武汉市	**142774**	**43818**	**87017**	**11814**	**7915**	
武汉市辖区	2722	1701	471	550	11	
汉南区	1429	82	1133	89		
蔡甸区	10342	1950	7404	988	502	
江夏区	31773	6108	20490	5175	38	
黄陂区	56032	27036	26481	2515	2743	
新洲区	40476	6941	31038	2497	4621	
黄石市	**122341**	**17896**	**84553**	**19354**	**2747**	**3916**
黄石市辖区	446	96	338	12	2	
阳新县	61911	8863	42045	10670	1348	3709
大冶市	59984	8937	42170	8672	1397	207
十堰市	**170023**	**57432**	**93018**	**18388**		
茅箭区	190	25	85	80		
张湾区	528	120	350	58		
郧阳区	23985	5454	14812	3695		
郧西县	20419	7387	8696	4223		
竹山县	55160	27106	24476	3578		
竹溪县	30518	5188	21361	2921		
房县	24900	8589	14643	1668		
丹江口市	14323	3563	8595	2165		
宜昌市	**229249**	**33983**	**191077**	**3609**	**3156**	
宜昌市辖区	2884	300	2494	90		
夷陵区	27709	5379	21797	533		
远安县	15473	615	14772	86		
兴山县	9618	515	8863	150		
秭归县	17648	5036	12506	106		
长阳土家族自治县	15180	3679	11498	3		
五峰土家族自治县	4137	430	3702			
宜都市	21741	2349	19247	145		
当阳市	66291	11140	52972	1694	464	
枝江市	48568	4540	43226	802	2692	
襄阳市	**365197**	**237343**	**99979**	**23155**	**7370**	
高新区	6483	4956	1527		148	
襄城区	12870	8225	4645		6	
樊城区	10560	5674	3862	1024		
襄州区	120133	104182	6337	9614	1252	
南漳县	17621	1596	14487	1538	29	
谷城县	19741	8450	7728	281		
保康县	15277	5291	9763	202		
老河口市	17349	12128	2868	2353	167	
枣阳市	75413	57335	11550	6528	1006	
宜城市	69750	29506	37212	1615	4762	
鄂州市	**44229**	**7917**	**29235**	**541**	**3403**	
梁子湖区	15478	3780	9710	205	385	
华容区	16600	2052	11218	229	1709	
鄂城区	12151	2085	8307	107	1309	
荆门市	**390163**	**61035**	**322104**	**6984**	**3215**	
东宝区	36907	3357	32993	557	40	
掇刀区	40940	5142	35732	66		
沙洋县	141850	16869	122828	2153	428	
钟祥市	111778	25338	85102	1338	1980	
京山市	58688	10329	45449	2870	767	
孝感市	**284713**	**83869**	**195650**	**5121**	**7991**	**39**

续表 1　　单位:吨

地区	油料产量	花生	油菜籽	芝麻	棉花产量	麻类产量
孝感市辖区	1141	384	733	24	6	
孝南区	43677	7244	35957	476	1538	
孝昌县	51874	14118	36605	1151	885	
大悟县	62551	50938	10578	1035	251	39
云梦县	27779	1557	25912	310	1384	
应城市	36274	3307	32603	364	591	
安陆市	26645	4887	20325	1360	946	
汉川市	34772	1434	32937	401	2390	
荆州市	**516322**	**6308**	**498554**	**11460**	**30366**	**476**
荆州开发区	274		274			
沙市区	7480		7442	38	169	
荆州区	32116	859	29555	1702	723	
公安县	105923	1091	103961	871	11789	420
监利县	140166	537	137578	2051	5265	
江陵县	61225	2143	57101	1981	765	47
石首市	44922	287	44186	449	4160	
洪湖市	83452	460	79406	3586	1880	9
松滋市	40764	931	39051	782	5615	
黄冈市	**554740**	**171354**	**369005**	**12251**	**19954**	**3014**
龙感湖农场	154		154			
黄州区	5985	349	5535	101	1095	
团风县	16585.42	3689.47	10580.4	2315.55	1359	
红安县	85628	66135	19351	142	922	
罗田县	36463	7814	27224	1425	212	5
英山县	20383	3719	15768	301	182	
浠水县	76585	18600	55980	2005	3300	
蕲春县	56998	5950	49959	1089	2912	2961
黄梅县	78213	4780	71423	2010	3905	
麻城市	105892	56976	45887.8	1565.2	3547	
武穴市	71854	3342	67143	1297	2520	48
咸宁市	**193320**	**33514**	**151154**	**5862**	**2883**	**1170**
咸安区	57021	11692	44053	1201	187	639
嘉鱼县	18408	2261	14641	1506	160	215
通城县	23847	2625	21160	62		
崇阳县	29035	9648	19165	222	584	10
通山县	16807	2737	13803	267		121
赤壁市	48202	4551	38332	2604	1952	185
随州市	**105144**	**39082**	**54031**	**2001**	**3006**	
曾都区	14102	1602	9766	78	435	
随县	34501.98	12954.75	16953.2	1088.56	662	
广水市	56540	24525	27312	834	1908.5	
恩施土家族苗族自治州	**111374**	**19652**	**89908**	**359**		
恩施市	19369	2202	16891			
利川市	11728	1692	8882			
建始县	15564	1656	13883			
巴东县	26978.87	4918.95	21700.62	359.3		
宣恩县	6797	3029	3768			
咸丰县	18377	4396	13981			
来凤县	8862	1280	7582			
鹤峰县	3698	478	3220			
仙桃市	**133402**	**4292**	**122930**	**6180**	**9470**	
潜江市	**45512**	**5698**	**37600**	**2214**	**1300**	
天门市	**132537**	**39447**	**91738**	**1352**	**6102**	
神农架林区	**328**	**30**	**236**	**22**		

续表 2 单位：吨

地区	糖料产量	烟叶产量		蔬菜及食用菌产量		瓜果类产量
			烤烟		食用菌	
湖北省	**271690.75**	**69346**	**59271**	**42998038.57**	**518706.61**	**3614084.76**
武汉市	**17886**			**8205857**	**121339**	**586808**
武汉市辖区	2753			840522	35711	37320
汉南区				311308	793	37009
蔡甸区				1021926	6376	194087
江夏区				1693292	6399	149266
黄陂区	6110			2682028	8635	112705
新洲区	9023			1656781	63425	56421
黄石市	**4973**			**886817**	**22794**	**102530**
黄石市辖区				14700		68
阳新县	71			510039	8919	56165
大冶市	4902			362078	13875	46297
十堰市	**18896**	**12171**	**11911**	**1762128**	**72207**	**42999**
茅箭区				26352	242	48
张湾区				103178	168	376
郧阳区				407101	11270	19288
郧西县	17666	695	695	305256	10224	2928
竹山县		3489	3489	254323	5232	1403
竹溪县	1230	2629	2629	235936	10578	869
房县		4985	4985	249070	32984	1677
丹江口市		373	113	180912	1509	16410
宜昌市	**468**	**8011**	**6365**	**5275239**	**61732**	**265504**
宜昌市辖区				168769	102	797
夷陵区		29	29	892356	668	21597
远安县				153562	53687	1318
兴山县		2540	2540	281612	676	4300
秭归县		2858	2857	430083	549	2261
长阳土家族自治县		688	241	884530	136	1105
五峰土家族自治县		1848	698	304260	48	585
宜都市		48		273027	515	3870
当阳市				1027318	2794	48835
枝江市	468			859722	2557	180836
襄阳市	**13900**	**6500**	**6500**	**2997333**	**38528**	**527393**
高新区				49428		20418
襄城区	103			252717		17191
樊城区				240911	2993	6906
襄州区	97	19	19	364060	604	40217
南漳县	20	1508	1508	410590	12985	7630
谷城县	285			337829	1318	6879
保康县		4313	4313	216342	5173	514
老河口市	187			573414	223	63446
枣阳市	11300	660	660	238980	12978	45564
宜城市	1908			313062	2254	318628
鄂州市	**4790**			**1059564**	**1680**	**42869**
梁子湖区	1170			230187	1467	10207
华容区	2416			340979	57	23586
鄂城区	1204			488398	156	9076
荆门市	**10233**			**1913962**	**34907**	**246558**
东宝区	190			186436	9407	49319
掇刀区	253			140292	1763	43254
沙洋县	6298			460758	5794	23159
钟祥市	310			678492	11053	74402
京山市	3182			447984	6890	56424
孝感市	**16677**			**4607605**	**20979**	**357639**

续表 3 单位:吨

地区	糖料产量	烟叶产量	烤烟	蔬菜及食用菌产量	食用菌	瓜果类产量
孝感市辖区	130			2402		
孝南区	2320			731434	977	74410
孝昌县	8335			486990	1122	57597
大悟县	104			327462	306	16255
云梦县				938384	4934	21727
应城市				663947	4369	71573
安陆市	868			327427	4934	61662
汉川市	4920			1129559	4337	54415
荆州市	**36698**			**3266795**	**10403**	**603417**
荆州开发区				24945		680
沙市区				325790		21034
荆州区	1818			729023		103070
公安县	5065			474811	643	103413
监利县	14414			507605	2735	59315
江陵县	5775			171550	84	78814
石首市	4266			412823	3867	59942
洪湖市	2890			339861	2099	42902
松滋市	2470			280387	975	134247
黄冈市	**32702**			**3595755**	**18893**	**162948**
龙感湖农场				24039		4980
黄州区	180			272389	863	25974
团风县	2183.59			120230.54	884.04	12047.82
红安县	110			314919	823	5130
罗田县	4428			300492	3011	12577
英山县	1033			199786.19	1252	
浠水县	2990			845952	10052	17696
蕲春县	14492			383745	355	26808
黄梅县	1088			242252.7	802.7	16136
麻城市	1640			666023.95	95	12002.5
武穴市	4557			225926	755.7	29596.2
咸宁市	**72275**			**2515505**	**11105**	**213807**
咸安区				314402	645	43393
嘉鱼县	41639			1215568	1005	58628
通城县				149948	479	3945
崇阳县	10206			205665	1281	23605
通山县				179128	3691	5683
赤壁市	20430			450794	4004	78553
随州市	**1948**			**1591568**	**98723**	**153668**
曾都区				260263	4800	6530.65
随县	453.16			482314.17	69662.62	52219.29
广水市	1495			848991	24260	94918
恩施土家族苗族自治州		**42656**	**34487**	**2833416**	**3379**	**33896**
恩施市		6534	4502	667385	599	3268
利川市		7485	6950	827745	905	6103
建始县		4697	3001	242812	1184	2422
巴东县		6540	5366	331693.02	255.55	7213.3
宣恩县		6039	5650	156292	44	3670
咸丰县		5706	4110	269042	207	2138
来凤县		812	408	110054	165	7139
鹤峰县		4843	4500	228393	19	1943
仙桃市	**31484**			**586326**	**1401**	**81773**
潜江市	**3436**			**931050**	**119**	**68901**
天门市	**5325**			**933746**	**98**	**123315**
神农架林区		**8**	**8**	**35372**	**420**	**60**

《湖北农村统计年鉴—2022》

1.农村基本情况

2.农业产值

3.种植业

4.林业及土特产☑

5.畜牧业

6.渔业

7.农业机械化

8.农村主要能源及物资消耗

9.农业技术推广及应用

10.水利建设

11.农垦及监狱系统农场

全省林业生产情况

指标名称	计量单位	全省合计
一、荒山荒(沙)地造林面积	公顷	
1.人工造林	公顷	37072
2.飞播造林	公顷	
3.无林地和疏林地新封	公顷	40663
(一)按经济成分		
(1)公有经济造林	公顷	38944
①国有经济造林	公顷	11727
②集体经济造林	公顷	27217
(2)非公有经济造林	公顷	38791
(二)按林种用途分		
(1)用材林	公顷	15001
(2)经济林	公顷	16416
(3)防护林	公顷	46027
(4)薪炭林	公顷	
(5)特种用途林	公顷	291
二、有林地造林面积	公顷	65609
1.林冠下造林	公顷	26765
2.飞播营林	公顷	
3.有林地和灌木林地新封	公顷	38844
三、更新造林	公顷	267
四、森林抚育	公顷	218658
五、主要林产品产量		
1.板栗	吨	359237
2.油茶籽	吨	257624
3.核桃	吨	100352
4.竹笋干	吨	22477
六、竹木采伐		
1.木材	万立方米	437
2.竹材	万根	4021

茶叶产量

单位：吨

地区	茶叶产量	绿茶	青茶	红茶	黑茶
湖北省	**404415**	**284141**	**1227**	**41944**	**67661**
武汉市	**2779**	**2643**		**52**	
武汉市辖区	26	25		1	
汉南区					
蔡甸区					
江夏区	284	281			
黄陂区	1491	1470		21	
新洲区	978	867		30	
黄石市	**1398**	**1029**		**75**	
黄石市辖区	1	1			
阳新县	1050	911		75	
大冶市	347	117			
十堰市	**19212**	**16744**	**179**	**1977**	**100**
茅箭区	286	73		2	
张湾区	126	102		24	
郧阳区	1198	1103		95	
郧西县	329	324		5	
竹山县	7240	6295		945	
竹溪县	7819	6960	179	580	100
房县	1411	1372		38	
丹江口市	803	515		288	
宜昌市	**111833**	**96350**	**18**	**13653**	**353**
宜昌市辖区	1711	1576		135	
夷陵区	35484	35116		176	190
远安县	4280	2553		1299	
兴山县	2504	2175			
秭归县	7982	7801	13	40	7
长阳县	7862	7772	5	15	22
五峰县	28160	19698		8328	134
宜都市	23007	18816		3660	
当阳市	836	836			
枝江市	7	7			
襄阳市	**10938**	**10369**		**201**	**135**
高新区					
襄城区	2	2			
樊城区					
襄州区					
南漳县	698	698			
谷城县	4476	3993		115	135
保康县	5255	5169		86	
老河口市					
枣阳市	496	496			
宜城市	11	11			
鄂州市	**204**	**201**			**2**
梁子湖区	193	193			
华容区					
鄂城区	11	8			2
荆门市	**268**	**252**		**11**	
东宝区	88	76		11	
掇刀区					
沙洋县	2	2			
钟祥市	154	153			
京山市	24	21			
孝感市	**9160**	**8177**		**938**	

续表　　单位：吨

地区	茶叶产量	绿茶	青茶	红茶	黑茶
孝感市辖区	44	44			
孝南区	43	42		1	
孝昌县	1414	1414			
大悟县	7139	6202		937	
云梦县					
应城市	412	412			
安陆市	108	63			
汉川市					
荆州市	**63**	**63**			
荆州开发区					
沙市区					
荆州区					
公安县	7	7			
监利县					
江陵县					
石首市	45	45			
洪湖市					
松滋市	11	11			
黄冈市	**40156**	**38233**		**760**	**1122**
龙感湖农场					
黄州区	3	3			
团风县	277.1	274.1			
红安县	3021	3021			
罗田县	1287	1287			
英山县	27945	26082		741	1122
浠水县	1500	1500			
蕲春县	2181	2166		2	
黄梅县	640	632			
麻城市	3239.2	3219.2		15	
武穴市	63	49		2	
咸宁市	**78144**	**11636**	**350**	**2272**	**60846**
咸安区	4291	2162	346	73	1671
嘉鱼县	1773	681			
通城县	3076	2445		282	349
崇阳县	6050	2820		6	1941
通山县	2145	1339	4	418	
赤壁市	60809	2189		1493	56885
随州市	**3677**	**3626**		**30**	
曾都区	108.5	78.5		30	
随县	2781.59	2769.59			
广水市	787	778			
恩施州	**126473**	**94738**	**680**	**21974**	**5102**
恩施市	27113	24455		2488	
利川市	21936	10220		11716	
建始县	941	883	4	28	1
巴东县	3603	3455	5	59	50
宣恩县	19063	16368		1227	1456
咸丰县	11663	6971	670	3160	648
来凤县	3532	1070			
鹤峰县	38622	31316	1	3296	2947
仙桃市					
潜江市					
天门市	**1**	**1**			
神农架林区	**109**	**79**		**1**	**1**

园林水果产量

单位:吨

地区	园林水果	梨	柑橘类	柑	橘	橙	柚
湖北省	**7579730**	**408530**	**5408234**	**1803623**	**2238325**	**1169885**	**172862**
武汉市	**149049**	**9181**	**41765**	**10965**	**27701**	**830**	**207**
武汉市辖区	20749	1110	2335	304	1612	416	3
汉南区	6765	51	1348	392	944	12	
蔡甸区	26370	1507	11484	5721	5305	338	120
江夏区	33150	398	21639	4235	17354	30	20
黄陂区	19054	915	3262		1200		
新洲区	42961	5200	1697	313	1286	34	64
黄石市	**113945**	**2578**	**77465**	**13079**	**58455**	**5181**	**750**
黄石市辖区	602	17	500	12	486		2
阳新县	94774	1750	70236	11500	53292	4794	650
大冶市	18569	811	6729	1567	4677	387	98
十堰市	**471629**	**1136**	**398776**	**5993**	**385271**	**7507**	
茅箭区	468	6	70		70		
张湾区	3298	50	255		255		
郧阳区	54970	20	30125	5244	24208	673	
郧西县	9729	182	690	178	511		
竹山县	7023	76	220	163	53		
竹溪县	3360	44	80		80		
房县	6252	42	30		23	7	
丹江口市	386529	716	367306	408	360071	6827	
宜昌市	**4178152**	**30058**	**4046919**	**1517989**	**1406464**	**1100434**	**21951**
宜昌市辖区	166970		165226	75233	79412	5441	5140
夷陵区	822846	670	797611	33348	751004	11982	1277
远安县	76730	177	69627		69500		127
兴山县	114467	3350	108456	2453	8514	97489	
秭归县	767882	341	757720	12500		743516	1623
长阳县	157040	585	141697	95919	26309	18876	593
五峰县	14154	2661	9688	3278	5154	538	718
宜都市	652518	23	650218	464548	160512	21428	3730
当阳市	534012	520	516005	224715	285966	3804	1520
枝江市	871533	21731	830671	605995	20093	197360	7223
襄阳市	**704159**	**54267**	**27447**	**3080**	**24269**	**25**	**1**
高新区							
襄城区	15935	1667	238	35	203		
樊城区	4440	643	305	117	188		
襄州区	48987	24855	82		10		
南漳县	34203		23826	2315	21497	14	
谷城县	5958	385	1960		1960		
保康县	4964	120	268	44	212	11	1
老河口市	46431	18621	110		110		
枣阳市	448528	5176	573	569	4		
宜城市	94713	2800	85		85		
鄂州市	**45545**	**8796**	**27128**	**1604**	**16757**	**1100**	**7631**
梁子湖区	10792	1541	8026	581	4608	110	2727
华容区	16152	2009	8912	160	7202	31	1484
鄂城区	18601	5246	10190	863	4947	959	3420
荆门市	**412679**	**175753**	**129250**	**16505**	**101842**	**9058**	**1631**
东宝区	23574	3750	15817	808	14242	767	
掇刀区	7066		5209	66	5050	20	73
沙洋县	21044	5459	7660	987	6120	71	268
钟祥市	159492	105129	21273	9319	10105	1168	681
京山市	87785	59610	12242	5196	7046		
孝感市	**160180**	**10563**	**20342**	**7200**	**11842**	**602**	**574**

续表

单位:吨

地区	园林水果	梨	柑橘类	柑	橘	橙	柚
孝感市辖区	30		15	15			
孝南区	14940	431	1435	153	1150	132	
孝昌县	79842	1803	13302	5118	7188	422	574
大悟县	14521	1730	124				
云梦县	8997	1001	2254	1849	405		
应城市	14256	2803	817	65	752		
安陆市	15065	533	1214		1166	48	
汉川市	12529	2262	1181		1181		
荆州市	**492473**	**14587**	**305710**	**145875**	**101215**	**19183**	**39437**
沙市区	1456	346	282	140	142		
荆州区	28959	6163	9657	2862	1770	3715	1310
公安县	218764	5414	93513	8777	68605	7561	8570
监利县	9402	1790	2934	398	2536		
江陵县	16286	88	1108	133	697	38	240
石首市	26017	168	16198	3330	9958	1462	1448
洪湖市	2381	18	1288		1288		
松滋市	189208	600	180730	130235	16219	6407	27869
黄冈市	**134355**	**4489**	**47295**	**7347**	**35258**	**966**	**1167**
龙感湖农场	1357	445	713		713		
黄州区	1187	69	652	5	564	50	33
团风县	637	115	168	41	114	1	8
红安县	4783	1272	12		12		
罗田县	11114	488	1017		1017		
英山县	216	40	36	23	13		
浠水县	5715	220	3081	510	1921	500	150
蕲春县	66269	435	9198	1833	4642	164	7
黄梅县	2321	227	1437	121	1316		
麻城市	6570	1013	920	314	606		
武穴市	34186	165	30061	4500	24340	251	969
咸宁市	**94904**	**10001**	**45180**	**10357**	**29671**	**5029**	**123**
咸安区	5300	161	2095	318	1385	350	42
嘉鱼县	7490	63	4170	530	1629	2006	5
通城县	9539	85	6665	6665			
崇阳县	16726	5798	837	78	688	34	37
通山县	19500	2202	11702	71	10647	984	
赤壁市	36349	1692	19711	2695	15322	1655	39
随州市	**179140**	**7750**	**3266**	**92**	**3174**		
曾都区	3949	48	361		361		
随县	93225	2732	1177		1177		
广水市	81966	4970	1728	92	1636		
恩施州	**347412**	**64697**	**225827**	**76922**	**27720**	**19736**	**99327**
恩施市	33110	4833	15069	2224	9806	268	2771
利川市	47678	35205	6703	3317	980	71	2335
建始县	21469	1509	7178	2709	2026	132	2311
巴东县	82726	1545	66010	38793	2370	18253	6594
宣恩县	108543	4401	103592	21280	1600		80712
咸丰县	21035	12542	3095	65	897	40	2093
来凤县	20573	1681	16027	2845	9756	943	2483
鹤峰县	12278	2981	8153	5689	285	29	28
仙桃市	**17109**	**1188**	**5569**	**1529**	**3942**	**98**	
潜江市	**57915**	**5389**	**2214**	**323**	**1608**	**136**	**63**
天门市	**20873**	**9224**	**4081**	**460**	**3136**		
神农架林区	**212**	**3**					

茶园、果园面积

单位：公顷

地区	年末实有茶园面积	本年采摘面积	年末果园面积	梨　园	柑橘园	桃　园	葡萄园
湖北省	**368879**	**289950**	**398754**	**23579**	**242034**	**71726**	**16879**
武汉市	**7350**	**6091**	**8890**	**650**	**2533**	**2344**	**1364**
武汉市辖区	64	64	992	46	136	279	465
汉南区			462	126	37	91	59
蔡甸区			1260	177	339	218	166
江夏区	657	545	2871	41	1693	284	161
黄陂区	4221	3354	935	58	223	251	298
新洲区	2408	2127	2370	202	104	1221	216
黄石市	**4590**	**4049**	**11589**	**345**	**7948**	**1721**	**282**
黄石市辖区	7	7	77	2	51	3	3
阳新县	3467	3067	9870	273	7395	1316	145
大冶市	1116	975	1641	70	501	401	134
十堰市	**54422**	**35669**	**29141**	**112**	**21137**	**3394**	**402**
茅箭区	272	263	114	1	8	10	6
张湾区	310	169	437	15	9	86	10
郧阳区	4267	2752	3921	5	1618	1681	46
郧西县	2470	1296	1138	41	75	333	233
竹山县	18629	13758	978	10	12	69	40
竹溪县	20909	11922	560	6	39	206	14
房县	4420	3433	1067	5	16	374	16
丹江口市	3146	2076	20926	29	19359	636	36
宜昌市	**66135**	**57029**	**153390**	**1453**	**141845**	**3215**	**451**
宜昌市辖区	1479	1439	6459		6205	102	15
夷陵区	15512	14651	23175	54	21375	299	154
远安县	3475	2897	4440	12	3205	475	56
兴山县	3303	2231	6939	94	6727	30	13
秭归县	7724	5930	29119	66	26449	199	32
长阳土家族自治县	10571	8077	9503	27	7883	119	39
五峰土家族自治县	14772	13300	576	160	335	11	0
宜都市	8669	7925	22088	9	21754	275	13
当阳市	611	562	24464	42	23396	747	74
枝江市	17	17	26627	988	24517	957	55
襄阳市	**20159**	**14685**	**33877**	**1837**	**2474**	**26295**	**770**
襄城区	34	22	464	54	8	221	88
樊城区			274	18	12	141	24
襄州区			2519	663	4	1550	129
南漳县	2294	1225	3499	27	2102	397	119
谷城县	7835	6905	365	25	102	67	43
保康县	8843	5380	748	30	35	179	41
老河口市			2515	706	66	1521	36
枣阳市	1133	1133	18698	250	27	17853	231
宜城市	20	20	4749	63	116	4322	58
鄂州市	**433**	**278**	**3208**	**443**	**1114**	**243**	**203**
梁子湖区	400	250	1715	113	493	80	50
华容区			639	60	240	110	100
鄂城区	33	27	854	270	381	53	53
荆门市	**935**	**935**	**19816**	**4607**	**7347**	**5160**	**1568**
东宝区	389	389	5060	248	4049	236	232
掇刀区			611		419	83	25
沙洋县	38	38	1184	177	456	215	199
钟祥市	369	369	6638	2720	1663	1538	363
京山市	139	139	6324	1462	760	3089	749
孝感市	**22241**	**16760**	**6428**	**387**	**611**	**3673**	**425**

续表

单位：公顷

地区	年末实有茶园面积	本年采摘面积	年末果园面积	梨园	柑橘园	桃园	葡萄园
孝感市辖区	202	186	22		5	4	
孝南区	460	390	750	36	93	573	26
孝昌县	6460	3814	2970	64	297	1543	72
大悟县	14623	11958	955	49	3	834	
云梦县			225	30	59	44	59
应城市	254	248	274	71	34	78	83
安陆市	242	164	706	57	85	409	83
汉川市			525	80	35	187	102
荆州市	**694**	**694**	**23540**	**614**	**17070**	**1477**	**4088**
沙市区			75	15	34	3	19
荆州区			942	261	281	53	325
公安县	30	30	6796	226	2981	464	3064
监利县			349	71	99	128	38
江陵县			854	4	113	385	335
石首市	444	444	1247	8	793	274	152
洪湖市			114	1	74	10	27
松滋市	219	219	13164	28	12697	160	129
黄冈市	**30677**	**26140**	**11593**	**545**	**3495**	**4564**	**1117**
龙感湖农场			46	12	23	7	3
黄州区	3	3	138	8	69	41	12
团风县	581	435	120	21	37	2	43
红安县	3042	2483	727	52	38	104	510
罗田县	1504	1144	859	90	64	66	60
英山县	17298	15417	43	3	3	18	10
浠水县	1121	1108	1049	40	263	133	77
蕲春县	2164	1972	5508	105	1115	3857	63
黄梅县	770	404	409	39	162	9	46
麻城市	4001	3001	740	167	73	201	195
武穴市	191	174	1953	8	1647	127	98
咸宁市	**34123**	**26652**	**26811**	**3789**	**9416**	**3328**	**1053**
咸安区	6529	4576	1457	31	266	496	53
嘉鱼县	1481	1267	922	14	560	133	20
通城县	4967	4751	3575	50	2503	408	55
崇阳县	6147	5171	7480	2527	749	1467	466
通山县	4092	2698	9204	983	4264	559	235
赤壁市	10908	8190	4173	185	1073	266	224
随州市	**5392**	**4328**	**16220**	**335**	**149**	**11352**	**1159**
曾都区	388	272	961	38	39	561	28
随县	3168	2450	12091	123	40	9038	816
广水市	1837	1606	3168	175	70	1754	315
恩施土家族苗族自治州	**120800**	**95809**	**61933**	**8055**	**26485**	**4017**	**2443**
恩施市	27505	22417	5938	577	1509	856	594
利川市	16660	12936	4355	2104	452	388	142
建始县	2811	2420	4255	494	624	272	800
巴东县	11011	4794	12677	380	8578	1309	228
宣恩县	15317	15317	14959	700	12039	611	9
咸丰县	18889	14358	15633	3325	1532	371	544
来凤县	3341	2998	3057	157	1451	124	115
鹤峰县	25266	20568	1061	316	301	87	10
仙桃市			**637**	**43**	**167**	**189**	**187**
潜江市			**2226**	**178**	**118**	**611**	**1257**
天门市	**53**	**13**	**490**	**141**	**125**	**80**	**106**
神农架林区	**1076**	**1018**	**512**	**44**		**63**	**4**

主要林产品产量

单位：吨

地　区	油茶籽	核桃	板栗	竹笋干
全省合计	**257624**	**100352**	**359237**	**22477**
武汉市	**8215**		**1924**	
蔡甸区				
江夏区	36		5	
黄陂区	7109		869	
新洲区	1070		1050	
黄石市	**30200**	**182**	**1665**	**1386**
阳新县	21200	182	1145	1266
大冶市	9000		520	120
十堰市	**3152**	**36146**	**27069**	**8842**
茅箭区	24	79	140	37
张湾区	50	6	1382	6
郧阳区	79	6147	8150	159
郧西县	900	7995	2833	118
竹山县	350	3850	4317	3000
竹溪县	410	3027	1647	800
房县	411	13412	5817	4340
丹江口市	710	1625	2750	380
武当山特区	218	5	33	2
宜昌市	**1050**	**29718**	**7001**	**2262**
西陵区				
伍家岗区				
点军区		37	23	
猇亭区				
夷陵区	149	3321	2053	921
远安县	10	487	206	832
兴山县	12	14907	1183	50
秭归县		9602	1290	
长阳自治县	510	1077	776	100
五峰自治县	287	236	1020	
宜都市	50	40	412	62
当阳市	32	11	38	297
枝江市				
襄阳市	**37268**	**19474**	**17797**	**657**
襄城区	1325	287	800	
樊城区		11		
襄州区	545	11	3	
南漳县	4108	5873	5103	322
谷城县	21900	436	2041	68
保康县	800	11698	8298	267
老河口市		305		
枣阳市	8500	788	1300	
宜城市	90	65	252	
鄂州市	**1541**		**1016**	**8**
梁子湖	1513		200	
华容区			430	
鄂城区	28		386	8
荆门市	**4965**	**1241**	**20028**	**137**
东宝区	810	75	1680	7
掇刀区			13	20
沙洋县	5		33	
钟祥市	650	657	2522	
京山市	3100	509	15780	110
漳河新区	400			
屈家岭管理区				
孝感市	**27550**	**5**	**41902**	**87**

续表

单位:吨

地 区	油茶籽	核桃	板栗	竹笋干
孝南区	80			
孝昌县	1220		1380	
大悟县	24000		39065	87
云梦县				
应城市	91			
安陆市	2159	5	1457	
汉川市				
荆州市	**1551**	**45**	**300**	**238**
沙市区				
荆州区				
公安县				
监利市				
江陵				
石首市			265	
洪湖市				
松滋市	1551	45	35	238
黄冈市	**38550**	**22**	**215551**	**1297**
黄州区				
团风县	588		3104	4
红安县	3789		34260	
罗田县	2067	22	84500	161
英山县	8006		7559	
浠水县	1530		13762	905
蕲春县	4200		2150	57
黄梅县	310		300	30
麻城市	18000		69731	10
武穴市	60		185	130
龙感湖管理区				
咸宁市	**77814**	**23**	**4493**	**6680**
咸安区	2940		150	980
嘉鱼县	4090			
通城县	43500		2695	140
崇阳县	2349		533	3249
通山县	23611	23	695	240
赤壁市	1324		420	2056
随州市	**17733**	**1360**	**8973**	**23**
曾都区	1600	46	1481	
随县	6360	1205	5996	23
广水市	9123	109	1496	
大洪山管理区	100			
随州高新区	550			
恩施自治州	**8035**	**12033**	**9879**	**860**
恩施市	1251	3259	445	10
利川市	325	2165	1016	661
建始县	55	1432	131	
巴东县	24	2500	2323	50
宣恩县	955	1505	2205	25
咸丰县	2035	109	1813	30
来凤县	3100	13	739	74
鹤峰县	290	1050	1207	10
仙桃市				
潜江市				
天门市				
神农架林区		**103**	**1639**	

长江防护林工程建设情况

单位：公顷

地 区	荒山荒(沙)地造林面积（公顷）	人工造林	飞播造林	无林地和疏林地新封	退化林修复面积（公顷）
全省合计	**13133**	**10000**		**3133**	**8000**
黄石市	**267**	**267**			**133**
阳新县	267	267			133
十堰市	200	200			
竹山县	67	67			
武当山特区	133	133			
宜昌市					
远安县					
襄阳市	**3701**	**968**		**2733**	**1532**
襄阳市直	67	67			
襄州区	167	167			133
南漳县	1333			1333	333
谷城县	67			67	133
保康县	1400	67		1333	333
老河口市	267	267			200
枣阳市					267
宜城市	400	400			133
荆门市	**400**	**400**			**733**
荆门市直					67
沙洋县	100	100			
钟祥市	167	167			333
京山市	133	133			333
孝感市	**267**	**267**			**267**
孝昌县	67	67			267
大悟县					
云梦县	200	200			
荆州市	**4167**	**4167**			
荆州市直	134	134			
沙市区	133	133			
荆州区	333	333			
公安县	767	767			
监利市	1000	1000			
江陵县	200	200			
石首市	933	933			
洪湖市	467	467			

续表 1

单位：公顷

地　区	荒山荒(沙)地造林面积(公顷)	人工造林	飞播造林	无林地和疏林地新封	退化林修复面积(公顷)
松滋市	200	200			
黄冈市	**1397**	**1397**			**2802**
黄州区	267	267			
团风县	200	200			
红安县	67	67			267
罗田县					600
英山县	67	67			533
浠水县	67	67			600
蕲春县	200	200			
黄梅县	67	67			
麻城市	129	129			335
武穴市	200	200			467
龙感湖管理区	133	133			
咸宁市	**1467**	**1067**		**400**	**2133**
咸安区	67	67			333
嘉鱼县	667	667			
通城县	67	67			467
崇阳县	200			200	667
通山县	133	133			533
赤壁市	333	133		200	133
随州市	**134**	**134**			**267**
随县	67	67			
广水市	67	67			267
恩施自治州	**600**	**600**			**133**
恩施市	67	67			
利川市	67	67			
巴东县	200	200			
宣恩县					133
咸丰县	133	133			
鹤峰县	133	133			
仙桃市	**267**	**267**			
潜江市	**133**	**133**			
天门市	**133**	**133**			
神农架林区					

续表 2　　　　单位：万元

地　区	全部林业投资完成额（万元）	中央预算内基本建设资金	中央财政资金	地方财政资金
全省合计	**15313**	**14698**		**15**
黄石市	**900**	**300**		
阳新县	900	300		
十堰市	**200**	200		
竹山县	100	100		
武当山特区	100	100		
宜昌市	**40**	**40**		
远安县	40	40		
襄阳市	**2565**	**2565**		
襄阳市直	50	50		
襄州区	285	285		
南漳县	450	450		
谷城县	330	330		
保康县	500	500		
老河口市	350	350		
枣阳市	200	200		
宜城市	400	400		
荆门市	**865**	**850**		**15**
荆门市直	65	50		15
沙洋县	75	75		
钟祥市	375	375		
京山市	350	350		
孝感市	**450**	**450**		
孝昌县	250	250		
大悟县	50	50		
云梦县	150	150		
荆州市	**3125**	**3125**		
荆州市直	100	100		
沙市区	100	100		
荆州区	250	250		
公安县	575	575		
监利市	750	750		
江陵县	150	150		
石首市	700	700		
洪湖市	350	350		

续表 3　　　　　　　　　　　　　　　　　　　　　　　　单位：万元

地　区	全部林业投资完成额（万元）	中央预算内基本建设资金	中央财政资金	地方财政资金
松滋市	150	150		
黄冈市	**3178**	**3178**		
黄州区	200	200		
团风县	150	150		
红安县	250	250		
罗田县	450	450		
英山县	480	480		
浠水县	500	500		
蕲春县	150	150		
黄梅县	50	50		
麻城市	348	348		
武穴市	500	500		
龙感湖管理区	100	100		
咸宁市	**2540**	**2540**		
咸安区	300	300		
嘉鱼县	500	500		
通城县	430	430		
崇阳县	530	530		
通山县	550	550		
赤壁市	230	230		
随州市	**300**	**300**		
随县	50	50		
广水市	250	250		
恩施自治州	**600**	**600**		
恩施市	20	20		
利川市	50	50		
巴东县	150	150		
宣恩县	100	100		
咸丰县	120	120		
鹤峰县	160	160		
仙桃市	**200**	**200**		
潜江市	**100**	**100**		
天门市	**100**	**100**		
神农架林区	**150**	**150**		

天然林保护工程建设情况

单位：公顷

地　区	工程区造林面积（公顷）	人工造林	飞播造林	无林地和疏林地新封	退化林修复面积（公顷）
全省合计	**9562**	**466**		**9096**	**999**
十堰市	**87**	**87**			
十堰市直					
茅箭区					
张湾区					
郧阳区					
郧西县					
竹山县					
竹溪县					
房县					
丹江口市	87	87			
武当山特区					
宜昌市	**1835**	**206**		**1629**	
宜昌市直					
西陵区					
伍家岗区					
点军区					
猇亭区					
夷陵区	329	33		296	
远安县					
兴山县					
秭归县					
长阳自治县	173	173			
五峰自治县	1333			1333	
宜都市					
当阳市					
枝江市					
襄阳市	**6906**	**106**		**6800**	
南漳县	53	53			
谷城县					
保康县	6853	53		6800	
恩施自治州	**734**	**67**		**667**	
恩施市					
利川市					
建始县					
巴东县	667			667	
宣恩县					
咸丰县	67	67			
来凤县					
鹤峰县					
神农架林区					**999**

续表 单位：万元

地区	全部林业投资完成额(万元)	中央预算内基本建设资金	中央财政资金	地方财政资金
全省合计	**27951**	**6418**	**15689**	**2510**
十堰市	**20572**	**3121**	**13641**	**2510**
十堰市直	76	41	35	
茅箭区				
张湾区	50	50		
郧阳区	350		350	
郧西县	200			
竹山县	13219	980	9729	2510
竹溪县	1100			
房县	1650	1650		
丹江口市	3927	400	3527	
武当山特区				
宜昌市	**2473**	**255**	**284**	
宜昌市直				
西陵区				
伍家岗区				
点军区				
猇亭区				
夷陵区	125	125		
远安县	130	130		
兴山县				
秭归县				
长阳自治县	1878			
五峰自治县	340		284	
宜都市				
当阳市				
枝江市				
襄阳市	**2050**	**1360**	**690**	
南漳县	150		150	
谷城县	300	300		
保康县	1600	1060	540	
恩施自治州	**1430**	**580**	**750**	
恩施市				
利川市	100			
建始县	300	300		
巴东县	100		100	
宣恩县	100		100	
咸丰县	250	250		
来凤县	30	30		
鹤峰县	550		550	
神农架林区	**1426**	**1102**	**324**	

退耕还林工程建设情况

单位：公顷、万元

地 区	退耕地造林面积（公顷）	全部林业投资完成额（万元）	中央预算内基本建设资金	中央财政资金	地方财政资金	金融贷款
全省合计	**6434**	**8685**	**3860**	**4825**		
十堰市	**433**	**585**	**260**	**325**		
房县	433	585	260	325		
襄阳市	**333**	**450**	**200**	**250**		
保康县	333	450	200	250		
黄冈市	**247**	**333**	**148**	**185**		
蕲春县	247	333	148	185		
咸宁市	**567**	**765**	**340**	**425**		
通山县	567	765	340	425		
恩施自治州	**4854**	**6552**	**2912**	**3640**		
利川市	427	576	256	320		
建始县	394	531	236	295		
巴东县	667	900	400	500		
咸丰县	3333	4500	2000	2500		
来凤县	33	45	20	25		

《湖北农村统计年鉴—2022》

全省畜牧生产情况

指标名称	计量单位	湖北省
一、畜禽期末存栏(笼)数		
(一)猪存栏	万头	2530.14
其中:能繁殖母猪	万头	248.22
(二)牛存栏	万头	239.66
其中:肉牛	万头	202.06
奶牛	万头	1.71
(三)羊存栏	万只	536.81
1.山羊	万只	536.81
2.绵羊	万只	
(四)活家禽存笼	万只	41653.49
二、畜禽当年出栏(笼)数		
(一)猪出栏	万头	4115.08
(二)牛出栏	万头	104.98
(三)羊出栏	万只	580.75
1.山羊	万只	580.75
2.绵羊	万只	
(四)活家禽出笼	万只	61233.01
三、畜产品产量		
(一)猪肉产量	万吨	317.99
(二)牛肉	万吨	15.84
(三)羊肉	万吨	9.65
(四)禽肉	万吨	81.59
(五)禽蛋产量	万吨	196.72
(六)生牛奶	万吨	9.61

其他畜牧业生产情况

指标名称	计量单位	湖北省
一、存栏		
1.活牲畜存栏(除猪牛羊外)	万头	0.27
(1)马	万头	0.15
(2)驴	万头	0.11
(3)骡	万头	0.02
(4)骆驼	万头	
2.家兔	万只	55.92
二、出栏		
1.活牲畜出栏(除猪牛羊外)	万头	0.10
(1)马	万头	0.03
(2)驴	万头	0.08
(3)骡	万头	
(4)骆驼	万头	
2.家兔	万只	97.37
三、肉、产品产量		
1.活牲畜出栏(除猪牛羊外)	吨	103.19
(1)马	吨	31.86
(2)驴	吨	70.62
(3)骡	吨	0.70
(4)骆驼	吨	
2.家兔	吨	1876.45
3.其他肉产量	吨	2438.62
4.其他奶产量	吨	
5.山羊毛产量	吨	32.03
其中:山羊粗毛	吨	32.01
6、绵羊毛产量	吨	29.28
其中:细羊毛	吨	23.58
半细羊毛	吨	5.70
7.天然蜂蜜	吨	19615.39
8.其它禽蛋产量	吨	3466.72
9.蚕茧产量	吨	832.31
其中:桑蚕茧	吨	735.35
柞蚕茧	吨	96.96

分地区畜禽出栏(笼)

地区	猪出栏（万头）	牛出栏（头）	羊出栏（只）	山羊出栏（只）	家禽出笼（万只）
湖北省	**4115.08**	**1049800**	**5807499**		**61233.01**
武汉市	**186.75**	**19954**	**26240**		**3675.68**
武汉市辖区					13.83
汉南区	5.74				6.33
蔡甸区	14.92	922	1416		162.12
江夏区	86.59	1520	1781		1558.11
黄陂区	58.74	12328	11606		861.52
新洲区	20.76	5184	11438		1073.77
黄石市	**98.10**	**11660**	**31883**		**2017.91**
黄石市辖区	0.01				0.35
阳新县	56.79	8819	24410		586.88
大冶市	41.29	2841	7473		1430.69
十堰市	**153.71**	**62491**	**851809**		**3785.49**
十堰市辖区	2.83	314	16965		146.39
郧阳区(郧县)	54.65	11900	85605		329.65
郧西县	16.81	7995	194055		154.82
竹山县	16.58	7702	56054		309.61
竹溪县	19.39	11993	57176		170.06
房县	22.91	5407	384471		367.80
丹江口市	20.53	17180	57483		2307.16
宜昌市	**551.83**	**43691**	**1266653**		**3109.80**
宜昌市辖区	6.78	258	3423		25.99
夷陵区	93.09	2452	53988		495.31
远安县	23.88	1229	24383		44.60
兴山县	25.07	1116	132441		46.36
秭归县	49.69	872	58424		80.54
长阳县	56.34	1702	480234		84.46
五峰县	28.99	2009	91704		44.26
宜都市	74.00	12810	306200		506.35
当阳市	95.79	3898	100637		1161.11
枝江市	98.19	17345	15219		620.81
襄阳市	**591.51**	**306331**	**1154866**		**6961.55**
襄阳市辖区	47.23	9590	38588		392.87
襄州区	84.73	100745	230500		1490.04
南漳县	82.03	45315	220900		636.54
谷城县	67.27	25187	108400		608.83
保康县	40.76	6039	87000		193.44
老河口市	88.66	26300	79600		589.96
枣阳市	100.66	67720	334300		2149.85
宜城市	80.17	25435	55578		900.03
鄂州市	**71.92**	**6000**	**17500**		**1316.78**
荆门市	**358.48**	**75063**	**377495**		**4311.17**
荆门市辖区	30.54	7726	208104		661.38
京山市	96.75	15088	66573		1427.29
沙洋县	87.00	21870	19032		1276.32
钟祥市	144.19	30379	83786		946.18
孝感市	**287.34**	**80615**	**201897**		**8383.77**

续表

地区	猪出栏（万头）	牛出栏（头）	羊出栏（只）	山羊出栏（只）	家禽出笼（万只）
孝感市辖区	0.71	324	590		2.60
孝南区	23.33	5299	4687		844.44
孝昌县	37.67	33455	48625		643.88
大悟县	28.90	15561	48150		444.18
云梦县	25.86	4485	3322		751.54
应城市	40.02	6102	13671		1554.35
安陆市	74.04	14103	77643		1242.03
汉川市	56.83	1286	5209		2900.77
荆州市	**354.57**	**29984**	**117963**		**6524.04**
荆州市辖区	26.55	1639	7960		1750.05
公安县	60.68	2834	14052		609.02
监利县	66.18	5486	1949		1845.44
江陵县	20.93	5165	7742		572.21
石首市	36.06	7100	5122		722.27
洪湖市	25.69	2585	1147		374.86
松滋市	118.47	5175	79991		650.18
黄冈市	**435.55**	**234133**	**565400**		**6636.06**
黄冈市辖区（龙感湖农场）	0.10	300			39.45
黄州区	4.40	500	1860		65.57
团风县	7.14	8540	13095		459.46
红安县	40.30	18216	28116		237.40
罗田县	14.13	21702	158817		1242.33
英山县	13.21	3459	84626		131.20
浠水县	71.91	26793	29445		1525.50
蕲春县	66.29	79562	90450		795.90
黄梅县	49.55	18666	21291		897.62
麻城市	67.13	50954	124279		602.68
武穴市	101.39	5441	13421		638.95
咸宁市	**228.50**	**15492**	**182844**		**3348.52**
咸安区	45.64	1500	7400		2215.52
嘉鱼县	11.70	892	2300		153.00
通城县	53.04	1600	8500		85.00
崇阳县	60.52	3800	37800		300.00
通山县	31.50	3900	110644		180.00
赤壁市	26.10	3800	16200		415.00
随州市	**202.26**	**66907**	**418660**		**7561.27**
曾都区	48.24	15417	48884		2615.75
随县	78.18	29169	201857		3306.70
广水市	75.84	22322	167919		1638.82
恩施州	**404.18**	**64905**	**552706**		**1198.57**
恩施市	98.66	16500	81559		243.61
利川市	76.99	14519	45845		270.28
建始县	67.32	3903	154535		178.80
巴东县	70.04	3762	158957		100.16
宣恩县	32.16	10254	36840		112.91
咸丰县	32.42	9503	16786		118.12
来凤县	13.86	4325	16301		135.51
鹤峰县	12.73	2139	41883		39.17
仙桃市	**59.62**	**5050**	**3005**		**532.25**
潜江市	**57.96**	**14356**	**17200**		**1015.00**
天门市	**69.30**	**12000**	**7900**		**817.03**
神农架	**3.51**	**1190**	**13478**		**38.13**

分地区主要畜禽产品产量

地区	猪肉（吨）	牛肉（吨）	羊肉（吨）	禽肉（吨）	禽蛋（吨）
湖北省	**3179892**	**158400**	**96500**	**815899**	**1967209**
武汉市	**143639**	**3011**	**436**	**48977**	**108393**
武汉市辖区				201	
汉南区	4702			81	
蔡甸区	10967	151	30	3275	
江夏区	66121	254	33	20884	
黄陂区	44856	1740	216	14614	
新洲区	16992	865	156	9921	
黄石市	**76325**	**1759**	**530**	**26888**	**50957**
黄石市辖区	10			5	
阳新县	44782	1335	393	8337	
大冶市	31533	424	137	18545	
十堰市	**121041**	**9429**	**14154**	**50440**	**73366**
十堰市辖区	2229	47	282	1950	
郧阳区	43038	1796	1422	4392	
郧西县	13237	1206	3224	2063	
竹山县	13060	1162	931	4125	
竹溪县	15271	1809	951	2266	
房县	18039	816	6389	4901	
丹江口市	16167	2593	955	30743	
宜昌市	**426140**	**6592**	**21047**	**41436**	**74715**
宜昌市辖区	5346	39	57	346	
夷陵区	71087	370	897	6600	
远安县	18831	185	405	594	
兴山县	19769	168	2201	618	
秭归县	39181	132	971	1073	
长阳县	44421	257	7938	1125	
五峰县	22859	303	1524	590	
宜都市	56513	1933	5130	6747	
当阳市	73152	588	1672	15471	
枝江市	74981	2617	253	8272	
襄阳市	**455559**	**46220**	**19190**	**92759**	**380235**
襄阳市辖区	36926	1680	658	4970	
襄州区	64700	13901	3210	18743	
南漳县	62641	8837	4992	7481	
谷城县	53124	3245	1701	8252	
保康县	32376	811	1265	2150	
老河口市	67701	3568	1220	7861	
枣阳市	76867	10295	5424	31310	
宜城市	61224	3883	720	11992	
鄂州市	**54920**	**905**	**291**	**17545**	**37139**
荆门市	**274513**	**11326**	**6273**	**57444**	**129950**
荆门市辖区	24079	1166	3458	8811	
京山市	73882	2277	1107	20419	
沙洋县	66438	3299	316	15607	
钟祥市	110114	4584	1392	12607	
孝感市	**224887**	**12163**	**3355**	**111710**	**272528**
孝感市辖区	554	49	10	35	
孝南区	17917	800	78	11252	
孝昌县	29440	5048	808	8579	

续表

地区	猪肉（吨）	牛肉（吨）	羊肉（吨）	禽肉（吨）	禽蛋（吨）
大悟县	22746	2348	800	5918	
云梦县	19794	677	55	10014	
应城市	31820	921	227	20711	
安陆市	56540	2128	1290	16549	
汉川市	46076	194	87	38651	
荆州市	**273475**	**4524**	**1960**	**86930**	**185495**
荆州市辖区	20979	246	146	22306	
公安县	46339	428	224	9350	
监利县	50541	831	32	23770	
江陵县	16462	780	129	7704	
石首市	28581	1073	83	8548	
洪湖市	20102	390	21	5638	
松滋市	90471	776	1325	9614	
黄冈市	**338144**	**35327**	**9395**	**88422**	**325300**
黄冈市辖区（龙感湖农场）	90	69		710	
黄州区	3200	80	84	1009	
团风县	6250	1780	242	5340	
红安县	35360	3240	520	2300	
罗田县	9560	3300	2514	17292	
英山县	10050	539	1272	1559	
浠水县	55353	3900	485	19600	
蕲春县	44164	10103	1338	10600	
黄梅县	45150	4805	502	12973	
麻城市	51305	6580	2104	7501	
武穴市	77632	930	334	9538	
咸宁市	**178856**	**2337**	**3038**	**44617**	**56928**
咸安区	36452	230	130	29500	
嘉鱼县	6500	137	38	2000	
通城县	40504	240	150	1117	
崇阳县	50200	570	580	3700	
通山县	25500	560	1880	2300	
赤壁市	19700	600	260	6000	
随州市	**155651**	**10095**	**6957**	**100750**	**146132**
曾都区	38035	2326	812	34854	
随县	59702	4401	3354	44060	
广水市	57915	3368	2790	21836	
恩施州	**310914**	**9793**	**9184**	**15970**	**45669**
恩施市	75342	2492	1433	3371	
利川市	58795	2206	757	3621	
建始县	51408	591	2576	2402	
巴东县	53483	563	2476	1326	
宣恩县	25400	1535	739	1509	
咸丰县	25700	1429	258	1465	
来凤县	11000	652	263	1769	
鹤峰县	9786	325	682	507	
仙桃市	**45525**	**762**	**50**	**7092**	**18251**
潜江市	**44382**	**2166**	**286**	**13524**	**26400**
天门市	**53149**	**1811**	**131**	**10887**	**35400**
神农架	**2771**	**180**	**224**	**508**	**351**

乡镇畜牧兽医站基本情况

地区	一、基层畜牧兽医站数(个)	二、职工总数		三、离退休人员(人)
		职工总数(人)	其中:在编人数(人)	
湖北省	**897**	**8692**	**3452**	**4151**
武汉市	**45**	**545**	**81**	**415**
东西湖区	5	10	6	24
汉南区	4	8	5	1
蔡甸区	11	82	1	121
江夏区	12	167	49	131
黄陂区				
新洲区	13	278	20	138
黄石市	**33**	**257**	**82**	**322**
黄石市辖区				
黄石港区				
西塞山区				
下陆区	1	1	1	7
阳新县	18	140	51	228
大冶市	13	113	29	83
黄石新港(物流)工业园区	1	3	1	4
十堰市	**115**	**655**	**167**	**468**
武当山特区				
茅箭区	7	17	7	
张湾区				
郧阳区	20	175	23	109
郧西县	18	113	42	51
竹山县	17	26	26	32
竹溪县	15	153	30	78
房县	20	102	39	53
丹江口市	18	69		145
白浪经济技术开发区				
宜昌市	**72**	**847**	**327**	**533**
宜昌市辖区	1	7	4	
西陵区				
伍家岗区				
点军区				
猇亭区				
夷陵区	13	30	30	47
远安县				
兴山县	8	51	51	19
秭归县	12	138	3	57
长阳土家族自治县	11	431	218	265
五峰土家族自治县	8	108		
宜都市	10	11	11	
当阳市	1	10	10	
枝江市	8	61		145
襄阳市	**83**	**1545**	**982**	**1208**
襄阳市辖区	2	8	2	7
襄城区				
樊城区				
襄州区	11	345	24	170
南漳县	12	452	259	341
谷城县	10	165	137	142
保康县	11	40	40	67
老河口市	10	20	20	
枣阳市	17	322	322	219
宜城市	10	193	178	262
东津开发区				
鄂州市	**20**	**34**	**28**	**3**
梁子湖区				
华容区				
鄂城区	20	34	28	3
荆门市	**13**	**141**	**25**	**1**
东宝区				
掇刀区				

经济作物生产情况(2020—2021)

单位:千公顷、万吨

指标名称	播种面积		产量	
	2020 年	2021 年	2020 年	2021 年
经济作物	3329.12	3423.26	—	—
一、油料作物	1377.93	1429.48	344.45	354.14
其中:花　生	248.72	244.67	87.10	86.27
油菜籽	1034.36	1094.02	241.06	251.78
芝　麻	80.10	77.34	13.06	13.07
胡麻籽				
葵花籽	2.60	2.28	0.50	0.45
二、棉花	129.73	120.71	10.79	10.89
三、麻类合计	3.33	3.54	0.83	0.86
其中:生黄红麻	0.01		0.0028	
生苎麻	3.32	3.53	0.83	0.86
生大麻				
生亚麻				
四、糖料	6.63	6.35	28.15	27.17
(一)甘蔗	6.63	6.35	28.15	27.17
(二)甜菜				
五、烟叶(未加工烟草)	36.37	39.05	6.30	6.93
其中:烤烟(未去梗)	31.58	34.11	5.34	5.93
六、中草药材	269.85	293.12	—	—
其中:人　参				
甘　草	0.46	0.07	0.01	0.07
枸　杞	0.54	0.26	0.11	0.05
七、蔬菜及食用菌	1279.90	1309.95	4119.36	4299.80
(一)叶菜类	170.49	176.74	490.11	516.20
其中:芹　菜	37.48	38.22	105.90	108.68
油　菜	38.15	40.07	101.71	105.57
菠　菜	35.01	36.82	86.20	90.75
(二)白菜类	233.80	240.95	752.55	797.76
其中:大白菜	179.69	189.02	599.66	640.80
(三)甘蓝类	73.38	73.67	253.78	263.14
其中:卷心菜	60.40	61.86	196.81	209.57
(四)根茎类	207.11	213.12	695.38	736.25
其中:白萝卜	130.86	136.70	479.31	508.34
胡萝卜	27.58	27.63	90.72	92.23
生　姜	8.43	8.21	17.41	17.33
榨菜头	4.08	4.44	10.17	11.65

续表 1

地区	一、基层畜牧兽医站数(个)	二、职工总数		三、离退休人员(人)
		职工总数(人)	其中:在编人数(人)	
京山市				
沙洋县	13	141	25	1
钟祥市				
漳河新区				
屈家岭管理区				
孝感市	**98**	**630**	**342**	**146**
孝南区	12	17	17	34
孝昌县				
大悟县	17	77	20	19
云梦县	12	26	26	4
应城市	17	207	204	4
安陆市	16	153	64	8
汉川市	24	150	11	77
荆州市	**73**	**392**	**150**	**3**
市辖区	1	2	2	
沙市区	2	8	8	
荆州区	10	46	11	
公安县				
监利县	23	47	43	3
江陵县				
石首市				
洪湖市	20	159	46	
松滋市	17	130	40	
黄冈市	**128**	**1333**	**658**	**264**
黄州区	10	43	43	
团风县	10	41	17	1
红安县	12	151	27	64
罗田县	11	128	1	11
英山县	11	84	22	
浠水县	13	128	90	13
蕲春县	15	166	35	3
黄梅县	16	85	48	3
麻城市	18	332	332	162
武穴市	12	175	43	7
龙感湖管理区				
咸宁市	**45**	**277**	**156**	**289**
咸安区	14	70		47
嘉鱼县	8	44		98
通城县	11	98	91	144
崇阳县	12	65	65	
通山县				
赤壁市				
随州市	**45**	**359**	**81**	**138**
随州市辖区	1	33	5	29
曾都区	8	98	12	102
随县	18	197	33	1
广水市	17	29	29	6
大洪山风景区	1	2	2	
恩施自治州	**79**	**1449**	**274**	**54**
恩施市	17	442	8	
利川市	12	59	59	18
建始县	10	235	24	7
巴东县	12	354	29	2
宣恩县	9	31	31	25
咸丰县	11	139	112	1
来凤县	8	189	11	1
鹤峰县				
仙桃市	**18**	**55**	**24**	**47**
潜江市	**22**	**162**	**68**	**260**
天门市				
神农架林区	**8**	**11**	**7**	

续表 2

地区	四、技术职称状况			
	高级技术职称（人）	中级技术职称（人）	初级技术职称（人）	技术员（人）
湖北省	**36**	**827**	**1285**	**751**
武汉市	**2**	**23**	**38**	**13**
东西湖区		4	1	1
汉南区		1	4	
蔡甸区		1		
江夏区		5	27	12
黄陂区				
新洲区	2	12	6	
黄石市		**46**	**36**	
黄石市辖区				
黄石港区				
西塞山区				
下陆区		1		
阳新县		27	24	
大冶市		18	11	
黄石新港（物流）工业园区			1	
十堰市	**1**	**73**	**56**	**30**
武当山特区				
茅箭区				
张湾区				
郧阳区		9	8	6
郧西县	1	9	11	21
竹山县		13	12	1
竹溪县		22	8	
房县		20	17	2
丹江口市				
白浪经济技术开发区				
宜昌市	**1**	**74**	**165**	**74**
宜昌市辖区		2		
西陵区				
伍家岗区				
点军区				
猇亭区				
夷陵区		25	5	
远安县				
兴山县		5	26	20
秭归县		2	1	
长阳土家族自治县		35	120	52
五峰土家族自治县				
宜都市		2	9	
当阳市	1	3	4	2
枝江市				
襄阳市	**4**	**130**	**414**	**311**
襄阳市辖区			1	1
襄城区				
樊城区				
襄州区		10	11	3
南漳县		21	158	80
谷城县	4	16	32	63
保康县		28	8	4
老河口市		6	14	
枣阳市		33	170	119
宜城市		16	20	41
东津开发区				
鄂州市	**9**	**17**	**2**	
梁子湖区				
华容区				
鄂城区	9	17	2	
荆门市		**23**	**2**	
东宝区				
掇刀区				

续表 3

地区	四、技术职称状况			
	高级技术职称（人）	中级技术职称（人）	初级技术职称（人）	技术员（人）
京山市				
沙洋县		23	2	
钟祥市				
漳河新区				
屈家岭管理区				
孝感市	**5**	**52**	**42**	**81**
孝南区		5	6	6
孝昌县				
大悟县		15	5	
云梦县	2	3	6	7
应城市	3	24	17	6
安陆市		2		62
汉川市		3	8	
荆州市	**3**	**30**	**77**	**33**
市辖区				
沙市区		2	6	
荆州区		2	5	
公安县				
监利县	1	5	18	19
江陵县				
石首市				
洪湖市	1	11	19	14
松滋市	1	10	29	
黄冈市	**3**	**196**	**183**	**55**
黄州区		5	25	13
团风县		8	7	2
红安县		5	10	12
罗田县		1		
英山县	2	11	6	3
浠水县		25	27	1
蕲春县		10	16	
黄梅县		19	23	6
麻城市	1	87	52	17
武穴市		25	17	1
龙感湖管理区				
咸宁市			**11**	**145**
咸安区				
嘉鱼县				
通城县			11	80
崇阳县				65
通山县				
赤壁市				
随州市		**53**	**22**	**1**
随州市辖区		1	1	
曾都区		3	7	
随县		32	1	
广水市		15	13	1
大洪山风景区		2		
恩施自治州	**3**	**65**	**200**	**4**
恩施市		4	4	
利川市		22	37	
建始县	2	9	13	
巴东县	1	13	14	1
宣恩县		11	15	3
咸丰县			112	
来凤县		6	5	
鹤峰县				
仙桃市		**7**	**10**	**2**
潜江市	**5**	**38**	**25**	
天门市				
神农架林区			**2**	**2**

续表 4

地区	五、经营情况			
	盈余站数（个）	盈余金额（万元）	亏损站数（个）	亏损金额（万元）
湖北省	**203**	**350.59**	**114**	**673.12**
武汉市	**15**	**33.83**	**10**	**181.76**
东西湖区				
汉南区				
蔡甸区				
江夏区	2	33.80	10	181.76
黄陂区				
新洲区	13	0.03		
黄石市				
黄石市辖区				
黄石港区				
西塞山区				
下陆区				
阳新县				
大冶市				
黄石新港(物流)工业园区				
十堰市	**28**	**67.31**	**25**	**84.00**
武当山特区				
茅箭区				
张湾区				
郧阳区				
郧西县			18	28.00
竹山县				
竹溪县	15	2.31		
房县	13	65.00	7	56.00
丹江口市				
白浪经济技术开发区				
宜昌市	**11**	**23.50**		
宜昌市辖区				
西陵区				
伍家岗区				
点军区				
猇亭区				
夷陵区				
远安县				
兴山县				
秭归县				
长阳土家族自治县	11	23.50		
五峰土家族自治县				
宜都市				
当阳市				
枝江市				
襄阳市	**30**	**69.28**	**15**	**29.72**
襄阳市辖区	2	1.30		
襄城区				
樊城区				
襄州区				
南漳县	12	54.00		
谷城县	4	2.68	6	16.27
保康县	8	2.00	3	3.00
老河口市				
枣阳市	4	9.30	6	10.45
宜城市				
东津开发区				
鄂州市				
梁子湖区				
华容区				
鄂城区				
荆门市	**7**	**9.20**	**6**	**5.70**
东宝区				
掇刀区				

续表 5

地区	五、经营情况			
	盈余站数（个）	盈余金额（万元）	亏损站数（个）	亏损金额（万元）
京山市				
沙洋县	7	9.20	6	5.70
钟祥市				
漳河新区				
屈家岭管理区				
孝感市	**41**	**40.27**	**21**	**140.68**
孝南区				
孝昌县				
大悟县			5	19.68
云梦县				
应城市	17	2.49		
安陆市			16	121.00
汉川市	24	37.78		
荆州市			**2**	**59.50**
市辖区				
沙市区			2	59.50
荆州区				
公安县				
监利县				
江陵县				
石首市				
洪湖市				
松滋市				
黄冈市	**35**	**35.34**	**9**	**18.52**
黄州区				
团风县	10	1.22		
红安县				
罗田县	11	21.54		
英山县				
浠水县				
蕲春县				
黄梅县	5	6.00		
麻城市	9	6.57	9	18.52
武穴市				
龙感湖管理区				
咸宁市				
咸安区				
嘉鱼县				
通城县				
崇阳县				
通山县				
赤壁市				
随州市	**25**	**16.52**	**12**	**50.00**
随州市辖区	1	1.09		
曾都区				
随县	6	6.00	12	50.00
广水市	17	9.05		
大洪山风景区	1	0.38		
恩施自治州	**3**	**11.14**		
恩施市				
利川市				
建始县				
巴东县	3	11.14		
宣恩县				
咸丰县				
来凤县				
鹤峰县				
仙桃市				
潜江市	**8**	**44.20**	**14**	**103.24**
天门市				
神农架林区				

县级畜牧三站一所机构和人员

单位：个、人

地区	畜牧站		草原工作站		家畜繁育改良站		饲料监察所	
	机构数	职工人数	机构数	职工人数	机构数	职工人数	机构数	职工人数
湖北省	**81**	**1368**	**10**	**42**	**14**	**117**	**22**	**354**
武汉市	**4**	**87**			**1**	**6**	**1**	**32**
东西湖区								
汉南区	1	23						
蔡甸区	1	14						
江夏区	1	35						
黄陂区	1	15			1	6		
新洲区							1	32
黄石市	**3**	**59**						
黄石市辖区								
黄石港区	1	1						
西塞山区								
下陆区								
阳新县	1	5						
大冶市	1	53						
黄石新港(物流)工业园区								
十堰市	**8**	**80**	**3**	**4**	**2**	**12**	**3**	**14**
武当山特区								
茅箭区	1	2	1	1			1	1
张湾区	1	3						
郧阳区	1	7						
郧西县	1	7						
竹山县	1	9						
竹溪县	1	21	1	2	1	7	1	9
房县	1	27	1	1	1	5	1	4
丹江口市	1	4						
白浪经济技术开发区								
宜昌市	**11**	**154**	**2**	**17**	**2**	**16**	**2**	**78**
宜昌市辖区								
西陵区	1	1						
伍家岗区								
点军区	1	10						
猇亭区	1	1						
夷陵区	1	11	1	11	1	11	1	44
远安县	1	1						
兴山县								
秭归县	1	3						
长阳土家族自治县	1	8	1	6	1	5	1	34
五峰土家族自治县	1	16						
宜都市	1	14						
当阳市	1	24						
枝江市	1	65						
襄阳市	**7**	**39**			**2**	**14**	**1**	**3**
襄阳市辖区	1	1						
襄城区	1	9						
樊城区	1	3						
襄州区								
南漳县	1	14			1	13	1	3
谷城县								
保康县								
老河口市	1	5						
枣阳市	1	6			1	1		
宜城市								
东津开发区	1	1						
鄂州市								
梁子湖区								
华容区								
鄂城区								
荆门市	**5**	**54**					**1**	**5**
东宝区	1	7						
掇刀区	1	12						

续表

地区	畜牧站		草原工作站		家畜繁育改良站		饲料监察所	
	机构数	职工人数	机构数	职工人数	机构数	职工人数	机构数	职工人数
京山市	1	8						
沙洋县	1	15						
钟祥市	1	12					1	5
漳河新区								
屈家岭管理区								
孝感市	**6**	**210**	**1**	**3**	**2**	**15**	**2**	**62**
孝南区								
孝昌县	1	60						
大悟县	1	12			1	10	1	55
云梦县	1	14						
应城市	1	13	1	3	1	5	1	7
安陆市	1	65						
汉川市	1	46						
荆州市	**7**	**170**						
市辖区	1	2						
沙市区	1	4						
荆州区	1	46						
公安县								
监利县	1	95						
江陵县	1	12						
石首市								
洪湖市	1	4						
松滋市	1	7						
黄冈市	**10**	**191**	**3**	**15**	**3**	**44**	**8**	**99**
黄州区	1	18					1	2
团风县	1	24	1	1			1	7
红安县	1	50			1	7	1	4
罗田县	1	3						
英山县	1	5						
浠水县	1	23	1	1	1	24	1	2
蕲春县	1	2					1	4
黄梅县	1	16					1	3
麻城市	1	9	1	13	1	13	1	76
武穴市	1	41					1	1
龙感湖管理区								
咸宁市	**5**	**116**					**1**	**25**
咸安区	1	4					1	25
嘉鱼县								
通城县	1	91						
崇阳县	1	3						
通山县	1	8						
赤壁市	1	10						
随州市	**5**	**115**	**1**	**3**			**1**	**4**
随州市辖区	1	32						
曾都区	1	14					1	4
随县	1	17						
广水市	1	50	1	3				
大洪山风景区	1	2						
恩施土家族苗族自治州	**7**	**68**			**1**	**8**	**1**	**28**
恩施市	1	5						
利川市								
建始县	1	18						
巴东县	1	4						
宣恩县	1	13						
咸丰县	1	6						
来凤县	1	4			1	8	1	28
鹤峰县	1	18						
仙桃市	**1**	**13**			**1**	**2**		
潜江市	**1**	**5**					**1**	**4**
天门市	**1**	**7**						
神农架林区								

畜禽规模养殖情况

地区	1.年出栏 500头以上生猪（个、户）	(1)出栏500—999 头（个、户）	(2)出栏1000—2999头（个、户）	(3)出栏3000—4999头（个、户）	(4)出栏5000—9999头（个、户）	(5)出栏10000—49999头（个、户）	(6)出栏 5万头以上（个、户）
湖北省	**8763**	**4099**	**3108**	**669**	**508**	**316**	**63**
武汉市	**144**	**37**	**26**	**11**	**18**	**46**	**6**
武汉市辖区							
汉南区	4		3			1	
蔡甸区	2			1		1	
江夏区	47	1	6	3	8	24	5
黄陂区	43	11	8	4	7	13	
新洲区	48	25	9	3	3	7	1
黄石市	**267**	**129**	**88**	**17**	**24**	**6**	**3**
黄石市辖区	4	3		1			
阳新县	56	27	16	4	2	5	2
大冶市	207	99	72	12	22	1	1
十堰市	**279**	**171**	**82**	**7**	**12**	**7**	
十堰市辖区	1	1					
郧阳区	138	92	38	2	3	3	
郧西县	15	6	7		2		
竹山县	13	8	4		1		
竹溪县	24	13	4	3	3	1	
房县	68	39	24	1	3	1	
丹江口市	20	12	5	1		2	
宜昌市	**728**	**347**	**243**	**77**	**35**	**24**	**2**
宜昌市辖区	6	1	1	4			
夷陵区	145	97	30	7	4	7	
远安县	12	5	3	3	1		
兴山县	12	6	2	2	1	1	
秭归县	18	9	6		1	2	
长阳县	65	33	22	5	2	3	
五峰县	20	13	6	1			
宜都市	93	46	37	6	3		1
当阳市	114	51	43	14	3	3	
枝江市	243	86	93	35	20	8	1
襄阳市	**1363**	**526**	**561**	**109**	**107**	**48**	**12**
襄阳市辖区	2		1				1
襄城区	18	4	10	1	2	1	
樊城区	8	2		2	3	1	
襄州区	153	25	70	17	23	18	
南漳县	349	134	166	28	19	2	
谷城县	190	94	65	17	11	3	
保康县	30	24	2	3	1		
老河口市	54	9	23	8	3	4	7
枣阳市	322	103	156	21	28	12	2
宜城市	237	131	68	12	17	7	2
鄂州市	**101**	**29**	**46**	**15**	**3**	**7**	**1**
荆门市	**914**	**495**	**269**	**64**	**42**	**37**	**7**
荆门市辖区	35	16	6	3	5	5	
京山县	308	142	108	29	21	8	
沙洋县	332	232	59	13	11	15	2
钟祥市	239	105	96	19	5	9	5
孝感市	**1392**	**761**	**498**	**62**	**45**	**23**	**3**
孝南区	122	23	75	11	8	5	
孝昌县	242	98	126	12	6		

续表 1

地区	1.年出栏500头以上生猪(个、户)	(1)出栏500—999头(个、户)	(2)出栏1000—2999头(个、户)	(3)出栏3000—4999头(个、户)	(4)出栏5000—9999头(个、户)	(5)出栏10000—49999头(个、户)	(6)出栏5万头以上(个、户)
大悟县	91	41	35	9	2	4	
云梦县	195	157	14	15	7	2	
应城市	135	106	17	2	4	5	1
安陆市	108	40	47	9	7	3	2
汉川市	499	296	184	4	11	4	
荆州市	**429**	**157**	**176**	**38**	**22**	**19**	**17**
荆州开发区	1	1					
沙市区	6		1	2	1	2	
荆州区	16	5	6	4		1	
公安县	82	23	31	12	10	2	4
监利县	176	70	83	10	5	6	2
江陵县	20	5	10	1	1	2	1
石首市	11	3	1			2	5
洪湖市	27	10	12	1	1	2	1
松滋市	90	40	32	8	4	2	4
黄冈市	**1017**	**429**	**382**	**109**	**70**	**25**	**2**
龙感湖管理区							
黄州区	17	6	5	3	3		
团风县	40	13	23	4			
红安县	191	114	63	7	7		
罗田县	53	37	13	2	1		
英山县	13	5	5	1	2		
浠水县	177	62	61	32	14	8	
蕲春县	129	44	55	20	10		
黄梅县	51	28	10	5	3	4	1
麻城市	85	40	24	7	7	6	1
武穴市	261	80	123	28	23	7	
咸宁市	**628**	**162**	**325**	**67**	**54**	**16**	**4**
咸安区	135	51	68	6	3	4	3
嘉鱼县	24	7	12	3		2	
通城县	119	33	54	16	11	5	
崇阳县	127	20	64	7	33	3	
通山县	131	23	78	28	1	1	
赤壁市	92	28	49	7	6	1	1
随州市	**636**	**387**	**167**	**25**	**37**	**17**	**3**
随州市辖区	119	86	23	2	3	5	
曾都区	249	139	76	6	19	9	
随县	156	108	29	9	8	1	1
广水市	112	54	39	8	7	2	2
恩施州	**225**	**133**	**75**	**9**	**3**	**5**	
恩施市	80	39	29	8	1	3	
利川市	30	18	11			1	
建始县	33	22	10		1		
巴东县	43	35	7	1			
宣恩县	17	7	9		1		
咸丰县	17	10	7				
来凤县	2	1	1				
鹤峰县	3	1	1			1	
仙桃市	**129**	**32**	**37**	**43**	**11**	**6**	
潜江市	**268**	**122**	**99**	**13**	**16**	**18**	
天门市	**238**	**180**	**32**	**2**	**9**	**12**	**3**
神农架林区	**5**	**2**	**2**	**1**			

续表 2

地区	2.年存笼 2000 只以上蛋鸡（个、户）	（1）存笼 2000—9999 只（个、户）	（2）存笼 1 万—4.99 万只（个、户）	（3）存笼 5 万—9.99 万只（个、户）	（4）存笼 10 万—49.99 万只（个、户）	（5）存笼 50 万只以上（个、户）
湖北省	**9452**	**4170**	**4769**	**370**	**133**	**10**
武汉市	**447**	**125**	**237**	**61**	**23**	**1**
武汉市辖区	1		1			
汉南区						
蔡甸区	1			1		
江夏区	36	9	22	4	1	
黄陂区	71	48	17	3	2	1
新洲区	338	68	197	53	20	
黄石市	**186**	**78**	**95**	**10**	**3**	
黄石市辖区	7	5	2			
阳新县	131	53	68	7	3	
大冶市	48	20	25	3		
十堰市	**308**	**169**	**128**	**8**	**3**	
十堰市辖区	4	2	2			
郧阳区	185	86	96	1	2	
郧西县	14	10	4			
竹山县	7	1	6			
竹溪县	12	10	2			
房县	65	50	11	3	1	
丹江口市	21	10	7	4		
宜昌市	**182**	**114**	**50**	**11**	**6**	**1**
宜昌市辖区	2	1	1			
夷陵区	27	9	15	3		
远安县	1				1	
兴山县	3		2		1	
秭归县	2		2			
长阳县	5		4	1		
五峰县	1	1				
宜都市	6	1	4		1	
当阳市	113	100	10	1	1	1
枝江市	22	2	12	6	2	
襄阳市	**1190**	**451**	**681**	**41**	**15**	**2**
襄阳市辖区	7	7				
襄城区	12	5	5	1	1	
樊城区	6		5	1		
襄州区	88	41	36	9	2	
南漳县	136	76	57	3		
谷城县	185	32	126	21	5	1
保康县	9	7	2			
老河口市	199	41	155		2	1
枣阳市	521	226	287	5	3	
宜城市	27	16	8	1	2	
鄂州市	**84**	**41**	**40**	**2**	**1**	
荆门市	**1667**	**1060**	**574**	**26**	**6**	**1**
荆门市辖区	42	15	25	2		
京山县	930	645	282	1	2	
沙洋县	453	303	127	19	3	1
钟祥市	242	97	140	4	1	
孝感市	**939**	**563**	**328**	**34**	**14**	
孝南区	61	33	23	4	1	
孝昌县	44	29	14	1		

续表 3

地区	2.年存笼 2000 只以上蛋鸡（个、户）	（1）存笼 2000—9999 只（个、户）	（2）存笼 1 万—4.99 万只（个、户）	（3）存笼 5 万—9.99 万只（个、户）	（4）存笼 10 万—49.99 万只（个、户）	（5）存笼 50 万只以上（个、户）
大悟县	72	62	8	2		
云梦县	286	200	80	5	1	
应城市	146	83	53	8	2	
安陆市	156	39	99	10	8	
汉川市	174	117	51	4	2	
荆州市	**928**	**493**	**402**	**23**	**9**	**1**
荆州开发区	26	20	5	1		
沙市区	35	24	10		1	
荆州区	39	24	11	1	2	1
公安县	319	195	119	4	1	
监利县	112	57	46	8	1	
江陵县	82	62	19	1		
石首市	152	69	79	2	2	
洪湖市	90	17	66	5	2	
松滋市	73	25	47	1		
黄冈市	**2367**	**602**	**1621**	**112**	**30**	**2**
龙感湖管理区						
黄州区	41	2	38	1		
团风县	311	51	244	10	6	
红安县	131	99	29	2		1
罗田县	178	102	74	1	1	
英山县	116	35	77	2	2	
浠水县	623	167	402	45	8	1
蕲春县	273		252	20	1	
黄梅县	125	20	84	14	7	
麻城市	522	108	398	13	3	
武穴市	47	18	23	4	2	
咸宁市	**106**	**61**	**37**	**3**	**5**	
咸安区	7		5	1	1	
嘉鱼县	20	1	15	1	3	
通城县	3		2	1		
崇阳县	14	7	6		1	
通山县	19	15	4			
赤壁市	43	38	5			
随州市	**235**	**44**	**158**	**21**	**12**	
随州市辖区	24	9	13	2		
曾都区	46	12	23	6	5	
随县	31	5	20	3	3	
广水市	134	18	102	10	4	
恩施州	**59**	**26**	**28**	**3**	**1**	**1**
恩施市	8	2	5	1		
利川市	8		7	1		
建始县	15	11	3			1
巴东县	6	5	1			
宣恩县	11	6	5			
咸丰县	5	1	4			
来凤县	3		2	1		
鹤峰县	3	1	1		1	
仙桃市	**512**	**249**	**256**	**6**	**1**	
潜江市	**81**	**15**	**63**	**1**	**2**	
天门市	**159**	**79**	**69**	**8**	**2**	**1**
神农架林区	**2**		**2**			

续表 4

地区	3.年存笼2000只以上蛋鸭(个、户)	(1)存笼2000—9999只(个、户)	(2)存笼10000—19999只(个、户)	(3)存笼20000—29999只(个、户)	(4)存笼30000—39999只(个、户)	(5)存笼40000—49999只(个、户)	(6)存笼50000只以上(个、户)
湖北省	**2323**	**2063**	**184**	**37**	**20**	**7**	**12**
武汉市	**8**	**8**					
武汉市辖区							
汉南区							
蔡甸区							
江夏区							
黄陂区	4	4					
新洲区	4	4					
黄石市	**75**	**72**	**2**			**1**	
黄石市辖区							
阳新县	73	70	2			1	
大冶市	2	2					
十堰市							
十堰市辖区							
郧阳区							
郧西县							
竹山县							
竹溪县							
房县							
丹江口市							
宜昌市	**12**	**8**	**3**			**1**	
宜昌市辖区							
夷陵区							
远安县							
兴山县							
秭归县							
长阳县							
五峰县							
宜都市	2	1				1	
当阳市	7	7					
枝江市	3		3				
襄阳市	**255**	**218**	**30**	**3**	**3**		**1**
襄阳市辖区							
襄城区	7	6		1			
樊城区							
襄州区	2	1	1				
南漳县							
谷城县							
保康县							
老河口市	6	1	5				
枣阳市	10	9			1		
宜城市	230	201	24	2	2		1
鄂州市	**57**	**31**	**20**	**4**		**1**	**1**
荆门市	**599**	**514**	**51**	**16**	**8**	**4**	**6**
荆门市辖区	5	4				1	
京山县	460	434	15	4	3		4
沙洋县	42	4	23	8	4	1	2
钟祥市	92	72	13	4	1	2	
孝感市	**277**	**259**	**13**	**3**			**2**
孝南区	2	1	1				
孝昌县	8	8					

续表 5

地区	3.年存笼2000只以上蛋鸭(个、户)	(1)存笼2000—9999只(个、户)	(2)存笼10000—19999只(个、户)	(3)存笼20000—29999只(个、户)	(4)存笼30000—39999只(个、户)	(5)存笼40000—49999只(个、户)	(6)存笼50000只以上(个、户)
大悟县	64	63	1				
云梦县							
应城市	99	95	3	1			
安陆市	68	60	4	2			2
汉川市	36	32	4				
荆州市	**572**	**529**	**33**	**5**	**4**		**1**
荆州开发区	49	47	2				
沙市区	1			1			
荆州区	57	57					
公安县	114	106	5	2	1		
监利县	104	97	4		2		1
江陵县	148	138	10				
石首市	49	38	10		1		
洪湖市	50	46	2	2			
松滋市							
黄冈市	**109**	**100**	**7**	**2**			
龙感湖管理区							
黄州区	2	2					
团风县	19	19					
红安县	20	20					
罗田县							
英山县	2	2					
浠水县	27	26	1				
蕲春县							
黄梅县	22	16	5	1			
麻城市	3	2		1			
武穴市	14	13	1				
咸宁市	**5**	**5**					
咸安区							
嘉鱼县							
通城县	2	2					
崇阳县							
通山县	3	3					
赤壁市							
随州市	**161**	**146**	**10**	**1**	**4**		
随州市辖区	18	17	1				
曾都区	28	25	2		1		
随县	3	1	1	1			
广水市	112	103	6		3		
恩施州							
恩施市							
利川市							
建始县							
巴东县							
宣恩县							
咸丰县							
来凤县							
鹤峰县							
仙桃市	**91**	**80**	**9**	**1**	**1**		
潜江市	**67**	**66**	**1**				
天门市	**35**	**27**	**5**	**2**			**1**
神农架林区							

续表 6

地区	4.年出笼 1 万只以上肉鸡（个、户）	(1)出笼 1 万—2.99 万只（个、户）	(2)出笼 3 万—4.99 万只（个、户）	(3)出笼 5 万—9.99 万只（个、户）	(4)出笼 10 万—49.99 万只（个、户）	(5)出笼 50 万—99.99 万只（个、户）	(6)出笼 100 万只以上（个、户）
湖北省	**2560**	**1253**	**612**	**430**	**215**	**13**	**37**
武汉市	**331**	**151**	**89**	**91**			
武汉市辖区							
汉南区							
蔡甸区							
江夏区	324	146	89	89			
黄陂区	7	5		2			
新洲区							
黄石市	**26**	**4**	**13**	**6**	**3**		
黄石市辖区							
阳新县	6	3	2		1		
大冶市	20	1	11	6	2		
十堰市	**121**	**91**	**12**	**11**	**7**		
十堰市辖区	10	2	2	3	3		
郧阳区	10	5	3	2			
郧西县							
竹山县	47	42	3	2			
竹溪县	14	14					
房县	30	26	4				
丹江口市	10	2		4	4		
宜昌市	**113**	**46**	**17**	**35**	**15**		
宜昌市辖区	8	2	3	2	1		
夷陵区	47	30	8	3	6		
远安县	1				1		
兴山县							
秭归县							
长阳县	6	6					
五峰县							
宜都市	8	6	1	1			
当阳市							
枝江市	43	2	5	29	7		
襄阳市	**381**	**130**	**118**	**86**	**33**	**8**	**6**
襄阳市辖区	1	1					
襄城区							
樊城区	1				1		
襄州区	21	9	7	5			
南漳县	97	25	42	30			
谷城县	36	13	10	10	3		
保康县	2	2					
老河口市							
枣阳市	74	4	15	24	20	7	4
宜城市	149	76	44	17	9	1	2
鄂州市	**36**	**2**	**15**	**10**	**7**	**2**	
荆门市	**120**	**66**	**24**	**12**	**18**		
荆门市辖区	11	8		2	1		
京山县	34	24	8	1	1		
沙洋县	25	8	2	2	13		
钟祥市	50	26	14	7	3		
孝感市	**661**	**518**	**123**	**17**	**3**		
孝南区	1	1					
孝昌县	4	3	1				

续表 7

地区	4.年出笼1万只以上肉鸡（个、户）	(1)出笼1万—2.99万只(个、户)	(2)出笼3万—4.99万只(个、户)	(3)出笼5万—9.99万只(个、户)	(4)出笼10万—49.99万只（个、户）	(5)出笼50万—99.99万只（个、户）	(6)出笼100万只以上（个、户）
大悟县							
云梦县							
应城市	1				1		
安陆市	10	3		5	2		
汉川市	645	511	122	12			
荆州市	**224**	**104**	**80**	**32**	**6**		**2**
荆州开发区							
沙市区							
荆州区	18	1	4	10	2		1
公安县	2		1		1		
监利县	160	80	58	20	1		1
江陵县	7	6			1		
石首市	8		7	1			
洪湖市							
松滋市	29	17	10	1	1		
黄冈市	**142**	**17**	**5**	**10**	**108**		**2**
龙感湖管理区							
黄州区							
团风县							
红安县	2	1		1			
罗田县	67				65		2
英山县	11			1	10		
浠水县	2		1	1			
蕲春县	7	1		2	4		
黄梅县	17	11	2	3	1		
麻城市							
武穴市	36	4	2	2	28		
咸宁市	**303**	**75**	**109**	**109**	**6**		**4**
咸安区	224	54	76	84	6		4
嘉鱼县							
通城县							
崇阳县	18	16	2				
通山县	51	1	27	23			
赤壁市	10	4	4	2			
随州市	**65**	**24**	**5**	**7**	**6**	**1**	**22**
随州市辖区	7	2	1	2			2
曾都区	16		2	3			11
随县	12		1	1	4		6
广水市	30	22	1	1	2	1	3
恩施州	**18**	**11**	**1**	**3**	**2**	**1**	
恩施市	11	7	1	1	1	1	
利川市	2			1	1		
建始县	3	3					
巴东县	1	1					
宣恩县							
咸丰县	1			1			
来凤县							
鹤峰县							
仙桃市							
潜江市	**15**	**11**		**1**	**1**	**1**	**1**
天门市							
神农架林区	**4**	**3**	**1**				

续表 8

地区	5.年出笼 5000 只肉鸭以上的总户数	(1)出笼 5000—9999 只(个、户)	(2)出笼 10000—29999 只(个、户)	(3)出笼 30000—99999 只(个、户)	(4)出笼 10 万只以上(个、户)	6、年出栏 50 头以上肉牛(个、户)	(1)出栏 50—99 头(个、户)
湖北省	**728**	**411**	**230**	**56**	**31**	**2711**	**1413**
武汉市	**3**			**1**	**2**	**20**	**11**
武汉市辖区							
汉南区							
蔡甸区							
江夏区						2	
黄陂区	2			1	1	15	9
新洲区	1				1	3	2
黄石市	**11**	**9**	**2**			**42**	**25**
黄石市辖区						1	1
阳新县	11	9	2			27	16
大冶市						14	8
十堰市						**176**	**103**
十堰市辖区							
郧阳区						63	32
郧西县						4	3
竹山县						28	23
竹溪县						32	15
房县						27	19
丹江口市						22	11
宜昌市	**2**		**1**	**1**		**237**	**129**
宜昌市辖区						1	1
夷陵区	1			1		12	5
远安县						2	
兴山县						5	4
秭归县							
长阳县						10	5
五峰县						3	2
宜都市						26	23
当阳市						112	50
枝江市	1		1			66	39
襄阳市	**12**	**11**			**1**	**886**	**437**
襄阳市辖区						3	
襄城区						10	8
樊城区							
襄州区							
南漳县						205	113
谷城县						233	133
保康县	1				1	5	3
老河口市	11	11				51	31
枣阳市						196	31
宜城市						183	118
鄂州市						**16**	**12**
荆门市	**100**	**62**	**35**	**2**	**1**	**232**	**97**
荆门市辖区	2	1			1	12	9
京山县	10	2	7	1		34	27
沙洋县	45	20	25			76	11
钟祥市	43	39	3	1		110	50
孝感市	**437**	**274**	**119**	**19**	**25**	**174**	**124**
孝南区						13	9
孝昌县	48	46	2			25	20

续表 9

地区	5.年出笼 5000 只肉鸭以上的总户数	(1)出笼 5000—9999 只(个、户)	(2)出笼 10000—29999 只(个、户)	(3)出笼 30000—99999 只(个、户)	(4)出笼 10 万只以上(个、户)	6.年出栏 50 头以上肉牛(个、户)	(1)出栏 50—99 头(个、户)
大悟县						47	36
云梦县	61	38			23	16	14
应城市	54	28	16	10		9	8
安陆市	4		1	2	1	56	37
汉川市	270	162	100	7	1	8	
荆州市	**27**	**6**	**14**	**6**	**1**	**104**	**69**
荆州开发区							
沙市区	3	3				7	4
荆州区	3			3		5	2
公安县						24	21
监利县	21	6	11	3	1	17	11
江陵县	3		3			6	5
石首市						17	6
洪湖市						5	5
松滋市						23	15
黄冈市	**95**	**31**	**43**	**20**	**1**	**298**	**162**
龙感湖管理区							
黄州区						1	1
团风县	18		15	2	1	12	9
红安县	4		4			123	53
罗田县	2	1	1			54	26
英山县						15	12
浠水县	1		1			16	10
蕲春县						33	27
黄梅县	33	5	11	17		19	8
麻城市	6	6				13	10
武穴市	31	19	11	1		12	6
咸宁市	**6**	**3**	**3**			**26**	**17**
咸安区						6	2
嘉鱼县						3	
通城县						5	5
崇阳县	3		3			5	4
通山县						7	6
赤壁市	3	3					
随州市	**26**	**6**	**13**	**7**		**373**	**153**
随州市辖区	1	1				115	40
曾都区						132	52
随县	13	5	8			61	7
广水市	12		5	7		65	54
恩施州	**8**	**8**				**29**	**15**
恩施市						7	2
利川市	8	8				3	2
建始县						5	3
巴东县						9	4
宣恩县						1	1
咸丰县						1	1
来凤县						2	2
鹤峰县						1	
仙桃市	**1**	**1**				**12**	**11**
潜江市						**19**	**12**
天门市						**65**	**34**
神农架林区						**2**	**2**

续表 10

地区	(2)出栏100—499 头(个、户)	(3)出栏500—999 头(个、户)	(4)出栏1000 头以上(个、户)	7.年出栏 100只以上肉羊(个、户)	(1)出栏100—199 只(个、户)	(2)出栏200—499 只(个、户)	(3)出栏500—999 只(个、户)
湖北省	**1114**	**118**	**66**	**4639**	**2887**	**1305**	**244**
武汉市	**9**			**24**	**12**	**9**	**1**
武汉市辖区							
汉南区							
蔡甸区							
江夏区	2			2		1	
黄陂区	6			14	8	4	1
新洲区	1			8	4	4	
黄石市	**13**	**2**	**2**	**42**	**19**	**20**	**2**
黄石市辖区							
阳新县	8	1	2	33	15	17	1
大冶市	5	1		9	4	3	1
十堰市	**69**	**4**		**839**	**657**	**151**	**25**
十堰市辖区				14	10	4	
郧阳区	30	1		57	25	24	7
郧西县	1			70	59	8	2
竹山县	5			84	55	26	2
竹溪县	16	1		74	19	40	13
房县	7	1		521	478	42	
丹江口市	10	1		19	11	7	1
宜昌市	**90**	**14**	**4**	**626**	**484**	**127**	**10**
宜昌市辖区				8	8		
夷陵区	6	1		46	31	12	1
远安县	2						
兴山县	1			6	1	5	
秭归县				7	4	3	
长阳县	5			489	384	95	7
五峰县	1			6	4	2	
宜都市	3			42	41		1
当阳市	50	10	2				
枝江市	22	3	2	22	11	10	1
襄阳市	**346**	**58**	**45**	**1027**	**377**	**377**	**114**
襄阳市辖区	3			11	1	8	2
襄城区	2			15	6	6	3
樊城区							
襄州区				40	22	12	2
南漳县	92			261	58	145	41
谷城县	98	2		205	79	96	24
保康县	2			5	2	3	
老河口市	16	2	2	68	52	14	1
枣阳市	77	51	37	279	81	36	31
宜城市	56	3	6	143	76	57	10
鄂州市	**4**			**22**	**5**	**16**	**1**
荆门市	**103**	**21**	**11**	**502**	**202**	**249**	**37**
荆门市辖区	2	1		17	6	9	
京山县	7			147	62	70	10
沙洋县	42	13	10	115	55	57	3
钟祥市	52	7	1	223	79	113	24
孝感市	**48**	**2**		**229**	**154**	**63**	**9**
孝南区	3	1		3	1	1	
孝昌县	5			18	17	1	

续表 11

地区	(2)出栏100—499头(个、户)	(3)出栏500—999头(个、户)	(4)出栏1000头以上(个、户)	7.年出栏100只以上肉羊(个、户)	(1)出栏100—199只(个、户)	(2)出栏200—499只(个、户)	(3)出栏500—999只(个、户)
大悟县	11			55	45	10	
云梦县	1	1					
应城市	1			52	48	3	1
安陆市	19			90	42	42	6
汉川市	8			11	1	6	2
荆州市	**34**		**1**	**76**	**49**	**24**	**2**
荆州开发区				3	1	2	
沙市区	3						
荆州区	3			3	2	1	
公安县	2		1	27	12	14	1
监利县	6			11	7	4	
江陵县	1			3	3		
石首市	11			19	19		
洪湖市							
松滋市	8			10	5	3	1
黄冈市	**133**	**3**		**506**	**428**	**67**	**6**
龙感湖管理区							
黄州区				4		4	
团风县	2	1		7	4	3	
红安县	70			184	162	20	1
罗田县	26	2		190	174	14	1
英山县	3			34	33	1	
浠水县	6			26	20	6	
蕲春县	6			10	10		
黄梅县	11			20	6	12	2
麻城市	3			12	9	2	
武穴市	6			19	10	5	2
咸宁市	**8**	**1**		**110**	**77**	**27**	**4**
咸安区	3	1		8	7	1	
嘉鱼县	3			5	3	2	
通城县				6	2	1	2
崇阳县	1			68	48	20	
通山县	1			22	16	3	2
赤壁市				1	1		
随州市	**207**	**10**	**3**	**536**	**349**	**158**	**26**
随州市辖区	70	5		100	59	38	2
曾都区	75	4	1	103	60	41	
随县	51	1	2	42	2	18	22
广水市	11			291	228	61	2
恩施州	**13**	**1**		**74**	**60**	**11**	**3**
恩施市	5			14	10	4	
利川市		1		2	1	1	
建始县	2			7	6	1	
巴东县	5			20	14	4	2
宣恩县				3	3		
咸丰县				6	5		1
来凤县				22	21	1	
鹤峰县	1						
仙桃市	**1**			**9**	**7**	**2**	
潜江市	**5**	**2**		**12**	**3**	**3**	**4**
天门市	**31**			**4**	**3**	**1**	
神农架林区				**1**	**1**		

续表 12

地区	(4)出栏1000—2999只(个、户)	(5)出栏3000只以上(个、户)	8.年存栏100头奶牛以上的总户数(个、户)	(1)存栏100—199头(个、户)	(2)存栏200—499头(个、户)	(3)存栏500—999头(个、户)	(4)存栏1000—1999头(个、户)
湖北省	**189**	**14**	**15**	**3**	**7**	**1**	**1**
武汉市	**2**		**3**	**1**	**1**		
武汉市辖区			1				
汉南区							
蔡甸区							
江夏区	1		2	1	1		
黄陂区	1						
新洲区							
黄石市	1						
黄石市辖区							
阳新县							
大冶市	1						
十堰市	**6**						
十堰市辖区							
郧阳区	1						
郧西县	1						
竹山县	1						
竹溪县	2						
房县	1						
丹江口市							
宜昌市	**4**	**1**	**3**	**2**	**1**		
宜昌市辖区							
夷陵区	1	1	3	2	1		
远安县							
兴山县							
秭归县							
长阳县	3						
五峰县							
宜都市							
当阳市							
枝江市							
襄阳市	**154**	**5**	**1**			**1**	
襄阳市辖区							
襄城区			1			1	
樊城区							
襄州区	4						
南漳县	17						
谷城县	2	4					
保康县							
老河口市	1						
枣阳市	130	1					
宜城市							
鄂州市							
荆门市	**11**	**3**					
荆门市辖区	2						
京山县	4	1					
沙洋县							
钟祥市	5	2					
孝感市	**3**						
孝南区	1						
孝昌县							

续表 13

地区	(4)出栏1000—2999只(个、户)	(5)出栏3000只以上(个、户)	8.年存栏100头奶牛以上的总户数(个、户)	(1)存栏100—199头(个、户)	(2)存栏200—499头(个、户)	(3)存栏500—999头(个、户)	(4)存栏1000—1999头(个、户)
大悟县							
云梦县							
应城市							
安陆市							
汉川市	2						
荆州市		**1**					
荆州开发区							
沙市区							
荆州区							
公安县							
监利县							
江陵县							
石首市							
洪湖市							
松滋市		1					
黄冈市	**2**	**3**	**7**		**4**		**1**
龙感湖管理区							
黄州区			1		1		
团风县			1		1		
红安县	1		2		1		1
罗田县		1					
英山县							
浠水县			1		1		
蕲春县							
黄梅县							
麻城市	1		1				
武穴市		2	1				
咸宁市	**2**		**1**		**1**		
咸安区							
嘉鱼县							
通城县	1						
崇阳县							
通山县	1						
赤壁市			1		1		
随州市	**2**	**1**					
随州市辖区	1						
曾都区	1	1					
随县							
广水市							
恩施州							
恩施市							
利川市							
建始县							
巴东县							
宣恩县							
咸丰县							
来凤县							
鹤峰县							
仙桃市							
潜江市	**2**						
天门市							
神农架林区							

续表 14

地区	(5)存栏 2000—4999 头(个、户)	(6)存栏 5000 头以上(个、户)	9.年出笼鹅 100 只以上(个、户)	10.年出笼特禽 1000 只以上(个、户)	11.年出栏肉兔 50 只以上(个、户)
湖北省	**3**		**981**	**313**	**252**
武汉市	**1**		**5**	**34**	**6**
武汉市辖区	1				
汉南区					
蔡甸区					
江夏区					
黄陂区			1	2	
新洲区			4	32	6
黄石市			**18**	**3**	**1**
黄石市辖区					
阳新县			18	2	1
大冶市				1	
十堰市			**7**	**1**	**65**
十堰市辖区					
郧阳区			2		42
郧西县			2		3
竹山县					1
竹溪县					
房县					16
丹江口市			3	1	3
宜昌市			**18**	**7**	**2**
宜昌市辖区				1	
夷陵区			2	1	
远安县					1
兴山县					
秭归县					
长阳县					
五峰县					
宜都市				1	1
当阳市			3		
枝江市			13	4	
襄阳市			**106**	**26**	**44**
襄阳市辖区				2	
襄城区					
樊城区					
襄州区			24	7	10
南漳县				4	1
谷城县					
保康县					
老河口市			11	2	5
枣阳市			64	11	24
宜城市			7		4
鄂州市				**8**	**2**
荆门市			**340**	**48**	**62**
荆门市辖区			200	3	24
京山县				8	9
沙洋县			133	35	25
钟祥市			7	2	4
孝感市			**346**	**77**	**35**
孝南区					
孝昌县					

续表 15

地区	(5)存栏2000—4999头(个、户)	(6)存栏5000头以上(个、户)	9.年出笼鹅100只以上(个、户)	10.年出笼特禽1000只以上(个、户)	11.年出栏肉兔50只以上(个、户)
大悟县					
云梦县			1	1	
应城市			45	32	5
安陆市				9	30
汉川市			300	35	
荆州市			**39**	**12**	**4**
荆州开发区					
沙市区			2		
荆州区			4	1	
公安县			10		
监利县			2	4	
江陵县			17		
石首市			1	1	
洪湖市			3	6	4
松滋市					
黄冈市	**2**		**64**	**25**	**8**
龙感湖管理区					
黄州区			55		
团风县			2	8	2
红安县				1	
罗田县					
英山县					
浠水县			1	2	
蕲春县					
黄梅县			6	12	6
麻城市	1				
武穴市	1			2	
咸宁市			**18**	**1**	**7**
咸安区					
嘉鱼县					
通城县			18	1	
崇阳县					1
通山县					6
赤壁市					
随州市			**9**	**61**	**7**
随州市辖区					
曾都区				2	
随县			4	10	7
广水市			5	49	
恩施州				**8**	**6**
恩施市					
利川市				5	6
建始县					
巴东县					
宣恩县					
咸丰县					
来凤县				3	
鹤峰县					
仙桃市					
潜江市			**1**	**2**	
天门市			**10**		**3**
神农架林区					

畜产品加工企业情况(一)

地区	肉制品			禽蛋制品		
	加工企业个数（个）	固定资产（万元）	年产值（万元）	加工企业个数（个）	固定资产（万元）	年产值（万元）
合计	312	822158	3275845	83	154606	613152
武汉市	18	133243	316722	2	23704	25880
黄石市	22	32590	127342	3	744	4729
十堰市	23	23070	87336	1	2912	5500
宜昌市	29	35901	306819	2	2550	4300
襄阳市	10	120445	320744	9	10453	111913
鄂州市	9	5290	97066	1	700	924
荆门市	20	51067	352051	10	34230	133225
孝感市	26	49405	353790	8	30902	190370
荆州市	24	47050	138414	19	28018	62825
黄冈市	46	155458	512509	3		
咸宁市	17	76880	99210			
随州市	29	25165	311326	3	5197	30800
恩施州	11	54421	154234	2	400	670
仙桃市	16	5780	37205	1	10340	2100
潜江市	4	3100	29210	14	1825	32220
天门市	7	3172	31808	5	2631	7696
神农架林区	1	120	60			

畜产品加工企业情况(二)

地区	乳制品			蜂制品		
	加工企业个数（个）	固定资产（万元）	年产值（万元）	加工企业个数（个）	固定资产（万元）	年产值（万元）
合计	15	280499	533325	58	67311	208269
武汉市	4	83233	339226	6	14550	36600
黄石市	1	616	2100			
十堰市				5	3860	7753
宜昌市	4	25000	102000	5	2760	23650
襄阳市	1	1550	1482	12	15912	109224
鄂州市				1	800	984
荆门市	1	1500	4250	4	3200	3727
孝感市				5	674	1035
荆州市				4	3465	10860
黄冈市	3	160000	67267	3	4300	1415
咸宁市	1	8600	17000	1	3000	4800
随州市				1	60	125
恩施州				4	3780	2950
仙桃市						
潜江市						
天门市				1	880	1100
神农架林区				6	10070	4045

畜牧部门饲料加工情况

指标名称	一、饲料加工厂(站)个数(个)	二、从业人员(人)	三、全年实际产量(吨)	其中			四、年产值(万元)	五、年利润(万元)	六、固定资产(万元)
				预混料	浓缩料	全价料			
年产 1000 吨以下	88	923	35947	13817	2224	13493	26651	2740	29433
年产 1001-2000 吨	27	497	37880	16164	3010	14926	24326	1748	15030
年产 2001-4000 吨	39	1485	95378	23729	4761	64163	63868	5828	44139
年产 4001-10000 吨	39	1901	885218	55757	33489	780027	621178	29005	81307
年产 10001 吨以上	154	11258	14407236	414797	467449	11433252	5882691	401651	944368
全省合计	347	16064	15461659	524263	510933	12305860	6618714	441146	1114277

兽药生产企业情况

地区	固定资产（万元）	年销售收入（万元）	年产值（万元）	年利润（万元）	从业人数（人）
全省合计	726999	285199	432529	32573	4743
武汉市	58246	103855	149696	13095	1013
黄石市	5000	5000	5000	450	68
十堰市	8017	10351	15040	802	115
宜昌市	476448	17293	24273	−1430	1611
襄阳市	5130	9388	17510	645	101
鄂州市					
荆门市	19220	15443	18402	983	250
孝感市	18502	46257	49257	5760	304
荆州市					
黄冈市	131935	74023	149053	11360	1150
咸宁市	1000	2000	2100	500	42
随州市					
恩施州					
仙桃市	1300	940	1000	208	27
潜江市	2200	650	1200	200	62
天门市					
神农架林区					

畜禽规模饲养情况

项目	场、户数(个、户)	年存、出栏(笼)量(万头、万只)
生猪出栏 500 头以上	8763	2538
商品肉鸡出笼 1 万只以上	2560	25018
商品蛋鸡存笼 2000 只以上	9452	17123
年存栏奶牛 100 头以上	15	2
年出栏肉牛 50 头以上	2711	54
年出栏肉羊 100 只以上	4639	132
年出笼鹅 100 只以上	981	185
年出笼特禽 1000 只以上	313	1036
年出栏肉兔 50 只以上	252	107

《湖北农村统计年鉴—2022》

1.农村基本情况

2.农业产值

3.种植业

4.林业及土特产

5.畜牧业

6.渔业☑

7.农业机械化

8.农村主要能源及物资消耗

9.农业技术推广及应用

10.水利建设

11.农垦及监狱系统农场

水产品总产量及捕捞产量

单位:吨

地区	合计	捕捞产量							养殖产量小计	增殖渔业产量小计
		小计	鱼类	甲壳类			贝类	其他类		
湖北省	**4832079**	**25822**	**21683**	**3697**	**3386**	**311**	**313**	**129**	**4577602**	**228655**
武汉市	**437162**	**7634**	**6693**	**941**	**885**	**56**			**407423**	**22105**
武汉市直	76655	271	271						76384	
新洲区	109168	948	828	120	120				105568	2652
江夏区	81753	2830	2759	71	71				65353	13570
蔡甸区	68389	2179	1961	218	162	56			63530	2680
黄陂区	101197	1406	874	532	532				96588	3203
黄石市	**236912**	**6068**	**4872**	**950**	**926**	**24**	**236**	**10**	**202289**	**28555**
黄石市直	4330								3139	1191
大冶市	91099	1830	1730	90	70	20		10	71280	17989
阳新县	141483	4238	3142	860	856	4	236		127870	9375
十堰市	**43218**								**25076**	**18142**
十堰市直	32								32	
十堰市辖区	1092								1092	
丹江口市	27223								15668	11555
郧县	1835								1745	90
郧西	1260								710	550
竹山县	7800								2800	5000
竹溪县	1600								755	845
房县	2376								2274	102
荆州市	**1179043**	**91**	**48**	**23**	**20**	**3**	**20**		**1172408**	**6544**
荆州区	114676								114526	150
沙市区	46308								46253	55
江陵县	31725								31142	583
松滋市	37401								36736	665
公安县	136850								135800	1050
石首市	124900								122169	2731
监利县	280120								278810	1310
洪湖市	407063	91	48	23	20	3	20		406972	
宜昌市	**191931**	**637**	**556**	**76**	**76**		**5**		**178439**	**12855**
宜昌市直	265								185	80
夷陵区	5500	272	241	31	31				4927	301
宜都市	6630								5430	1200
枝江市	89600								82300	7300
当阳市	80091	355	305	45	45		5		76013	3723
远安县	2405								2265	140
兴山县	42								24	18
秭归县	158								75	83
长阳县	7195								7195	
五峰县	45	10	10						25	10
襄阳市	**202335**	**10**	**7**	**3**	**3**				**163457**	**38868**
襄阳市辖区	21942								20694	1248
老河口市	36540								31035	5505
襄州区	42535								33935	8600
枣阳市	45648	10	7	3	3				27790	17848
宜城市	32063								28694	3369
南漳县	9579								8721	858
谷城县	12895								11975	920
保康县	1133								613	520
鄂州市	**279380**	**317**	**317**						**258473**	**20590**
鄂城区	96283								92793	3490
华容区	97607	317	317						82983	14307
梁子湖区	85490								82697	2793
荆门市	**477592**	**2292**	**1988**	**289**	**284**	**5**	**3**	**12**	**453322**	**21978**

续表 单位：吨

地区	合　计	捕捞产量							养殖产量小计	增殖渔业产量小计
		小计	鱼类	甲壳类			贝类	其他类		
				小计	虾	蟹				
荆门市辖区										
沙洋县	191247								187588	3659
钟祥市	148900								137267	11633
京山县	82030	800	546	239	234	5	3	12	79230	2000
沙洋农场										
东宝区	23567	605	605						21142	1820
掇刀区	17061								16493	568
漳河新区	12345	887	837	50	50				9212	2246
屈家岭管理区	2442								2390	52
孝感市	**432751**								**418522**	**14229**
孝感市辖区	600								600	
孝南区	71220								70468	752
孝昌县	23401								23034	367
大悟县	26368								23668	2700
安陆市	28317								26991	1326
云梦县	55000								55000	
应城市	71722								66854	4868
汉川市	156123								151907	4216
黄冈市	**468057**								**444494**	**23563**
黄州区	35898								32368	3530
团风县	50756								49227	1529
红安县	16684								15143	1541
麻城市	26750								23250	3500
罗田县	6549								5386	1163
英山县	6295								5709	586
浠水县	70253								66511	3742
蕲春县	81292								77140	4152
武穴市	58286								57266	1020
黄梅县	102294								99494	2800
龙感湖区	13000								13000	
咸宁市	**234033**	**3833**	**3385**	**419**	**302**	**117**	**26**	**3**	**224161**	**6039**
咸宁市直										
咸安区	48470	260	200	54	44	10	3	3	47260	950
嘉鱼县	68100	1100	1015	85	65	20			65550	1450
赤壁市	77134	963	768	172	126	46	23		73512	2659
通城县	13075	500	475	25	15	10			12075	500
崇阳县	14454	1010	927	83	52	31			12964	480
通山县	12800								12800	
恩施州	**3297**								**3297**	
恩施市	656								656	
建始县	378								378	
巴东县	45								45	
利川市	1366								1366	
宣恩县	110								110	
咸丰县	63								63	
来凤县	638								638	
鹤峰县	41								41	
随州市	**85593**	**4940**	**3817**	**996**	**890**	**106**	**23**	**104**	**69536**	**11117**
曾都区	11636	760	719	41	40	1			9358	1518
随县	38771	827	420	350	317	33	23	34	30955	6989
广水市	35186	3353	2678	605	533	72		70	29223	2610
仙桃市	**290623**								**290623**	
天门市	**114021**								**111282**	**2739**
潜江市	**156020**								**154689**	**1331**
神农架	**111**								**111**	

水产品养殖产量(一)

单位:吨

地区	养殖产量合计	其中:一、鱼类					
		小计	草鱼	鲢鱼	鲫鱼	鳙鱼	鳊鲂
湖北省	**4577602**	**3249794**	**866895**	**505766**	**354116**	**398194**	**246793**
武汉市	**407423**	**361364**	**110738**	**43155**	**33771**	**31829**	**42036**
武汉市直	76384	71493	16573	13186	10050	5075	8475
新洲区	105568	97769	48952	12675	5752	7378	5931
江夏区	65353	54118	3711	1323	5464	7500	7595
蔡甸区	63530	52769	12878	7145	4653	5368	11678
黄陂区	96588	85215	28624	8826	7852	6508	8357
黄石市	**202289**	**177087**	**27504**	**21491**	**24055**	**31264**	**18839**
黄石市直	3139	3096	572	600	790	287	265
大冶市	71280	63320	14504	11016	12453	7726	6319
阳新县	127870	110671	12428	9875	10812	23251	12255
十堰市	**25076**	**23422**	**3632**	**4040**	**1249**	**2106**	**1083**
十堰市直	32	32	2	2	7		
十堰市辖区	1092	1092	219	223	56	230	16
丹江口市	15668	14668	2200	2300	640	960	650
郧县	1745	1687	215	420	75	140	185
郧西	710	698	123	116	10	86	12
竹山县	2800	2510	360	270	370	290	170
竹溪县	755	717	140	170	70	120	50
房县	2274	2018	373	539	21	280	
荆州市	**1172408**	**567618**	**182652**	**71447**	**56290**	**39744**	**21047**
荆州区	114526	96854	16511	9785	5608	4177	6914
沙市区	46253	25952	5589	3749	5842	1708	437
江陵县	31142	12714	4559	1601	630	1246	402
松滋市	36736	22432	5400	4800	2600	2100	900
公安县	135800	63794	17788	4904	3376	5848	3284
石首市	122169	73951	18750	4981	17565	7530	5800
监利县	278810	71760	14380	3224	1414	2155	905
洪湖市	406972	200161	99675	38403	19255	14980	2405
宜昌市	**178439**	**168690**	**26101**	**27478**	**22509**	**18279**	**21448**
宜昌市直	185	185	55	50	30	30	
夷陵区	4927	4703	765	913	1026	525	556
宜都市	5430	5110	1350	920	520	450	280
枝江市	82300	79480	11070	10390	8700	5900	10970
当阳市	76013	70245	11610	14171	11470	10570	9117
远安县	2265	1884	338	400	346	190	115
兴山县	24	23	2	2	2	1	1
秭归县	75	75	8	22	10	13	9
长阳县	7195	6960	900	600	400	600	400
五峰县	25	25	3	10	5		
襄阳市	**163457**	**137380**	**21433**	**31021**	**14812**	**28987**	**10076**
襄阳市辖区	20694	19158	3250	5100	1410	4722	880
老河口市	31035	24057	3230	4110	3138	4240	1188
襄州区	33935	31600	5304	6446	3329	6645	4022
枣阳市	27790	23771	3913	7950	2413	6222	198
宜城市	28694	24387	3790	4871	3559	4734	1945
南漳县	8721	4386	597	1178	775	705	433
谷城县	11975	9480	1241	1250	138	1621	1389
保康县	613	541	108	116	50	98	21
鄂州市	**258473**	**244160**	**97069**	**50870**	**18080**	**37303**	**15150**
鄂城区	92793	89098	43689	19854	4478	9866	5799
华容区	82983	79780	34370	17516	6834	7777	4429
梁子湖区	82697	75282	19010	13500	6768	19660	4922
荆门市	**453322**	**325474**	**81392**	**76932**	**47880**	**45439**	**29170**

续表 1　　单位：吨

地区	养殖产量合计	其中：一、鱼类					
		小计	草鱼	鲢鱼	鲫鱼	鳙鱼	鳊鲂
荆门市辖区							
沙洋县	187588	122168	38687	29580	16103	11972	10521
钟祥市	137267	114378	27076	24717	20888	17393	13134
京山县	79230	52240	10518	13460	5978	9900	2607
沙洋农场							
东宝区	21142	15289	1520	5707	2227	2616	892
掇刀区	16493	12497	2139	1898	1284	2293	1143
漳河新区	9212	7222	1210	1210	1121	878	561
屈家岭管理区	2390	1680	242	360	279	387	312
孝感市	**418522**	**324955**	**94932**	**53727**	**47758**	**38506**	**25715**
孝南区	70468	65408	17529	4343	9917	9040	13542
孝昌县	23034	22556	4661	2798	1980	7476	2195
大悟县	23668	20158	5100	3700	2504	2336	1010
安陆市	26991	22770	3824	2190	4651	4580	1908
云梦县	55000	49065	14888	4700	15900	4316	757
应城市	66854	50160	19845	6920	6103	4872	3117
汉川市	151907	94238	28885	28876	6653	5786	3156
孝感市辖区	600	600	200	200	50	100	30
黄冈市	**444494**	**333879**	**72079**	**58004**	**35031**	**67690**	**30198**
黄州区	32368	30542	13166	9252	1608	3093	1362
团风县	49227	45251	11235	18017	3424	6794	2264
红安县	15143	12043	2719	3484	745	1904	939
麻城市	23250	22169	6009	2985	2695	7670	1002
罗田县	5386	4820	120	3006	85	1416	42
英山县	5709	5467	1135	1442	278	1603	115
浠水县	66511	55731	10155	3738	6202	13450	8415
蕲春县	77140	66611	11323	7993	9991	15123	9320
武穴市	57266	34973	7880	2520	3823	10917	2507
黄梅县	99494	48272	5749	3882	4550	4934	3950
龙感湖区	13000	8000	2588	1685	1630	786	282
咸宁市	**224161**	**178614**	**32276**	**22026**	**18372**	**27983**	**12752**
咸宁市直							
咸安区	47260	37114	10198	8073	4574	4415	2435
嘉鱼县	65550	55198	7540	4330	5760	6970	3650
赤壁市	73512	52686	7529	4209	5308	11961	4563
通城县	12075	10865	2305	1335	905	790	1278
崇阳县	12964	10451	1704	1279	1325	547	746
通山县	12800	12300	3000	2800	500	3300	80
恩施州	**3297**	**2710**	**1011**	**411**	**190**	**112**	**10**
恩施市	656	600	256	42	55		10
建始县	378	378	40	12	6		
巴东县	45	45	16	6	4		
利川市	1366	916	400	130	100	95	
宣恩县	110	56	14	4	5	3	
咸丰县	63	48	10	7	12	10	
来凤县	638	626	264	201			
鹤峰县	41	41	11	9	8	4	
随州市	**69536**	**56502**	**8416**	**10180**	**10215**	**9336**	**4257**
曾都区	9358	8988	1602	2157	1780	1891	314
随县	30955	26955	3528	4867	5746	3558	2668
广水市	29223	20559	3286	3156	2689	3887	1275
仙桃市	**290623**	**246804**	**81139**	**21530**	**14247**	**7383**	**6750**
天门市	**111282**	**69912**	**12621**	**8149**	**6938**	**8711**	**7372**
潜江市	**154689**	**31112**	**13895**	**5302**	**2718**	**3522**	**890**
神农架	**111**	**111**	**5**	**3**	**1**		

续表 2　　　　单位:吨

地区	其中:一、鱼　　类								
	青鱼	鲤鱼	黄鳝	黄颡鱼	鳜鱼	泥鳅	乌鳢	鲴鱼	鲶鱼
湖北省	**182312**	**99824**	**138353**	**142009**	**67227**	**38621**	**24776**	**65307**	**15959**
武汉市	**18886**	**10355**	**6005**	**17527**	**19083**	**3326**	**2512**	**4819**	**2473**
武汉市直	5815	621	998	1511	4338	95	152	123	510
新洲区	2396	3478	1804	1986	1165	575	732	1237	1024
江夏区	4409	1473	3061	6043	9025				
蔡甸区	1328	552	142	3725	1656	326	752	1886	350
黄陂区	4938	4231		4262	2899	2330	876	1573	589
黄石市	**14976**	**4974**	**2656**	**7638**	**3630**	**6427**	**5391**	**794**	**2077**
黄石市直	97	19	6	92	55	35	48	37	25
大冶市	3583	757	93	1600	863	582	831	757	202
阳新县	11296	4198	2557	5946	2712	5810	4512		1850
十堰市	**656**	**839**	**379**	**287**	**273**	**438**	**45**	**83**	**90**
十堰市直		4							
十堰市辖区		50			42	218		38	
丹江口市	200	320	350	160	210	130	10		80
郧县	30	55	4	35	3	6	15		
郧西		16		6		26			
竹山县	280	240	25	75		20	20		10
竹溪县		130				35			
房县	146	24		11	18	3		45	
荆州市	**53696**	**9770**	**40616**	**41773**	**18178**	**6316**	**2801**	**7681**	**1147**
荆州区	36614	1957	911	9840		255	186		
沙市区	573		12	5721		607		755	
江陵县	403	51	1802	1211		720	50	10	25
松滋市	1300	1300	1700	680	760	500	82		310
公安县	4373	2066	9061	11484	474	432	164	56	214
石首市	2210	1850	2640	5320	2600	650	950	190	560
监利县	4020	855	20610	5224	9320	1150	941	1220	
洪湖市	4203	1691	3880	2293	5024	2002	428	5450	38
宜昌市	**3955**	**8598**	**173**	**25095**	**270**	**1477**	**584**	**2197**	**489**
宜昌市直				20					
夷陵区	184	297		425		12			
宜都市	100	150		20		10			
枝江市	2450	1880	90	22500		900		420	
当阳市	846	5961	83	1825	160	376	584	1305	265
远安县	74	109		125	10	59		22	24
兴山县	1	1							
秭归县									
长阳县	300	200		180	100	120		450	200
五峰县									
襄阳市	**6449**	**14046**	**793**	**2420**	**410**	**1038**	**233**	**436**	**1447**
襄阳市辖区	968	2200	120	38	17	55	34		230
老河口市	2200	2610	180	1150	380	241		90	460
襄州区	249	3545	352	598		352	50	316	364
枣阳市	926	1222	42	350	2	196	60	20	124
宜城市	200	3617	71	26	3	107	5		139
南漳县	89	248	8	102	4	23	29	10	31
谷城县	1789	574	20	136	4	64	55		99
保康县	28	30		20					
鄂州市	**9919**	**5308**	**1030**	**3174**	**1689**	**374**	**472**	**1301**	**26**
鄂城区	1378	1354	526	1713	148	2	11	83	
华容区	4528	588	465	1131	1444	271	243		10
梁子湖区	4013	3366	39	330	97	101	218	1218	16
荆门市	**8191**	**11224**	**2637**	**8138**	**1343**	**1576**	**2084**	**2395**	**1380**

续表 3　　　　　　　　　　　　　　　　　　　　　　　　　　　　　　　单位：吨

地区	其中：一、鱼　类								
	青鱼	鲤鱼	黄鳝	黄颡鱼	鳜鱼	泥鳅	乌鳢	鮰鱼	鲶鱼
荆门市辖区									
沙洋县	935	5823	1690	2143	643	603	823	253	353
钟祥市	1512	3549	426	2075	45	497	534	1908	99
京山县	3196	1082	241	1462	301	306	230	22	776
沙洋农场									
东宝区	1020	234	115	385	24	5	16	75	20
掇刀区	1069	207	20	1505	17		379	58	52
漳河新区	450	320	144	553	313	99	102	79	80
屈家岭管理区	9	9	1	15		66			
孝感市	**16373**	**15861**	**4006**	**6225**	**3973**	**5694**	**4045**	**1630**	**497**
孝南区	1726	3990	46	844	328	2154	874		
孝昌县	2891	156	124	45	27	89	34	3	2
大悟县	390	2440	150	330		1900	110		80
安陆市	850	1170	360	780	310	480	210	40	145
云梦县	792	890	200	2171	144	163	1996	21	270
应城市	2202	4354	521	877	428	143	545		
汉川市	7512	2851	2605	1178	2736	765	276	1566	
孝感市辖区	10	10							
黄冈市	**17014**	**4891**	**5891**	**12869**	**10898**	**1428**	**3106**	**403**	**1510**
黄州区	965		103	44	468		5		
团风县	420	150	30	15	1125	10	10	200	60
红安县	682	51	38	327	38	474			
麻城市	420	280	95	430	150	80	145		85
罗田县	13	12	2	10		54	12		12
英山县	92	268	5	12	50	14	12	5	23
浠水县	2867	720	542	2164	2597	190	325		505
蕲春县	4729	1998	533	1332	1998	133	466	133	200
武穴市	1939	1221	465	268	1147	113	206	15	245
黄梅县	4580	150	3987	7882	3120	360	1925	50	380
龙感湖区	307	41	91	385	205				
咸宁市	**12604**	**9761**	**7987**	**5011**	**4059**	**4738**	**2284**	**8574**	**2152**
咸宁市直									
咸安区	1330	2790	521	495	244	295	196		239
嘉鱼县	4600	3885	3163	2350	310	3050	640	7800	880
赤壁市	4966	2159	3853	1523	1685	965	1196	443	863
通城县	1035	500	300	135	602	198	100	200	2
崇阳县	313	397	130	448	418	180	112	101	108
通山县	360	30	20	60	800	50	40	30	60
恩施州	**166**	**433**	**1**	**13**	**5**	**8**		**1**	**2**
恩施市	5	200	1	6	5	8			
建始县		8							
巴东县		4		7				1	2
利川市		191							
宣恩县		12							
咸丰县		9							
来凤县	161								
鹤峰县		9							
随州市	**6698**	**3118**	**635**	**866**	**259**	**932**	**387**	**24**	**679**
曾都区	843	143	28	108	18	11	6	19	15
随县	2743	1979	289	503	55	297	26	5	664
广水市	3112	996	318	255	186	624	355		
仙桃市	**7471**	**45**	**61403**	**6435**	**2231**	**4004**	**787**	**28709**	**1850**
天门市	**4376**		**3000**	**3270**	**925**	**675**		**6000**	
潜江市	**882**	**561**	**1141**	**1268**	**1**	**170**	**45**	**260**	**140**
神农架		**40**							

水产品养殖产量(二)

单位:吨

地区	其中:一、鱼类								
	鲟鱼	鲈鱼	罗非鱼	长吻鮠	银鱼	鳗鲡	鲌鱼	其他	其中观赏鱼
湖北省	**8282**	**24061**	**2786**	**1251**	**935**	**2505**	**49577**	**14245**	**1150**
武汉市	**27**	**2588**	**198**			**90**	**9840**	**2106**	
武汉市直		520				90	1351	2010	
新洲区	27	979					1678		
江夏区		19	40				4455		
蔡甸区		235					95		
黄陂区		835	158				2261	96	
黄石市	**213**	**544**	**226**		**300**		**1513**	**2575**	**5**
黄石市直			30				138		
大冶市	213	150	196				250	1225	
阳新县		394			300		1125	1350	5
十堰市	**250**	**1468**	**68**				**4743**	**1693**	**56**
十堰市直			4					13	
十堰市辖区									
丹江口市		1120					4538	800	50
郧县	100	190	45				85	84	2
郧西	150	20					120	13	
竹山县		80						300	
竹溪县								2	2
房县		58	19					481	2
荆州市	**1066**	**7540**		**651**	**35**		**5058**	**110**	**4**
荆州区	1050	65		21			2954	6	
沙市区		857					102		
江陵县								4	4
松滋市									
公安县		88					182		
石首市		130		630	35		1500	60	
监利县		6030					312		
洪湖市	16	370					8	40	
宜昌市	**3724**	**1759**	**463**	**130**	**10**		**3729**	**222**	
宜昌市直									
夷陵区									
宜都市	1000	300					10		
枝江市	130	1000		80			3000		
当阳市	500	340	71	50	10		711	220	
远安县	60	2	2				8		
兴山县	1	10						2	
秭归县	13								
长阳县	2020	100	390						
五峰县		7							
襄阳市	**867**	**570**	**28**		**464**		**1587**	**263**	**194**
襄阳市辖区		14					90	30	22
老河口市		460			380				100
襄州区	27							1	17
枣阳市		20			2		48	63	30
宜城市		2			2		1274	42	
南漳县	38	25			80		7	4	3
谷城县	782	49	13				168	88	22
保康县	20		15					35	
鄂州市		**562**	**112**				**1138**	**583**	
鄂城区		37	112				28	20	
华容区		45					129		
梁子湖区		480					981	563	
荆门市	**126**	**1185**	**213**	**120**	**46**	**565**	**3136**	**302**	**18**

续表　　　　　　　　　　　　　　　　　　　　　　　　　　　　　　　　　单位：吨

地区	其中：一、鱼类								
	鲟鱼	鲈鱼	罗非鱼	长吻鮠	银鱼	鳗鲡	鲍鱼	其他	其中观赏鱼
荆门市辖区									
沙洋县	21	223	103				1692		
钟祥市		180					299	46	
京山县		413	110			565	942	131	
沙洋农场									
东宝区	105	210			16		102		18
掇刀区		157		120			51	105	
漳河新区		2			30		50	20	
屈家岭管理区									
孝感市	**2**	**943**	**403**				**2874**	**1791**	**2**
孝南区		15					280	780	
孝昌县	2	5					45	23	2
大悟县							108		
安陆市		360	146				736	30	
云梦县		330	84				1443		
应城市		60	173						
汉川市		173					262	958	
孝感市辖区									
黄冈市	**145**	**1979**	**402**		**10**	**1850**	**5168**	**3313**	**611**
黄州区		206					42	228	
团风县		1000					497		
红安县		400					242		
麻城市		35			10		28	50	360
罗田县		20					16		
英山县			402					11	
浠水县		105				850	1356	1550	15
蕲春县	4	3					1066	266	10
武穴市	141	150				1000	381	35	26
黄梅县		60					1540	1173	200
龙感湖区									
咸宁市	**1638**	**2914**	**663**	**200**	**70**		**1877**	**673**	**260**
咸宁市直									
咸安区		1049					244	16	
嘉鱼县	15	55		200					
赤壁市			345				793	325	260
通城县	3	406	1		20		750		
崇阳县	1120	804	257		40		90	332	
通山县	500	600	60		10				
恩施州	**139**	**6**	**10**					**192**	
恩施市	3		9						
建始县	120							192	
巴东县	4		1						
利川市									
宣恩县	12	6							
咸丰县									
来凤县									
鹤峰县									
随州市	**8**	**17**					**475**		
曾都区	8	15					30		
随县		2					25		
广水市							420		
仙桃市		**1532**					**939**	**349**	
天门市	**75**	**150**		**150**			**7500**		
潜江市		**304**						**13**	
神农架	**2**							**60**	

水产品养殖产量(三)

单位:吨

地区	二、甲壳类	其中:虾					其中:河蟹
		小计	青虾	克氏原螯虾	南美白对虾	其他	
湖北省	**1244012**	**1089134**	**7964**	**1073621**	**6505**	**1044**	**154878**
武汉市	**43053**	**35563**	**964**	**32690**	**1711**	**198**	**7490**
武汉市直	4239	2636		2377	109	150	1603
新洲区	6937	5152		4565	587		1785
江夏区	11182	10879	474	10178	179	48	303
蔡甸区	10538	8362	45	8257	60		2176
黄陂区	10157	8534	445	7313	776		1623
黄石市	**24240**	**22604**	**4**	**22534**	**66**		**1636**
黄石市直	43						43
大冶市	7610	6510		6450	60		1100
阳新县	16587	16094	4	16084	6		493
十堰市	**918**	**838**	**25**	**776**		**37**	**80**
十堰市直							
十堰市辖区							
丹江口市	450	370	25	328		17	80
郧县	42	42		32		10	
郧西	12	12		2		10	
竹山县	130	130		130			
竹溪县	28	28		28			
房县	256	256		256			
荆州市	**577663**	**464369**	**765**	**462984**	**598**	**22**	**113294**
荆州区	15332	15302		15302			30
沙市区	18588	18588		18450	138		
江陵县	17757	17646		17646			111
松滋市	12372	11683		11683			689
公安县	61639	61510		61488		22	129
石首市	47570	47365		47355	10		205
监利县	200150	160020		160020			40130
洪湖市	204255	132255	765	131040	450		72000
宜昌市	**9451**	**9451**		**9441**	**10**		
宜昌市直							
夷陵区	204	204		204			
宜都市	300	300		300			
枝江市	2820	2820		2820			
当阳市	5527	5527		5517	10		
远安县	380	380		380			
兴山县							
秭归县							
长阳县	220	220		220			
五峰县							
襄阳市	**23843**	**22928**	**189**	**22295**	**444**		**915**
襄阳市辖区	1487	1487	90	1015	382		
老河口市	6957	6067	24	6035	8		890
襄州区	2187	2187		2158	29		
枣阳市	3991	3976	15	3961			15
宜城市	3212	3202	4	3198			10
南漳县	3474	3474	3	3446	25		
谷城县	2463	2463	53	2410			
保康县	72	72		72			
鄂州市	**14091**	**13885**	**95**	**12844**	**833**	**113**	**206**
鄂城区	3686	3643		3500	140	3	43
华容区	3108	3108	25	2784	189	110	
梁子湖区	7297	7134	70	6560	504		163
荆门市	**109507**	**109258**	**75**	**109085**	**23**	**75**	**249**

续表 1　　　　单位:吨

地区	二、甲壳类	其中:虾					其中:河蟹
		小计	青虾	克氏原螯虾	南美白对虾	其他	
荆门市辖区							
沙洋县	62836	62656	43	62530	23	60	180
钟祥市	20475	20475		20475			
京山县	14391	14370	18	14352			21
沙洋农场							
东宝区	5510	5510	10	5500			
掇刀区	3725	3725		3725			
漳河新区	1919	1919	4	1900		15	
屈家岭管理区	651	603		603			48
孝感市	**88531**	**66965**	**102**	**66751**	**112**		**21566**
孝南区	4840	4480		4480			360
孝昌县	458	454	2	450	2		4
大悟县	3410	3410		3410			
安陆市	4096	4010	100	3800	110		86
云梦县	5760	5500		5500			260
应城市	12751	12751		12751			
汉川市	57216	36360		36360			20856
孝感市辖区							
黄冈市	**105430**	**104658**	**3167**	**99503**	**1709**	**279**	**772**
黄州区	1521	1521		922	599		
团风县	3976	3976		3976			
红安县	2668	2668		2452	216		
麻城市	860	810		810			50
罗田县	458	458		455	3		
英山县	237	237		237			
浠水县	10455	10455	30	9915	510		
蕲春县	10518	10517	10	10465	26	16	1
武穴市	21825	21694	27	21319	235	113	131
黄梅县	47912	47322	3100	43952	120	150	590
龙感湖区	5000	5000		5000			
咸宁市	**41592**	**39715**	**2153**	**37248**	**27**	**287**	**1877**
咸宁市直							
咸安区	10010	9960		9960			50
嘉鱼县	7422	7365	1850	5490		25	57
赤壁市	20359	18844	303	18502	27	12	1515
通城县	1050	980		980			70
崇阳县	2251	2066		1816		250	185
通山县	500	500		500			
恩施州	**579**	**579**		**564**		**15**	
恩施市	48	48		48			
建始县							
巴东县							
利川市	450	450		450			
宣恩县	54	54		54			
咸丰县	15	15				15	
来凤县	12	12		12			
鹤峰县							
随州市	**11313**	**11061**	**420**	**10595**	**46**		**252**
曾都区	219	200		180	20		19
随县	3827	3652	165	3487			175
广水市	7267	7209	255	6928	26		58
仙桃市	**36748**	**31129**	**5**	**30358**	**766**		**5619**
天门市	**36544**	**35732**		**35714**		**18**	**812**
潜江市	**120509**	**120399**		**120239**	**160**		**110**
神农架							

续表 2

单位:吨

地区	三、贝类	其中:河蚌	螺	蚬	四、其他类	其中:龟	鳖	蛙
湖北省	**2971**	**796**	**1732**	**443**	**80825**	**8301**	**54438**	**18086**
武汉市					**3006**	**205**	**1660**	**1141**
武汉市直					652	180	422	50
新洲区					862			862
江夏区					53			53
蔡甸区					223		223	
黄陂区					1216	25	1015	176
黄石市	**324**	**20**	**189**	**115**	**638**	**113**	**301**	**224**
黄石市直								
大冶市					350	113	74	163
阳新县	324	20	189	115	288		227	61
十堰市					**736**	**3**	**727**	**6**
十堰市直								
十堰市辖区								
丹江口市					550	3	547	
郧县					16		10	6
郧西								
竹山县					160		160	
竹溪县					10		10	
房县								
荆州市	**510**	**54**	**450**	**6**	**26617**	**3183**	**21344**	**2090**
荆州区					2340	380	1950	10
沙市区					1713	1109	412	192
江陵县					671	202	357	112
松滋市					1932	61	1740	131
公安县	120	54	60	6	10247	90	10057	100
石首市					648	20	498	130
监利县					6900	1110	4410	1380
洪湖市	390		390		2166	211	1920	35
宜昌市	**1**	**1**			**297**	**60**	**130**	**107**
宜昌市直								
夷陵区					20			20
宜都市					20	15	5	
枝江市								
当阳市	1	1			240	45	119	76
远安县					1		1	
兴山县					1			1
秭归县								
长阳县					15		5	10
五峰县								
襄阳市	**14**	**5**	**9**		**2220**	**13**	**891**	**1316**
襄阳市辖区					49	1	18	30
老河口市	4	2	2		17	5	6	6
襄州区					148	2	11	135
枣阳市					28		13	15
宜城市					1095	3	825	267
南漳县					861	1	12	848
谷城县	10	3	7		22	1	6	15
保康县								
鄂州市	**2**		**2**		**220**	**16**	**123**	**81**
鄂城区	2		2		7		7	
华容区					95	4	21	70
梁子湖区					118	12	95	11
荆门市					**18341**	**3030**	**14465**	**846**

续表 3

单位：吨

地区	三、贝类	其中：河蚌	螺	蚬	四、其他类	其中：龟	鳖	蛙
荆门市辖区								
沙洋县					2584	161	2203	220
钟祥市					2414	849	1218	347
京山县					12599	1630	10768	201
沙洋农场								
东宝区					343	303	5	35
掇刀区					271	63	200	8
漳河新区					71	15	36	20
屈家岭管理区					59	9	35	15
孝感市	**181**	**30**	**151**		**4855**	**81**	**4440**	**334**
孝南区					220	18	202	
孝昌县					20	1	15	4
大悟县					100	42	58	
安陆市					125	7	18	100
云梦县					175	13	162	
应城市					3943		3922	21
汉川市	181	30	151		272		63	209
孝感市辖区								
黄冈市	**1828**	**588**	**920**	**320**	**3357**	**36**	**581**	**2740**
黄州区					305		200	105
团风县								
红安县					432	3	13	416
麻城市	5		5		216	1	110	105
罗田县					108	3	100	5
英山县					5	1	4	
浠水县					325	15	50	260
蕲春县	5	5			6	3	3	
武穴市	198	43	155		270		41	229
黄梅县	1620	540	760	320	1690	10	60	1620
龙感湖区								
咸宁市					**3955**	**254**	**728**	**2973**
咸宁市直								
咸安区					136	8	42	86
嘉鱼县					2930	220	250	2460
赤壁市					467	26	298	143
通城县					160		65	95
崇阳县					262		73	189
通山县								
恩施州					**8**			**8**
恩施市					8			8
建始县								
巴东县								
利川市								
宣恩县								
咸丰县								
来凤县								
鹤峰县								
随州市	**103**	**90**	**11**	**2**	**1618**	**8**	**1317**	**293**
曾都区					151		1	150
随县	103	90	11	2	70	8	61	1
广水市					1397		1255	142
仙桃市	**8**	**8**			**7063**	**1261**	**4869**	**933**
天门市					**4826**		**2800**	**2026**
潜江市					**3068**	**38**	**62**	**2968**
神农架								

精养鱼池主养名特优水产品面积

面积：公顷；温室面积：平方米

地区	龟		鳖		河蟹	鳜鱼	青虾
	小计	#温室	小计	#温室			
湖北省	**2201**	**281882**	**28167**	**1196955**	**96042**	**74598**	**7466**
武汉市	**46**	**3300**	**416**	**3260**	**4881**	**2159**	**35**
武汉市直	44	3300	280	1260	885	408	15
新洲区					927	47	
江夏区					162	1237	
蔡甸区			38		2157	318	20
黄陂区	2		98	2000	750	149	
黄石市	**6**	**10000**	**118**	**176**	**742**	**557**	**1**
黄石市直					20	11	
大冶市	6	10000	46		333	162	
阳新县			72	176	389	384	1
十堰市			**50**	**3300**		**211**	**25**
十堰市直							
十堰市辖区							
丹江口市						210	25
郧县				3300		1	
郧西							
竹山县			50				
竹溪县							
房县							
荆州市	**1366**	**92840**	**16069**	**58710**	**64927**	**37153**	**2**
荆州区	47	5300	624	3450	30		
沙市区	22	7600	90				
江陵县	92	73823	421				
松滋市	250	2500	2667	9000	1400	4000	
公安县	267		8993		4335	1230	
石首市	30		1200	40000	95	105	
监利县	368	3522	1885	6200	26667	18718	
洪湖市	290	95	189	60	32400	13100	2
宜昌市	**25**	**300**	**288**	**500**		**47**	
宜昌市直							
夷陵区							
宜都市	1		10				
枝江市	2		50				
当阳市	22	300	227	500		46	
远安县							
兴山县							
秭归县							
长阳县			1			1	
五峰县							
襄阳市	**27**		**384**		**667**	**321**	**296**
襄阳市辖区			11				
老河口市	20		20		520	280	25
襄州区	6		10				208
枣阳市			70		136	28	45
宜城市	1		267		11	11	4
南漳县			5			2	9
谷城县			1				5
保康县							
鄂州市			**8**	**1560**	**146**	**415**	**126**
鄂城区			8		14	164	
华容区						45	23
梁子湖区				1560	132	206	103
荆门市	**540**	**169987**	**7975**	**578444**	**379**	**1326**	**544**

续表 1　　　　面积：公顷；温室面积：平方米

地区	龟		鳖		河蟹	鳜鱼	青虾
	小计	#温室	小计	#温室			
荆门市辖区							
沙洋县	23	14650	890	97230	301	1023	542
钟祥市	106	81797	511	52214		52	
京山县	390	49500	6450	421000	12	180	2
沙洋农场							
东宝区	4	15200				6	
掇刀区	4	3000	90	8000		3	
漳河新区	2		2			62	
屈家岭管理区	11	5840	32		66		
孝感市	**50**	**1600**	**998**	**371250**	**17390**	**10691**	**380**
孝南区	5	1000	166	24500	233	2873	
孝昌县	5		15		6	7	
大悟县	10		27				
安陆市	30		112		230	256	380
云梦县		600	210	400	208	182	
应城市			468	346350	900	2273	
汉川市					15813	5100	
孝感市辖区							
黄冈市	**5**	**235**	**131**	**2955**	**2472**	**7829**	**4631**
黄州区						62	
团风县						60	
红安县	2		17			270	
麻城市			13		42	350	
罗田县		200		2400			
英山县	1		2			9	
浠水县						70	
蕲春县	2	35	2	35	1	868	96
武穴市			25		96	2130	620
黄梅县			72	520	2333	4010	3915
龙感湖区							
咸宁市	**5**		**7**	**1100**	**473**	**12625**	**1235**
咸宁市直							
咸安区	5		7	1100	150	420	
嘉鱼县					33	330	
赤壁市					160	10265	1235
通城县					55	160	
崇阳县					75	1260	
通山县						190	
恩施州						**1**	
恩施市						1	
建始县							
巴东县							
利川市							
宣恩县							
咸丰县							
来凤县							
鹤峰县							
随州市	**4**		**412**	**41000**	**217**	**389**	**188**
曾都区					13	5	3
随县	4		15		118	22	54
广水市			397	41000	86	362	131
仙桃市	**87**	**3420**	**832**	**4300**	**3345**	**340**	**3**
天门市			**467**	**130000**	**403**	**534**	
潜江市	**40**	**200**	**12**	**400**			
神农架							

续表 2 面积：公顷；温室面积：平方米

地区	克氏螯虾	鲌鱼	黄颡鱼	鳝鱼	鮰鱼	泥鳅	鲈鱼
湖北省	**167646**	**12967**	**52578**	**21502**	**6398**	**4826**	**2934**
武汉市	**3186**	**710**	**952**	**458**	**295**	**64**	**421**
武汉市直	324	51	172	180	9	4	36
新洲区		87	55	127	126	16	284
江夏区	512	293	245	141	4	2	7
蔡甸区	529	34	253	10	127	22	19
黄陂区	1821	245	227		29	20	75
黄石市	**1695**	**253**	**889**	**171**	**68**	**392**	**71**
黄石市直		15	5		2	2	
大冶市	600	33	266	5	66	40	33
阳新县	1095	205	618	166		350	38
十堰市	**325**	**325**	**52**	**26**	**1**	**29**	**127**
十堰市直							
十堰市辖区					1	8	
丹江口市	214	300	20				80
郧县	21	25	5	1		1	32
郧西							
竹山县	90		27	25		20	15
竹溪县							
房县							
荆州市	**52043**	**1632**	**10435**	**8916**	**1146**	**848**	**563**
荆州区		1220	1334			8	3
沙市区	200		530	1	50	38	60
江陵县	356		223	688		269	
松滋市			250	180		50	
公安县		151	4788	2156	104	121	13
石首市	1400	220	650	530	60	110	25
监利县	26667	21	1780	3011	32	172	434
洪湖市	23420	20	880	2350	900	80	28
宜昌市	**3562**	**557**	**5842**	**40**	**132**	**105**	**235**
宜昌市直							
夷陵区	15		60				
宜都市	100	10	6				20
枝江市	2190	180	5500	25	46	35	70
当阳市	1107	367	266	15	81	62	142
远安县			8			6	
兴山县							
秭归县							
长阳县	150		2		5	2	1
五峰县							2
襄阳市	**3295**	**13**	**859**	**337**	**41**	**122**	**95**
襄阳市辖区	52			43			
老河口市	160		240	10			80
襄州区			375	220	21		
枣阳市	650	5	160	45	19	75	5
宜城市	2189		14	16		11	1
南漳县	163	5	67	3	1	13	6
谷城县	41	3	1			23	3
保康县	40		2				
鄂州市	**930**	**218**	**993**	**592**	**99**	**2**	**54**
鄂城区	679	141	951	518	4		37
华容区	251			67			3
梁子湖区		77	42	7	95	2	14
荆门市	**6854**	**935**	**3184**	**323**	**645**	**290**	**231**

面积：公顷；温室面积：平方米

地区	克氏螯虾	鲌鱼	黄颡鱼	鳝鱼	鮰鱼	泥鳅	鲈鱼
荆门市辖区							
沙洋县	4320	523	1021	121	231	10	15
钟祥市	1000	39	660	41	203	20	32
京山县	867	330	812	21	7	40	150
沙洋农场							
东宝区	34	15	300		16		20
掇刀区	500	6	225	5	8		10
漳河新区	133	21	156	135	180	201	4
屈家岭管理区		1	10			19	
孝感市	**15908**	**570**	**10399**	**732**	**296**	**1013**	**167**
孝南区	1066		2000	167		307	1
孝昌县	420	80	1970	152	2	70	20
大悟县	985					482	
安陆市	92	425	840	35	122	89	108
云梦县	1272	40	4130	95	11	13	20
应城市	5200		1044	83		1	
汉川市	6873	25	415	200	161	51	18
孝感市辖区							
黄冈市	**40941**	**6239**	**8561**	**2156**	**39**	**542**	**426**
黄州区	45	5	4	9			15
团风县	106	40			13		53
红安县	1533	130	240	15		110	75
麻城市	589		1000	50		45	62
罗田县	150					50	15
英山县	117		7	2	3		
浠水县	60	50	20	15		8	10
蕲春县	2007	129	580	95	18	19	1
武穴市	12000	670	1500	220	5	100	45
黄梅县	20334	5215	5210	1750		210	150
龙感湖区	4000						
咸宁市	**27750**	**615**	**8900**	**835**	**1263**	**1002**	**350**
咸宁市直							
咸安区	7300	100	500	200		160	70
嘉鱼县	266		330	200	1000	650	10
赤壁市	16667	160	7380	320	28	150	
通城县	817	130	40	80	40	30	90
崇阳县	2400	225	560	35	195	12	60
通山县	300		90				120
恩施州	**51**		**2**			**2**	**2**
恩施市	25		2			2	1
建始县							
巴东县							
利川市	16						
宣恩县							
咸丰县							
来凤县	10						1
鹤峰县							
随州市	**3828**	**321**	**388**	**375**	**21**	**249**	**25**
曾都区	233	50	47	1	16	44	20
随县	2142	132	220	145	5	20	5
广水市	1453	139	121	229		185	
仙桃市	**3586**	**46**	**583**	**6248**	**2061**	**133**	**104**
天门市	**2000**	**533**	**340**	**133**	**267**	**20**	**33**
潜江市	**1692**		**199**	**160**	**24**	**13**	**30**
神农架							

养殖产量、面积(按水面分类)(一)

地区	池塘养殖面积				稻田综合养殖面积				
	小计	其中:精养鱼池		普通池塘	小计	其中:稻田养虾	稻田养鳅	稻田养鳖	其他品种养殖面积
		小计	其中:尾水治理面积						
	公顷	公顷	公顷	公顷	公顷	公顷	公顷	公顷	公顷
湖北省	**516342**	**382616**	**40170**	**133726**	**506058**	**493853**	**2782**	**5242**	**4181**
省直属									
武汉市	**38713**	**29601**	**2800**	**9112**	**15108**	**14911**	**7**		**190**
武汉市直	6472	5425	432	1047	557	393	7		157
新洲区	11146	10674	785	472	2815	2782			33
江夏区	4802	3735	533	1067	5736	5736			
蔡甸区	7293	5091	421	2202	4333	4333			
黄陂区	9000	4676	629	4324	1667	1667			
黄石市	**15334**	**13337**	**497**	**1997**	**10681**	**10107**	**66**	**422**	**86**
黄石市直	197	192		5					
大冶市	5887	4705	80	1182	4860	4667	33	80	80
阳新县	9250	8440	417	810	5821	5440	33	342	6
十堰市	**7073**	**709**	**224**	**6364**	**156**	**95**	**26**	**24**	**11**
十堰市直	26	6	1	20					
十堰市辖区	52	22	4	30					
丹江口市	1318	244	57	1074	55	35	20		
郧县	2030	140	97	1890	3	3			
郧西	600	40	10	560					
竹山县	2407	200	47	2207	60	35	5	10	10
竹溪县	160	10	8	150	28	12	1	14	1
房县	480	47		433	10	10			
荆州市	**120385**	**111650**	**11913**	**8735**	**193837**	**191643**	**697**	**918**	**579**
荆州区	7047	7047	3526		8666	8666			
沙市区	2194	1994	187	200	9336	9330			6
江陵县	4339	3819	1372	520	11750	11366	225	21	138
松滋市	7047	4310	300	2737	6900	6867			33
公安县	12866	12800	198	66	32919	32500	122	262	35
石首市	7807	7187	3087	620	17000	16883	20	30	67
监利县	27078	22486	243	4592	59000	58365	30	405	200
洪湖市	52007	52007	3000		48266	47666	300	200	100
宜昌市	**12725**	**10178**	**3912**	**2547**	**5201**	**5145**	**1**	**35**	**20**
宜昌市直	150	150	40						
夷陵区	1202	700		502	134	134			
宜都市	980	200	10	780	100	100			
枝江市	4980	4580	2800	400	1600	1600			
当阳市	4598	4191	1025	407	2927	2871	1	35	20
远安县	581	231		350	300	300			
兴山县	15	13		2					
秭归县	7			7					
长阳县	199	113	37	86	140	140			
五峰县	13			13					
襄阳市	**29426**	**17779**	**3971**	**11647**	**11791**	**10831**	**89**	**405**	**466**
襄阳市直									
襄阳市辖区	3047	2392	1270	655	518	495	6	5	12
老河口市	4160	3200	1020	960	3040	2800	10	10	220
襄州区	7020	4449	1552	2571	1242	1174	13	55	
枣阳市	6460	2450		4010	1810	1650	60	70	30
宜城市	3863	1662	31	2201	2100	1682		265	153
南漳县	2324	1119	67	1205	1698	1651			47
谷城县	2528	2483	7	45	1343	1339			4
保康县	24	24	24		40	40			
鄂州市	**14473**	**11975**	**588**	**2498**	**7744**	**7548**	**93**	**100**	**3**
鄂城区	4917	3590	259	1327	2000	2000			
华容区	4653	4275	256	378	1583	1538	32	10	3
梁子湖区	4903	4110	73	793	4161	4010	61	90	
荆门市	**50827**	**31460**	**1219**	**19367**	**58821**	**54925**	**120**	**2732**	**1044**

续表

地区	池塘养殖面积				稻田综合养殖面积				
	小计	其中：精养鱼池		普通池塘	小计	其中：稻田养虾	稻田养鳅	稻田养鳖	其他品种养殖面积
		小计	其中：尾水治理面积						
	公顷	公顷	公顷	公顷	公顷	公顷	公顷	公顷	公顷
荆门市直									
荆门市辖区									
沙洋县	14973	9020	255	5953	25048	24522	33	126	367
钟祥市	13220	7667	399	5553	13600	11433	87	1880	200
京山县	12100	7800	85	4300	11650	10800		500	350
沙洋农场									
东宝区	4440	4440	236		4144	4110			34
掇刀区	3347	1159	67	2188	2843	2633		200	10
漳河新区	2067	864	100	1203	1138	1093			45
屈家岭管理区	680	510	77	170	398	334		26	38
孝感市	**65705**	**43393**	**4931**	**22312**	**31003**	**30165**	**669**	**156**	**13**
孝感市辖区	170			170					
孝南区	10151	5006	141	5145	577	577			
孝昌县	6934	5544	3100	1390	578	450	98	30	
大悟县	5731	1261		4470	1274	764	510		
安陆市	5633	2445	157	3188	1740	1619	61	56	4
云梦县	6801	4130	1200	2671	1100	1100			
应城市	8452	4560	333	3892	5200	5121		70	9
汉川市	21833	20447		1386	20534	20534			
黄冈市	**53373**	**30771**	**3239**	**22602**	**55422**	**54374**	**413**	**123**	**512**
黄州区	2884	2581	1150	303	541	541			
团风县	4844	3651	356	1193	2580	2580			
红安县	5978	2687	92	3291	1534	1374			160
麻城市	4350	1333	95	3017	633	509	20	20	84
罗田县	1512	162	21	1350	580	562	8		10
英山县	1765	212	11	1553	173	162		11	
浠水县	8406	3544	450	4862	8195	8165			30
蕲春县	8088	5655	341	2433	8434	8434			
武穴市	7752	4446	63	3306	8619	8514	52	25	28
黄梅县	6394	5100	500	1294	20133	19533	333	67	200
龙感湖区	1400	1400	160		4000	4000			
咸宁市	**28938**	**23384**	**1484**	**5554**	**30418**	**29614**	**232**	**164**	**408**
咸宁市直									
咸安区	6050	5050	340	1000	6880	6670	30	30	150
嘉鱼县	6700	6073	370	627	4894	4627	67		200
赤壁市	7055	6655	240	400	15067	15000	33	34	
通城县	2233	1333	200	900	877	817	22	20	18
崇阳县	4200	2973	201	1227	2400	2200	80	80	40
通山县	2700	1300	133	1400	300	300			
恩施州	**760**	**261**	**31**	**499**	**474**	**24**			**450**
恩施市	190	75	16	115					
建始县	31	7		24					
巴东县	17			17					
利川市	363	143		220	450				450
宣恩县	12			12	24	24			
咸丰县	28	20		8					
来凤县	105	11	15	94					
鹤峰县	14	5		9					
随州市	**24133**	**8865**	**293**	**15268**	**6992**	**6878**	**27**	**76**	**11**
曾都区	4535	1965	20	2570	244	233			11
随县	12098	3997		8101	2324	2284	20	20	
广水市	7500	2903	273	4597	4424	4361	7	56	
仙桃市	**35410**	**35410**	**1566**		**13746**	**13582**		**87**	**77**
天门市	**10601**	**7994**	**333**	**2607**	**18567**	**18109**	**342**		**116**
潜江市	**8446**	**5849**	**3169**	**2597**	**46097**	**45902**			**195**
神农架	**20**			**20**					

养殖产量、面积(按水面分类)(二)

地区	池塘养殖产量			稻田综合养殖产量				
	小计	其中:精养鱼池	普通池塘	小计	其中:小龙虾	泥鳅	鳖	其他品种产量
	吨	吨	吨	吨	吨	吨	吨	吨
湖北省	**3678779**	**3207714**	**471065**	**936624**	**903213**	**4974**	**5844**	**22593**
省直属								
武汉市	**381179**	**307942**	**73237**	**24587**	**23267**	**18**		**1302**
武汉市直	75061	62898	12163	1358	900	18		440
新洲区	100481	97806	2675	5427	4565			862
江夏区	55743	46120	9623	9610	9610			
蔡甸区	55211	41807	13404	6287	6287			
黄陂区	94683	59311	35372	1905	1905			
黄石市	**182918**	**173198**	**9720**	**19345**	**18756**	**54**	**155**	**380**
黄石市直	3139	3107	32					
大冶市	64402	56669	7733	6878	6450	38	50	340
阳新县	115377	113422	1955	12467	12306	16	105	40
十堰市	**24062**	**5602**	**18460**	**1811**	**213**	**70**	**817**	**711**
十堰市直	32	7	25					
十堰市辖区	1092	508	584					
丹江口市	15668	3178	12490	797	67	20	647	63
郧县	1743	630	1113	2	2			
郧西	710	345	365					
竹山县	1900	500	1400	900	80	20	160	640
竹溪县	679	90	589	76	28	30	10	8
房县	2238	344	1894	36	36			
荆州市	**787941**	**760951**	**26990**	**382464**	**371157**	**780**	**1530**	**8997**
荆州区	99194	99194		15332	15302			30
沙市区	28039	27289	750	17892	17700			192
江陵县	14073	13303	770	17069	16563	345	31	130
松滋市	25053	21151	3902	11683	11683			
公安县	86840	86211	629	48888	48588	30	180	90
石首市	79819	75420	4399	42241	42121	60	40	20
监利县	168175	151635	16540	109635	109200	45	55	335
洪湖市	286748	286748		119724	110000	300	1224	8200
宜昌市	**160351**	**148200**	**12151**	**9781**	**9441**	**20**	**110**	**210**
宜昌市直	180	180						
夷陵区	4703	3798	905	204	204			
宜都市	3800	2200	1600	300	300			
枝江市	79480	77680	1800	2820	2820			
当阳市	69128	61617	7511	5857	5517	20	110	210
远安县	1884	1749	135	380	380			
兴山县	24	20	4					
秭归县	180		180					
长阳县	954	954		220	220			
五峰县	18	2	16					
襄阳市	**140795**	**98686**	**42109**	**22933**	**20888**	**80**	**361**	**1604**
襄阳市直								
襄阳市辖区	18940	15830	3110	952	898	18	6	30
老河口市	24620	19420	5200	6555	6035			520
襄州区	30471	22491	7980	2156	2032	42	79	3
枣阳市	25085	13860	11225	3413	3358	20	10	25
宜城市	24540	12715	11825	3456	3027		266	163
南漳县	7024	4425	2599	3904	3056			848
谷城县	9935	9765	170	2425	2410			15
保康县	180	180		72	72			
鄂州市	**247029**	**230471**	**16558**	**11294**	**11094**	**115**	**79**	**6**
鄂城区	90239	86599	3640	2404	2400	2	2	
华容区	80779	78282	2497	2204	2134	62	2	6
梁子湖区	76011	65590	10421	6686	6560	51	75	
荆门市	**354935**	**289285**	**65650**	**97452**	**93320**	**354**	**2137**	**1641**

续表

地区	池塘养殖产量			稻田综合养殖产量				
	小计	其中:精养鱼池	普通池塘	小计	其中:小龙虾	泥鳅	鳖	其他品种产量
	吨	吨	吨	吨	吨	吨	吨	吨
荆门市直								
荆门市辖区								
沙洋县	139250	129450	9800	48338	47890	74	101	273
钟祥市	115321	80725	34596	21430	19800	280	950	400
京山县	63430	54672	8758	15800	14370		900	530
沙洋农场								
东宝区	14905	9900	5005	5842	5500		2	340
掇刀区	12612	7865	4747	3651	3423		168	60
漳河新区	7478	4926	2552	1753	1734			19
屈家岭管理区	1939	1747	192	638	603		16	19
孝感市	**408332**	**330984**	**77348**	**58401**	**56932**	**1341**	**80**	**48**
孝南区	70468	45860	24608	649	649			
孝昌县	31500	31500		554	450	89	15	
大悟县	19638	9000	10638	3410	2260	1150		
安陆市	24287	18637	5650	2704	2562	102	15	25
云梦县	55000	42500	12500	1900	1900			
应城市	54932	31580	23352	12824	12751		50	23
汉川市	151907	151907		36360	36360			
孝感市辖区	600		600					
黄冈市	**344410**	**274436**	**69974**	**96380**	**93278**	**371**	**179**	**2552**
黄州区	31643	29462	2181	622	622			
团风县	45251	44804	447	3976	3976			
红安县	12043	8447	3596	3100	2452			648
麻城市	22469	8900	13569	1050	810	80	110	50
罗田县	3558	1635	1923	541	425	56		60
英山县	5325	1186	4139	247	247			
浠水县	55270	37831	17439	10271	9795			476
蕲春县	66611	54735	11876	9053	9053			
武穴市	38331	30511	7820	18935	18773	45	29	88
黄梅县	55909	48925	6984	43585	42125	190	40	1230
龙感湖区	8000	8000		5000	5000			
咸宁市	**193650**	**175606**	**18044**	**36100**	**34021**	**998**	**211**	**870**
咸宁市直								
咸安区	47260	41760	5500	9260	9070	20	20	150
嘉鱼县	59980	57730	2250	5570	4800	220		550
赤壁市	55068	51668	3400	17744	17055	633	56	
通城县	10865	7605	3260	1160	980	25	35	120
崇阳县	10477	8843	1634	2066	1816	100	100	50
通山县	10000	8000	2000	300	300			
恩施州	**2510**	**1123**	**1387**	**636**	**504**			**132**
恩施市	656	405	251					
建始县	378	135	243					
巴东县	45		45					
利川市	714	502	212	582	450			132
宣恩县	48		48	54	54			
咸丰县	63	48	15					
来凤县	565	7	558					
鹤峰县	41	26	15					
随州市	**62258**	**39010**	**23248**	**7045**	**6675**	**110**	**100**	**160**
曾都区	9018	6945	2073	340	180			160
随县	29657	16705	12952	1298	1201	53	44	
广水市	23583	15360	8223	5407	5294	57	56	
仙桃市	**269286**	**269286**		**21337**	**21100**		**85**	**152**
天门市	**82279**	**74229**	**8050**	**29103**	**27164**	**663**		**1276**
潜江市	**36733**	**28705**	**8028**	**117955**	**115403**			**2552**
神农架	**111**		**111**					

养殖产量、面积(按水面分类)(三)

地区	养殖面积中:							
	网箱面积(池塘)	网箱产量(池塘)	工厂化面积			工厂化产量		
				其中:流道养殖	循环水养殖		其中:流道养殖	循环水养殖
	千立方米	吨	千立方米	千立方米	千立方米	吨	吨	吨
湖北省	**575869**	**56401**	**18703**	**1275**	**17261**	**31341**	**7237**	**22988**
省直属								
武汉市	**1274**	**5000**	**274**	**100**	**174**	**5717**	**2765**	**2952**
武汉市直	180	998	62	21	41	585	343	242
新洲区	510	1804	80	30	50	1368	256	1112
江夏区	544	2061	80	30	50	2180	1350	830
蔡甸区	40	137	22	11	11	1083	582	501
黄陂区			30	8	22	501	234	267
黄石市	**15**	**52**	**70**	**1**	**68**	**250**	**50**	**140**
黄石市直								
大冶市			1		1	20		20
阳新县	15	52	69	1	67	230	50	120
十堰市			**287**	**89**	**144**	**8022**	**907**	**6893**
十堰市直			1			7		
十堰市辖区			4					
丹江口市			155	13	142	7620	737	6883
郧县			13	6	2	15		10
郧西			100	70		310	170	
竹山县			2					
竹溪县			8					
房县			4			70		
荆州市	**569943**	**33127**	**30**	**5**	**25**	**293**	**140**	**153**
荆州区			20		20	3		3
沙市区	5	12	1	1		20	20	
江陵县	395	1988						
松滋市								
公安县	3143	10119						
石首市								
监利县	2400	20610						
洪湖市	564000	398	9	4	5	270	120	150
宜昌市			**956**	**106**	**850**	**10154**	**1517**	**8637**
宜昌市直								
夷陵区						27		27
宜都市			400		400	1200		1200
枝江市			57	8	49	1915	555	1360
当阳市			99	98	1	1000	950	50
远安县								
兴山县								
秭归县								
长阳县			400		400	6012	12	6000
五峰县								
襄阳市			**96**	**76**	**20**	**1359**	**1260**	**99**
襄阳市直								
襄阳市辖区			1		1	22		22
老河口市			11	3	8	401	401	
襄州区			1		1	6		6
枣阳市			1		1	9		9
宜城市			1		1	12		12
南漳县			10	4	6	240	240	
谷城县			69	69		619	619	
保康县			2		2	50		50
鄂州市	**100**	**150**	**7**		**7**			
鄂城区	100	150	6		6			
华容区			1		1			
梁子湖区								
荆门市	**367**	**2235**	**132**	**7**	**125**	**1454**	**234**	**1220**

续表

地区	养殖面积中：							
	网箱面积（池塘）	网箱产量（池塘）	工厂化面积			工厂化产量		
				其中：流道养殖	循环水养殖		其中：流道养殖	循环水养殖
	千立方米	吨	千立方米	千立方米	千立方米	吨	吨	吨
荆门市直								
荆门市辖区								
沙洋县	363	2193	5		5	515		515
钟祥市	2	30						
京山县	2	12	90	1	89	599	16	583
沙洋农场								
东宝区								
掇刀区			4	3	1	300	178	122
漳河新区			3	3		40	40	
屈家岭管理区			30		30			
孝感市	**243**	**2775**	**4**		**4**	**512**		**512**
孝南区						12		12
孝昌县			3		3	395		395
大悟县								
安陆市	9	94						
云梦县			1		1	105		105
应城市	1	76						
汉川市	233	2605						
孝感市辖区								
黄冈市	**1089**	**4496**	**2043**	**885**	**1157**	**1163**	**201**	**961**
黄州区	1	103						
团风县	3	13	2		2	15		15
红安县			3	1	2	25	25	
麻城市			2		2	1		
罗田县								
英山县								
浠水县			150	4	146	970	120	850
蕲春县			1880	880	1000	58	40	18
武穴市	155	460	1			44	16	28
黄梅县	930	3920	5		5	50		50
龙感湖区								
咸宁市	**689**	**3580**	**16**	**3**	**13**	**630**	**80**	**550**
咸宁市直								
咸安区	175	400						
嘉鱼县	460	3050						
赤壁市			1		1	75		75
通城县								
崇阳县	54	130	1		1	75		75
通山县			14	3	11	480	80	400
恩施州			**51**	**1**	**50**	**82**	**3**	**79**
恩施市			3		3	30		30
建始县								
巴东县								
利川市			1		1	10		10
宣恩县			2	1	1	8	3	5
咸丰县								
来凤县								
鹤峰县			45		45	34		34
随州市			**111**			**833**		
曾都区								
随县								
广水市			111			833		
仙桃市			**44**	**2**	**42**	**122**	**80**	**42**
天门市	**725**	**3000**	**14582**		**14582**	**750**		**750**
潜江市	**1424**	**1986**						
神农架								

水产苗种生产投放

地区	投放鱼种总量（吨）	鱼种产量（吨）	鱼苗生产数量(亿尾)		扣蟹（公斤）	稚龟（万只）	稚鳖（万只）	虾类育苗（亿尾）	贝类育苗（万粒）
			合计	其中:黄颡鱼					
湖北省	**1031517**	**1038730**	**1276**	**59.94**	**2721530**	**2169**	**6496**	**1358.12**	**14**
武汉市	**81818**	**89906**	**149**	**6.89**	**109**	**95**	**156**	**7.42**	
武汉市直	16821	20547	5	2.03		95	105	0.90	
新洲区	18560	18920	47					1.82	
江夏区	12533	16910	46	4.80	109			0.70	
蔡甸区	17512	15665	19				25		
黄陂区	16392	17864	32	0.06			26	4.00	
黄石市	**40801**	**35931**	**69**	**10.00**	**9800**	**1**	**27**	**11.00**	
黄石市直	999	953	7						
大冶市	17650	14150	9			1	2	8.00	
阳新县	22152	20828	53	10.00	9800		25	3.00	
十堰市	**6576**	**3963**	**6**	**0.07**			**14**	**0.53**	
十堰市直	10	7							
十堰市辖区	296								
丹江口市	4550	3378	4				3		
郧县	330	290	1				1	0.50	
郧西	290	15							
竹山县	350	165	1	0.07				0.03	
竹溪县	240	40	1				10		
房县	510	68							
荆州市	**264194**	**269845**	**246**	**18.25**	**2234082**	**411**	**3118**	**764.00**	**14**
荆州区	25202	30009	30					30.00	
沙市区	6010	2405	9	6.00		60	15		
江陵县									
松滋市	12000	12000	10	1.00	15000	30	300		
公安县	32789	32227	35	1.05	7410	28	731	200.00	14
石首市	35587	36723	19		17832	2	115	22.00	
监利县	47106	51081	45	2.00	463340	276	1677	124.00	
洪湖市	105500	105400	98	8.20	1730500	15	280	388.00	
宜昌市	**52944**	**33868**	**19**	**1.10**		**60**	**60**	**14.57**	
宜昌市直	35								
夷陵区	1350	950							
宜都市		800	1				5		
枝江市	29750	21100	6	0.60				0.50	
当阳市	20810	10178	10	0.50		60	55	13.37	
远安县	520	600	1					0.70	
兴山县	3								
秭归县	25								
长阳县	450	240	1						
五峰县	1								
襄阳市	**36562**	**38071**	**27**	**3.25**	**4560**	**1**	**34**	**34.22**	
襄阳市辖区	2850	5700			50			10.00	
老河口市	5510	8940	2		4200			6.00	
襄州区	7972	5200	4	3.20			1	7.42	
枣阳市	9620	7500	2	0.05	310				
宜城市	5969	5164	4				32	5.20	
南漳县	1794	3531	9					2.60	
谷城县	2677	1586	6			1	1	3.00	
保康县	170	450							
鄂州市	**51856**	**27507**	**28**	**10.90**			**6**	**77.00**	
鄂城区	16684	10219	17	10.00				3.00	
华容区	21887	13795	8	0.90					
梁子湖区	13285	3493	3				6	74.00	
荆门市	**121435**	**119171**	**69**	**2.50**	**3970**	**1583**	**1900**	**47.50**	

续表

地区	投放鱼种总量（吨）	鱼种产量（吨）	鱼苗生产数量（亿尾）		扣蟹（公斤）	稚龟（万只）	稚鳖（万只）	虾类育苗（亿尾）	贝类育苗（万粒）
			合计	其中:黄颡鱼					
荆门市辖区									
沙洋县	50231	48360	27	0.90	20	71	32	12.00	
钟祥市	35480	37800	10	1.00		516	257	14.50	
京山县	19680	22356	16	0.60	350	700	1450	8.00	
沙洋农场									
东宝区	7000	2200	1			35	10	4.80	
掇刀区	6210	5022	6			11	100	4.00	
漳河新区	2403	3008	9					4.20	
屈家岭管理区	431	425			3600	250	51		
孝感市	**101845**	**115684**	**79**	**2.40**	**433936**	**6**	**19**	**78.00**	
孝南区	16000	16200	16				5		
孝昌县	12650	9980	4	1.20			1	3.00	
大悟县	6595	4616	4			2	10		
安陆市	8000	8200	3						
云梦县	13000	12250	1			4	3	3.00	
应城市	13000	10230	13	1.20				35.00	
汉川市	32400	54108	37		433936			37.00	
孝感市辖区	200	100							
黄冈市	**97688**	**120359**	**310**	**2.49**	**4050**	**5**	**14**	**108.06**	
黄州区	7600	10500	163	0.58					
团风县	8980	6048	25					1.00	
红安县	6000	5680	10					1.00	
麻城市	6560	5350	3	0.43	3050			2.10	
罗田县	2361	440	3			5	6		
英山县	2389	2135	3						
浠水县	19000	21450	44	1.00			2	40.00	
蕲春县	10948	29856	21	0.33				6.96	
武穴市	10200	11300	19				4	12.00	
黄梅县	19550	19600	15	0.15	1000		2	45.00	
龙感湖区	4100	8000	4						
咸宁市	**52150**	**102508**	**49**	**0.05**	**28000**	**2**	**90**	**24.60**	
咸宁市直									
咸安区	7200	16000	9	0.02	10000	1	10	10.30	
嘉鱼县	16100		17					7.00	
赤壁市	18800	77828	16	0.03	18000	1	68	6.00	
通城县	3700	1680	1						
崇阳县	3950	4900	2				12	1.30	
通山县	2400	2100	4						
恩施州	**1038**	**339**							
恩施市	355	156							
建始县	1	1							
巴东县	9								
利川市	600	172							
宣恩县	8	8							
咸丰县	25								
来凤县	40								
鹤峰县		2							
随州市	**17888**	**14292**	**32**	**0.04**			**287**	**5.22**	
曾都区	2100	1775	5	0.04				3.00	
随县	8207	6610	1					0.22	
广水市	7581	5907	26				287	2.00	
仙桃市	**58124**	**56999**	**35**	**2.00**		**3**	**413**	**5.00**	
天门市	**27008**	**650**	**22**		**3023**		**352**	**14.00**	
潜江市	**19590**	**9637**	**136**			**2**	**6**	**167.00**	
神农架			**1**						

水产加工业(一)

地区	水产加工企业			水产冷库				部分水产品年加工量(吨)		
	总数(个)	加工能力(吨/年)	其中:规模以上的加工企业个数(个)	座数(座)	冻结能力(吨/日)	冷藏能力(吨/次)	制冰能力(吨/日)	克氏螯虾	鳊鲂	斑点叉尾鮰
湖北省	**269**	**1874309**	**117**	**447**	**78316**	**188494**	**6132**	**356675**	**12290**	**12021**
武汉市	**20**	**103180**	**7**	**33**	**320**	**21610**	**155**	**3685**	**669**	**4250**
武汉市直	3	10028	1	2	10	60				
新洲区	11	36000	4	5	150	500	35		572	4250
江夏区	3	55000	1	8	150	20000	120	3000	47	
蔡甸区	2	1652		14		1000		678		
黄陂区	1	500	1	4	10	50		7	50	
黄石市	**24**	**37496**	**8**	**15**	**186**	**1325**	**216**	**1002**	**4720**	**40**
黄石市直										
大冶市	16	29680	8	10	100	700	120	1000	1400	40
阳新县	8	7816		5	86	625	96	2	3320	
十堰市	**10**	**35000**	**4**	**33**	**184**	**8200**	**36**			
十堰市直										
十堰市辖区										
丹江口市	10	35000	4	33	184	8200	36			
郧县										
郧西										
竹山县										
竹溪县										
房县										
荆州市	**71**	**656040**	**41**	**149**	**45794**	**63325**	**2384**	**151050**	**1300**	**5220**
荆州区	1	50000		1	10000	10000	1	20000		
沙市区	1	10000	1	2	150	200		2000		
江陵县	12	8500	6	6	320	600		2250		
松滋市	2	5000	2	5	1000	1200	3	3000		
公安县	5	85100	3	4	26800	26800	16	16000	1300	
石首市	6	55000	3	6	1800	2200	40	15300		
监利县	16	132440	10	72	1824	6245	924	23000		220
洪湖市	28	310000	16	53	3900	16080	1400	69500		5000
宜昌市	**13**	**76000**	**5**	**13**	**550**	**4950**	**240**	**620**	**400**	**600**
宜昌市直										
夷陵区										
宜都市	4	15000	2	4	200	800	40			
枝江市	4	50000	3	4	250	1050	100	20		100
当阳市	1	3000		2		1600				
远安县										
兴山县										
秭归县										
长阳县	4	8000		3	100	1500	100	600	400	500
五峰县										
襄阳市	**12**	**18438**	**2**	**11**	**176**	**282**	**33**	**272**	**143**	**11**
襄阳市辖区	1	800		1	30			50		
老河口市	5	15200	1	3	50	50		20		
襄州区	2	993								
枣阳市	1	150		1	2	25	1			
宜城市	2	1032			12	7		20	15	5
南漳县	1	263	1	3	2	120	2	182	128	6
谷城县				3	80	80	30			
保康县										
鄂州市	**16**	**137849**	**9**	**20**	**1142**	**1937**	**360**		**3686**	**720**
鄂城区	5	58886	4	8	502	1055			1800	720
华容区										
梁子湖区	11	78963	5	12	640	882	360		1886	
荆门市	**15**	**146700**	**10**	**34**	**4320**	**7995**	**1830**	**39690**	**10**	**80**

续表

地区	水产加工企业			水产冷库				部分水产品年加工量（吨）		
	总数（个）	加工能力（吨/年）	其中：规模以上的加工企业个数（个）	座数（座）	冻结能力（吨/日）	冷藏能力（吨/次）	制冰能力（吨/日）	克氏螯虾	鳊鲂	斑点叉尾鮰
荆门市辖区										
沙洋县	4	80500	3	6	2600	2650	150	18000		
钟祥市	3	30000	2	9	500	3000	400	5000	10	80
京山县	2	12200	1	5	210	1200	150	690		
沙洋农场										
东宝区	4	3000	4	12	930	1060	1050	16000		
掇刀区										
漳河新区	2	21000		2	80	85	80			
屈家岭管理区										
孝感市	**26**	**37063**	**2**	**13**	**1660**	**3300**	**120**	**7750**		
孝南区										
孝昌县	1	13	1							
大悟县										
安陆市				1	150	1000				
云梦县	15	30750		6	1420	2100				
应城市	2	4000		3	50	200		1550		
汉川市	8	2300	1	3	40		120	6200		
孝感市辖区										
黄冈市	**35**	**93580**	**8**	**39**	**8399**	**31095**	**387**	**30450**	**130**	**100**
黄州区	3	1750		1	15	65	14			
团风县										
红安县	2	1200		5	25	50	10			
麻城市	5	3600	2	2	15	6		50		
罗田县	11	180	1	4	4	12	2			
英山县										
浠水县	6	40000	2	12	1000	10500	100			
蕲春县	1	1850		4	160	220	60		10	
武穴市	2	10000	1	2	130	42	51	600		
黄梅县	5	35000	2	9	7050	20200	150	24800	120	100
龙感湖区								5000		
咸宁市	**7**	**25230**	**3**	**26**	**340**	**1355**	**8**	**4500**		
咸宁市直										
咸安区										
嘉鱼县	4	15000	1	20	300	300				
赤壁市	3	10230	2	5	35	1050	3	4500		
通城县				1	5	5	5			
崇阳县										
通山县										
恩施州										
恩施市										
建始县										
巴东县										
利川市										
宣恩县										
咸丰县										
来凤县										
鹤峰县										
随州市	**1**	**25000**	**1**	**1**	**45**	**6000**	**37**	**17026**	**1232**	
曾都区										
随县										
广水市	1	25000	1	1	45	6000	37	17026	1232	
仙桃市	**6**	**41180**	**6**	**29**	**12027**	**16620**	**280**	**9000**		**1000**
天门市	**3**	**31000**	**2**	**3**		**9000**		**14500**		
潜江市	**10**	**410553**	**9**	**28**	**3173**	**11500**	**46**	**77130**		
神农架										

水产加工业(二)

地区	水产加工品(吨)						
	总量	(一)水产品冷冻			(二)鱼糜制品及干腌制品		
		小计	#冷冻品	#冷冻加工品	小计	#鱼糜制品	#干腌制品
湖北省	**1357937**	**825226**	**327205**	**498021**	**459250**	**225937**	**233313**
武汉市	**91085**	**57038**	**3650**	**53388**	**32895**	**29918**	**2977**
武汉市直	10035				10035	10028	7
新洲区	27980	9650	3500	6150	18330	15870	2460
江夏区	51478	47068		47068	4110	3970	140
蔡甸区	1012				360		360
黄陂区	580	320	150	170	60	50	10
黄石市	**31018**	**2840**	**2310**	**530**	**28060**	**12060**	**16000**
黄石市直							
大冶市	19218	1340	810	530	17760	4260	13500
阳新县	11800	1500	1500		10300	7800	2500
十堰市	**21260**	**16700**	**7800**	**8900**	**4560**	**300**	**4260**
十堰市直							
十堰市辖区							
丹江口市	21260	16700	7800	8900	4560	300	4260
郧县							
郧西							
竹山县							
竹溪县							
房县							
荆州市	**429471**	**172404**	**117231**	**55173**	**255860**	**117620**	**138240**
荆州区	18600	3100	3000	100	15500	15000	500
沙市区	21600	3600		3600	18000	15000	3000
江陵县	185	3		3			
松滋市	3800	3000	3000		800	800	
公安县	47170	18650	12100	6550	28520	25600	2920
石首市	16300	16000		16000	300	200	100
监利县	89411	73871	52231	21640	15540	6820	8720
洪湖市	232405	54180	46900	7280	177200	54200	123000
宜昌市	**42567**	**23510**	**9990**	**13520**	**18997**	**3050**	**15947**
宜昌市直	230				230		230
夷陵区	680				680		680
宜都市	7860	800		800	7000		7000
枝江市	24110	17810	7490	10320	6300	2800	3500
当阳市	3550				3550	250	3300
远安县							
兴山县	8				8		8
秭归县	29				29		29
长阳县	6100	4900	2500	2400	1200		1200
五峰县							
襄阳市	**9228**	**8391**	**8113**	**278**	**837**	**86**	**751**
襄阳市辖区	800	550	550		250	60	190
老河口市	5496	5320	5320		176	16	160
襄州区	763	623	623		140	10	130
枣阳市	300	300	150	150			
宜城市	662	662	644	18			
南漳县	985	749	679	70	236		236
谷城县	222	187	147	40	35		35
保康县							
鄂州市	**53288**	**12843**	**3402**	**9441**	**30074**	**7987**	**22087**
鄂城区	26520	4000		4000	15935	3822	12113
华容区							
梁子湖区	26768	8843	3402	5441	14139	4165	9974
荆门市	**145674**	**87424**	**8571**	**78853**	**32250**	**21123**	**11127**

续表 1

地区	水产加工品（吨）						
	总量	(一)水产品冷冻			(二)鱼糜制品及干腌制品		
		小计	#冷冻品	#冷冻加工品	小计	#鱼糜制品	#干腌制品
荆门市辖区							
沙洋县	80380	43000		43000	11380	6230	5150
钟祥市	38200	23000	3000	20000	15200	12400	2800
京山县	16960	13500	2800	10700	3460	1710	1750
沙洋农场							
东宝区	7600	7500	2500	5000	100		100
掇刀区							
漳河新区	2339	424	271	153	1915	703	1212
屈家岭管理区	195				195	80	115
孝感市	**15173**	**10866**	**7350**	**3516**	**4307**	**246**	**4061**
孝南区							
孝昌县	13				13		13
大悟县							
安陆市							
云梦县	3950	320		320	3630		3630
应城市	1000	1000		1000			
汉川市	10210	9546	7350	2196	664	246	418
孝感市辖区							
黄冈市	**84720**	**43717**	**30839**	**12878**	**33450**	**19647**	**13803**
黄州区	2393	70		70	2323	1452	871
团风县	8500				1250	1100	150
红安县	1375	1036	756	280	339	215	124
麻城市	4680	550	430	120	4130	4010	120
罗田县	1130				1130	317	813
英山县	1059				1059	173	886
浠水县	8873	900	750	150	7970	4170	3800
蕲春县	12280	5961	3783	2178	6319	3760	2559
武穴市	5830	3700	320	3380	2130	650	1480
黄梅县	38600	31500	24800	6700	6800	3800	3000
龙感湖区							
咸宁市	**17790**	**12400**	**4700**	**7700**	**5390**	**3400**	**1990**
咸宁市直							
咸安区							
嘉鱼县	7000	5000		5000	2000	2000	
赤壁市	9580	7300	4600	2700	2280	1400	880
通城县	750	100	100		650		650
崇阳县	460				460		460
通山县							
恩施州	**13**	**13**	**13**				
恩施市							
建始县							
巴东县							
利川市	13	13	13				
宣恩县							
咸丰县							
来凤县							
鹤峰县							
随州市	**6225**	**4355**		**4355**	**1870**		**1870**
曾都区							
随县							
广水市	6225	4355		4355	1870		1870
仙桃市	**32890**	**5690**	**100**	**5590**	**200**		**200**
天门市	**5057**	**5057**		**5057**			
潜江市	**372478**	**361978**	**123136**	**238842**	**10500**	**10500**	
神农架							

续表 2

地区	水 产 加 工 品（吨）					用于加工的水产品总量(吨)
	(三)罐制品	(四)水产饲料（鱼粉）	(五)鱼油制品	(六)其他水产品加工		
				小计	#助剂和添加剂	
湖北省	**10752**	**60325**		**2384**	**300**	**1931818**
武汉市	**200**			**952**	**300**	**146160**
武汉市直						51040
新洲区						44320
江夏区				300	300	47500
蔡甸区				652		2800
黄陂区	200					500
黄石市	**118**					**54250**
黄石市直						
大冶市	118					36000
阳新县						18250
十堰市						**25000**
十堰市直						
十堰市辖区						
丹江口市						25000
郧县						
郧西						
竹山县						
竹溪县						
房县						
荆州市		**1025**		**182**		**698810**
荆州区						47500
沙市区						45000
江陵县				182		2290
松滋市						5200
公安县						59800
石首市						14000
监利县						184020
洪湖市		1025				341000
宜昌市	**60**					**91207**
宜昌市直						650
夷陵区						1760
宜都市	60					
枝江市						63700
当阳市						10000
远安县						
兴山县						31
秭归县						66
长阳县						15000
五峰县						
襄阳市						**12496**
襄阳市辖区						320
老河口市						8800
襄州区						1455
枣阳市						200
宜城市						958
南漳县						763
谷城县						
保康县						
鄂州市	**10371**					**108675**
鄂城区	6585					48923
华容区						
梁子湖区	3786					59752
荆门市		**26000**				**198054**

续表 3

地区	水产加工品（吨）					用于加工的水产品总量（吨）
	（三）罐制品	（四）水产饲料（鱼粉）	（五）鱼油制品	（六）其他水产品加工		
				小计	#助剂和添加剂	
荆门市辖区						
沙洋县		26000				94530
钟祥市						54000
京山县						29200
沙洋农场						
东宝区						16000
掇刀区						
漳河新区						3874
屈家岭管理区						450
孝感市						**29135**
孝南区						
孝昌县						
大悟县						
安陆市						
云梦县						4550
应城市						5000
汉川市						19585
孝感市辖区						
黄冈市	**3**	**6300**		**1250**		**84089**
黄州区						7246
团风县		6000		1250		1250
红安县						3000
麻城市						11670
罗田县						3286
英山县						2398
浠水县	3					17454
蕲春县						17380
武穴市						20405
黄梅县		300				
龙感湖区						
咸宁市						**23820**
咸宁市直						
咸安区						
嘉鱼县						10000
赤壁市						13820
通城县						
崇阳县						
通山县						
恩施州						
恩施市						
建始县						
巴东县						
利川市						
宣恩县						
咸丰县						
来凤县						
鹤峰县						
随州市						**25144**
曾都区						
随县						
广水市						25144
仙桃市		**27000**				**16000**
天门市						**14500**
潜江市						**404478**
神农架						

渔业人口与从业人员

地区	渔业乡（个）	渔业村（个）	渔业户（户）	渔业人口（人）		渔业从业人员（人）		
				小计	其中：传统渔民	合计	其中：专业从业人员	
							小计	捕捞
湖北省	**63**	**848**	**435755**	**1377075**	**516790**	**1042942**	**667771**	**5850**
武汉市	**1**	**90**	**35963**	**119110**	**49020**	**82533**	**50836**	**770**
武汉市直	1	23	4936	12400	8890	8247	7682	208
新洲区		44	11546	35892	13429	27981	17933	246
江夏区		6	1338	4445	1776	8303	2908	72
蔡甸区		17	6306	21157	8502	19004	8609	
黄陂区			11837	45216	16423	18998	13704	244
黄石市	**1**	**15**	**9238**	**36840**	**7700**	**37076**	**14492**	**732**
黄石市直			168	430		670	160	
大冶市	1	4	4000	15000	1860	10760	4460	700
阳新县		11	5070	21410	5840	25646	9872	32
十堰市		**1**	**2866**	**11928**	**821**	**7259**	**3639**	
十堰市直			11	12	8	7	3	
十堰市辖区								
丹江口市		1	535	2600	680	1680	1400	
郧县			1540	6930		2695	1025	
郧西			205	1020		595	416	
竹山县			142	360		1402	512	
竹溪县			300	710		680	150	
房县			133	296	133	200	133	
荆州市	**14**	**313**	**94719**	**278876**	**133326**	**236607**	**188244**	
荆州区			4056	15617	1156	15516	11556	
沙市区			5068	9439	4732	8007	5727	
江陵县			4114	15445	2544	8214	6390	
松滋市		16	5560	15210	3450	12975	9845	
公安县		32	8066	23350	9145	27919	22376	
石首市			383	706		3754	3068	
监利县	3	130	31447	112229	47391	66464	43782	
洪湖市	11	135	36025	86880	64908	93758	85500	
宜昌市		**6**	**19717**	**57513**	**4477**	**53127**	**30283**	**254**
宜昌市直			45	112		112	112	
夷陵区			3968	8146	446	5915	1255	148
宜都市			200	1000		1420	620	
枝江市		4	8773	31923		21273	14223	
当阳市		2	6727	16326	4031	20798	11794	106
远安县						2748	1841	
兴山县			4	6		6	6	
秭归县						62	62	
长阳县						793	370	
五峰县								
襄阳市	**4**	**20**	**37737**	**88952**	**23714**	**44267**	**29168**	**120**
襄阳市辖区		1	5100	10100	8655	7101	4481	
老河口市	1	5	14217	23671	12164	5800	3570	120
襄州区				706		706	706	
枣阳市			8200	25000	1530	13980	8680	
宜城市	1	4	5574	16275		3227	3227	
南漳县	2	10	3080	9500	1360	9690	6665	
谷城县			1566	3635		3711	1809	
保康县				65	5	52	30	
鄂州市	**1**	**14**	**12365**	**49030**	**18498**	**43403**	**30658**	**151**
鄂城区	1	3	4859	13828	7564	9891	7558	128
华容区		5	2386	14962	1074	9555	7629	23
梁子湖区		6	5120	20240	9860	23957	15471	
荆门市	**9**	**121**	**33215**	**91414**	**28363**	**70367**	**47576**	**2122**

续表 1

地区	渔业乡（个）	渔业村（个）	渔业户（户）	渔业人口(人)		渔业从业人员(人)		
				小计	其中:传统渔民	合计	其中:专业从业人员	
							小计	捕捞
荆门市辖区								
沙洋县	6	46	7080	23583	8813	17413	14164	
钟祥市		44	9150	32320	9340	25700	17200	500
京山县	3	29	7740	20616	8420	18722	11377	925
沙洋农场								
东宝区			4880	6990	230	1565	715	185
掇刀区			1492	4437		2589	2065	280
漳河新区		2	2501	2510	1560	3722	1518	232
屈家岭管理区			372	958		656	537	
孝感市	**1**	**40**	**32164**	**116538**	**72116**	**105684**	**70420**	
孝南区			6180	19450	13240	9105	8425	
孝昌县			3280	11375	9880	11215	11215	
大悟县			3245	11820	3000	10765	5815	
安陆市			2190	8570	4438	8570	4627	
云梦县			3062	8760	3760	12210	7760	
应城市			5381	18699	7552	14645	10300	
汉川市	1	40	8826	37864	30246	39174	22278	
孝感市辖区								
黄冈市	**11**	**112**	**46470**	**158456**	**55872**	**139393**	**74979**	**490**
黄州区	1	7	2861	7586	6702	9438	6910	
团风县		5	4454	12712	6051	6733	5233	
红安县	1	1	4421	13520	1404	13460	8760	
麻城市		3	5140	14500	3365	14730	10520	120
罗田县			990	2013	317	970	345	
英山县	1	12	1895	3795	400	6937	1036	
浠水县	1	21	6942	22631	10510	22933	9740	
蕲春县	1	22	5205	20201	6219	19431	8821	
武穴市		2	4990	24950	3564	15866	8582	370
黄梅县			9160	35476	17340	27823	13960	
龙感湖区	6	39	412	1072		1072	1072	
咸宁市	**19**	**87**	**22471**	**95691**	**24984**	**56913**	**27498**	**1039**
咸宁市直								
咸安区	8	26	2500	10000	3900	6580	3880	200
嘉鱼县	1	8	8421	33751	4579	15235	6305	
赤壁市	5	17	4300	21000	13060	17470	7700	320
通城县			2100	7340	2185	5290	4000	50
崇阳县		4	3750	15000	960	7338	1813	469
通山县	5	32	1400	8600	300	5000	3800	
恩施州			**797**	**1759**		**1975**	**899**	
恩施市			167	502		517	202	
建始县			7	15		32	15	
巴东县			137	380		128	18	
利川市			231	612		756	341	
宣恩县			24			24	24	
咸丰县			104	178		214	112	
来凤县			108			266	168	
鹤峰县			19	72		38	19	
随州市			**19656**	**69853**	**3959**	**27689**	**12432**	**172**
曾都区			546	944	856	957	892	52
随县			14755	53224		17941	9736	120
广水市			4355	15685	3103	8791	1804	
仙桃市			**37441**	**115294**	**72863**	**67961**	**40197**	
天门市			**10445**	**38510**		**29910**	**15920**	
潜江市	**2**	**29**	**20424**	**47108**	**21077**	**38778**	**30530**	
神农架			**67**	**203**				

续表 2

地区	渔业从业人员（人）						
	其中：专业从业人员		专业从业人员中：女性	兼业从业人员		临时从业人员	
	养殖	其他		小计	其中：女性	小计	其中：女性
湖北省	**621512**	**40409**	**169399**	**264363**	**66261**	**110808**	**27333**
武汉市	**44234**	**5832**	**19331**	**24325**	**5783**	**7372**	**1392**
武汉市直	7319	155	3059	565	174		
新洲区	17192	495	4219	8289	1967	1759	165
江夏区	2440	396	2667	3671	1126	1724	665
蔡甸区	8609		1125	7532	702	2863	
黄陂区	8674	4786	8261	4268	1814	1026	562
黄石市	**13192**	**568**	**3362**	**18232**	**2165**	**4352**	**1190**
黄石市直	102	58		270	50	240	180
大冶市	3460	300	880	4300	600	2000	300
阳新县	9630	210	2482	13662	1515	2112	710
十堰市	**3241**	**398**	**324**	**2291**	**506**	**1329**	**414**
十堰市直	3			4	1		
十堰市辖区							
丹江口市	1200	200	80	120	30	160	50
郧县	1025		52	1120	186	550	91
郧西	370	46	25	150	32	29	11
竹山县	360	152	137	330	120	560	260
竹溪县	150		30	500	70	30	2
房县	133			67	67		
荆州市	**177013**	**11231**	**49445**	**31234**	**11634**	**17129**	**7145**
荆州区	11556		1650	3080	485	880	115
沙市区	5320	407	890	970	540	1310	560
江陵县	6275	115	1644	1357	760	467	185
松滋市	9560	285	1050	2570	580	560	118
公安县	21308	1068	5153	3389	1210	2154	936
石首市	2736	332	273	418	39	268	29
监利县	41958	1824	17240	15840	5140	6842	2624
洪湖市	78300	7200	21545	3610	2880	4648	2578
宜昌市	**28877**	**1152**	**11444**	**14890**	**5047**	**7954**	**2080**
宜昌市直	112		12				
夷陵区	965	142	225	2205	652	2455	540
宜都市	520	100	100	400	100	400	100
枝江市	13800	423	6200	4200	1650	2850	900
当阳市	11457	231	4471	7141	2017	1863	430
远安县	1625	216	392	810	620	97	90
兴山县	6						
秭归县	62		15				
长阳县	330	40	29	134	8	289	20
五峰县							
襄阳市	**25427**	**3621**	**2016**	**9108**	**1800**	**5991**	**864**
襄阳市辖区	3521	960	330	1520	420	1100	480
老河口市	3260	190	210	1610	280	620	72
襄州区	706						
枣阳市	8500	180	900	3300	300	2000	260
宜城市	3205	22					
南漳县	4416	2249		2345	785	680	
谷城县	1789	20	576	321	15	1581	52
保康县	30			12		10	
鄂州市	**29614**	**893**	**8475**	**6778**	**2761**	**5967**	**2404**
鄂城区	7117	313	2015	1681	678	652	289
华容区	7374	232	1375	361	71	1565	329
梁子湖区	15123	348	5085	4736	2012	3750	1786
荆门市	**42702**	**2752**	**12709**	**16749**	**5153**	**6042**	**1907**

续表 3

地区	渔业从业人员(人)						
	其中:专业从业人员		专业从业人员中:女性	兼业从业人员		临时从业人员	
	养殖	其他		小计	其中:女性	小计	其中:女性
荆门市辖区							
沙洋县	13083	1081	6198	1966	881	1283	435
钟祥市	16000	700	2800	5000	1200	3500	1200
京山县	10152	300	2500	6835	2600	510	170
沙洋农场							
东宝区	480	50	200	500	100	350	50
掇刀区	1483	302	561	335	43	189	24
漳河新区	1002	284	312	2001	302	203	25
屈家岭管理区	502	35	138	112	27	7	3
孝感市	**64280**	**6140**	**9996**	**22508**	**3646**	**12756**	**1776**
孝南区	8072	353	1588	237	32	443	62
孝昌县	11215						
大悟县	5265	550	1185	4350	1080	600	140
安陆市	3239	1388	1390	3000	90	943	339
云梦县	7760		3225	2250	375	2200	77
应城市	8011	2289	502	3498	510	847	232
汉川市	20718	1560	2106	9173	1559	7723	926
孝感市辖区							
黄冈市	**68101**	**6388**	**11677**	**37827**	**8013**	**26587**	**5163**
黄州区	6652	258		1926	86	602	78
团风县	4983	250	890	1310	150	190	12
红安县	8220	540	1155	3380	761	1320	385
麻城市	10100	300	150	3360	50	850	
罗田县	345		3	495	14	130	12
英山县	825	211	217	2768	402	3133	522
浠水县	9230	510	1490	7750	4490	5443	1190
蕲春县	8276	545	2296	4527	1115	6083	1234
武穴市	8050	162	1620	5128	315	2156	330
黄梅县	10348	3612	3556	7183	630	6680	1400
龙感湖区	1072		300				
咸宁市	**25779**	**680**	**5988**	**26375**	**2331**	**3040**	**586**
咸宁市直							
咸安区	3650	30	1120	1900	500	800	200
嘉鱼县	6120	185		8930			
赤壁市	7380		3360	8930	1210	840	143
通城县	3800	150	500	550	150	740	200
崇阳县	1329	15	8	5165	221	360	13
通山县	3500	300	1000	900	250	300	30
恩施州	**896**	**3**	**83**	**657**	**93**	**419**	**38**
恩施市	202		35	200	51	115	17
建始县	12	3	3	5	2	12	2
巴东县	18		4	60	5	50	
利川市	341		28	235	30	180	19
宣恩县	24		4				
咸丰县	112			60		42	
来凤县	168		9	78	5	20	
鹤峰县	19			19			
随州市	**11714**	**546**	**2199**	**11078**	**3033**	**4179**	**1173**
曾都区	805	35		35	6	30	10
随县	9105	511	1952	4654	1207	3551	992
广水市	1804		247	6389	1820	598	171
仙桃市	**40197**		**15206**	**23499**	**10102**	**4265**	**910**
天门市	**15920**		**7020**	**11540**		**2450**	
潜江市	**30325**	**205**	**10124**	**7272**	**4194**	**976**	**291**
神农架							

渔业船舶拥有量

地区	机动渔船合计			机动渔船按船长分		
				24米以上		
	艘	总吨	千瓦	艘	总吨	千瓦
湖北省	**8611**	**12821**	**76482**	**5**	**326**	**1730**
武汉市	**589**	**1095**	**10391**	**3**	**236**	**1473**
武汉市直	118	347	3849	2	152	1153
新洲区	149	202	1338			
江夏区	51	163	1620	1	84	320
蔡甸区	58	71	1268			
黄陂区	213	312	2316			
黄石市	**845**	**1041**	**6536**			
黄石市直	21	61	201			
大冶市	45	76	410			
阳新县	779	904	5925			
十堰市	**40**	**218**	**2491**	**1**	**86**	**240**
十堰市直						
十堰市辖区						
丹江口市	8	14	416			
郧县	12	64	1089			
郧西	13	24	339			
竹山县	6	108	544	1	86	240
竹溪县	1	8	103			
房县						
荆州市	**3311**	**3880**	**17591**			
荆州区						
沙市区						
江陵县						
松滋市	27	85	314			
公安县	126	418	1549			
石首市	4	57	1400			
监利县	400	400	1764			
洪湖市	2754	2920	12564			
宜昌市	**153**	**519**	**2408**			
宜昌市直	4	164	746			
夷陵区	77	103	506			
宜都市	3	64	382			
枝江市						
当阳市	64	138	410			
远安县	2	2	33			
兴山县	1	8	105			
秭归县	2	40	226			
长阳县						
五峰县						
襄阳市	**894**	**2065**	**11639**			
襄阳市辖区	83	166	1245			
老河口市	198	353	2696			
襄州区	114	385	1450			
枣阳市	193	671	2560			
宜城市	101	202	1515			
南漳县	131	162	1049			
谷城县	50	94	1026			
保康县	24	32	98			
鄂州市	**82**	**203**	**622**	**1**	**4**	**17**
鄂城区	64	152	433			
华容区	18	51	189	1	4	17
梁子湖区						
荆门市	**134**	**174**	**1514**			

续表 1

地区	机动渔船合计			机动渔船按船长分		
				24 米以上		
	艘	总吨	千瓦	艘	总吨	千瓦
荆门市直	111	151	1354			
荆门市辖区						
沙洋县						
钟祥市						
京山县						
沙洋农场						
东宝区	7	6	37			
掇刀区	9	10	63			
漳河新区	7	7	60			
屈家岭管理区						
孝感市	**258**	**460**	**2850**			
孝南区	3	3	190			
孝昌县	65	90	292			
大悟县	69	241	542			
安陆市	53	42	967			
云梦县	13	15	223			
应城市	11	22	56			
汉川市						
孝感市辖区	44	47	580			
黄冈市	**545**	**1141**	**6454**			
黄冈市直	55	269	1286			
黄州区	42	142	767			
团风县	66	201	854			
红安县	8	26	384			
麻城市	39	52	355			
罗田县	17	21	100			
英山县	23	23	153			
浠水县	63	88	454			
蕲春县	127	155	916			
武穴市	105	164	1185			
黄梅县						
龙感湖区						
咸宁市	**1146**	**958**	**7026**			
咸宁市直						
咸安区	25	35	344			
嘉鱼县	198	305	3048			
赤壁市	315	315	1079			
通城县	120	303	714			
崇阳县	488		1841			
通山县						
恩施州	**15**	**182**	**1778**			
恩施州直	2	30	380			
恩施市	1	8	103			
建始县	1	7	103			
巴东县	4	62	384			
利川市	1	3	66			
宣恩县	1	7	103			
咸丰县	3	12	225			
来凤县						
鹤峰县	2	53	414			
随州市	**441**	**698**	**3736**			
曾都区	26	43	236			
随县	209	429	1902			
广水市	206	226	1598			
仙桃市	**6**	**24**	**698**			
天门市	**152**	**163**	**748**			
潜江市						
神农架						

续表 2

地区	机动渔船按船长分						非机动渔船合计	
	12 — 24 米			12 米以下				
	艘	总吨	千瓦	艘	总吨	千瓦	艘	总吨
湖北省	**378**	**1803**	**10666**	**8233**	**10717**	**64472**	**6139**	**5019**
武汉市	**4**	**33**	**492**	**582**	**826**	**8426**	**75**	**189**
武汉市直	2	17	283	114	178	2413	75	189
新洲区				149	202	1338		
江夏区	1	8	105	49	71	1195		
蔡甸区				58	71	1268		
黄陂区	1	8	104	212	304	2212		
黄石市	**13**	**42**	**542**	**832**	**999**	**5994**	**300**	**300**
黄石市直				21	61	201		
大冶市	1	9	103	44	67	307	300	300
阳新县	12	33	439	767	871	5486		
十堰市				**39**	**132**	**2251**		
十堰市直								
十堰市辖区								
丹江口市				8	14	416		
郧县				12	64	1089		
郧西				13	24	339		
竹山县				5	22	304		
竹溪县				1	8	103		
房县								
荆州市	**249**	**505**	**1511**	**3062**	**3375**	**16080**		
荆州区								
沙市区								
江陵县								
松滋市	25	75	167	2	10	147		
公安县				126	418	1549		
石首市				4	57	1400		
监利县				400	400	1764		
洪湖市	224	430	1344	2530	2490	11220		
宜昌市	**5**	**214**	**981**	**148**	**305**	**1427**	**50**	**30**
宜昌市直	4	164	746					
夷陵区				77	103	506		
宜都市	1	50	235	2	14	147	50	30
枝江市								
当阳市				64	138	410		
远安县				2	2	33		
兴山县				1	8	105		
秭归县				2	40	226		
长阳县								
五峰县								
襄阳市	**26**	**298**	**716**	**868**	**1767**	**10923**	**69**	**72**
襄阳市辖区				83	166	1245	20	40
老河口市				198	353	2696		
襄州区				114	385	1450		
枣阳市	26	298	716	167	373	1844	49	32
宜城市				101	202	1515		
南漳县				131	162	1049		
谷城县				50	94	1026		
保康县				24	32	98		
鄂州市				**81**	**199**	**605**		
鄂城区				64	152	433		
华容区				17	47	172		
梁子湖区								
荆门市	**2**	**14**	**208**	**132**	**160**	**1306**	**196**	**202**

续表 3

地区	机动渔船按船长分						非机动渔船合计	
	12 － 24 米			12 米以下				
	艘	总吨	千瓦	艘	总吨	千瓦	艘	总吨
荆门市直	**2**	**14**	**208**	**109**	**137**	**1146**		
荆门市辖区								
沙洋县								
钟祥市								
京山县								
沙洋农场								
东宝区				7	6	37		
掇刀区				9	10	63		
漳河新区				7	7	60	196	202
屈家岭管理区								
孝感市	**13**	**125**	**873**	**245**	**335**	**1977**	**2226**	**1781**
孝南区				3	3	190	820	278
孝昌县				65	90	292	160	240
大悟县	4	90	52	65	151	490	40	40
安陆市	3	23	569	50	19	398		
云梦县	3	6	47	10	9	176		
应城市				11	22	56	1165	1180
汉川市								
孝感市辖区	3	6	205	41	41	375	41	43
黄冈市	**56**	**356**	**1891**	**489**	**785**	**4563**	**258**	**211**
黄冈市直	12	117	662	43	152	624	7	20
黄州区	3	66	457	39	76	310	17	26
团风县	40	153	669	26	48	185	85	21
红安县				8	26	384	14	12
麻城市				39	52	355	11	12
罗田县				17	21	100	14	10
英山县				23	23	153		
浠水县				63	88	454		
蕲春县				127	155	916		
武穴市	1	20	103	104	144	1082	110	110
黄梅县								
龙感湖区								
咸宁市	**1**	**54**	**1800**	**1145**	**904**	**5226**	**1492**	**1492**
咸宁市直								
咸安区				25	35	344		
嘉鱼县	1	54	1800	197	251	1248		
赤壁市				315	315	1079	1492	1492
通城县				120	303	714		
崇阳县				488		1841		
通山县								
恩施州	**8**	**151**	**1316**	**12**	**56**	**848**		
恩施州直	2	30	380					
恩施市				1	8	103		
建始县				1	7	103		
巴东县	1	43	110	3	19	274		
利川市				1	3	66		
宣恩县				1	7	103		
咸丰县	2	12	210	1		15		
来凤县	2	14	206	3	11	180		
鹤峰县	1	52	410	1	1	4		
随州市				**441**	**698**	**3736**	**1473**	**742**
曾都区				26	43	236	23	17
随县				209	429	1902		
广水市				206	226	1598	1450	725
仙桃市	**1**	**11**	**336**	**5**	**13**	**362**		
天门市				**152**	**163**	**748**		
潜江市								
神农架								

渔业船舶拥有量(机动渔船中的生产渔船)

地区	机动渔船中:生产渔船					
	生产渔船合计			捕捞渔船小计		
	艘	总吨	千瓦	艘	总吨	千瓦
湖北省	**8463**	**11510**	**55922**	**2433**	**3018**	**12119**
武汉市	**554**	**680**	**4729**	**385**	**409**	**1862**
武汉市直	104	104	533	104	104	533
新洲区	147	184	939	123	147	630
江夏区	36	36	159	36	36	159
蔡甸区	56	56	996			
黄陂区	211	300	2102	122	122	540
黄石市	**838**	**1004**	**5891**	**571**	**674**	**3241**
黄石市直	20	54	115			
大冶市	43	63	211			
阳新县	775	887	5565	571	674	3241
十堰市	**13**	**21**	**217**			
十堰市直						
十堰市辖区						
丹江口市						
郧县						
郧西	11	19	185			
竹山县	2	2	32			
竹溪县						
房县						
荆州市	**3303**	**3797**	**15862**	**250**	**261**	**1068**
荆州区						
沙市区						
江陵县						
松滋市	25	75	167			
公安县	124	402	1371			
石首市						
监利县	400	400	1760	199	199	876
洪湖市	2754	2920	12564	51	62	192
宜昌市	**141**	**241**	**916**	**141**	**241**	**916**
宜昌市直						
夷陵区	77	103	506	77	103	506
宜都市						
枝江市						
当阳市	64	138	410	64	138	410
远安县						
兴山县						
秭归县						
长阳县						
五峰县						
襄阳市	**908**	**1977**	**11339**			
襄阳市辖区	83	166	1245			
老河口市	198	353	2696			
襄州区	82	305	1650			
枣阳市	242	671	2559			
宜城市	101	202	1383			
南漳县	131	162	1049			
谷城县	47	86	659			
保康县	24	32	98			
鄂州市	**82**	**203**	**622**	**67**	**162**	**532**
鄂城区	64	152	433	56	130	389
华容区	18	51	189	11	32	143
梁子湖区						
荆门市	**132**	**160**	**1306**	**28**	**29**	**210**

续表 1

地区	机动渔船中:生产渔船					
	生产渔船合计			捕捞渔船小计		
	艘	总吨	千瓦	艘	总吨	千瓦
荆门市直	109	137	1146	7	8	60
荆门市辖区						
沙洋县						
钟祥市						
京山县						
沙洋农场						
东宝区	7	6	37	5	4	27
掇刀区	9	10	63	9	10	63
漳河新区	7	7	60	7	7	60
屈家岭管理区						
孝感市	**232**	**402**	**1786**			
孝南区						
孝昌县	65	90	292			
大悟县	69	241	542			
安陆市	47	14	273			
云梦县	10	12	99			
应城市						
汉川市						
孝感市辖区	41	45	580			
黄冈市	**531**	**821**	**4437**			
黄冈市直	55	98	661			
黄州区	39	76	310			
团风县	64	192	651			
红安县	5	5	44			
麻城市	37	39	334			
罗田县	17	21	100			
英山县	23	23	153			
浠水县	63	88	454			
蕲春县	124	135	648			
武穴市	104	144	1082			
黄梅县						
龙感湖区						
咸宁市	**1141**	**1368**	**4752**	**906**	**1082**	**3557**
咸宁市直						
咸安区	23	23	173	23	23	173
嘉鱼县	196	247	1048			
赤壁市	315	315	1079	315	315	1079
通城县	119	295	611	119	295	611
崇阳县	488	488	1841	449	449	1694
通山县						
恩施州						
恩施市						
建始县						
巴东县						
利川市						
宣恩县						
咸丰县						
来凤县						
鹤峰县						
随州市	**436**	**673**	**3317**	**85**	**160**	**733**
曾都区	26	43	236	25	42	230
随县	209	429	1902	60	118	503
广水市	201	201	1179			
仙桃市						
天门市	**152**	**163**	**748**			
潜江市						
神农架						

续表 2

地区	机动渔船中:生产渔船								
	捕捞渔船小计						养殖渔船小计		
	45—440 千瓦(61—599 马力)			44 千瓦(60 马力)以下			艘	总吨	千瓦
	艘	总吨	千瓦	艘	总吨	千瓦			
湖北省				**2433**	**3018**	**12119**	**6030**	**8492**	**43803**
武汉市				**385**	**409**	**1862**	**169**	**271**	**2867**
武汉市直				104	104	533			
新洲区				123	147	630	24	37	309
江夏区				36	36	159			
蔡甸区							56	56	996
黄陂区				122	122	540	89	178	1562
黄石市				571	674	3241	267	330	2650
黄石市直							20	54	115
大冶市							43	63	211
阳新县				571	674	3241	204	213	2324
十堰市							**13**	**21**	**217**
十堰市直									
十堰市辖区									
丹江口市									
郧县									
郧西							11	19	185
竹山县							2	2	32
竹溪县									
房县									
荆州市				**250**	**261**	**1068**	**3053**	**3536**	**14794**
荆州区									
沙市区									
江陵县									
松滋市							25	75	167
公安县							124	402	1371
石首市									
监利县				199	199	876	201	201	884
洪湖市				51	62	192	2703	2858	12372
宜昌市				**141**	**241**	**916**			
宜昌市直									
夷陵区				77	103	506			
宜都市									
枝江市									
当阳市				64	138	410			
远安县									
兴山县									
秭归县									
长阳县									
五峰县									
襄阳市							**908**	**1977**	**11339**
襄阳市辖区							83	166	1245
老河口市							198	353	2696
襄州区							82	305	1650
枣阳市							242	671	2559
宜城市							101	202	1383
南漳县							131	162	1049
谷城县							47	86	659
保康县							24	32	98
鄂州市				**67**	**162**	**532**	**15**	**41**	**90**
鄂城区				56	130	389	8	22	44
华容区				11	32	143	7	19	46
梁子湖区									
荆门市				**28**	**29**	**210**	**104**	**131**	**1096**

续表 3

地区	机动渔船中:生产渔船								
	捕捞渔船小计						养殖渔船小计		
	45—440 千瓦(61—599 马力)			44 千瓦(60 马力)以下					
	艘	总吨	千瓦	艘	总吨	千瓦	艘	总吨	千瓦
荆门市直				7	8	60	102	129	1086
荆门市辖区									
沙洋县									
钟祥市									
京山县									
沙洋农场									
东宝区				5	4	27	2	2	10
掇刀区				9	10	63			
漳河新区				7	7	60			
屈家岭管理区									
孝感市							**232**	**402**	**1786**
孝南区									
孝昌县							65	90	292
大悟县							69	241	542
安陆市							47	14	273
云梦县							10	12	99
应城市									
汉川市									
孝感市辖区							41	45	580
黄冈市							**531**	**821**	**4437**
黄冈市直							55	98	661
黄州区							39	76	310
团风县							64	192	651
红安县							5	5	44
麻城市							37	39	334
罗田县							17	21	100
英山县							23	23	153
浠水县							63	88	454
蕲春县							124	135	648
武穴市							104	144	1082
黄梅县									
龙感湖区									
咸宁市				**906**	**1082**	**3557**	**235**	**286**	**1195**
咸宁市直									
咸安区				23	23	173			
嘉鱼县							196	247	1048
赤壁市				315	315	1079			
通城县				119	295	611			
崇阳县				449	449	1694	39	39	147
通山县									
恩施州									
恩施市									
建始县									
巴东县									
利川市									
宣恩县									
咸丰县									
来凤县									
鹤峰县									
随州市				**85**	**160**	**733**	**351**	**513**	**2584**
曾都区				25	42	230	1	1	6
随县				60	118	503	149	311	1399
广水市							201	201	1179
仙桃市									
天门市							**152**	**163**	**748**
潜江市									
神农架									

渔业船舶拥有量(机动渔船中的辅助渔船)

地区	机动渔船中:辅助渔船								
	艘	总吨	千瓦	其中:捕捞辅助船			其中:渔业执法船		
				艘	总吨	千瓦	艘	总吨	千瓦
湖北省	**309**	**2296**	**27802**	**46**	**71**	**656**	**263**	**2225**	**27146**
武汉市	**35**	**415**	**5662**				**35**	**415**	**5662**
武汉市直	14	243	3316				14	243	3316
新洲区	2	18	399				2	18	399
江夏区	15	127	1461				15	127	1461
蔡甸区	2	15	272				2	15	272
黄陂区	2	12	214				2	12	214
黄石市	**7**	**37**	**645**				**7**	**37**	**645**
黄石市直	1	7	86				1	7	86
大冶市	2	13	199				2	13	199
阳新县	4	17	360				4	17	360
十堰市	**27**	**197**	**2274**				**27**	**197**	**2274**
十堰市直									
十堰市辖区									
丹江口市	8	14	416				8	14	416
郧县	12	64	1089				12	64	1089
郧西	2	5	154				2	5	154
竹山县	4	106	512				4	106	512
竹溪县	1	8	103				1	8	103
房县									
荆州市	**13**	**148**	**2462**				**13**	**148**	**2462**
荆州区									
沙市区									
江陵县									
松滋市	2	10	147				2	10	147
公安县	2	16	178				2	16	178
石首市	4	57	1400				4	57	1400
监利县	5	65	737				5	65	737
洪湖市									
宜昌市	**12**	**278**	**1492**				**12**	**278**	**1492**
宜昌市直	4	164	746				4	164	746
夷陵区									
宜都市	3	64	382				3	64	382
枝江市									
当阳市									
远安县	2	2	33				2	2	33
兴山县	1	8	105				1	8	105
秭归县	2	40	226				2	40	226
长阳县									
五峰县									
襄阳市	**17**	**31**	**824**				**17**	**31**	**824**
襄阳市辖区	6		130				6		130
老河口市	4	14	154				4	14	154
襄州区	1	2	17				1	2	17
枣阳市	1	2	75				1	2	75
宜城市	1	2	15				1	2	15
南漳县	1	3	66				1	3	66
谷城县	3	8	367				3	8	367
保康县									
鄂州市									
鄂城区									
华容区									
梁子湖区									
荆门市	**45**	**88**	**1222**	**37**	**25**	**322**	**8**	**63**	**900**

续表

地区	机动渔船中:辅助渔船								
	艘	总吨	千瓦	其中:捕捞辅助船			其中:渔业执法船		
				艘	总吨	千瓦	艘	总吨	千瓦
荆门市直	2	14	208				2	14	208
荆门市辖区									
沙洋县									
钟祥市	42	71	948	37	25	322	5	46	626
京山县									
沙洋农场									
东宝区	1	3	66				1	3	66
掇刀区									
漳河新区									
屈家岭管理区									
孝感市	**25**	**155**	**2104**				**25**	**155**	**2104**
孝南区	3	3	190				3	3	190
孝昌县	1	5	12				1	5	12
大悟县	1	4	85				1	4	85
安陆市	6	28	694				6	28	694
云梦县	3	3	125				3	3	125
应城市	6	21	300				6	21	300
汉川市	2	87	386				2	87	386
孝感市辖区	3	4	312				3	4	312
黄冈市	**70**	**514**	**4209**	**9**	**46**	**334**	**61**	**468**	**3875**
黄冈市直	27	290	1961	9	46	65	18	244	1896
黄州区	3	66	457				3	66	457
团风县	2	9	203				2	9	203
红安县	3	21	340				3	21	340
麻城市	2	13	21				2	13	21
罗田县	4	28	399				4	28	399
英山县									
浠水县	2	11	169				2	11	169
蕲春县	3	20	269			269	3	20	
武穴市	20	20	103				20	20	103
黄梅县	4	36	287				4	36	287
龙感湖区									
咸宁市	**23**	**194**	**3817**				**23**	**194**	**3817**
咸宁市直									
咸安区	2	12	171				2	12	171
嘉鱼县	2	58	2000				2	58	2000
赤壁市	8	46	743				8	46	743
通城县	1	8	103				1	8	103
崇阳县	3						3		
通山县	7	70	800				7	70	800
恩施州	**13**	**129**	**1364**				**13**	**129**	**1364**
恩施州直	2	30	380				2	30	380
恩施市	1	8	103				1	8	103
建始县	1	7	103				1	7	103
巴东县	4	62	384				4	62	384
利川市	1	3	66				1	3	66
宣恩县	1	7	103				1	7	103
咸丰县	3	12	225				3	12	225
来凤县									
鹤峰县									
随州市	**10**	**54**	**907**				**10**	**54**	**907**
曾都区	3	12	280				3	12	280
随县	2	17	208				2	17	208
广水市	5	25	419				5	25	419
仙桃市	**6**	**24**	**698**				**6**	**24**	**698**
天门市	**6**	**32**	**122**				**6**	**32**	**122**
潜江市									
神农架									

渔业灾情（一）

地区	一、水产品损失					
	数量损失（吨）	价值损失（万元）	#台风、洪涝		#病害	
			数量	价值	数量	价值
湖北省	**49071**	**62152**	**31625**	**38687**	**14899**	**19211**
省直属						
武汉市	**606**	**1025**	**456**	**815**	**150**	**210**
武汉市直	150	210			150	210
新洲区						
江夏区	13	92	13	92		
蔡甸区						
黄陂区	443	723	443	723		
黄石市	**90**	**130**			**90**	**130**
黄石市直						
大冶市						
阳新县	90	130			90	130
十堰市	**240**	**600**	**200**	**460**	**40**	**140**
十堰市直						
十堰市辖区						
丹江口市	10	20			10	20
郧县						
郧西	50	170	20	50	30	120
竹山县	80	210	80	210		
竹溪县	100	200	100	200		
房县						
荆州市	**6781**	**7042**	**5806**	**4109**	**889**	**2811**
荆州区	320	664	320	664		
沙市区	131	217	15	22	116	195
江陵县	201	85	151	53	33	25
松滋市	500	1200	500			1200
公安县	450	515	110	140	340	375
石首市	230	550	10	130	220	420
监利县						
洪湖市	4949	3811	4700	3100	180	596
宜昌市	**385**	**2754**	**12**	**1742**	**273**	**889**
宜昌市直						
夷陵区	75	25			55	15
宜都市	50	150			50	150
枝江市		2068		1730		290
当阳市	257	242	12	12	165	165
远安县	3	9			3	9
兴山县						
秭归县						
长阳县		260				260
五峰县						
襄阳市	**4802**	**7814**	**2020**	**4781**	**1708**	**1808**
襄阳市直						
襄阳市辖区	250	295	38	30	12	75
老河口市	448	334			28	54
襄州区	266	352	40	37		6
枣阳市	1250	1570	150	270	1100	1300
宜城市	306	2532	306	2532		
南漳县	1172	2345	871	1742	106	212
谷城县	1110	386	615	170	462	161
保康县						
鄂州市	**663**	**747**	**191**	**35**	**472**	**712**
鄂城区	663	747	191	35	472	712
华容区						
梁子湖区						
荆门市	**5362**	**5658**	**3678**	**3699**	**1091**	**270**

续表 1

地区	一、水产品损失					
	数量损失(吨)	价值损失(万元)	#台风、洪涝		#病害	
			数量	价值	数量	价值
荆门市直						
荆门市辖区						
沙洋县	2622	1689	1138		891	
钟祥市	2403	3250	2403	3250		
京山县	126	434	126	434		
沙洋农场						
东宝区						
掇刀区	106	177	11	15	95	162
漳河新区	90	90			90	90
屈家岭管理区	15	18			15	18
孝感市	**6150**	**3054**	**2808**	**1106**	**3142**	**1708**
孝南区	290	359	85	153	205	206
孝昌县	3025		2350		675	
大悟县	1080	820	30	20	1050	800
安陆市	453	723	223	453	30	30
云梦县	120	480	120	480		
应城市						
汉川市	1182	672			1182	672
孝感市辖区						
黄冈市	**7207**	**8987**	**4567**	**6039**	**2454**	**2707**
黄州区						
团风县	15	20	15	20		
红安县	205	288	205	288		
麻城市	375	658	155	638	200	
罗田县	55	75	12	24	43	51
英山县						
浠水县	700	630	250	350	450	280
蕲春县	11	17	10	15	1	2
武穴市	4846	5799	3920	4704	760	874
黄梅县	1000	1500			1000	1500
龙感湖区						
咸宁市	**3046**	**4145**	**996**	**1345**	**2050**	**2800**
咸宁市直						
咸安区	10	30	10	30		
嘉鱼县	2000	2800			2000	2800
赤壁市	238	280	238	280		
通城县	500	650	450	650	50	
崇阳县	298	385	298	385		
通山县						
恩施州	**12**	**24**	**12**	**24**		
恩施市	12	24	12	24		
建始县						
巴东县						
利川市						
宣恩县						
咸丰县						
来凤县						
鹤峰县						
随州市	**8114**	**10660**	**8114**	**10660**		
曾都区	1597	1596	1597	1596		
随县	5760	7550	5760	7550		
广水市	757	1514	757	1514		
仙桃市	**400**	**774**			**400**	**774**
天门市	**1300**	**2600**	**300**	**600**	**1000**	**2000**
潜江市	**3913**	**6138**	**2465**	**3272**	**1140**	**2252**
神农架						

续表 2

地区	一、水产品损失						二、人员损失(人)		
	#干旱		#污染		#其他		失踪	死亡	重伤
	数量	价值	数量	价值	数量	价值			
湖北省	**1207**	**1746**	**140**	**192**	**1200**	**2316**			
省直属									
武汉市									
武汉市直									
新洲区									
江夏区									
蔡甸区									
黄陂区									
黄石市									
黄石市直									
大冶市									
阳新县									
十堰市									
十堰市直									
十堰市辖区									
丹江口市									
郧县									
郧西									
竹山县									
竹溪县									
房县									
荆州市	**36**	**55**			**50**	**67**			
荆州区									
沙市区									
江陵县	17	7							
松滋市									
公安县									
石首市									
监利县									
洪湖市	19	48			50	67			
宜昌市	**100**	**123**							
宜昌市直									
夷陵区	20	10							
宜都市									
枝江市		48							
当阳市	80	65							
远安县									
兴山县									
秭归县									
长阳县									
五峰县									
襄阳市	**537**	**685**			**537**	**540**			
襄阳市直									
襄阳市辖区	200	190							
老河口市					420	280			
襄州区	226	284				25			
枣阳市									
宜城市									
南漳县	78	156			117	235			
谷城县	33	55							
保康县									
鄂州市									
鄂城区									
华容区									
梁子湖区									
荆门市					**593**	**1689**			

续表 3

地区	一、水产品损失						二、人员损失(人)		
	#干旱		#污染		#其他		失踪	死亡	重伤
	数量	价值	数量	价值	数量	价值			
荆门市直									
荆门市辖区									
沙洋县					593	1689			
钟祥市									
京山县									
沙洋农场									
东宝区									
掇刀区									
漳河新区									
屈家岭管理区									
孝感市	**200**	**240**							
孝南区									
孝昌县									
大悟县									
安陆市	200	240							
云梦县									
应城市									
汉川市									
孝感市辖区									
黄冈市	**31**	**39**	**135**	**182**	**20**	**20**			
黄州区									
团风县									
红安县									
麻城市					20	20			
罗田县									
英山县									
浠水县									
蕲春县									
武穴市	31	39	135	182					
黄梅县									
龙感湖区									
咸宁市									
咸宁市直									
咸安区									
嘉鱼县									
赤壁市									
通城县									
崇阳县									
通山县									
恩施州									
恩施市									
建始县									
巴东县									
利川市									
宣恩县									
咸丰县									
来凤县									
鹤峰县									
随州市									
曾都区									
随县									
广水市									
仙桃市									
天门市									
潜江市	**303**	**604**	**5**	**10**					
神农架									

渔业灾情(二)

地区	三、损毁渔业设施(一)									
	损失数量	经济损失(万元)	池塘		网箱(池塘)		围栏		沉船	
			公顷	价值	个	价值	千米	价值	艘	价值
湖北省		**14045**	**9269**	**7865**	**2600**	**26**	**23**	**104**		
省直属										
武汉市		61								
武汉市直										
新洲区										
江夏区		61								
蔡甸区										
黄陂区										
黄石市										
黄石市直										
大冶市										
阳新县										
十堰市		**84**	**10**	**64**			**1**	**20**		
十堰市直										
十堰市辖区										
丹江口市										
郧县										
郧西										
竹山县		20					1	20		
竹溪县		64	10	64						
房县										
荆州市		**614**	**363**	**541**			**20**	**73**		
荆州区										
沙市区										
江陵县		54	13	41			15	13		
松滋市										
公安县										
石首市										
监利县										
洪湖市		560	350	500			5	60		
宜昌市		**271**	**180**	**168**						
宜昌市直										
夷陵区										
宜都市										
枝江市		255	180	168						
当阳市		16								
远安县										
兴山县										
秭归县										
长阳县										
五峰县										
襄阳市		**2326**	**323**	**1676**						
襄阳市直										
襄阳市辖区										
老河口市										
襄州区		892		892						
枣阳市		100		100						
宜城市										
南漳县		1197	323	684						
谷城县		137								
保康县										
鄂州市										
鄂城区										
华容区										
梁子湖区										
荆门市		**1904**	**2568**	**1685**						

续表 1

地区	三、损毁渔业设施（一）									
	损失数量	经济损失（万元）	池塘		网箱（池塘）		围栏		沉船	
			公顷	价值	个	价值	千米	价值	艘	价值
荆门市直										
荆门市辖区										
沙洋县		1265	1456	1156						
钟祥市		610	928	510						
京山县			183							
沙洋农场										
东宝区										
掇刀区		10								
漳河新区										
屈家岭管理区		19	1	19						
孝感市		**850**	**643**	**108**						
孝南区										
孝昌县			45							
大悟县										
安陆市		370	398	108						
云梦县		480	200							
应城市										
汉川市										
孝感市辖区										
黄冈市		**1249**	**1890**	**400**			**2**	**11**		
黄州区										
团风县		50								
红安县		110	80	110						
麻城市		20								
罗田县										
英山县										
浠水县										
蕲春县		40								
武穴市		1029	1810	290			2	11		
黄梅县										
龙感湖区										
咸宁市		**120**	**415**	**100**						
咸宁市直										
咸安区		20	15							
嘉鱼县										
赤壁市										
通城县		100	400	100						
崇阳县										
通山县										
恩施州										
恩施市										
建始县										
巴东县										
利川市										
宣恩县										
咸丰县										
来凤县										
鹤峰县										
随州市		**5501**	**2436**	**2090**						
曾都区		3944	1393	2090						
随县		110								
广水市		1447	1043							
仙桃市										
天门市										
潜江市		**1065**	**441**	**1033**	**2600**	**26**				
神农架										

续表 2

地区	三、损毁渔业设施（二）									
	堤坝		船损		泵站		涵闸		码头	
	米	价值	艘	价值	座	价值	座	价值	米	价值
湖北省	**9**	**3**	**586365**	**3373**	**68**	**810**	**162**	**744**		
省直属										
武汉市										
武汉市直										
新洲区										
江夏区										
蔡甸区										
黄陂区										
黄石市										
黄石市直										
大冶市										
阳新县										
十堰市										
十堰市直										
十堰市辖区										
丹江口市										
郧县										
郧西										
竹山县										
竹溪县										
房县										
荆州市			**800**							
荆州区										
沙市区										
江陵县										
松滋市										
公安县										
石首市										
监利县										
洪湖市			800							
宜昌市										
宜昌市直										
夷陵区										
宜都市										
枝江市										
当阳市										
远安县										
兴山县										
秭归县										
长阳县										
五峰县										
襄阳市			**3517**	**145**	**6**	**326**	**10**	**34**		
襄阳市直										
襄阳市辖区										
老河口市										
襄州区										
枣阳市										
宜城市										
南漳县			2160	21	3	320	6	27		
谷城县			1357	124	3	6	4	7		
保康县										
鄂州市										
鄂城区										
华容区										
梁子湖区										
荆门市			**25365**	**143**	**4**	**76**	**4**			

续表 3

地区	三、损毁渔业设施(二)									
	堤坝		船损		泵站		涵闸		码头	
	米	价值	艘	价值	座	价值	座	价值	米	价值
荆门市直										
荆门市辖区										
沙洋县			21365	98		11				
钟祥市			1100	35	2	65	4			
京山县			2600		2					
沙洋农场										
东宝区										
掇刀区			300	10						
漳河新区										
屈家岭管理区										
孝感市			**21550**	**510**	**10**	**50**	**1**	**2**		
孝南区										
孝昌县										
大悟县										
安陆市			19050	210	10	50	1	2		
云梦县			2500	300						
应城市										
汉川市										
孝感市辖区										
黄冈市	**2**	**1**	**12783**	**757**	**2**	**6**	**6**	**3**		
黄州区										
团风县			150	50						
红安县										
麻城市			1	2		5				
罗田县										
英山县										
浠水县										
蕲春县			132	17						
武穴市	2	1	12500	688	2	1	6	3		
黄梅县										
龙感湖区										
咸宁市			**1000**							
咸宁市直										
咸安区										
嘉鱼县										
赤壁市										
通城县			1000							
崇阳县										
通山县										
恩施州										
恩施市										
建始县										
巴东县										
利川市										
宣恩县										
咸丰县										
来凤县										
鹤峰县										
随州市	**7**	**2**	**521350**	**1818**	**44**	**352**	**140**	**702**		
曾都区			492400	900	22	220	138	690		
随县			14000	20	9	90				
广水市	7	2	14950	898	13	42	2	12		
仙桃市										
天门市										
潜江市					**2**		**1**	**3**		
神农架										

渔业灾情(三)

地区	三、损毁渔业设施(二)								
	护岸		防波堤		工厂化养殖		苗种繁育场		其他
	米	价值	米	价值	座	价值	个	价值	价值
湖北省	**14612**	**120**	**343**	**8**	**1**	**9**	**5**	**328**	**655**
省直属									
武汉市									**61**
武汉市直									
新洲区									
江夏区									61
蔡甸区									
黄陂区									
黄石市									
黄石市直									
大冶市									
阳新县									
十堰市									
十堰市直									
十堰市辖区									
丹江口市									
郧县									
郧西									
竹山县									
竹溪县									
房县									
荆州市									
荆州区									
沙市区									
江陵县									
松滋市									
公安县									
石首市									
监利县									
洪湖市									
宜昌市	**13024**	**101**				**1**		**1**	
宜昌市直									
夷陵区									
宜都市									
枝江市	11900	85				1		1	
当阳市	1124	16							
远安县									
兴山县									
秭归县									
长阳县									
五峰县									
襄阳市							**2**	**145**	
襄阳市直									
襄阳市辖区									
老河口市									
襄州区									
枣阳市									
宜城市									
南漳县							2	145	
谷城县									
保康县									
鄂州市									
鄂城区									
华容区									
梁子湖区									
荆门市									

续表 1

地区	三、损 毁 渔 业 设 施（二）								
	护岸		防波堤		工厂化养殖		苗种繁育场		其他
	米	价值	米	价值	座	价值	个	价值	价值
荆门市直									
荆门市辖区									
沙洋县									
钟祥市									
京山县									
沙洋农场									
东宝区									
掇刀区									
漳河新区									
屈家岭管理区									
孝感市							**2**	**180**	
孝南区									
孝昌县									
大悟县									
安陆市									
云梦县							2	180	
应城市									
汉川市									
孝感市辖区									
黄冈市	**588**	**16**	**343**	**8**	**1**	**8**	**1**	**2**	**37**
黄州区									
团风县									
红安县									
麻城市		2	3	3	1	8			
罗田县									
英山县									
浠水县									
蕲春县	168	7							16
武穴市	420	7	340	5			1	2	21
黄梅县									
龙感湖区									
咸宁市									**20**
咸宁市直									
咸安区									20
嘉鱼县									
赤壁市									
通城县									
崇阳县									
通山县									
恩施州									
恩施市									
建始县									
巴东县									
利川市									
宣恩县									
咸丰县									
来凤县									
鹤峰县									
随州市									**537**
曾都区									44
随县									
广水市									493
仙桃市									
天门市									
潜江市	**1000**	**3**							
神农架									

续表 2

地区	四、受灾养殖面积(公顷)						五、直接经济损失合计(万元)
	小计	台风、洪涝	病害	干旱	污染	其他	
湖北省	**52846**	**32903**	**16382**	**1409**	**85**	**2067**	**76197**
省直属							
武汉市	**369**	**369**					**1086**
武汉市直							210
新洲区							
江夏区	4	4					153
蔡甸区							
黄陂区	365	365					723
黄石市	**243**		**243**				**130**
黄石市直							
大冶市							
阳新县	243		243				130
十堰市	**163**	**160**	**3**				**684**
十堰市直							
十堰市辖区							
丹江口市							20
郧县							
郧西	3		3				170
竹山县	150	150					230
竹溪县	10	10					264
房县							
荆州市	**6516**	**5433**	**894**	**99**		**90**	**7656**
荆州区	41	41					664
沙市区	247	127	120				217
江陵县	94	50	35	9			139
松滋市	300		300				1200
公安县	283	85	198				515
石首市	130	10	120				550
监利县							
洪湖市	5421	5120	121	90		90	4371
宜昌市	**3130**	**1993**	**1001**	**136**			**3025**
宜昌市直							
夷陵区	40			40			25
宜都市	50		50				150
枝江市	2875	1980	820	75			2323
当阳市	148	13	114	21			258
远安县	8		8				9
兴山县							
秭归县							
长阳县	9		9				260
五峰县							
襄阳市	**2729**	**943**	**1537**	**207**		**42**	**10140**
襄阳市直							
襄阳市辖区	89	1	38	50			295
老河口市							334
襄州区							1244
枣阳市	1350	120	1230				1670
宜城市	253	253					2532
南漳县	526	323	84	77		42	3542
谷城县	511	246	185	80			523
保康县							
鄂州市	**159**	**48**	**111**				**747**
鄂城区	159	48	111				747
华容区							
梁子湖区							
荆门市	**6522**	**2777**	**2310**			**1435**	**7562**

续表 3

地区	四、受灾养殖面积（公顷）						五、直接经济损失合计（万元）
	小计	台风、洪涝	病害	干旱	污染	其他	
荆门市直							
荆门市辖区							
沙洋县	5028	1470	2123			1435	2954
钟祥市	1031	1031					3860
京山县	225	225					434
沙洋农场							
东宝区							
掇刀区	164	50	114				187
漳河新区	6		6				90
屈家岭管理区	68	1	67				37
孝感市	**9557**	**4180**	**5267**	**100**	**10**		**3904**
孝南区	1007	57	950				359
孝昌县	3520	3340	180				
大悟县	535	20	505		10		820
安陆市	713	563	50	100			1093
云梦县	200	200					960
应城市							
汉川市	3582		3582				672
孝感市辖区							
黄冈市	**7723**	**4432**	**2694**	**32**	**65**	**500**	**10236**
黄州区							
团风县	13	13					70
红安县	340	340					398
麻城市	755	155	100			500	678
罗田县	46	13	33				75
英山县							
浠水县	945	95	850				630
蕲春县	27	16	11				57
武穴市	5497	3800	1600	32	65		6828
黄梅县	100		100				1500
龙感湖区							
咸宁市	**1582**	**1282**	**300**				**4265**
咸宁市直							
咸安区	20	20					50
嘉鱼县	300		300				2800
赤壁市	316	316					280
通城县	500	500					750
崇阳县	446	446					385
通山县							
恩施州	**10**	**10**					**24**
恩施市	10	10					24
建始县							
巴东县							
利川市							
宣恩县							
咸丰县							
来凤县							
鹤峰县							
随州市	**3554**	**3554**					**16161**
曾都区	1581	1581					5540
随县	930	930					7660
广水市	1043	1043					2961
仙桃市	**528**		**528**				**774**
天门市	**401**	**67**	**334**				**2600**
潜江市	**9660**	**7655**	**1160**	**835**	**10**		**7203**
神农架							

增殖渔业产量及面积

产量：吨、面积：公顷

地区	产量				面积			
	合计	湖泊	水库	其他	合计	湖泊	水库	其他
湖北省	**228655**	**95026**	**125622**	**8007**	**306858**	**130491**	**167341**	**9026**
省直属								
武汉市	**22105**	**15262**	**1599**	**5244**	**39907**	**29874**	**4536**	**5497**
武汉市直								
新洲区	2652	2063	589		6164	5028	1136	
江夏区	13570	8326		5244	14224	8727		5497
蔡甸区	2680	2680			8652	8652		
黄陂区	3203	2193	1010		10867	7467	3400	
黄石市	**28555**	**23920**	**4635**		**19975**	**17602**	**2373**	
黄石市直	1191	1041	150		1280	1190	90	
大冶市	17989	13769	4220		8533	7050	1483	
阳新县	9375	9110	265		10162	9362	800	
十堰市	**18142**		**18142**		**58887**		**58887**	
十堰市直								
十堰市辖区								
丹江口市	11555		11555		47700		47700	
郧县	90		90		1200		1200	
郧西	550		550		1080		1080	
竹山县	5000		5000		5110		5110	
竹溪县	845		845		3730		3730	
房县	102		102		67		67	
荆州市	**6544**	**5974**	**375**	**195**	**23553**	**19701**	**3042**	**810**
荆州区	150		150		3940	2116	1824	
沙市区	55	55			113	113		
江陵县	583	583			411	411		
松滋市	665	295	190	180	3265	1610	870	785
公安县	1050	1000	35	15	3723	3350	348	25
石首市	2731	2731			6621	6621		
监利县	1310	1310			5480	5480		
洪湖市								
宜昌市	**12855**	**2100**	**10655**	**100**	**7522**	**1840**	**5482**	**200**
宜昌市直	80		80		40		40	
夷陵区	301		301		200		200	
宜都市	1200	200	1000		180	40	140	
枝江市	7300	1900	5300	100	3100	1800	1100	200
当阳市	3723		3723		3491		3491	
远安县	140		140		271		271	
兴山县	18		18		10		10	
秭归县	83		83		180		180	
长阳县								
五峰县	10		10		50		50	
襄阳市	**38868**		**38848**	**20**	**23110**		**23110**	
襄阳市直								
襄阳市辖区	1248		1248		1616		1616	
老河口市	5505		5505		3600		3600	
襄州区	8600		8600		3095		3095	
枣阳市	17848		17828	20	7648		7648	
宜城市	3369		3369		2885		2885	
南漳县	858		858		1613		1613	
谷城县	920		920		1653		1653	
保康县	520		520		1000		1000	
鄂州市	**20590**	**19399**	**912**	**279**	**12781**	**12253**	**446**	**82**
鄂城区	3490	2313	898	279	3736	3421	233	82
华容区	14307	14307			6480	6480		
梁子湖区	2793	2779	14		2565	2352	213	
荆门市	**21978**	**5479**	**16484**	**15**	**35546**	**8880**	**26652**	**14**

续表 产量：吨、面积：公顷

地区	产量				面积			
	合计	湖泊	水库	其他	合计	湖泊	水库	其他
荆门市直								
荆门市辖区								
沙洋县	3659	3072	587		9000	6680	2320	
钟祥市	11633	2407	9226		11200	2200	9000	
京山县	2000		2000		3266		3266	
沙洋农场								
东宝区	1820		1820		6336		6336	
掇刀区	568		568		933		933	
漳河新区	2246		2231	15	4464		4450	14
屈家岭管理区	52		52		347		347	
孝感市	**14229**	**6506**	**7197**	**526**	**11819**	**4277**	**7047**	**495**
孝南区	752		752		583		583	
孝昌县	367		367		1241		1241	
大悟县	2700		2700		2000		2000	
安陆市	1326		1326		1240		1240	
云梦县								
应城市	4868	2290	2052	526	5369	2891	1983	495
汉川市	4216	4216			1386	1386		
孝感市辖区								
黄冈市	**23563**	**9456**	**12950**	**1157**	**26226**	**11053**	**14478**	**695**
黄州区	3530	2347	96	1087	2286	1546	123	617
团风县	1529	367	1162		2102	636	1466	
红安县	1541		1520	21	1058		1058	
麻城市	3500		3500		4250		4250	
罗田县	1163		1163		1467		1467	
英山县	586		586		640		640	
浠水县	3742	2306	1436		3531	2406	1125	
蕲春县	4152	2316	1836		5840	3493	2347	
武穴市	1020	520	451	49	2919	1572	1269	78
黄梅县	2800	1600	1200		2133	1400	733	
龙感湖区								
咸宁市	**6039**	**2860**	**2708**	**471**	**32664**	**20338**	**11093**	**1233**
咸宁市直								
咸安区	950	900	45	5	6574	4431	1260	883
嘉鱼县	1450	900	550		9800	8327	1473	
赤壁市	2659	1060	1183	416	14613	7580	6833	200
通城县	500		450	50	1367		1217	150
崇阳县	480		480		310		310	
通山县								
恩施州								
恩施市								
建始县								
巴东县								
利川市								
宣恩县								
咸丰县								
来凤县								
鹤峰县								
随州市	**11117**		**11117**		**10195**		**10195**	
曾都区	1518		1518		1690		1690	
随县	6989		6989		6666		6666	
广水市	2610		2610		1839		1839	
仙桃市								
天门市	**2739**	**2739**			**3043**	**3043**		
潜江市	**1331**	**1331**			**1630**	**1630**		
神农架								

增殖渔业产量(按品种分)

单位:吨

地区	合计	一、鱼类						
		小计	青鱼	草鱼	鲢鱼	鳙鱼	鲌鱼	其他
湖北省	**228655**	**222987**	**15017**	**37839**	**76907**	**62659**	**12501**	**18064**
省直属								
武汉市	**22105**	**22105**	**1620**	**5212**	**5913**	**6344**	**2475**	**541**
武汉市直								
新洲区	2652	2652	287	382	856	723	215	189
江夏区	13570	13570	1120	3346	2750	4203	1921	230
蔡甸区	2680	2680	213	455	1291	450	149	122
黄陂区	3203	3203		1029	1016	968	190	
黄石市	**28555**	**27166**	**1580**	**6003**	**9721**	**6366**	**636**	**2860**
黄石市直	1191	1191	25	243	732	191		
大冶市	17989	17989	1080	5500	6899	3750	580	180
阳新县	9375	7986	475	260	2090	2425	56	2680
十堰市	**18142**	**16859**	**1112**	**2128**	**3050**	**1902**	**4770**	**3897**
十堰市直								
十堰市辖区								
丹江口市	11555	10662	100	740	1680	690	4020	3432
郧县	90	90		15	65	10		
郧西	550	550		81	223	145	30	71
竹山县	5000	4795	989	1065	946	950	720	125
竹溪县	845	660	5	220	125	75		235
房县	102	102	18	7	11	32		34
荆州市	**6544**	**6535**	**211**	**887**	**2278**	**2271**	**739**	**149**
荆州区	150	150		50	70	30		
沙市区	55	55	2	11	21	13		8
江陵县	583	583	43	228	208	104		
松滋市	665	665	30	215	220	100		100
公安县	1050	1041	55	97	514	330	35	10
石首市	2731	2731	50	220	890	870	670	31
监利县	1310	1310	31	66	355	824	34	
洪湖市								
宜昌市	**12855**	**12855**	**1187**	**2551**	**4518**	**3060**	**620**	**919**
宜昌市直	80	80		15	40	25		
夷陵区	301	301	9	39	146	92	15	
宜都市	1200	1200	50	180	580	390		
枝江市	7300	7300	1000	1700	1800	1450	450	900
当阳市	3723	3723	110	588	1844	1011	155	15
远安县	140	140			73	67		
兴山县	18	18	6	4	4			4
秭归县	83	83	12	23	26	22		
长阳县								
五峰县	10	10		2	5	3		
襄阳市	**38868**	**38848**	**1922**	**5202**	**17177**	**12599**	**480**	**1468**
襄阳市直								
襄阳市辖区	1248	1248	88	180	410	480	28	62
老河口市	5505	5505	960	1020	1755	1600	140	30
襄州区	8600	8600	196	2210	2726	3442	26	
枣阳市	17848	17828	158	780	10220	5300	220	1150
宜城市	3369	3369	159	705	1345	1055	35	70
南漳县	858	858	32	106	386	301	25	8
谷城县	920	920	249	101	115	301	6	148
保康县	520	520	80	100	220	120		
鄂州市	**20590**	**20136**	**3521**	**5225**	**4975**	**4749**	**281**	**1385**
鄂城区	3490	3489	242	889	1031	1002	56	269
华容区	14307	13854	3279	4336	3143	1755	225	1116
梁子湖区	2793	2793			801	1992		
荆门市	**21978**	**21971**	**1141**	**2748**	**9747**	**6017**	**926**	**1392**

续表 1 单位:吨

地区	合计	一、鱼类						
		小计	青鱼	草鱼	鲢鱼	鳙鱼	鲌鱼	其他
荆门市直								
荆门市辖区								
沙洋县	3659	3659	215	376	1863	580	275	350
钟祥市	11633	11633	274	1150	5169	4200	240	600
京山县	2000	1993	181	220	897	559	88	48
沙洋农场								
东宝区	1820	1820	130	260	860	240	50	280
掇刀区	568	568	92	138	165	166	4	3
漳河新区	2246	2246	247	602	766	254	268	109
屈家岭管理区	52	52	2	2	27	18	1	2
孝感市	**14229**	**12815**	**1271**	**4276**	**3275**	**1769**	**243**	**1981**
孝南区	752	752	6	152	210	326	29	29
孝昌县	367	367	4	22	220	121		
大悟县	2700	2700	110	585	600	305	40	1060
安陆市	1326	1326	120	210	410	330	166	90
云梦县								
应城市	4868	4466	905	2115	1084	361		1
汉川市	4216	3204	126	1192	751	326	8	801
孝感市辖区								
黄冈市	**23563**	**22969**	**872**	**2171**	**8302**	**9458**	**763**	**1403**
黄州区	3530	3530	165	865	1534	767		199
团风县	1529	1529	152	10	611	611	76	69
红安县	1541	1520	92	146	879	296	42	65
麻城市	3500	3450	22	150	1500	1668	10	100
罗田县	1163	1163		30	790	291	52	
英山县	586	586	108	122	218	138		
浠水县	3742	3692	80	175	1042	1559	256	580
蕲春县	4152	4152	43	102	921	2903	62	121
武穴市	1020	867	130	136	122	315	155	9
黄梅县	2800	2480	80	435	685	910	110	260
龙感湖区								
咸宁市	**6039**	**5543**	**238**	**626**	**1706**	**1783**	**367**	**823**
咸宁市直								
咸安区	950	950		200	350	350		50
嘉鱼县	1450	1425	30	90	410	645	80	170
赤壁市	2659	2188	165	276	388	469	287	603
通城县	500	500			300	200		
崇阳县	480	480	43	60	258	119		
通山县								
恩施州								
恩施市								
建始县								
巴东县								
利川市								
宣恩县								
咸丰县								
来凤县								
鹤峰县								
随州市	**11117**	**11115**	**90**	**200**	**5286**	**5334**	**149**	**56**
曾都区	1518	1516	78	122	756	453	77	30
随县	6989	6989			4201	2788		
广水市	2610	2610	12	78	329	2093	72	26
仙桃市								
天门市	**2739**	**2739**	**114**	**342**	**685**	**685**		**913**
潜江市	**1331**	**1331**	**138**	**268**	**274**	**322**	**52**	**277**
神农架								

续表 2 单位:吨

地区	二、贝类				三、其他
	小计	河蚌	螺	蚬	
湖北省	**1966**	**974**	**822**	**170**	**3702**
省直属					
武汉市					
武汉市直					
新洲区					
江夏区					
蔡甸区					
黄陂区					
黄石市	**277**	**20**	**212**	**45**	**1112**
黄石市直					
大冶市					
阳新县	277	20	212	45	1112
十堰市	**715**	**250**	**365**	**100**	**568**
十堰市直					
十堰市辖区					
丹江口市	600	200	300	100	293
郧县					
郧西					
竹山县	115	50	65		90
竹溪县					185
房县					
荆州市					**9**
荆州区					
沙市区					
江陵县					
松滋市					
公安县					9
石首市					
监利县					
洪湖市					
宜昌市					
宜昌市直					
夷陵区					
宜都市					
枝江市					
当阳市					
远安县					
兴山县					
秭归县					
长阳县					
五峰县					
襄阳市					**20**
襄阳市直					
襄阳市辖区					
老河口市					
襄州区					
枣阳市					20
宜城市					
南漳县					
谷城县					
保康县					
鄂州市	**14**	**2**	**12**		**440**
鄂城区	1		1		
华容区	13	2	11		440
梁子湖区					
荆门市					**7**

续表 3　　单位:吨

地区	二、贝类				三、其他
	小计	河蚌	螺	蚬	
荆门市直					
荆门市辖区					
沙洋县					
钟祥市					
京山县					7
沙洋农场					
东宝区					
掇刀区					
漳河新区					
屈家岭管理区					
孝感市	**665**	**586**	**64**	**15**	**749**
孝南区					
孝昌县					
大悟县					
安陆市					
云梦县					
应城市					402
汉川市	665	586	64	15	347
孝感市辖区					
黄冈市	**245**	**98**	**137**	**10**	**349**
黄州区					
团风县					
红安县					21
麻城市					50
罗田县					
英山县					
浠水县					50
蕲春县					
武穴市	105	8	97		48
黄梅县	140	90	40	10	180
龙感湖区					
咸宁市	**50**	**18**	**32**		**446**
咸宁市直					
咸安区					
嘉鱼县					25
赤壁市	50	18	32		421
通城县					
崇阳县					
通山县					
恩施州					
恩施市					
建始县					
巴东县					
利川市					
宣恩县					
咸丰县					
来凤县					
鹤峰县					
随州市					**2**
曾都区					2
随县					
广水市					
仙桃市					
天门市					
潜江市					
神农架					

《湖北农村统计年鉴—2022》

1.农村基本情况
2.农业产值
3.种植业
4.林业及土特产
5.畜牧业
6.渔业

7.农业机械化☑

8.农村主要能源及物资消耗
9.农业技术推广及应用
10.水利建设
11.农垦及监狱系统农场

农机服务组织人员及投入产出情况表

地区	一、农机服务组织及农机户（一）农机服务组织		其中：1.拥有农机原值50万元(含50万元)以上的		2.农机专业合作社		其中：拥有农机原值100万元(含100万元)以上的	
	年末机构数(个)	年末人数(人)	年末机构数(个)	年末人数(人)	年末机构数(个)	年末人数(人)	年末机构数(个)	年末人数(人)
湖北省	6012	136919	2381	48986	3125	102033	1229	50096
武汉市	194	2441	85	863	168	2179	77	1091
黄石市	127	2016	50	737	87	1786	27	170
十堰市	176	4196	63	1087	110	2909	18	796
宜昌市	436	8895	134	3680	129	6118	25	1069
襄阳市	653	25561	311	5589	429	20451	294	17553
鄂州市	87	1267	19	253	63	872	7	194
荆门市	612	10183	257	4292	483	9052	91	2074
孝感市	696	8490	262	2920	221	6292	114	3920
荆州市	776	24825	181	7892	460	18544	181	9618
黄冈市	414	14939	231	8283	341	13564	104	4257
咸宁市	191	2931	99	1411	88	2295	58	1362
随州市	114	1881	39	703	77	1685	19	595
恩施土家族苗族自治州	278	4998	69	1519	59	1743	6	190
仙桃市	42	1375	42	1375	42	1375	6	71
潜江市	476	3898	342	1567	114	2655	110	2635
天门市	701	18984	189	6807	215	10474	92	4501
神农架林区	39	39	8	8	39	39		
省直								

续表 1

地区	(二)农机户		其中:拥有农机原值20万元(含20万元)以上的		其中:农机作业服务专业户		二、农机维修厂及维修点	
	年末机构数(个)	年末人数(人)	年末机构数(个)	年末人数(人)	年末机构数(个)	年末人数(人)	年末机构数(个)	年末人数(人)
湖北省	1729311	2245067	17432	42960	163085	323498	5080	15628
武汉市	56920	77091	427	955	12837	15898	169	574
黄石市	1788	6937	264	690	1432	6150	79	198
十堰市	43480	84000	610	2491	24511	54379	568	2110
宜昌市	225111	252423	1363	2831	12324	14247	180	606
襄阳市	293168	431114	4609	12315	30241	42811	1108	2723
鄂州市	7125	13298	171	660	7027	12647	97	305
荆门市	270549	287588	1252	2286	6694	9134	631	1477
孝感市	83335	100626	1772	4561	9114	12262	536	1344
荆州市	358782	428141	2098	3285	8064	64730	337	1044
黄冈市	154378	246139	1601	3510	18586	25675	396	1543
咸宁市	55046	73582	475	1745	3765	5592	169	655
随州市	42768	48951	769	1456	3761	4377	204	1572
恩施土家族苗族自治州	85697	113220	842	2946	6852	11516	307	676
仙桃市	39860	48295	165	395	10108	15038	52	136
潜江市	4255	5490	410	800	720	870	55	176
天门市	6894	28017	467	1897	6894	28017	183	480
神农架林区	155	155	137	137	155	155	9	9
省直								

续表 2

地区	三、乡村农机从业人员	其中:持有拖拉机驾驶证人员	持有联合收割机驾驶证人员	同时持有拖拉机、联合收割机驾驶证人员	农机维修人员	其中:持有职业资格证书人员
	年末人数（人）	年末人数（人）	年末人数（人）	年末人数（人）	年末人数（人）	年末人数（人）
湖北省	2247091	497297	103700	36458	30751	5482
武汉市	61161	17666	1742	930	2002	203
黄石市	12191	4388	1498	850	502	96
十堰市	82738	6044	139	312	3094	308
宜昌市	171747	41877	2600	463	613	96
襄阳市	461380	156092	18214	4906	3699	283
鄂州市	13900	5846	582	490	1579	31
荆门市	253050	55011	13921	6595	1806	293
孝感市	88445	40036	6965	2914	2031	667
荆州市	351345	81362	29569	3835	2235	401
黄冈市	169505	25387	3637	1308	5134	1791
咸宁市	80352	6234	2785	856	2258	152
随州市	143728	10202	4554	833	1944	102
恩施土家族苗族自治州	151695	7919	470	141	1884	493
仙桃市	67780	22705	2598	1918	158	6
潜江市	6860	2950	1324	321	1328	85
天门市	131179	13552	13102	9786	475	475
神农架林区	35	26			9	
省直						

续表 3

地区	四、农机化投入 (一)财政资金	1.科研	2.推广	3.安全监理	4.试验鉴定
	万元	万元	万元	万元	万元
湖北省	30166	151	8632	3477	62
武汉市	598		419	179	
黄石市	210	15	174	20	1
十堰市	1739	20	254	126	10
宜昌市	2375	5	1287	132	
襄阳市	9990	3	332	552	
鄂州市	55	7	33	13	2
荆门市	724	2	215	214	
孝感市	621		224	398	
荆州市	2150	10	257	300	
黄冈市	4060	37	419	364	
咸宁市	822		377	234	
随州市	1186	22	775	384	5
恩施土家族苗族自治州	554		35	79	
仙桃市	36	—	36		—
潜江市	628		327	301	
天门市	2570	—	1868	10	12
神农架林区	15				
省直	1832	30	1600	170	32

续表4

地区	(二)基本建设	(三)农业机械购置	五、农机服务收入	其中:农机作业服务收入
	万元	万元	万元	万元
湖北省	11389	243681	2512116	1942866
武汉市	280	7277	183418	160234
黄石市	190	738	24889	20582
十堰市	905	12098	85525	9767
宜昌市	35	18571	180754	143853
襄阳市	2226	40181	467635	331241
鄂州市	122	1011	3763	2895
荆门市	1725	37345	195661	152256
孝感市	292	24206	189391	164083
荆州市	745	22918	361000	283365
黄冈市	2444	21089	266298	218041
咸宁市	173	10191	82296	62134
随州市	380	10577	47474	47167
恩施土家族苗族自治州	92	6830	139204	94795
仙桃市	—	8300	118740	110640
潜江市	1100	8084	32900	31200
天门市	680	14170	132747	110253
神农架林区		97	421	360
省直				

农业机械拥有量

地区	一、农业机械总动力	(一)柴油发动机动力	(二)汽油发动机动力	(三)电动机动力	(四)其他机械动力
	千瓦	千瓦	千瓦	千瓦	千瓦
湖北省	47314640	32985875	1924286	12274932	129548
武汉市	2424493	1437718	77067	882392	27316
黄石市	1294595	656920	42962	594653	60
十堰市	1890843	835379	57203	987188	11073
宜昌市	3303580	1921811	280395	1083282	18092
襄阳市	7256711	6301631	102771	851165	1143
鄂州市	588654	289415	16116	282847	277
荆门市	5119636	4511461	111863	475761	20551
孝感市	2885859	2022748	120802	742309	
荆州市	6791179	5352520	192500	1246159	
黄冈市	3984638	2370697	282138	1329637	2166
咸宁市	1992558	1129417	78852	770866	13424
随州市	2316088	1872935	101532	341621	
恩施自治州	2547299	1034461	256720	1228805	27313
仙桃市	1513808	900024	68608	537043	8133
潜江市	1520000	1032448	41519	446033	
天门市	1760154	1304048	77662	378444	
神农架林区	124545	12242	15576	96727	
省直					

续表 1

地区	二、拖拉机及配套机械 (一)拖拉机		1.小型(22.1 千瓦及以下)		2. 中型(22.1—73.5 千瓦)	
	台	千瓦	台	千瓦	台	千瓦
湖北省	1298602	17859976	1109309	8803512	175375	7858177
武汉市	31964	600945	22294	205063	9072	344129
黄石市	9231	285853	4202	49776	4939	227983
十堰市	14404	211255	12270	131313	2049	72866
宜昌市	90085	1129490	79497	705654	10195	387560
襄阳市	370055	4393173	321334	2163790	46372	2016674
鄂州市	4419	96138	2961	36902	1423	56597
荆门市	289983	3248477	269014	2181159	18889	880522
孝感市	54158	1183888	37406	361330	16155	771635
荆州市	137764	2507414	106992	894145	26171	1234917
黄冈市	39400	741408	29624	319593	9225	380335
咸宁市	20219	426333	14474	145536	5353	245805
随州市	127401	1190173	117925	768115	9308	408829
恩施自治州	8151	132050	6910	98813	1239	33089
仙桃市	21599	433330	16334	126682	4545	242131
潜江市	40316	628313	35640	314350	4158	270270
天门市	39084	646171	32074	296034	6271	284526
神农架林区	369	5565	358	5257	11	309
省直						

续表 2

地区	其中 58.8 千瓦及以上		3.大型及以上（73.5 千瓦及以上）		（二）拖拉机配套农具	其中：与 58.8 千瓦及以上拖拉机配套
	台	千瓦	台	千瓦	部	部
湖北省	38205	2398745	13918	1198286	2626768	202376
武汉市	1505	95351	598	51754	60780	3080
黄石市	621	41253	90	8093	26986	2558
十堰市	504	30702	85	7075	40786	1223
宜昌市	1756	106339	393	36276	263446	6392
襄阳市	7556	463732	2349	212710	842950	44119
鄂州市	315	18984	35	2638	13570	3672
荆门市	3718	236103	2080	186796	469809	10432
孝感市	2992	185710	597	50923	91921	15896
荆州市	7754	478110	4601	378353	259950	68537
黄冈市	2696	170148	551	41480	73625	7645
咸宁市	1149	71722	392	34992	34263	7019
随州市	2072	125817	168	13229	299070	8595
恩施自治州	16	1027	2	147	7853	177
仙桃市	1381	86875	720	64517	15747	8453
潜江市	2536	177560	518	43693	63092	9920
天门市	1634	109312	739	65611	62753	4658
神农架林区					167	
省直						

续表 3

地区	三、种植业机械 (一)耕整地机械 1.耕整机		2.微耕机		3.机引犁	4.旋耕机
	台(套)	千瓦	台(套)	千瓦	台	台
湖北省	205882	1107859	389704	1975056	839815	759324
武汉市	16669	104923	17360	103398	9819	22270
黄石市	4026	40760	2712	17653	4488	6043
十堰市	1304	7765	47455	256250	1336	7160
宜昌市	2885	19823	112714	542164	71489	83653
襄阳市	363	4152	22742	110365	299827	167662
鄂州市	2352	17102	2244	12664	1794	4665
荆门市	1102	3023	2051	4190	178452	136259
孝感市	13150	77697	7102	38439	20525	53854
荆州市	78707	324254	11520	57443	84386	108883
黄冈市	26701	175359	82342	428095	12140	41152
咸宁市	17661	96326	21121	94891	7723	18146
随州市	18534	90892	3115	15770	112429	43305
恩施自治州	14056	74297	52797	267355	1490	7879
仙桃市	2461	22268	1750	8108	4437	9657
潜江市	3317	21300	406	6660	16385	25328
天门市	2089	15021	1107	6608	13095	23408
神农架林区	505	12895	1166	5002		
省直						

续表 4

地区	5.深松机	6.机引耙	7.铺膜机	8.联合整地机	(二)种植施肥机械 1.播种机械 (1)免耕播种机	(2)精量播种机
	台	台	台	台	台	台
湖北省	2766	573620	5079	9010	13961	50193
武汉市	144	3645	283	1	474	463
黄石市	48	2923	5		38	378
十堰市	253	1509	914	23	91	813
宜昌市	52	42651	1705	259	386	2311
襄阳市	823	206762	1165	15	4742	24204
鄂州市	102	673	2		165	120
荆门市	305	126877	14	19	2358	5902
孝感市	29	5931	55	1	1016	1670
荆州市	116	42219	16	136	1701	2128
黄冈市	420	8063	14	1875	1701	3171
咸宁市	17	2946	42	28	143	494
随州市	142	114842	4	13	350	4169
恩施自治州	22	787	135	13	37	30
仙桃市	40	920		6598	28	1178
潜江市	22	8833	127	22	346	261
天门市	231	4039	598	6	385	2901
神农架林区				1		
省直						

续表 5

地区	(3)整地施肥播种机	(4)水稻直播机	2.栽植机械		其中:乘坐式	
			(1)水稻插秧机			
	台	部	台	千瓦	台	千瓦
湖北省	13510	7275	90983	308605	5293	55707
武汉市	1648	82	1957	9928	249	2063
黄石市	9	532	1344	3031	44	727
十堰市	62	28	407	1343	21	179
宜昌市	1690	63	1541	5304	131	1413
襄阳市	4180	1235	12486	42324	657	7460
鄂州市	12	64	794	1914	32	207
荆门市	1464	156	34921	105431	407	4818
孝感市	361	327	6066	22118	477	5100
荆州市	1666	1723	11306	39056	1481	13707
黄冈市	477	1301	7061	25195	485	4489
咸宁市	148	300	1432	6739	173	2584
随州市	91	61	5830	18241	392	4419
恩施自治州	15	12	536	1691	10	98
仙桃市	37	1124	1030	3484	65	591
潜江市	285	2	712	5814	434	5322
天门市	1365	265	3560	16993	235	2529
神农架林区						
省直						

续表 6

地区	(2)秧苗移栽机	(三)排灌机械 1.水泵	2.节水灌溉类机械	(四)田间管理机械 1.中耕机械 其中:田园管理机		2.机动植保机械	
	台	台	台(套)	台	千瓦	台	千瓦
湖北省	482	1178721	131160	27302	93172	754252	958902
武汉市	50	40034	21545	635	6038	33521	44921
黄石市		29735	6693	181	1335	27581	20044
十堰市	38	36464	9363	9563	15398	11721	13702
宜昌市	56	143302	11331	4213	17700	101766	117188
襄阳市	155	59223	9657	1552	6355	27853	44956
鄂州市		15620	1435	4	26	11359	11359
荆门市	128	72095	415	997	2022	38436	73485
孝感市	2	165259	16549	638	3497	34245	48236
荆州市	43	125600	1459	2223	6253	138300	171026
黄冈市		91597	13359	1157	6939	100135	109958
咸宁市	5	76635	6022	161	805	21031	32118
随州市	1	50848	11464	164	752	13812	17888
恩施自治州		113271	19651	4910	21295	115014	114825
仙桃市	4	117560		200	600	30357	43665
潜江市		17800	709	27	124	21150	40960
天门市		23533	1364	677	4034	26875	53475
神农架林区		145	144			1096	1096
省直							

续表 7

地区	其中：自走式		3.修剪机械 (1)茶树修剪机	(2)果树修剪机	
	台	千瓦	台	台	千瓦
湖北省	7026	94703	113740	98582	173112
武汉市	716	11077	591	352	419
黄石市	513	5177	131	867	2677
十堰市	231	808	5267	4149	8059
宜昌市	297	3542	52357	7609	8382
襄阳市	535	7733	2164	8220	26461
鄂州市	2	11	182	22	34
荆门市	315	3065	38	120	318
孝感市	1631	7846	870	39	363
荆州市	621	16456	43	24	47
黄冈市	782	20250	6205	15136	21638
咸宁市	96	1964	1617	2884	4325
随州市	46	409	258	639	2062
恩施自治州			42982	57381	91199
仙桃市	7	105		20	50
潜江市	1120	12420			
天门市	111	3822		120	280
神农架林区	3	18	1035	1000	6800
省直					

续表 8

地区	(五)收获机械 1.谷物联合收割机		(1)稻麦联合收割机		(2)玉米联合收割机	
	台	千瓦	台	千瓦	台	千瓦
湖北省	112531	6014595	109972	5875705	2559	138890
武汉市	2074	113618	1965	107161	109	6457
黄石市	1627	91918	1584	89374	43	2544
十堰市	498	16950	478	16252	20	698
宜昌市	3644	167703	3445	159731	199	7972
襄阳市	27384	1434544	26056	1366871	1328	67673
鄂州市	317	18413	317	18413		
荆门市	17491	1025668	17340	1015483	151	10186
孝感市	8381	404668	8297	400873	84	3795
荆州市	22357	1207248	22055	1189377	302	17871
黄冈市	6681	333142	6653	331173	28	1969
咸宁市	4591	223697	4506	218373	85	5324
随州市	6183	279246	6145	276955	38	2291
恩施自治州	523	14344	511	13717	12	627
仙桃市	2677	143631	2598	137398	79	6233
潜江市	2550	173097	2482	168957	68	4140
天门市	5553	366708	5540	365596	13	1112
神农架林区						
省直						

续表 9

地区	其中：自走式	2.大豆收获机		3.油菜籽收获机		4.马铃薯收获机	
	台	台	千瓦	台	千瓦	台	千瓦
湖北省	2201	69	4245	6689	353160	1419	8465
武汉市	100	2	338	143	7515	7	110
黄石市	3	5	397	763	41554	28	1335
十堰市	13			3	120	12	79
宜昌市	125			272	13734	31	736
襄阳市	1187			616	28688	1063	476
鄂州市				20	930		
荆门市	112	11	783	284	15457	23	1120
孝感市	82			506	22208	37	357
荆州市	296	22	1320	2087	111460	2	180
黄冈市	8	8	458	332	17222	24	655
咸宁市	73	3	135	289	15882	7	378
随州市	38			100	4498	143	1739
恩施自治州	11					25	344
仙桃市	79	5	215	100	4699		
潜江市	68			561	37210	2	150
天门市	6	13	598	613	31983	14	765
神农架林区						1	41
省直							

续表 10

地区	5.花生收获机		6.甜菜收获机		7.甘蔗收获机	
	台	千瓦	台	千瓦	台	千瓦
湖北省	4209	29510				
武汉市	20	134				
黄石市	12	331				
十堰市						
宜昌市	8	164				
襄阳市	2502	7061				
鄂州市	5	300				
荆门市	139	4096				
孝感市	91	2057				
荆州市						
黄冈市	774	2816				
咸宁市	1	18				
随州市	382	3415				
恩施自治州						
仙桃市	1	66				
潜江市						
天门市	274	9053				
神农架林区						
省直						

续表 11

地区	8.棉花收获机		9.蔬菜收获机械		10.采茶机	
	台	千瓦	台	千瓦	台	千瓦
湖北省	1	194	21	456	76457	68397
武汉市			1	3	193	270
黄石市			12	36	34	102
十堰市					2177	2674
宜昌市					27993	19525
襄阳市					736	1342
鄂州市					46	111
荆门市	1	194	2	147	24	21
孝感市					52	92
荆州市						
黄冈市					7617	13001
咸宁市			6	270	1720	4558
随州市					399	439
恩施自治州					35466	26262
仙桃市						
潜江市						
天门市						
神农架林区						
省直						

续表 12

地区	11.青饲料收获机		12.牧草收获机		13.秸秆粉碎还田机	14.打(压)捆机	
	台	千瓦	台	千瓦	台	台	千瓦
湖北省	9554	32754	1357	7679	35899	4248	56883
武汉市	106	638			1649	129	1126
黄石市	4435	8883	756	6048	277	75	1694
十堰市	43	1022	18	444	279	286	1247
宜昌市	176	4810	89	223	1355	147	536
襄阳市	125	4972	57	221	12591	1457	9753
鄂州市	668	703	325	358	142	5	45
荆门市	23	981			7562	539	18140
孝感市	13	328			1246	537	177
荆州市	5	230			3372	321	6692
黄冈市	2209	5526	110	265	1360	324	8346
咸宁市	1686	2248			949	47	2602
随州市	24	483			4302	95	2161
恩施自治州	17	66			21	34	86
仙桃市					72	42	315
潜江市	2	103			52	70	2548
天门市	22	1760	2	120	670	140	1416
神农架林区							
省直							

续表 13

地区	(六)收获后处理机械		2.干燥机械		(1)谷物烘干机	
	1.机动脱粒机					
	台	千瓦	台	千瓦	台	千瓦
湖北省	459076	972726	9509	189632	8348	181957
武汉市	14735	56490	220	2196	220	2196
黄石市	9921	42078	289	13214	251	11303
十堰市	83420	161614	526	5400	146	2908
宜昌市	110291	146610	238	6328	154	5579
襄阳市	36469	84218	1795	34052	1551	33445
鄂州市	7584	16852	72	1163	72	1163
荆门市	97	448	774	18487	761	18263
孝感市	1097	2165	776	11513	763	11403
荆州市	2078	6117	1772	36705	1772	36705
黄冈市	48133	157293	847	19054	834	18956
咸宁市	15348	36236	347	12885	331	12709
随州市	8039	23116	588	5497	243	4487
恩施自治州	118924	232431	240	1939	229	1680
仙桃市			330	13352	330	13352
潜江市	2580	5281	263	3010	263	3010
天门市	28	117	412	4676	408	4636
神农架林区	332	1660	20	160	20	160
省直						

续表 14

地区	其中:30 吨以上		(2)果蔬烘干机		3.种子加工机械	
	台	千瓦	台	千瓦	台	千瓦
湖北省	3128	76528	643	3444	838	5619
武汉市	90	1217			8	93
黄石市	82	1376	36	425	16	132
十堰市	10	159	230	1145	57	435
宜昌市	102	4905	84	749	16	
襄阳市	507	11528	244	560	309	1453
鄂州市	66	1049			8	30
荆门市	331	10148	10	200	157	1735
孝感市	222	4870	3	20	6	34
荆州市	897	18302			29	267
黄冈市	251	7291	13	98	25	199
咸宁市	128	6045	16	176	51	623
随州市	84	1123	1	10	11	110
恩施自治州			2	20	97	296
仙桃市	82	4817				
潜江市	161	1990			40	165
天门市	115	1708	4	40	8	45
神农架林区						
省直						

续表 15

地区	4.保鲜储藏设备		(七)设施农业设备 温室	其中:连栋温室	日光温室	塑料大棚
	台(套)	千瓦	平方米	平方米	平方米	平方米
湖北省	18669	173536	856830876	18494258	9965444	828102033
武汉市	28	300	104327709	3192262	9767	101125680
黄石市	2	12	36889061	2069000	98667	34721394
十堰市	1267	9523	59189292	154830	272685	58760877
宜昌市	332	4700	39997963	747982	1725774	37522207
襄阳市	307	54214	54207146	224449	32918	53945778
鄂州市	75	3301	13329200	21500		13307700
荆门市	180	5509	43058874	567399	649275	41842200
孝感市	283	1875	219490610	9134750	838860	209516970
荆州市	58	600	68633462	261134		68372327
黄冈市	88	949	62704515	189677	4800	62356669
咸宁市	10413	7297	31256948	580500	257000	30419438
随州市	181	1688	31717191	201550	5696720	25818921
恩施自治州	5089	37691	8503540	1026915	1000	7368805
仙桃市	60	1752	12051110	9100		12040000
潜江市	52	31910	15173900	20000		15153900
天门市	152	11400	55973637	79224	377978	55516435
神农架林区	102	816	326718	13986		312732
省直						

续表 16

地区	四、农产品初加工机械 (一)农产品初加工动力机械		其中:柴油机		电动机	
	台	千瓦	台	千瓦	台	千瓦
湖北省	1048974	4905664	139790	1057549	896432	3766204
武汉市	26327	288865	4668	65536	21659	223329
黄石市	10740	100983	1711	13342	9029	87641
十堰市	89437	431402	19616	137597	65868	276159
宜昌市	178817	620521	13676	100071	164916	519060
襄阳市	89420	483097	8603	66220	80330	401122
鄂州市	9090	138475	2345	24484	6645	113945
荆门市	11411	118122	522	6848	10889	111274
孝感市	25234	180040	3603	33823	21553	145543
荆州市	48961	407613	24963	199277	22970	208152
黄冈市	89407	579420	14545	130140	69115	447998
咸宁市	28856	239291	2811	27582	26045	211708
随州市	20079	160264	4410	27181	15669	133082
恩施自治州	360314	671615	27511	101678	331794	525245
仙桃市	7320	88270	170	1570	7025	86460
潜江市	15929	185209	5200	63700	10729	121509
天门市	13448	144784	5344	57783	8104	87001
神农架林区	24184	67694	92	718	24092	66976
省直						

续表 17

地区	(二)农产品初加工作业机械	1.粮食初加工机械	2.油料初加工机械	3.棉花初加工机械	4.果蔬初加工机械	5.茶叶加工机械
	台(套)	台(套)	台(套)	台(套)	台(套)	台(套)
湖北省	997273	739806	51400	15060	14180	117182
武汉市	15254	7587	1597	672	167	1380
黄石市	7699	5471	1451	253	383	141
十堰市	113870	63904	4936	104	1837	11175
宜昌市	201369	164980	3935	643	1749	21146
襄阳市	81254	57219	11918	3096	1105	7844
鄂州市	4957	2143	367	225	38	62
荆门市	9785	7095	1934	477	149	130
孝感市	19849	9233	3651	1274	913	4752
荆州市	29872	18017	3376	2054	116	87
黄冈市	79757	59722	5222	2373	411	9073
咸宁市	29807	24257	1834	404	863	2449
随州市	18899	8967	4952	1964	2316	700
恩施自治州	356782	289620	3257	40	3614	58183
仙桃市	6232	5342	500	290		
潜江市	6781	4490	1851	440		
天门市	8945	6248	519	751	19	10
神农架林区	6161	5511	100		500	50
省直						

续表 18

地区	五、畜牧机械		(一)饲料(草)加工机械设备		其中:1.铡草机	2.饲料(草)粉碎机
	台(套)	千瓦	台(套)	千瓦	台	台(套)
湖北省	530821	1282972	376643	922186	53363	176040
武汉市	22908	74706	4091	30856	881	1154
黄石市	5777	35275	1349	11074	2	115
十堰市	63947	125506	48057	94537	13234	18471
宜昌市	31087	114260	27758	110385	1691	13497
襄阳市	13781	76413	11357	59629	2055	4589
鄂州市	2003	20377	1077	10770	362	715
荆门市	7197	54663	3315	35764	271	3041
孝感市	16573	57842	5498	32601	1077	4270
荆州市	13860	69046	5094	51121	1646	1356
黄冈市	74547	189761	37121	114595	1817	4617
咸宁市	18655	56851	8314	37198	4720	3064
随州市	7485	24836	4755	19592	226	4372
恩施自治州	245162	341001	216454	291667	24964	115523
仙桃市	2022	9934	517	5820	15	502
潜江市	2461	13282	845	6019	30	85
天门市	3275	18673	963	10013	321	642
神农架林区	81	546	78	546	51	27
省直						

续表 19

地区	(二)饲养机械		其中:畜禽粪污处理机械	(三)畜产品采集加工机械设备		其中:1.挤奶机	
	台(套)	千瓦	台(套)	台(套)	千瓦	台	千瓦
湖北省	123522	274290	19726	4429	13043	352	1885
武汉市	17818	28669	4890	168	1618	3	21
黄石市	4335	21478					
十堰市	9054	20880	406	3039	4242		
宜昌市	2287	2203	175	46	208	34	174
襄阳市	1810	8853	383	190	1900		
鄂州市	896	5825	494	10	20		
荆门市	3882	18230	945				
孝感市	8813	15511	956	457	1597		
荆州市	8386	17557	1370				
黄冈市	36077	68946	4655	319	2186	284	1668
咸宁市	10158	19626	512	31	23	31	23
随州市	2730	5244	1405				
恩施自治州	11878	22380	78	152	1220		
仙桃市	1470	2966	1470	17	30		
潜江市	1616	7263	1288				
天门市	2312	8660	699				
神农架林区							
省直							

续表 20

地区	2.剪羊毛机		六、水产机械		(一)水产养殖机械	
	台	千瓦	台	千瓦	台	千瓦
湖北省	20	36	488558	940443	474832	886590
武汉市			54175	85762	54073	84954
黄石市			26298	64686	26298	64686
十堰市			1694	5284	1273	3241
宜昌市	10	30	18195	46237	18195	46235
襄阳市			5633	9534	5633	9534
鄂州市			20702	44100	20702	44100
荆门市			44914	79422	44868	78502
孝感市			24534	45691	24506	45131
荆州市			132617	162997	122257	150598
黄冈市	4	2	56746	111905	55963	110514
咸宁市			21874	67299	20236	42219
随州市			8393	16348	8167	14819
恩施自治州			17509	26270	17387	25998
仙桃市	6	4	40476	147329	40476	138480
潜江市			7419	18790	7419	18790
天门市			7379	8793	7379	8793
神农架林区						
省直						

续表 21

地区	其中：1.增氧机		2.投饲机		(二)水产捕捞机械	
	台	千瓦	台	千瓦	台	千瓦
湖北省	290787	665508	180411	209339	1860	16376
武汉市	32013	70526	22060	12879	12	108
黄石市	18047	51969	8241	12717		
十堰市	973	2669	144	513	139	738
宜昌市	11812	35306	6383	10913		
襄阳市	3855	7329	1762	2185		
鄂州市	10295	32248	9965	11628		
荆门市	26771	63586	17797	14916		
孝感市	16286	38401	8097	6713	28	530
荆州市	68005	140555	54252	8749		
黄冈市	35506	79603	18102	23690	31	1085
咸宁市	14331	33083	5840	7819	1638	13885
随州市	5552	10290	2615	4529	2	17
恩施自治州	17185	25707	110	264	10	13
仙桃市	23610	57950	16791	80530		
潜江市	4305	14172	3114	4618		
天门市	2241	2116	5138	6677		
神农架林区						
省直						

续表 22

地区	七、农田基本建设机械		八、农用航空器	(一)有人驾驶农用飞机	(二)植保无人机
	台	千瓦	架	架	架
湖北省	32367	1449604	5224	16	5206
武汉市	2179	111369	273		273
黄石市	2808	120621	284		284
十堰市	2394	115028	25	1	24
宜昌市	996	59881	312		312
襄阳市	2092	69114	536		536
鄂州市	755	48390	45		45
荆门市	2084	124123	614	13	599
孝感市	2348	91012	345		345
荆州市	5910	230616	1348		1348
黄冈市	3377	154093	372		372
咸宁市	2979	125413	190		190
随州市	2037	58282	86		86
恩施自治州	963	46876	50		50
仙桃市	170	8506	205		205
潜江市	800	67690	264		264
天门市	475	18590	275	2	273
神农架林区					
省直					

农机作业情况

地区	一、农机作业总体情况					二、主要农作物生产机械化作业情况
	(一)机耕面积	(二)机播面积	(三)机电灌溉面积	(四)机械植保面积	(五)机收面积	(一)小麦
						1.小麦机耕面积
	(公顷)	(公顷)	(公顷)	(公顷)	(公顷)	(公顷)
湖北省	6268265	3540018	3265882	5234279	4812488	1027306
武汉市	269056	138465	240384	308733	216250	10487
黄石市	119023	82894	86076	105840	93473	6828
十堰市	290326	84865	73590	245748	134070	51600
宜昌市	446500	184164	199103	443136	237715	36755
襄阳市	933078	701298	236618	707313	830745	357103
鄂州市	53717	32520	65000	65320	42407	5200
荆门市	625110	437378	298227	376009	554255	118048
孝感市	448413	268751	335415	354432	383672	78090
荆州市	945022	551242	820960	1022737	828034	159280
黄冈市	654781	370871	274639	562500	477014	35355
咸宁市	300621	138418	98216	183465	230078	5814
随州市	237270	147647	89645	190435	197431	49356
恩施自治州	370330	38606	43936	214666	105751	1115
仙桃市	181728	116455	89650	109900	157432	26627
潜江市	138333	73710	100000	120000	108973	27773
天门市	249959	172234	213125	222295	214503	57667
神农架林区	5000	500	1300	1750	687	207
省直						

续表 1

地区	2.小麦机播面积（公顷）	3.小麦机收面积（公顷）	（二）水稻 1.水稻机耕面积（公顷）	2.水稻机械种植面积（公顷）	其中：水稻机直播面积（公顷）	水稻机插面积（公顷）	水稻机浅栽面积（公顷）
湖北省	800253	1030952	2245485	1400736	302554	1085221	24
武汉市	8123	10515	102597	64110	19662	44394	
黄石市	5817	6694	57228	38547	25661	12886	
十堰市	17618	40942	22303	10964		10964	
宜昌市	23929	40076	76098	45501	6240	38493	
襄阳市	299626	357739	204329	131882	15664	116191	3
鄂州市	3500	5227	26220	17200	11000	6200	
荆门市	85939	120392	248167	195491	13559	181932	
孝感市	68115	80984	243616	136535	28515	103675	
荆州市	119154	163598	457329	296680	28919	261990	
黄冈市	26906	34975	307358	175285	75337	99650	
咸宁市	2879	5930	136017	65633	33214	32419	
随州市	36897	51616	124933	92738	8164	84574	
恩施自治州	8	130	44964	8527		7739	21
仙桃市	23165	26627	64733	40490	28670	10950	
潜江市	24710	27840	58900	32867	7333	25533	
天门市	53867	57667	70653	48245	614	47631	
神农架林区			40	40			
省直							

续表 2

地区	3.水稻机收面积（公顷）	（三）玉米 1.玉米机耕面积（公顷）	2.玉米机播面积（公顷）	3.玉米机收面积（公顷）	（四）大豆 1.大豆机耕面积（公顷）	2.大豆机播面积（公顷）	3.大豆机收面积（公顷）
湖北省	2215822	714753	351941	366183	201386	91165	94907
武汉市	102543	15908	9668	10609	8607	5671	5007
黄石市	55481	9428	6352	5486	1475	372	226
十堰市	18333	75181	27083	34538	14738	3665	3771
宜昌市	73026	126497	41208	45462	8722	2747	2825
襄阳市	203095	199654	177223	170883	5498	1890	1653
鄂州市	25100	1000	533	200	2200	153	80
荆门市	251430	50535	19705	18675	30181	12928	11622
孝感市	239308	10578	7487	8120	4995	1111	1131
荆州市	456004	32138	21195	23935	35199	14346	15881
黄冈市	300679	10315	6604	7161	18580	6000	7866
咸宁市	133660	20384	5648	7824	5142	6142	4499
随州市	127874	15912	4754	2328	1296	21	
恩施自治州	35015	128030	9535	16012	20154	263	
仙桃市	64733	13620	11304	10351	9466	7856	5679
潜江市	58933	2200	1400	1667	10333	6333	10333
天门市	70587	3166	2240	2933	24800	21667	24333
神农架林区	20	207					
省直							

续表 3

地区	（五）油菜 1.油菜机耕面积（公顷）	2.油菜机播面积（公顷）	3.油菜机收面积（公顷）	（六）马铃薯 1.马铃薯机耕面积（公顷）	2.马铃薯机播面积（公顷）	3.马铃薯机收面积（公顷）
湖北省	1034744	540640	699080	207283	27958	40213
武汉市	36550	21643	27297	1920		160
黄石市	31697	24905	24069	2546	400	624
十堰市	46009	15297	23925	17203	1816	3900
宜昌市	80513	27017	41242	41621	4673	5305
襄阳市	39597	18519	27208	18156	4877	6569
鄂州市	11453	6133	10000	1240		
荆门市	122878	73304	111082	2866	315	460
孝感市	76157	47071	48117	2919	1094	659
荆州市	197388	90364	161039	1443	84	11
黄冈市	147479	98169	81794	12464	1257	3013
咸宁市	83436	44947	56312	4837	3048	3733
随州市	23598	6851	11283	5919	4046	3729
恩施自治州	36583	512	120	88109	4314	9431
仙桃市	53800	33640	39812	1193		
潜江市	15567	8400	10200	1100		
天门市	31833	23867	25580	2133	1967	1953
神农架林区	207			1614	68	667
省直						

续表 4

地区	（七）花生 1.花生机耕面积（公顷）	2.花生机播面积（公顷）	3.花生机收面积（公顷）	（八）棉花 1.棉花机耕面积（公顷）	2.棉花机播面积（公顷）	3.棉花机收面积（公顷）
湖北省	220651	102735	78473	111815	3111	33
武汉市	10190	1930	1097	9043		
黄石市	3802	1261	893	2018	240	
十堰市	17110	6442	3160			
宜昌市	9576	2159	302	2851	258	13
襄阳市	64443	49786	44200	8083	380	
鄂州市	2167			2900		
荆门市	14673	2962	3528	3161	214	20
孝感市	24040	7338	5351	8017		
荆州市	1407	29	72	30981	850	
黄冈市	43069	17688	6208	21850	1001	
咸宁市	5408	6200	6300	3004	167	
随州市	9224	339	599	3522		
恩施自治州	5759					
仙桃市	1244		230	9045		
潜江市	1173			1233		
天门市	7333	6600	6533	6107		
神农架林区	33					
省直						

续表 5

地区	（九）水果 1.水果机械中耕面积（公顷）	2.水果机械施肥面积（公顷）	3.水果机械植保面积（公顷）	4.水果机械修剪面积（公顷）	5.水果机械采收产量（吨）	6.水果机械田间转运产量（吨）
湖北省	217356	184600	343730	96500	975237	3995205
武汉市	4155	2862	4179	845	86	33094
黄石市	854	2916	7311	1050	1000	600
十堰市	12612	5272	21519	7235	256	163251
宜昌市	102074	84618	147466	30881	853046	2746389
襄阳市	17587	8620	24918	9675	15713	150307
鄂州市	1379	1160	1380	960		12810
荆门市	8650	4348	16733	2650	5720	248864
孝感市	1645	3008	1781	830		49891
荆州市	11793	6455	19773			130504
黄冈市	8418	3228	10210	4937	3165	39462
咸宁市	12714	9917	14830	1922	552	15977
随州市	9820	14166	14903	13044	68739	158205
恩施自治州	23009	36874	55187	22289	10470	158301
仙桃市	430		1300			25060
潜江市	1900	900	2000			46000
天门市	316	256	239	182	16490	16490
神农架林区						
省直						

续表 6

地区	(十)茶叶 1.茶叶机械中耕面积（公顷）	2.茶叶机械施肥面积（公顷）	3.茶叶机械植保面积（公顷）	4.茶叶机械修剪面积（公顷）	5.茶叶机械采收产量（吨）	6.茶叶机械田间转运产量（吨）
湖北省	150314	87656	223414	194212	207732	189714
武汉市	2308	1932	2489	767	157	
黄石市	1200	1666	880	433	650	
十堰市	31021	16802	39366	32131	6438	9136
宜昌市	14148	27018	27108	29490	43063	53087
襄阳市	13175	8843	23819	19617	2875	8237
鄂州市	260	245	260	162	80	
荆门市	301	331	842	129		1
孝感市	12098	4786	16520	5949	4503	5942
荆州市						
黄冈市	19950	1851	21879	15976	31371	1721
咸宁市	20333	19749	24124	27812	50285	45860
随州市	2316	3859	4402	4461	2114	2065
恩施自治州	33123	496	60645	56752	66196	63651
仙桃市						
潜江市						
天门市	15	12	13			14
神农架林区	67	67	1067	534		
省直						

续表 7

地区	三、单项农机作业情况 (一)机械深耕面积 (公顷)	其中:机械深松面积 (公顷)	(二)机械免耕播种面积 (公顷)	(三)精量播种面积 (公顷)	(四)机械深施化肥面积 (公顷)	(五)机械铺膜面积 (公顷)	(六)农田机械节水灌溉面积 (公顷)
湖北省	514346	93910	87557	691671	249026	35311	523571
武汉市	10813	2470	5174	13272	7393	4278	52759
黄石市	4515	600	980	57252	4553	650	1487
十堰市	4210	1055	1758	7065	7937	6832	36636
宜昌市	8381	2669	1174	33400	11547	5976	26450
襄阳市	167250	18411	25864	142024	60477	3397	86592
鄂州市	3920	3920	1054	12027	10174		41779
荆门市	23198	19845	6681	94301	13356	2620	58085
孝感市	67253	2268		41558	76654	1813	32980
荆州市	81990	8848	16302	30884	15699		34656
黄冈市	31461	13606	22444	82904	37820	2572	52809
咸宁市	3433	1468	262	41210	434	703	34190
随州市	9718	4323	685	2122	1210	1934	9215
恩施自治州	28304	5000	539	479	310	2977	7720
仙桃市	1800	1800		74900			
潜江市	2667	2000		1100			3600
天门市	65234	5427	4640	57173	1462	1559	44613
神农架林区	200	200					
省直							

续表 8

地区	(七)机械播种牧草面积（公顷）	(八)机械化秸秆还田面积（公顷）	(九)秸秆捡拾打捆面积（公顷）	(十)农用航空器作业面积（公顷）	其中：植保无人机作业面积（公顷）	(十一)机械化青贮秸秆数量（吨）
湖北省	18286	2911462	418145	1159506	1106568	2210258
武汉市		137924	42235	65596	65596	152845
黄石市	300	86979	680	40588	40588	312500
十堰市	190	26217	14251	2718	2718	78100
宜昌市		140118	8169	40550	40550	277634
襄阳市	230	602652	83541	228254	228254	734057
鄂州市		9050	400	6480	6480	4268
荆门市	11500	404563	82952	161953	109281	199540
孝感市	260	302130	25062	84604	84601	9044
荆州市		374261	91744	222340	222340	90183
黄冈市	5190	302781	17968	88492	88229	71547
咸宁市	483	147197	12660	37114	37114	2883
随州市		42135	4569	3881	3881	1814
恩施自治州		464	13	12682	12682	253878
仙桃市		143080	740	12430	12430	
潜江市	133	101000	14667	105000	105000	20000
天门市		90911	18496	46824	46824	665
神农架林区						1300
省直						

续表 9

地区	四、农机社会化服务作业情况 (一)农机专业合作社作业服务面积 (公顷)	(二)农机跨区作业面积 (公顷)	1.跨区机耕面积 (公顷)	2.跨区机播面积 (公顷)	3.跨区机收面积 (公顷)	其中:跨区机收小麦 (公顷)
湖北省	2347754	1010802	242460	49053	663917	206924
武汉市	106049	49131	14367	613	34151	7023
黄石市	107856	43748	7060	3219	33448	3655
十堰市	34655	19602	7745	1365	9452	2980
宜昌市	124160	56467	16359	518	19687	2571
襄阳市	376261	135223	21490	12470	98089	59758
鄂州市	30282	11350	3139	1763	6448	1667
荆门市	264158	89449	3101		86348	31083
孝感市	310436	80125	16537	5736	49852	13533
荆州市	240447	252609	73057	4200	169456	43421
黄冈市	381197	71063	23006	6251	41269	9029
咸宁市	70424	15763	1283	3738	10740	1731
随州市	49245	95223	18995	2589	73639	20746
恩施自治州	27616	20125	12930	40	6795	69
仙桃市	52700	40200	17000	230	6530	1900
潜江市	73333	11000	2200	2100	6700	2200
天门市	96934	19724	4191	4221	11312	5558
神农架林区	2000					
省直						

续表 10

地区	跨区机收水稻（公顷）	跨区机收玉米（公顷）	（三）生产托管作业面积（公顷）	五、农产品初加工机械化作业情况 （一）机械脱出农产品数量（吨）	其中：1.机械脱出粮食数量（吨）	2.机械脱出油料数量（吨）
湖北省	417215	13120	286753	37015969	23498840	2004228
武汉市	26709	419	69208	3138058	928638	48865
黄石市	27753	2040	33340	360320	288340	53480
十堰市	5752	700	4164	1507712	584584	94269
宜昌市	14508		44260	3718423	1335269	155014
襄阳市	24121	2520	28631	5586708	4106398	227110
鄂州市	3847		62	1300878	271281	43643
荆门市	53311	1954	18043	2548323	2408023	140300
孝感市	35792	527	8482	3738632	2242049	159262
荆州市	117307	1788	10467	3757518	3289850	383677
黄冈市	26904	878	20554	3861275	2807106	345712
咸宁市	9009		10322	1756500	896640	58408
随州市	52249	644	29920	1375582	1333413	7237
恩施自治州	6598	120	5600	1957601	876504	93300
仙桃市	4300	330		862900	739999	122900
潜江市	3300	1200	3700	615300	591000	24300
天门市	5754			887239	757246	46748
神农架林区				43000	42500	5
省直						

续表 11

地区	(二)机械清选农产品数量（吨）	其中：1.机械清选蔬菜数量（吨）	2.机械清选水果数量（吨）	3.机械清选棉花数量（吨）	(三)机械保质农产品数量（吨）	其中：1.机械保质粮食数量（吨）
湖北省	33191420	17019259	4511257	106928	30383915	11508145
武汉市	2726202	2615031	59372		2106585	912215
黄石市	299719	33052	2200		344047	131875
十堰市	697747	487726	58478	12	504136	341327
宜昌市	3255658	1367375	1590709	887	3728394	525748
襄阳市	5035524	1435800	207066	54300	3006372	1355904
鄂州市	1378470	708270	668700		1395870	271200
荆门市	375270	354630	18020	2620	2091858	1518816
孝感市	3571096	2879220	92896	2612	3614023	1466377
荆州市	6399784	2996879	583564	24570	5234195	1761084
黄冈市	1995574	588596	82687	21927	1578946	930890
咸宁市	1176513	58053	790		888519	430774
随州市	2094224	930943	968306		2350321	530602
恩施自治州	1938365	350398	144481		1242534	192672
仙桃市	841200	841200			1491300	456600
潜江市					470000	433000
天门市	1406075	1372086	33989		330215	247361
神农架林区					6600	1700
省直						

续表 12

地区	2.机械保质油料数量（吨）	3.机械保质蔬菜数量（吨）	4.机械保质水果数量（吨）	5.机械保质棉花数量（吨）	6.机械保质茶叶数量（吨）	六、畜牧养殖机械化作业情况 (一)机械收获饲草秸秆量（吨）
湖北省	1368681	3900393	1937483	56508	295391	12664256
武汉市	58370	1082137	48381	5134	348	544512
黄石市	18600	10000	5000		1003	214860
十堰市	60396	43483	18320		1098	629700
宜昌市	111404	929272	1342544	887	48417	1857363
襄阳市	70954	418241	38161	456	169142	1941459
鄂州市	40643	6839	13004	3824	220	5132
荆门市	236872	320800	15370			1037866
孝感市	71200	153602	33946	6850	6415	387586
荆州市	296220	598650	204184	29326	289	2169637
黄冈市	131882	15947	14173	7175	7263	1271131
咸宁市	46986	40999	7379		16285	834904
随州市	6963	110712	105548	2856	2327	242152
恩施自治州	112531	142711	91474		42563	159290
仙桃市	12806					828845
潜江市	10000	27000				35000
天门市	82854					504819
神农架林区					20	
省直						

续表 13

地区	其中:机械收获牧草数量（吨）	(二)机械化饲草料加工数量（吨）	(三)机械饲喂的畜禽数量(折算为羊单位)（个）	(四)机械清粪的畜禽数量(折算为羊单位)（个）	(五)机械环控的畜禽数量(折算为羊单位)（个）	(六)机械挤奶的家畜数量(折算为羊单位)（个）
湖北省	1692440	13351037	47527211	41977174	39721205	70395
武汉市		434705	3798777	4801630	3166777	16676
黄石市	1500	415623	100089	82089	1386800	
十堰市	3608	719263	1761670	2784390	1255519	
宜昌市	876	3810160	6366443	3525867	3826251	16501
襄阳市	74995	1544746	6319393	6300349	3367013	3800
鄂州市	2918	21537	341184	340184	1498620	
荆门市		1267030	2459980	2379050	2275364	
孝感市	5754	1018068	1410716	1832512	1023595	1336
荆州市	1110278	116847	5547702	6974145	8035504	
黄冈市	118903	832070	3254573	3116307	3219252	29088
咸宁市	297046	816338	4416406	2784273	4721660	2934
随州市	28531	165155	9157305	5093360	2885189	60
恩施自治州	32542	1168161	299003	73703	21982	
仙桃市		598000	462590	491010	1501100	
潜江市	14000	14000	806876	680480	834500	
天门市	1489	379334	1024504	717825	702079	
神农架林区		30000				
省直						

续表 14

地区	(七)机械剪毛的畜禽数量(折算为羊单位)(个)	(八)机械捡蛋的蛋禽数量(折算为羊单位)(个)	七、水产养殖机械化作业情况 (一)池塘养殖 1.机械投饲池塘养殖产量(吨)	2.机械水质调控池塘养殖产量(吨)	3.机械起捕池塘养殖产量(吨)	4.机械清淤池塘养殖产量(吨)
湖北省	2242	2685904	1735116	1467605	373342	978994
武汉市		305202	269206	204078	180431	230094
黄石市		46685	91648	30823	11420	43642
十堰市		19946	1215	2038	25	1160
宜昌市	750	71167	35465	52131	12012	549
襄阳市		429899	35611	36602	7864	7693
鄂州市		69021	207440	207444	1820	207696
荆门市		153108	98460	77136	96569	58222
孝感市	92	613471	113711	82199	1760	7983
荆州市			138398	92539	90	39638
黄冈市	1100	131813	254052	218656	13755	41335
咸宁市		193000	83619	49215	3062	11958
随州市		612159	12701	11202	5106	6723
恩施自治州		7280	195	139		170
仙桃市	300	6500	280750	280750		280740
潜江市			31000	31000		10600
天门市		26653	81646	91653	39428	30791
神农架林区						
省直						

续表 15

地区	（二）网箱养殖 1.机械投饲网箱养殖产量（吨）	2.机械清洗网箱养殖产量（吨）	3.机械起捕网箱养殖产量（吨）	（三）工厂化养殖 1.机械投饲工厂化养殖产量（吨）	2.机械起捕工厂化养殖产量（吨）	（四）筏式吊笼及底播养殖 1.机械投苗养殖产量（吨）	2.机械采收养殖产量（吨）
湖北省	35053	4066	5281	3148	1650	1115	2246
武汉市	511	511	100	1315	845		
黄石市						900	1300
十堰市	10		80	55	20		
宜昌市				488			
襄阳市	865	273	990	681	527	215	946
鄂州市							
荆门市	4110	3049	3992	459	108		
孝感市	870						
荆州市							
黄冈市	2027	233	119	150	150		
咸宁市	150						
随州市							
恩施自治州							
仙桃市	26510						
潜江市							
天门市							
神农架林区							
省直							

续表 16

地区	八、设施农业(种植)机械化作业情况 (一)耕整地机械化面积 (公顷)	(二)种植机械化面积 (公顷)	(三)采运机械化面积 (公顷)	(四)灌溉施肥机械化面积 (公顷)	(五)环境调控机械化面积 (公顷)	农机作业情况补充资料 1.保护性耕作面积 (公顷)	2.免耕播种面积 (公顷)
湖北省	85666	17096	7134	45155	17832	506834	113507
武汉市	9307	2342	861	6278	3267	443	4710
黄石市	3712	820	300	2451	1008	1836	1520
十堰市	12332	4023	1105	3286	460	931	1898
宜昌市	3840	1707	820	3225	145	6532	1818
襄阳市	4111	798	355	3300	134	47779	28320
鄂州市	1200	263		253	204	1803	1457
荆门市	3329	701	363	2239	917	2921	5122
孝感市	20961	1433	552	3731	1399	6795	
荆州市	6217	2094	1300	4133	1329	110060	16376
黄冈市	5757	602	153	5224	1594	29456	27583
咸宁市	3231	1038	916	2904	1366	1	15994
随州市	3139	193	100	496	123	105818	710
恩施自治州	659	279	32	541	363	6780	3348
仙桃市	1200	100	90	940	770	174880	
潜江市	1517			1150		10000	
天门市	5103	703	187	5004	4752	794	4651
神农架林区	50					5	
省直							

续表 17

地区	其中：小麦免耕播种面积（公顷）	水稻免耕播种面积（公顷）	玉米免耕播种面积（公顷）	3.农田基本建设作业量（立方米）	4.实际脱出农产品总量（吨）	5.实际清选农产品总量（吨）
湖北省	26694	8200	26565	159937872	70584473	67329444
武汉市	940	200		466563	7046362	6928154
黄石市	373		367	4701518	367198	367431
十堰市	342		1556	46138454	3167492	2282709
宜昌市	1217		601	32831941	9212429	8877891
襄阳市	3179	874	17930	21136514	9866564	10171168
鄂州市	706	350	391	310911	1695100	1695100
荆门市	500	2542	1017	5300310	5823106	3219786
孝感市				19857550	4608528	5065097
荆州市	7327	888	456	1778919	5989093	8089807
黄冈市	11670	1546	2337	17448137	7428291	5803331
咸宁市	71		402	4124809	5374459	5271138
随州市	363	170	177	2669416	2681141	2434126
恩施自治州		1618	1330	3023830	4232617	4159949
仙桃市				130000	1491300	841100
潜江市				19000	615300	615300
天门市	6	12	2		948493	1507357
神农架林区					37000	
省直						

续表 18

地区	6.实际保质农产品总量（吨）	7.收获的饲草秸秆总量（吨）	8.饲草料加工总量（吨）	9.畜禽总数（折算为羊单位）（个）	10.环控畜禽总数（折算为羊单位）（个）	11.产奶家畜数量（折算为羊单位）（个）
湖北省	68058555	54022411	34582368	193566877	104724644	280716
武汉市	6346563	1201800	782550	6300562	4218574	23095
黄石市	1297431	983682	522843	3624364	2365410	
十堰市	2082666	2192470	1595445	5764330	2878682	2300
宜昌市	8775166	9496782	7026093	17887924	9281723	19020
襄阳市	9421376	5926574	5493789	37960319	19040873	12537
鄂州市	1695098	725082	405251	5027808	1676160	991
荆门市	5806106	4614828	3684557	14653100	7579702	
孝感市	5134170	5353997	2519972	18401664	11193659	14690
荆州市	7162824	3576451	1902698	13978924	10301572	118167
黄冈市	4891686	5038438	2614056	21755650	11482649	86452
咸宁市	5175856	2549314	1762783	12946009	6110386	2939
随州市	2777872	1940089	1015044	12275407	8472853	60
恩施自治州	3966104	7228109	3690131	16891803	5852466	260
仙桃市	1491300	1631357	637000	1980100	1501090	
潜江市	470000	35000	14000	1757322	834500	
天门市	1551864	1528438	916157	2361591	1934345	205
神农架林区	12472					
省直						

续表 19

地区	12.产毛畜禽数量（折算为羊单位）（个）	13.蛋禽数量（折算为羊单位）（个）	14.池塘养殖总产量（吨）	15.网箱养殖总产量（吨）	16.工厂化养殖总产量（吨）
湖北省	65270	12343978	3894381	115584	9981
武汉市	290	893786	429967	648	1188
黄石市		104785	145452		
十堰市		230620	6870	230	59
宜昌市	1320	498655	155674		3682
襄阳市	30968	1597697	148609	1693	1125
鄂州市	518	87793	245411		
荆门市	169	1174246	369731	6220	735
孝感市	3769	1045804	303686	6960	
荆州市		963765	910766	48044	82
黄冈市	8500	2691099	449804	4787	3110
咸宁市		302383	197768	130	
随州市		1106908	88256		
恩施自治州		281557	2227		
仙桃市	1900	687500	295050	35510	
潜江市		164200	31111	6900	
天门市	17836	513180	114000	4462	
神农架林区					
省直					

续表 20

地区	17.筏式吊笼及底播养殖总产量（吨）	18.果园面积（公顷）	19.茶园面积（公顷）	20.水果采收产量（吨）	21.茶叶采收产量（吨）
湖北省	6213	429090	380323	7367607	380710
武汉市		8885	7209	149502	2645
黄石市	5155	11392	4038	111960	1166
十堰市		31192	51555	330279	14578
宜昌市		153389	66134	4178152	111833
襄阳市	1058	32213	26186	678492	11449
鄂州市		3208	433	45545	204
荆门市		17782	1957	381487	239
孝感市		6411	32315	153746	9160
荆州市		24007	624	519015	284
黄冈市		33424	27314	125105	37924
咸宁市		26267	34018	83581	60875
随州市		15196	7725	162181	3088
恩施自治州		61933	120800	347412	126473
仙桃市		1210		25320	
潜江市		2260		59600	
天门市		321	15	16230	792
神农架林区					
省直					

《湖北农村统计年鉴—2022》

1.农村基本情况
2.农业产值
3.种植业
4.林业及土特产
5.畜牧业
6.渔业
7.农业机械化

8.农村主要能源及物资消耗☑

9.农业技术推广及应用
10.水利建设
11.农垦及监狱系统农场

农村主要能源及物资消耗

地区	农村用电量（万千瓦小时）	农用柴油使用量（吨）	农药使用量（吨）	农用塑料薄膜使用量（吨）
湖北省	**1892361**	**624352**	**90468**	**57268**
武汉市	**147067**	**18222**	**3143**	**6093**
武汉市辖区	5804	1431	280	1840
汉南区	3612	1716	185	272
蔡甸区	14866	1590	452	657
江夏区	14151	2212	598	613
黄陂区	66882	5732	638	1642
新洲区	41752	5541	990	1069
黄石市	**110953**	**22269**	**2732**	**1603**
黄石市辖区	870	104	5	20
阳新县	37774	10683	2262	1002
大冶市	72309	11482	465	581
十堰市	86491	25985	1874	3558
茅箭区	3516	6	10	31
张湾区	1700	160	41	126
郧阳区	10965	2010	459	648
郧西县	15309	3302	91	502
竹山县	10635	5444	189	454
竹溪县	9495	2374	86	614
房县	18491	7382	72	765
丹江口市	16380	5307	926	418
宜昌市	**128366**	**41043**	**6228**	**4999**
宜昌市辖区	17979	537	252	84
夷陵区	20973	8187	960	347
远安县	6130	2663	274	421
兴山县	6715	1391	166	474
秭归县	7764	1251	583	380
长阳自治县	14064	1323	347	509
五峰县	8612	255	52	367
宜都市	12814	4389	714	331
当阳市	16878	12604	1313	1374
枝江市	16437	8443	1567	712
襄阳市	**181051**	**124850**	**12143**	**6395**
高新区	6258	1335	426	65
襄城区	7912	6248	673	444
樊城区	13144	3351	101	274
襄州区	33082	22950	2749	875
南漳县	16658	13124	513	236
谷城县	27470	7687	741	793
保康县	7796	3229	227	407
老河口市	13275	9412	541	314
枣阳市	41270	36730	4070	1347
宜城市	14185	20784	2102	1640
鄂州市	**55697**	**3156**	**383**	**362**
梁子湖区	6640	660	90	48
华容区	7734	1235	121	64
鄂城区	41323	1261	172	250
荆门市	**132833**	**78732**	**6537**	**5355**
东宝区	9121	4644	266	444
掇刀区	3607	5211	257	234
沙洋县	28422	14138	1531	1280
钟祥市	64465	38026	3068	2199
京山市	27218	16713	1415	1198
孝感市	**180429**	**30774**	**6337**	**4685**

续表

地区	农村用电量（万千瓦小时）	农用柴油使用量（吨）	农药使用量（吨）	农用塑料薄膜使用量（吨）
孝感市辖区	1501	401	2	
孝南区	23463	3605	627	883
孝昌县	14132	3905	374	562
大悟县	14886	4156	183	1303
云梦县	11845	694	638	243
应城市	67537	8895	300	182
安陆市	6634	5402	924	91
汉川市	40431	3716	3289	1421
荆州市	**287072**	**65337**	**21891**	**2291**
荆州开发区	2882	54	35	5
沙市区	9683	568	1081	73
荆州区	24584	3969	1277	260
公安县	49199	11845	4440	317
监利县	68572	22819	5750	661
江陵县	20776	8124	2250	153
石首市	35008	4105	2298	225
洪湖市	45372	8508	2943	300
松滋市	30996	5345	1817	297
黄冈市	**240559**	**63501**	**10827**	**7348**
龙感湖农场	1316	40	36	2
黄州区	10573	1662	270	497
团风县	15587	2660	912	267
红安县	15735	4258	840	2521
罗田县	15947	2668	590	148
英山县	11936	4819	189	452
浠水县	33257	13157	1530	1283
蕲春县	36789	9546	1386	415
黄梅县	38608	11408	2042	168
麻城市	35562	9402	1921	1306
武穴市	25249	3880	1112	289
咸宁市	**53668**	**49395**	**1442**	**1540**
咸安区	4067	10183	208	478
嘉鱼县	12010	8359	336	350
通城县	10033	7059	87	89
崇阳县	8444	7285	145	190
通山县	9116	5608	61	243
赤壁市	9998	10901	605	190
随州市	**56632**	**49088**	**5141**	**5638**
曾都区	10512	12078	2257	1256
随县	26817	31640	2463	3329
广水市	19304	5370	421	1053
恩施州	**78877**	**5916**	**1085**	**2784**
恩施市	21301	356	134	480
利川市	10832	590	318	526
建始县	15336	1444	74	369
巴东县	5108	1626	161	486
宣恩县	10433	384	87	339
咸丰县	5098	842	156	240
来凤县	4194	305	133	114
鹤峰县	6576	368	22	230
仙桃市	**63306**	**16303**	**3783**	**2936**
潜江市	**53833**	**8429**	**2319**	**1048**
天门市	**35358**	**20810**	**4593**	**609**
神农架林区	**170**	**543**	**11**	**24**

农用化肥施用

单位：吨

地区	农用化肥施用量（按折纯法计算）	氮肥	磷肥	钾肥	复合肥
湖北省	**2626232**	**961003**	**397113**	**253125**	**1014990**
武汉市	**104173**	**36402**	**16015**	**11500**	**40256**
武汉市辖区	9275	1702	1175	443	5955
汉南区	2100	623	410	100	967
蔡甸区	11434	3155	1538	1307	5434
江夏区	16688	4119	2211	1694	8664
黄陂区	31341	11793	4388	4583	10577
新洲区	33335	15010	6293	3373	8659
黄石市	**44456**	**18080**	**6298**	**4658**	**15420**
黄石市辖区	488	193	81	39	175
阳新县	22228	8891	2869	1660	8808
大冶市	21740	8996	3348	2959	6437
十堰市	**89279**	**41522**	**14098**	**8167**	**25492**
茅箭区	402	121	37	40	204
张湾区	2126	579	267	235	1045
郧阳区	24201	10765	4098	2382	6956
郧西县	10724	4233	961	2054	3476
竹山县	8987	5984	774	901	1328
竹溪县	30018	13940	6256	1871	7951
房县	7635	3623	837	511	2664
丹江口市	5186	2277	868	173	1868
宜昌市	**284833**	**91618**	**45174**	**25093**	**122948**
宜昌市辖区	6905	2317	1136	918	2534
夷陵区	47866	18005	4210	2187	23464
远安县	7383	2782	1198	206	3197
兴山县	8482	1535	1366	982	4599
秭归县	30933	8891	5550	3272	13220
长阳县	16519	6109	1427	246	8737
五峰县	22340	7220	4833	2347	7940
宜都市	14608	5443	1067	1569	6529
当阳市	69763	23838	14421	7259	24245
枝江市	60034	15478	9966	6107	28483
襄阳市	**349040**	**115642**	**38396**	**17484**	**177519**
高新区	7774	2834	1624	1046	2270
襄城区	22072.65	8607.61	3973.8	1305.51	8185.73
樊城区	11518	3628	1033	559	6298
襄州区	96707	36752	16019	5356	38580
南漳县	29233	13701	2396	2027	11109
谷城县	28735	12532	3009	2957	10237
保康县	7366	1996	665	638	4067
老河口市	32946	8272	1788	565	22321
枣阳市	81500	13609	317	212	67362
宜城市	31188	13710	7571	2818	7089
鄂州市	**65637**	**17211**	**11657**	**8124**	**28645**
梁子湖区	18515	4640	3600	2465	7810
华容区	20882	4611	3732	1978	10561
鄂城区	26240	7960	4325	3681	10274
荆门市	**276228**	**76348**	**43831**	**24430**	**131619**
东宝区	10407	4137	2278	957	3035
掇刀区	9679	4242	3441	711	1285
沙洋县	107348	24531	11224	9388	62205
钟祥市	85499	27987	20369	7245	29898
京山市	63295	15451	6519	6129	35196
孝感市	**171543**	**78370**	**25380**	**14500**	**53293**

续表 单位：吨

地区	农用化肥施用量（按折纯法计算）	氮肥	磷肥	钾肥	复合肥
孝感市辖区	481	153	41	22	265
孝南区	23940	10204	3104	2233	8399
孝昌县	18278	5636	2747	2853	7042
大悟县	15538	9582	1193	393	4370
云梦县	13378	4577	1299	1398	6104
应城市	24909	7219	4071	2094	11525
安陆市	35722	20560	7451	2566	5145
汉川市	39297	20439	5474	2941	10443
荆州市	**297850**	**126973**	**52186**	**37132**	**81559**
荆州开发区	569	193	115	68	193
沙市区	11159	2703	1951	2101	4404
荆州区	22190	8065	2879	2581	8665
公安县	54538	23283	9787	7139	14329
监利县	75095	33960	15802	9785	15548
江陵县	29723	14693	5606	3093	6331
石首市	24889	8884	4359	3269	8377
洪湖市	41770	19881	7732	4727	9430
松滋市	37917	15311	3955	4369	14282
黄冈市	**298008**	**113000**	**39676**	**29414**	**115918**
龙感湖农场	2080	460	260	260	1100
黄州区	14856	5149	3696	1947	4064
团风县	18970	6493	3348	2109	7020
红安县	44497	19937	9602	3987	10971
罗田县	15919	6932	1332	1792	5863
英山县	5238	2006	589	425	2218
浠水县	44650	18760	2756	2907	20227
蕲春县	40129	19429	5870	2792	12038
黄梅县	39651	15173	6314	4925	13239
麻城市	30541	7087	2255	3026	18173
武穴市	41477	11574	3655	5243	21005
咸宁市	**100646**	**34759**	**17533**	**13152**	**35202**
咸安区	22184	7545	3953	2455	8231
嘉鱼县	28111	8931	5363	3784	10033
通城县	14873	4817	1313	2811	5932
崇阳县	13719	4700	2982	1927	4110
通山县	8087	2626	862	660	3939
赤壁市	13672	6140	3060	1515	2957
随州市	**147016**	**59692**	**28696**	**14829**	**43799**
曾都区	27841	11086	5108	3081	8566
随县	81481	32821	16160	8139	24361
广水市	37694	15785	7428	3609	10872
恩施州	**224793**	**91547**	**35325**	**22795**	**75126**
恩施市	34396	13707	4612	3353	12724
利川市	45084	21225	7090	3752	13016
建始县	27502	12784	5415	2484	6819
巴东县	38322	15420	4638	2740	15523
宣恩县	21829	5737	4213	2831	9048
咸丰县	32980	14710	4942	4334	8994
来凤县	9021	3749	1248	1408	2616
鹤峰县	15660	4215	3167	1893	6385
仙桃市	**50417**	**21743**	**7252**	**4389**	**17033**
潜江市	**50512**	**13909**	**7727**	**7546**	**21330**
天门市	**68275**	**23324**	**7472**	**9742**	**27737**
神农架林区	**3526**	**863**	**397**	**171**	**2095**

《湖北农村统计年鉴—2022》

主要农作物病虫害发生面积

单位:万亩次

地区	水稻	小麦	玉米	大豆	马铃薯	棉花	油菜	柑橘	蔬菜
湖北	10872.45	3737.09	1495.28	233.33	361.13	493.84	1710.52	1552.27	1965.40
武汉	371.29	35.97	31.09	18.41	5.15	44.79	40.67		126.18
黄石	221.20	12.10	20.11		0.80	0.60	49.40	19.90	27.50
十堰	145.40	133.22	202.90	36.71	48.83		119.57	159.30	166.14
宜昌	555.88	120.69	255.95	0.00	76.89		178.22	1181.78	325.78
襄阳	928.31	1553.20	431.81	4.30	15.54	57.70	62.31	13.00	133.67
鄂州	139.00	12.50	3.35	3.33	0.80	7.55	17.20	3.00	59.00
荆门	1247.30	473.85	107.94	44.20	1.17	21.70	154.20	55.04	172.53
孝感	982.90	275.44	32.43	10.36	5.93	14.02	96.00	0.80	135.97
荆州	1895.14	448.43	83.35	57.67		119.46	306.62	20.60	54.25
黄冈	1755.20	106.53	39.41	9.76	18.58	125.77	265.61	7.38	296.63
咸宁	653.19	18.63	49.07	5.98	3.07	6.59	155.80	30.31	183.38
随州	392.90	136.10	13.89	0.15	3.55	5.70	20.85		33.97
恩施州	222.78	1.40	203.15	23.66	179.75		71.24	60.51	148.80
仙桃	429.70	78.70	13.35	7.80		64.10	64.00	0.65	43.74
潜江	663.00	81.80	2.50		0.15	11.76	23.80		30.20
天门	269.00	248.50	4.78	11.00		14.10	85.00		25.90
神农架林区	0.26	0.03	0.21		0.92		0.03		1.76

主要农作物病虫害防治面积

单位:万亩次

地区	水稻	小麦	玉米	大豆	马铃薯	棉花	油菜	柑橘	蔬菜
湖北	14517.38	5199.34	1866.05	262.66	441.02	693.28	2025.76	3101.54	2972.78
武汉	440.96	45.90	39.43	28.04	6.25	44.42	34.06		191.06
黄石	232.40	13.48	21.24		0.60	0.49	44.80	19.90	30.60
十堰	124.13	146.23	150.01	15.89	32.35		97.68	260.50	142.81
宜昌	787.14	183.33	401.23		115.18		228.94	2540.34	752.88
襄阳	1273.95	2089.44	630.86		21.78	78.70	68.79	15.80	160.40
鄂州	142.00	12.32	4.67	3.43	0.90	7.75	15.10	3.50	110.00
荆门	1309.90	666.80	115.04	58.70	2.25	37.90	203.10	76.65	245.07
孝感	1487.18	315.59	37.00	11.06	10.23	19.71	115.95	4.00	223.94
荆州	3112.67	788.69	142.52	92.80		216.43	460.10	34.20	108.02
黄冈	2340.25	158.66	53.12	11.87	20.50	162.24	284.15	11.53	310.52
咸宁	712.68	36.09	60.87	6.27	3.80	9.37	179.52	35.77	205.74
随州	523.00	181.40	18.57	0.30	8.80	9.63	27.00		60.60
恩施州	344.66	1.40	167.37	13.90	217.50		70.57	98.62	192.51
仙桃	638.60	119.10	13.48	8.40		69.70	72.18	0.73	52.57
潜江	850.10	210.70	7.15		0.26	21.44	35.80		122.30
天门	197.50	230.00	3.28	12.00		15.50	88.00		61.70
神农架林区	0.26	0.21	0.21		0.62		0.03		2.06

主要农作物病虫害挽回损失

单位：吨

地区	水稻	小麦	玉米	大豆	马铃薯	棉花	油菜	柑橘	蔬菜
湖北	1791380	789977	331488	17984	93535	35922	197179	778506	2312668
武汉	80406	4534	5177	772	272	1077	2242		83066
黄石	39712	3344	5375		600	37	5123	5190	7820
十堰	13104	19253	14993	911	4236		3535	41680	72148
宜昌	157455	58626	87541		11563		30973	606770	853507
襄阳	193667	324487	84861		4941	2080	5381	10631	156659
鄂州	10688	3239	991	235	51	309	3882	588	11088
荆门	161925	103568	18002	2644	556	1472	18137	21640	294821
孝感	124389	34656	6257	1630	3022	1585	13414	728	84739
荆州	350369	69930	28389	2550		11231	41201	8182	9095
黄冈	188760	22263	7405	1301	2843	6407	23317	2234	157703
咸宁	77237	3785	8625	378	827	242	9883	4536	320983
随州	152292	22259	6490	22	1358	496	5666		4850
恩施州	62385	37	46056	2006	62378		7928	75474	114445
仙桃	120171	11855	4303	957		6431	5757	852	114818
潜江	5860	10995	78		4	20	5457		485
天门	52861	97036	6465	4578		4535	15266		24309
神农架林区	101	109	481		885		16		2133

全省主要农作物病虫害实际损失

单位：吨

地区	水稻	小麦	玉米	大豆	马铃薯	棉花	油菜	柑橘	蔬菜
湖北	256658	98369	42953	2718	20518	6716	43071	80114	280137
武汉	8624	621	803	73	41	190	359		10825
黄石	2390	494	633		80	8	1050	490	945
十堰	3290	4540	5561	486	1870		1439	4871	31977
宜昌	9894	2050	5753		1629		2591	54513	19520
襄阳	23365	23663	9154		768	332	1095	1711	27895
鄂州	2056	574	129	30	4	30	717	23	1188
荆门	16357	13396	1424	102	58	83	2106	2773	34088
孝感	20022	8880	2314	265	527	320	2719	60	17798
荆州	66193	17986	4233	596		2707	10137	1146	2265
黄冈	40007	2741	1018	170	941	1702	8369	572	29320
咸宁	7380	399	637	58	151	31	1562	1039	40119
随州	26281	5673	1368	4	247	101	1372		741
恩施州	7088	101	8603	317	14096		1689	12792	38713
仙桃	14627	2012	478	169		772	1439	125	20262
潜江	1743	3665	20		1	5	1819		139
天门	7331	11565	771	448		435	4607		4180
神农架林区	10	10	53		104		2		163

农民专业合作社建设情况

地区	农民专业合作社																	
	户数情况									出资总额								
	12月期末户数	2020年12月末户数	比上年末±%	2021年1-12月新登记户数	2020年1-12月新登记户数	比上年同期±%	12月新登记户数	上年12月新登记户数	比上年同期±%	12月期末出资总额（万元）	2020年12月末出资总额（万元）	比上年末±%	2021年1-12月新登记出资总额（万元）	2020年1-12月新登记出资总额（万元）	比上年同期±%	12月新登记出资总额（万元）	上年12月新登记出资总额（万元）	比上年同期±%
全省	108244	104594	3.5	7929	8283	−4.3	1159	686	69.0	26007646	26066594	−0.2	1545265	1842175	−16.1	191069	126458	51.1
武汉	5512	5010	10.0	672	377	78.3	46	32	43.8	1138379	1018307	11.8	140906	77822	81.1	9855	4130	138.6
黄石	3745	3591	4.3	188	243	−22.6	46	19	142.1	1058237	1071262	−1.2	40026	78471	−49.0	6973	5702	22.3
十堰	9263	8561	8.2	1277	677	88.6	386	59	554.2	1216005	1328708	−8.5	107295	89288	20.2	26240	7137	267.7
宜昌	9112	8949	1.8	622	729	−14.7	59	52	13.5	1626017	1617385	0.5	94443	119211	−20.8	7260	9734	−25.4
襄阳	8512	8497	0.2	484	621	−22.1	57	58	−1.7	2289089	2389232	−4.2	114169	120861	−5.5	11710	10727	9.2
鄂州	1961	1901	3.2	112	127	−11.8	14	8	75.0	452609	444831	1.8	23453	26039	−9.9	3100	1220	154.1
荆门	7331	7283	0.7	350	404	−13.4	46	37	24.3	2183284	2301674	−5.1	76921	110842	−30.6	8916	9972	−10.6
孝感	7063	6810	3.7	514	475	8.2	40	37	8.1	1892925	2093730	−9.6	123561	124544	−0.8	11030	7029	56.9
荆州	11208	10743	4.3	906	862	5.1	175	67	161.2	3398937	3269013	4.0	242322	213853	13.3	52988	14715	260.1
黄冈	12339	11875	3.9	805	996	−19.2	91	71	28.2	2813642	2760980	1.9	155299	227837	−31.8	14169	12518	13.2
咸宁	6588	6524	1.0	391	518	−24.5	45	33	36.4	1964474	1974388	−0.5	103231	162094	−36.3	11080	8675	27.7
随州	4902	4648	5.5	378	527	−28.3	45	64	−29.7	1328399	1277691	4.0	83526	138062	−39.5	8188	10276	−20.3
恩施	13613	13392	1.7	768	1228	−37.5	66	97	−32.0	2269420	2249731	0.9	110610	208554	−47.0	8467	13206	−35.9
仙桃	1976	1889	4.6	139	116	19.8	11	8	37.5	714909	685754	4.3	41659	32661	27.6	3070	740	314.9
潜江	1486	1408	5.5	116	133	−12.8	3	12	−75.0	538704	491670	9.6	30625	48917	-37.4	365	2100	−82.6
天门	3277	3154	3.9	190	219	−13.2	25	27	−7.4	987094	960798	2.7	51086	60843	-16.0	7105	8240	−13.8
林区	356	359	−0.8	17	31	−45.2	4	5	−20.0	135523	131441	3.1	6134	2277	169.4	553	337	64.1

农村可再生能源及秸秆综合利用情况

地区	清洁能源入户年末累计数（户）	秸秆综合利用率（%）
湖北省	**4981356**	**93.91**
武汉市	**192653**	**95.20**
武汉市辖区	6483	
汉南区	11633	96.85
蔡甸区	23993	95.90
江夏区	37495	96.03
黄陂区	63765	94.76
新洲区	49284	94.34
黄石市	**99580**	**91.91**
黄石市辖区		
阳新县	43502	91.23
大冶市	56078	92.32
十堰市	**428913**	**92.48**
茅箭区	6806	
张湾区	9694	
郧阳区	77569	92.01
郧西县	78580	94.27
竹山县	68449	90.18
竹溪县	63119	91.41
房县	64970	95.59
丹江口市	59726	94.08
宜昌市	**637483**	**95.55**
宜昌市辖区		
夷陵区	123234	95.10
远安县	35950	95.01
兴山县	39986	96.29
秭归县	84909	95.42
长阳县	71201	95.79
五峰县	49065	95.85
宜都市	69492	95.27
当阳市	72414	95.77
枝江市	91232	95.55
襄阳市	**438538**	**94.17**
襄阳市辖区		
襄城区	13301	92.93
樊城区	16001	92.68
襄州区	99690	95.38
南漳县	68432	94.22
谷城县	49264	94.15
保康县	55446	94.89
老河口市	40634	93.10
枣阳市	58270	94.00
宜城市	37500	93.13
鄂州市	**36882**	**95.02**
荆门市	**241664**	**95.55**
东宝区	37434	99.99
掇刀区	11597	96.28
京山县	60938	95.23
沙洋县	48050	95.24
钟祥市	83645	95.11
孝感市	**276219**	**92.21**

续表

地区	清洁能源入户年末累计数（户）	秸秆综合利用率（%）
孝感市辖区		
孝南区	32015	90.83
孝昌县	35323	91.62
大悟县	76265	90.83
云梦县	20105	93.03
应城市	32249	94.33
安陆市	38433	91.29
汉川市	41829	93.00
荆州市	**453376**	**94.32**
荆州市辖区		
沙市区	9632	88.67
荆州区	13637	93.43
公安县	101047	93.52
监利县	61648	93.57
江陵县	46230	94.68
石首市	35793	96.70
洪湖市	57548	95.14
松滋市	127841	95.92
黄冈市	**696041**	**95.06**
黄冈市辖区		
黄州区	29633	97.30
团风县	42456	95.16
红安县	54684	95.18
罗田县	57350	95.99
英山县	51720	95.15
浠水县	96376	95.20
蕲春县	114897	92.72
黄梅县	90233	95.66
麻城市	116067	95.02
武穴市	42625	95.44
咸宁市	**250638**	**93.15**
咸安区	38280	93.51
嘉鱼县	30050	92.59
通城县	36099	93.06
崇阳县	46460	92.43
通山县	54136	93.55
赤壁市	45613	93.69
随州市	**152559**	**92.19**
曾都区	43564	91.07
随县	55484	92.70
广水市	53511	91.93
恩施州	**785946**	**92.26**
恩施市	177285	94.30
利川市	95434	91.77
建始县	110595	91.26
巴东县	111901	92.19
宣恩县	80882	90.34
咸丰县	90297	93.12
来凤县	64606	92.22
鹤峰县	54946	91.09
仙桃市	**98737**	**91.92**
潜江市	**71840**	**92.30**
天门市	**108269**	**91.66**
神农架林区	**12018**	**89.84**

农村土地规模经营及流转情况

单位：亩

地区	1.家庭承包经营的耕地面积	2.家庭承包耕地流转面积	3.适度规模经营的面积
湖北省	62236465	23226917	14338118
武汉市	3004136	1005811	1064927
黄石市	1340939	618241	363128
十堰市	2435954	767501	1575195
宜昌市	4642280	1199980	359208
襄阳市	7720135	2578845	2966047
鄂州市	565910	224966	675673
荆门市	4773803	2592312	1465802
孝感市	5390081	1686218	96280
荆州市	9139702	5288032	1105506
黄冈市	6095616	2199567	1276567
咸宁市	2556020	1167473	810838
随州市	2455929	1003389	632403
恩施州	7006667	1026817	593981
仙桃市	1823161	530219	278461
潜江市	1270088	244556	334020
天门市	1941168	1083264	730356
神农架林区	74877	9726	9726

“二品一标”产品统计

单位：个

地区	绿色食品	有机食品	农产品地理标志
湖北省	**2470**	**186**	**195**
武汉市	**501**	**25**	**18**
武汉市辖区	43		1
东西湖区	100		2
汉南区	27	2	1
蔡甸区	37		2
江夏区	106	23	6
黄陂区	87		3
新洲区	101		3
黄石市	**41**		**2**
黄石市辖区	2		
阳新县	19		2
大冶市	20		
十堰市	**80**	**4**	**24**
茅箭区			1
张湾区	5		2
郧阳区	14		3
郧西县	5		6
竹山县	19		3
竹溪县	10	2	1
房县	11		5
丹江口市	16	2	2
宜昌市	**273**	**5**	**39**
宜昌市辖区	15		
夷陵区	60	5	3
远安县	11		4
兴山县	5		6
秭归县	17		4
长阳县	71		4
五峰县	31		1
宜都市	26		2
当阳市	23		4
枝江市	14		5
襄阳市	**75**	**1**	**7**
襄阳市辖区			
襄城区	3		1
樊城区	7		
襄州区	22		
南漳县	16		3
谷城县		1	1
保康县	2		
老河口市	2		
枣阳市	17		2
宜城市	6		
鄂州市	**8**		**1**
荆门市	**141**	**20**	**19**
东宝区	27		2
掇刀区	10		1
京山市	28	2	2
沙洋县	34	6	2
钟祥市	31	12	11
漳河新区	7		
屈家岭管理区	4		
孝感市	**281**		**9**

续表 单位：个

地区	绿色食品	有机食品	农产品地理标志
孝感市辖区			
孝南区	90		1
孝昌县	11		
大悟县	14		1
云梦县	40		2
应城市	89		
安陆市	12		1
汉川市	25		1
荆州市	**152**	**3**	**17**
荆州市辖区			
沙市区	2		
荆州区	14		2
公安县	9		
监利市	52		3
江陵县	21		1
石首市	7		
洪湖市	16		4
松滋市	31	3	7
黄冈市	**168**	**10**	**21**
黄冈市辖区			
黄州区	15		1
团风县	30		
红安县	1		1
罗田县	32		3
英山县	16		3
浠水县	13	1	3
蕲春县	5		5
黄梅县	15	3	
麻城市	12	6	2
武穴市	22		3
龙感湖管区	7		
咸宁市	**106**	**1**	**11**
咸安区	21		3
嘉鱼县	50		
通城县	9		2
崇阳县	3		1
通山县	15		5
赤壁市	8	1	
随州市	**101**	**4**	**4**
曾都区	44	2	
随县	30	2	1
广水市	27		1
恩施州	**471**	**111**	**14**
恩施市	73	58	2
利川市	214	17	2
建始县	22	2	4
巴东县	27	2	
宣恩县	19	17	1
咸丰县	47	7	2
来凤县	37	1	
鹤峰县	32	7	2
仙桃市	**16**		
潜江市	**25**		**2**
天门市	**25**		**4**
神农架林区	**6**	**2**	**2**

《湖北农村统计年鉴—2022》

水库数量

单位:座

地区	合计	大型	中型	小型
湖北省	**6876**	**74**	**287**	**6515**
武汉市	**262**	**3**	**6**	**253**
蔡甸区	10			10
江夏区	94			94
黄陂区	106	2	5	99
新洲区	40	1	1	38
东湖新技术开发区	12			12
黄石市	**286**	**2**	**6**	**278**
西塞山区	2			2
下陆区	3			3
铁山区	21			21
阳新县	158	2	3	153
大冶市	102		3	99
十堰市	**542**	**9**	**22**	**511**
茅箭区	10		2	8
张湾区	17	1		16
郧阳区	87		4	83
郧西县	107	1	3	103
竹山县	73	3	3	67
竹溪县	47	2	5	40
房县	93	1	3	89
丹江口市	108	1	2	105
宜昌市	**459**	**7**	**32**	**420**
西陵区	3	1		2
伍家岗区	5			5
点军区	15		1	14
猇亭区	6			6
夷陵区	72	2	4	66
远安县	56		3	53
兴山县	16	1	1	14
秭归县	20		2	18
长阳土家族自治县	14	1	1	12
五峰土家族自治县	10		3	7
宜都市	47	1	5	41

续表 1 单位：座

地区	合计	大型	中型	小型
当阳市	127	1	7	119
枝江市	68		5	63
襄阳市	**1208**	**14**	**60**	**1134**
襄城区	55	1	2	52
樊城区	26		4	22
襄州区	273	2	6	265
南漳县	139	4	1	134
谷城县	87	1	7	79
保康县	20	1	2	17
老河口市	57	2	7	48
枣阳市	391	2	20	369
宜城市	130	1	10	119
东津区	30		1	29
鄂州市	**36**		**1**	**35**
梁子湖区	17			17
鄂城区	19		1	18
荆门市	**728**	**7**	**31**	**690**
东宝区	104	1	4	99
掇刀区	49		4	45
京山市	228	3	8	217
沙洋县	65		7	58
钟祥市	250	3	8	239
屈家岭管理区	32			32
孝感市	**449**	**1**	**16**	**432**
孝南区	30		1	29
孝昌县	35	1	2	32
大悟县	133		8	125
云梦县	7			7
应城市	99		2	97
安陆市	145		3	142
荆州市	**114**	**2**	**6**	**106**
荆州区	30	1	2	27
公安县	6		1	5
石首市	18			18

续表 2

单位：座

地区	合计	大型	中型	小型
松滋市	60	1	3	56
黄冈市	**1236**	**12**	**38**	**1186**
黄州区	2			2
团风县	84	1	6	77
红安县	183	2	4	177
罗田县	173	1	7	165
英山县	83	1	2	80
浠水县	68	1	2	65
蕲春县	180	2	4	174
黄梅县	37	1	2	34
麻城市	326	3	7	316
武穴市	100		4	96
咸宁市	**551**	**4**	**19**	**528**
咸安区	103	1	1	101
嘉鱼县	18	1	1	16
通城县	97		6	91
崇阳县	109	1	4	104
通山县	94		4	90
赤壁市	130	1	3	126
随州市	**707**	**8**	**21**	**678**
曾都区	112	1	4	107
随县	392	5	12	375
广水市	203	2	5	196
恩施自治州	**267**	**5**	**27**	**235**
恩施市	44	1	5	38
利川市	53		5	48
建始县	33		4	29
巴东县	17	1		16
宣恩县	17	1	3	13
咸丰县	25	1	2	22
来凤县	55		4	51
鹤峰县	23	1	4	18
天门市	**27**			**27**
神农架林区	**4**		**2**	**2**

泵站工程数量

单位：处

地区	合计	按规模分			按功能位置分	
		大型	中型	小型	河湖取(排)水	水库取(排)水
湖北省	**47533**	**75**	**319**	**47139**	**23263**	**3923**
武汉市	**6410**	**16**	**50**	**6344**	**1350**	**23**
市辖区	1	1				
江岸区	13		1	12		
江汉区	10		1	9		
硚口区	6			6	6	
汉阳区	12		1	11	4	
武昌区	22			22	3	
青山区	47	1	6	40	11	
洪山区	11		1	10	4	
东西湖区	328	4	9	315	238	
汉南区	132		3	129	50	
蔡甸区	1419	1	6	1412	181	
江夏区	978	1	4	973	144	23
黄陂区	1622	1	5	1616	268	
新洲区	1671	1	8	1662	375	
经济技术开发区	24	3	4	17	18	
东湖新技术开发区	102		1	101	37	
化学工业区	11	3		8	11	
东湖生态旅游风景区	1			1		
黄石市	**1433**	**2**	**14**	**1417**	**1360**	**72**
黄石港区	12		4	8	12	
西塞山区	47		2	45	47	
阳新县	655	1	6	648	655	
大冶市	719	1	2	716	646	72
十堰市	**290**		**1**	**289**	**99**	**29**
茅箭区	3		1	2		3
郧阳区	63			63	57	6
郧西县	34			34	3	1
竹山县	2			2	2	
竹溪县	40			40	5	1
房县	37			37	5	
丹江口市	111			111	27	18
宜昌市	**1102**	**1**	**14**	**1087**	**928**	**96**
西陵区	13			13	6	
伍家岗区	2			2	2	
点军区	41			41	37	4
猇亭区	3		1	2	3	
夷陵区	69			69	66	3

续表 1

单位：处

地区	合计	按规模分			按功能位置分	
		大型	中型	小型	河湖取（排）水	水库取（排）水
远安县	119			119	119	
兴山县	9			9	9	
秭归县	18			18	18	
长阳土家族自治县	9			9	9	
五峰土家族自治县	1			1	1	
宜都市	136		1	135	36	29
当阳市	405		4	401	390	15
枝江市	277	1	8	268	232	45
襄阳市	**3258**	**3**	**22**	**3233**	**2694**	**559**
襄城区	268		3	265	260	8
樊城区	123		1	122	100	21
襄阳区	312	1	3	308	255	56
南漳县	452			452	316	136
谷城县	71			71	49	22
保康县	121			121	121	
老河口市	199		3	196	141	58
枣阳市	1344	2	10	1332	1142	200
宜城市	368		2	366	310	58
鄂州市	**1024**	**3**	**9**	**1012**	**1024**	
梁子湖区	255		1	254	255	
华容区	418		2	416	418	
鄂城区	351	3	6	342	351	
荆门市	**4575**	**2**	**19**	**4554**	**1217**	**2107**
东宝区	737		1	736	581	141
掇刀区	388			388		380
京山县	173			173	84	23
沙洋县	1413	1	8	1404	248	3
钟祥市	1749	1	10	1738	192	1557
屈家岭管理区	115			115	112	3
孝感市	**3708**	**9**	**34**	**3665**	**3388**	**63**
孝南区	468	2	7	459	430	14
孝昌县	147		1	146	107	26
大悟县	239			239	230	2
云梦县	365	1	5	359	353	2
应城市	937	1	4	932	850	19
安陆市	434		7	427	373	
汉川市	1118	5	10	1103	1045	
荆州市	**14166**	**23**	**87**	**14056**	**4839**	**61**
沙市区	599	1	6	592	35	
荆州区	1213	1	10	1202	194	20

续表 2

单位：处

地区	合计	按规模分			按功能位置分	
		大型	中型	小型	河湖取（排）水	水库取（排）水
公安县	5178	7	10	5161	405	5
监利县	743	4	18	721	166	
江陵县	1191		8	1183	1191	
石首市	2498	4	3	2491	2496	
洪湖市	840	4	26	810	246	
松滋市	1904	2	6	1896	106	36
黄冈市	**5149**	**5**	**18**	**5126**	**671**	**391**
黄州区	398		3	395	4	
团风县	845		1	844	72	30
红安县	300	1		299	108	1
罗田县	76			76	16	
英山县	91			91		
浠水县	577	1	2	574	161	
蕲春县	663	1	3	659	111	26
黄梅县	1289	2	5	1282	2	332
麻城市	636		1	635	28	2
武穴市	274		3	271	169	
咸宁市	**2705**	**2**	**20**	**2683**	**2259**	**259**
咸安区	247		2	245	61	
嘉鱼县	968	2	5	961	954	13
通城县	353			353	325	28
崇阳县	421			421	419	2
通山县	89			89	30	59
赤壁市	627		13	614	470	157
随州市	**250**	**1**		**249**	**25**	**225**
曾都区	42			42		42
随县	85			85	25	60
广水市	123	1		122		123
恩施自治州	**58**			**58**	**52**	**6**
恩施市	8			8	8	
利川市	6			6	5	1
建始县	2			2	2	
巴东县	7			7	7	
宣恩县	3			3	3	
咸丰县	11			11	11	
来凤县	18			18	13	5
鹤峰县	3			3	3	
仙桃市	**1027**	**5**	**12**	**1010**	**1020**	
潜江市	**387**	**3**	**8**	**376**	**378**	
天门市	**1991**		**11**	**1980**	**1959**	**32**

水闸工程数量

单位:座

地区	合计	按规模分			按功能位置分		
		大型	中型	小型	河湖引水闸	水库引水闸	其他
湖北省	**22009**	**24**	**167**	**21818**	**11627**	**2056**	**8326**
武汉市	1776	2	20	1754	187	13	1576
江岸区	5			5	5		
江汉区	1			1			1
硚口区	2			2	2		
汉阳区	7			7	7		
武昌区	2			2	2		
青山区	3			3	3		
洪山区	6		1	5			6
东西湖区	529		4	525	1		528
汉南区	178			178	26		152
蔡甸区	135		3	132			135
江夏区	142		2	140	2		140
黄陂区	304			304	13	8	283
新洲区	426	1	9	416	116	5	305
经济技术开发区	29	1	1	27	5		24
东湖新技术开发区	4			4	2		2
化学工业区	3			3	3		
黄石市	**436**	**4**	**10**	**422**	**301**	**128**	**7**
黄石港区	4			4			4
西塞山区	13			13	13		
铁山区	3		1	2	3		
阳新县	199	3	3	193	199		
大冶市	217	1	6	210	86	128	3
十堰市	**1**		**1**				**1**
竹山县	1		1				1
宜昌市	**1045**	**1**	**17**	**1027**	**845**	**77**	**123**
点军区	13			13		13	
猇亭区	3			3	3		
夷陵区	42			42		17	25
远安县	53		12	41	41	2	10
兴山县	2			2	2		
宜都市	102			102	9	5	88
当阳市	332	1	3	328	312	20	

续表 1　　单位：座

地区	合计	按规模分			按功能位置分		
		大型	中型	小型	河湖引水闸	水库引水闸	其他
枝江市	498		2	496	478	20	
襄阳市	**900**		**2**	**898**	**361**	**528**	**11**
襄城区	71			71	48	23	
樊城区	20			20	12	8	
襄阳区	79			79	45	34	
南漳县	269			269	11	258	
谷城县	33			33	18	15	
保康县	8			8	8		
老河口市	34		1	33	11	12	11
枣阳市	90			90	35	55	
宜城市	296		1	295	173	123	
鄂州市	**163**	**1**	**3**	**159**	**162**		**1**
梁子湖区	55		1	54	54		1
华容区	49			49	49		
鄂城区	59	1	2	56	59		
荆门市	**799**		**14**	**785**	**202**	**520**	**77**
东宝区	50		1	49	13	10	27
掇刀区	25		2	23	4	17	4
京山县	131		3	128	61	45	25
沙洋县	290		2	288	74	195	21
钟祥市	237		6	231	10	227	
屈家岭管理区	66			66	40	26	
孝感市	**1631**	**3**	**19**	**1609**	**1436**	**177**	**18**
孝南区	168		9	159	168		
孝昌县	107			107	1	106	
大悟县	67			67		67	
云梦县	238		1	237	219	1	18
应城市	202	1	1	200	199	3	
安陆市	144	1		143	144		
汉川市	705	1	8	696	705		
荆州市	**8191**	**2**	**23**	**8166**	**4571**	**61**	**3559**
沙市区	289			289	38		251
荆州区	446			446	9	3	434
公安县	2126	2	4	2120	2118	5	3

续表 2

单位:座

地区	合计	按规模分			按功能位置分		
		大型	中型	小型	河湖引水闸	水库引水闸	其他
监利县	2029		6	2023	204		1825
江陵县	966			966	966		
石首市	718		1	717	717		1
洪湖市	1146		12	1134	425		721
松滋市	471			471	94	53	324
黄冈市	**2777**	**2**	**15**	**2760**	**311**	**469**	**1997**
黄州区	143			143	1		142
团风县	358			358	37	86	235
红安县	60			60		11	49
罗田县	110		1	109		110	
英山县	5			5	3		2
浠水县	169	2		167	55		114
蕲春县	731		6	725	84	34	613
黄梅县	683		5	678	1	201	481
麻城市	238			238	55	27	156
武穴市	280		3	277	75		205
咸宁市	**1201**	**4**	**20**	**1177**	**215**	**36**	**950**
咸安区	130	1	5	124	91		39
嘉鱼县	318		2	316	66	7	245
通城县	415		5	410	5	16	394
崇阳县	75	1	2	72	26	6	43
通山县	50	1	6	43	25		25
赤壁市	213	1		212	2	7	204
随州市	**273**	**2**	**2**	**269**	**259**	**13**	**1**
曾都区	49	2	1	46	43	6	
随县	131		1	130	130		1
广水市	93			93	86	7	
恩施自治州	**4**	**1**		**3**	**3**	**1**	
恩施市	1			1	1		
建始县	1			1	1		
巴东县	1	1			1		
来凤县	1			1		1	
仙桃市	**1680**	**1**	**15**	**1664**	**1679**		**1**
潜江市	**337**	**1**	**3**	**333**	**333**		**4**
天门市	**795**		**3**	**792**	**762**	**33**	

灌溉面积

单位：万亩

地区	按土地用途分					年度实际耕地灌溉面积
	合计	耕地灌溉面积	林地灌溉面积	园地灌溉面积	牧草地灌溉面积	
湖北省	**4926.3**	**4632.6**	**158.7**	**125.2**	**9.8**	**4069.6**
武汉市	**268.5**	**250.2**	**11.6**	**6.7**		**218.2**
汉阳区	1.3	1.3				1.3
洪山区	0.8	0.8	0.1			
东西湖区	14.6	10.1	4.2	0.3		10.1
汉南区	11.1	9.9	0.8	0.5		9.9
蔡甸区	42.5	40.2	2.3			40.2
江夏区	38.7	37.8	0.5	0.4		35.4
黄陂区	86.0	79.2	3.2	3.7		51.0
新洲区	57.2	56.0	0.6	0.5		56.0
东湖新技术开发区	13.6	12.3		1.3		12.3
化学工业区	2.1	2.1				2.1
东湖生态旅游风景区	0.6	0.6				
黄石市	**110.3**	**109.7**	**0.5**	**0.1**		**84.8**
西塞山区	1.5	1.4	0.1			
阳新县	53.8	53.6	0.1	0.1		37.8
大冶市	55.0	54.6	0.3			47.0
十堰市	**113.3**	**112.0**	**0.9**	**0.3**		**85.4**
茅箭区	1.2	1.1		0.1		1.1
张湾区	2.2	1.6	0.6			1.6
郧阳区	24.5	24.5				21.6
郧西县	9.0	8.9				8.0
竹山县	16.1	15.8	0.2	0.1		15.1
竹溪县	14.1	14.0		0.1		14.0
房县	15.1	15.0	0.2			12.3
丹江口市	31.1	31.1				11.7
宜昌市	**330.4**	**265.3**	**12.5**	**52.6**		**226.1**
点军区	5.5	4.4		1.1		1.8
猇亭区	1.4	0.9	0.4			0.9
夷陵区	34.5	28.4		6.1		17.9
远安县	21.0	19.9	0.4	0.7		19.6
兴山县	25.9	20.1		5.8		18.1
秭归县	24.5	16.2		8.3		14.2
长阳土家族自治县	35.8	21.4	4.2	10.2		16.8
五峰土家族自治县	12.2	12.1		0.1		10.5
宜都市	23.5	16.0		7.5		15.9
当阳市	64.0	56.5	7.5			56.2

续表 1

单位：万亩

地区	按土地用途分					年度实际耕地灌溉面积
	合计	耕地灌溉面积	林地灌溉面积	园地灌溉面积	牧草地灌溉面积	
枝江市	82.2	69.4	0.0	12.8		54.3
襄阳市	**566.6**	**549.3**	**10.9**	**6.4**		**473.3**
襄城区	16.8	15.9	0.8			15.9
樊城区	31.5	27.0	4.5			27.0
襄阳区	130.7	123.9	3.5	3.4		123.2
南漳县	43.7	42.9	0.3	0.5		38.0
谷城县	39.0	36.2	1.4	1.5		32.5
保康县	9.6	9.5		0.1		5.7
老河口市	43.2	42.8	0.2	0.2		38.3
枣阳市	193.7	193.7				146.5
宜城市	58.3	57.3	0.3	0.7		46.1
鄂州市	**43.4**	**38.3**	**4.7**	**0.4**		**36.7**
梁子湖区	10.0	9.5	0.4	0.2		9.5
华容区	13.1	12.1	0.8	0.2		12.1
鄂城区	20.3	16.8	3.5			15.2
荆门市	**451.6**	**424.8**	**13.1**	**8.2**	**5.5**	**370.6**
东宝区	25.2	19.3	3.3	2.6		19.3
掇刀区	22.5	19.5	1.5	1.5		19.2
京山县	153.8	152.0	0.8	1.0		152.0
沙洋县	121.8	119.1	1.6	1.1		96.9
钟祥市	121.4	108.0	5.9	2.0	5.5	77.3
屈家岭管理区	7.0	7.0				5.9
孝感市	**538.8**	**531.5**	**6.8**	**0.4**	**0.2**	**436.4**
孝南区	49.0	49.0				49.0
孝昌县	65.0	65.0				45.7
大悟县	46.9	46.9				33.8
云梦县	58.9	57.8	0.5	0.4	0.2	38.3
应城市	85.9	85.9				79.1
安陆市	82.5	82.5				56.2
汉川市	150.7	144.3	6.3			134.3
荆州市	**906.6**	**877.5**	**16.6**	**12.5**		**848.5**
沙市区	27.1	27.1				25.0
荆州区	57.9	57.9				37.5
公安县	148.9	148.9				148.9
监利县	209.4	207.1	2.3			207.1
江陵县	119.6	112.3	2.5	4.8		108.1
石首市	80.2	79.2	0.5	0.5		79.2

续表 2　　　　　　　　　　　　　　　　　　　　　　　　　　　　　　　　单位：万亩

地区	按土地用途分					年度实际耕地灌溉面积
	合计	耕地灌溉面积	林地灌溉面积	园地灌溉面积	牧草地灌溉面积	
洪湖市	153.9	152.7	1.2	0.0		150.4
松滋市	109.6	92.3	10.1	7.2		92.3
黄冈市	**548.4**	**494.5**	**42.0**	**11.9**		**442.8**
黄州区	12.4	10.8	1.6			10.3
团风县	29.9	26.7	0.2	3.0		21.3
红安县	44.6	43.5	1.1			41.3
罗田县	35.7	35.4	0.3			33.0
英山县	21.7	19.4	1.6	0.8		16.5
浠水县	77.5	68.7	5.9	2.9		51.5
蕲春县	75.5	75.5				65.9
黄梅县	93.7	87.6	4.4	1.6		87.6
麻城市	89.7	69.3	19.3	1.1		65.4
武穴市	67.8	57.6	7.7	2.5		50.0
咸宁市	**201.0**	**191.3**	**5.4**	**4.3**		**173.9**
咸安区	39.3	35.4	3.9			25.0
嘉鱼县	39.8	38.3	1.2	0.3		35.1
通城县	28.8	27.9	0.3	0.6		27.9
崇阳县	31.9	28.6		3.4		26.5
通山县	15.7	15.6		0.1		15.6
赤壁市	45.5	45.5				43.7
随州市	**204.7**	**184.2**	**18.2**	**2.2**	**0.1**	**164.2**
曾都区	37.4	33.4	3.9			25.9
随县	116.5	100.8	13.7	1.9	0.1	92.6
广水市	50.9	50.0	0.6	0.3		45.8
恩施土家族苗族自治州	**178.0**	**158.6**	**9.2**	**6.5**	**3.8**	**73.8**
恩施市	21.8	21.8				12.0
利川市	38.3	35.4	2.9			15.3
建始县	17.6	16.3	1.3			6.0
巴东县	10.8	10.8				6.8
宣恩县	22.1	22.0				9.2
咸丰县	29.9	17.2	5.0	4.0	3.8	10.9
来凤县	20.1	18.9		1.2		8.2
鹤峰县	17.4	16.2		1.2		5.4
仙桃市	**185.6**	**170.3**	**5.1**	**10.2**		**160.0**
潜江市	**112.0**	**110.3**		**1.7**		**110.3**
天门市	**166.0**	**163.8**	**1.1**	**0.9**	**0.1**	**163.8**
神农架林区	**1.1**	**1.1**				**0.9**

水土流失治理(本年达到)

单位:千公顷

地区	1.水土流失综合治理面积		年度新增水土流失综合治理面积			
	合计	其中:小流域综合治理面积	合计	按措施分		
				梯田	坝地	水土保持林
湖北省	**6568.50**	**2050.52**	**181.41**	**6.32**		**25.40**
武汉市	**174.68**	**98.94**	**3.37**			**0.86**
江岸区	0.01	0.01				
江汉区	0.03					
硚口区	0.06					
汉阳区	0.42					
武昌区	1.72					
洪山区	4.88		0.24			
东西湖区	0.90	0.84	0.07			0.01
汉南区	3.81					
蔡甸区	12.47		0.35			
江夏区	48.11	3.52	0.81			
黄陂区	60.15	55.06	1.50			0.75
新洲区	41.87	39.51	0.40			0.10
经济技术开发区	0.12					
东湖新技术开发区	0.14					
黄石市	**192.40**	**35.33**	**6.69**			**3.90**
黄石港区	0.20					
西塞山区	9.31		0.11			0.09
下陆区	2.43		0.07			0.05
铁山区	2.11					
阳新县	131.63	34.04	3.99			2.80
大冶市	46.72	1.30	2.52			0.96
十堰市	**1086.18**	**425.48**	**26.53**	**3.94**		**3.67**
茅箭区	21.66	8.56	1.07			
张湾区	27.40		0.34			
郧阳区	100.76	6.28	4.31	0.01		2.01
郧西县	145.86	28.28	5.53	0.01		0.24
竹山县	201.47	184.19	3.07	0.03		0.03
竹溪县	149.41	2.36	2.79	0.01		0.42
房县	282.82	61.52	5.01	3.83		
丹江口市	156.81	134.29	4.41	0.05		0.98
宜昌市	**1194.29**	**499.15**	**20.14**	**0.88**		**0.42**
西陵区	5.12					
伍家岗区	0.38					
点军区	29.20		0.25			
猇亭区	2.29					
夷陵区	341.80	246.27	4.48	0.03		
远安县	176.77	12.26	0.86			
兴山县	118.34	3.14	1.69	0.05		

续表 1　　单位：千公顷

地区	1.水土流失综合治理面积		年度新增水土流失综合治理面积			
	合计	其中：小流域综合治理面积	合计	按措施分		
				梯田	坝地	水土保持林
秭归县	196.58	169.35	2.60			
长阳土家族自治县	154.53	8.92	3.53	0.76		0.18
五峰土家族自治县	72.58	13.50	1.97	0.03		
宜都市	18.80	9.23	2.36	0.02		
当阳市	38.13	36.48	2.17			0.01
枝江市	39.75		0.23			0.23
襄阳市	**695.47**	**385.30**	**14.28**	**0.21**		**3.00**
襄城区	4.99		0.32			0.01
樊城区	5.44	4.23	0.43			0.37
襄阳区	21.48	14.60	0.64			0.21
南漳县	140.35	86.22	3.15			0.03
谷城县	219.78	132.20	0.93	0.02		0.14
保康县	148.22	54.34	3.83	0.16		0.45
老河口市	9.17	6.61	0.67			0.14
枣阳市	97.46	87.10	2.18	0.03		1.00
宜城市	48.58		2.14			0.66
鄂州市	**21.59**	**1.33**	**0.54**			**0.13**
梁子湖区	8.80		0.16			0.04
华容区	2.41		0.09			0.09
鄂城区	10.37	1.33	0.29			
荆门市	**114.93**	**13.08**	**15.03**	**0.03**		**0.69**
东宝区	19.85	3.80	2.53	0.02		
掇刀区	4.95	2.25	0.33			0.01
京山县	39.32	2.46	4.71	0.01		0.37
沙洋县	11.27	1.26	3.06			
钟祥市	38.11	3.31	4.41			0.31
屈家岭管理区	1.44					
孝感市	**219.69**	**4.57**	**5.69**			**0.50**
孝南区	1.67		0.17			0.17
孝昌县	49.03	3.40	1.57			0.06
大悟县	121.02	1.17	3.38			0.20
云梦县	0.49					
应城市	10.85		0.13			
安陆市	33.12		0.36			
汉川市	3.52		0.08			0.08
荆州市	**158.38**	**49.28**	**4.83**			**2.43**
沙市区	7.04		0.13			0.13
荆州区	3.66	3.21	0.09			0.09
公安县	30.16	27.54	0.76			0.76
监利县	28.33		1.40			1.33

续表 2　　单位：千公顷

地区	1.水土流失综合治理面积		年度新增水土流失综合治理面积			
	合计	其中：小流域综合治理面积	合计	按措施分		
				梯田	坝地	水土保持林
江陵县	18.83					
石首市	3.02	0.28	0.12			0.12
洪湖市	27.21	9.45	0.06			
松滋市	40.14	8.80	2.27			
黄冈市	**536.55**	**126.78**	**29.70**	**0.75**		**4.37**
黄州区	2.76	2.62	0.96			0.11
团风县	46.59	27.18	1.89	0.01		
红安县	44.63	24.97	3.04	0.05		0.69
罗田县	58.74	10.52	2.50	0.68		1.05
英山县	70.90	18.43	10.39	0.01		0.19
浠水县	54.94		1.59			1.09
蕲春县	131.91	14.21	3.06	0.01		0.63
黄梅县	21.58		0.48			0.27
麻城市	76.61	12.77	5.02			0.18
武穴市	27.89	16.08	0.78			0.16
咸宁市	**334.66**	**54.88**	**12.14**	**0.01**		**1.71**
咸安区	39.31	35.45	1.70			0.22
嘉鱼县	22.36		0.49			0.23
通城县	39.63	3.34	2.38			0.09
崇阳县	77.29	10.26	3.58	0.01		0.17
通山县	97.38	5.84	2.91			1.00
赤壁市	58.68		1.08			
随州市	**462.49**	**43.48**	**9.19**	**0.01**		**1.27**
曾都区	51.96	7.86	1.00			
随县	201.24	13.19	5.15			
广水市	209.29	22.42	3.04	0.01		1.27
恩施自治州	**1213.99**	**301.13**	**30.43**	**0.49**		**2.11**
恩施市	207.81	11.11	5.22	0.01		0.15
利川市	248.03	6.69	5.50	0.15		0.17
建始县	89.13		3.79			1.27
巴东县	180.57	145.79	5.00	0.09		0.52
宣恩县	122.88	103.58	3.51	0.03		
咸丰县	139.33		2.78			
来凤县	70.87	22.58	1.31	0.12		
鹤峰县	155.36	11.38	3.33	0.10		
仙桃市	**7.62**	**0.78**	**0.78**			
潜江市	**11.08**					
天门市	**5.66**	**5.04**	**0.07**			
神农架林区	**138.86**	**5.98**	**2.01**			**0.33**

续表 3 单位：千公顷

地区	年度新增水土流失综合治理面积				新增小流域综合治理面积
	按措施分				
	经济林	种草	封禁治理	其他措施	
湖北省	**13.61**	**1.08**	**98.33**	**36.67**	**56.84**
武汉市	**0.66**	**0.34**	**0.30**	**1.21**	
江岸区					
江汉区					
硚口区					
汉阳区					
武昌区					
洪山区	0.12			0.12	
东西湖区		0.03		0.03	
汉南区					
蔡甸区				0.35	
江夏区		0.10		0.71	
黄陂区	0.40	0.05	0.30		
新洲区	0.14	0.16			
经济技术开发区					
东湖新技术开发区					
黄石市	**0.28**	**0.02**	**2.45**	**0.04**	**2.50**
黄石港区					
西塞山区		0.02			
下陆区			0.02		
铁山区					
阳新县	0.09		1.10		1.20
大冶市	0.18		1.33	0.04	1.30
十堰市	**1.85**		**15.83**	**1.23**	**7.92**
茅箭区			1.07		0.87
张湾区	0.34				
郧阳区	0.03		2.27		1.33
郧西县	0.25		5.03		1.31
竹山县	0.90		2.11		1.17
竹溪县	0.29		2.08		1.19
房县	0.01		1.13	0.03	1.18
丹江口市	0.03		2.15	1.20	0.87
宜昌市	**1.18**	**0.04**	**12.99**	**4.63**	**4.79**
西陵区					
伍家岗区					
点军区			0.17	0.09	
猇亭区					
夷陵区	0.01		4.44		1.17
远安县			0.86		
兴山县		0.04	1.61		

续表 4　　单位：千公顷

地区	年度新增水土流失综合治理面积				新增小流域综合治理面积
	按措施分				
	经济林	种草	封禁治理	其他措施	
秭归县				2.60	
长阳土家族自治县	1.17	0.01	1.30	0.13	1.33
五峰土家族自治县			1.94		
宜都市			0.92	1.42	
当阳市			1.75	0.40	2.29
枝江市					
襄阳市	**2.06**	**0.31**	**8.13**	**0.57**	**1.03**
襄城区	0.01		0.05	0.26	
樊城区	0.06				
襄阳区	0.38	0.04		0.01	
南漳县	0.09	0.05	2.98		
谷城县	0.14	0.03	0.60		
保康县	0.07		3.01	0.14	1.03
老河口市	0.23	0.09	0.09	0.14	
枣阳市	0.66	0.11	0.36	0.03	
宜城市	0.43		1.04		
鄂州市	**0.20**		**0.21**		
梁子湖区	0.12				
华容区					
鄂城区	0.08		0.21		
荆门市	**0.03**		**6.15**	**8.13**	**6.59**
东宝区			0.88	1.64	2.53
掇刀区	0.03			0.29	
京山县			1.45	2.88	1.46
沙洋县			2.49	0.56	1.26
钟祥市			1.33	2.77	1.34
屈家岭管理区					
孝感市	**1.76**	**0.05**	**2.57**	**0.81**	**2.74**
孝南区		0.01			
孝昌县	0.37		0.99	0.16	1.57
大悟县	1.33		1.59	0.26	1.17
云梦县					
应城市		0.04		0.09	
安陆市	0.06			0.30	
汉川市					
荆州市	**0.01**	**0.13**	**2.16**	**0.09**	**1.18**
沙市区					
荆州区					
公安县					
监利县		0.07			

续表 5 单位：千公顷

地区	年度新增水土流失综合治理面积				新增小流域综合治理面积
	按措施分				
	经济林	种草	封禁治理	其他措施	
江陵县					
石首市					
洪湖市		0.06			
松滋市	0.01		2.16	0.09	1.18
黄冈市	**1.58**	**0.01**	**22.99**		**16.98**
黄州区			0.84		0.87
团风县	0.12		1.76		1.37
红安县	0.01		2.29		1.42
罗田县	0.04		0.73		0.77
英山县	0.04		10.15		10.20
浠水县	0.50				
蕲春县		0.01	2.41		1.18
黄梅县	0.20				
麻城市	0.57		4.28		1.17
武穴市	0.10		0.52		
咸宁市	**0.84**	**0.10**	**8.87**	**0.62**	**4.85**
咸安区	0.44		1.04		0.88
嘉鱼县	0.24	0.02			
通城县	0.15	0.08	1.47	0.60	1.67
崇阳县	0.01		3.37	0.02	1.39
通山县			1.91		0.91
赤壁市			1.08		
随州市	**1.63**		**3.20**	**3.08**	**2.51**
曾都区	1.00				
随县	0.01		2.10	3.04	1.33
广水市	0.63		1.09	0.04	1.17
恩施自治州	**1.30**	**0.01**	**11.27**	**15.24**	**3.51**
恩施市	0.22		2.12	2.72	1.17
利川市			1.55	3.62	1.17
建始县	0.16			2.36	
巴东县	0.03	0.01	4.11	0.23	1.17
宣恩县			3.38	0.10	
咸丰县	0.88			1.90	
来凤县				1.20	
鹤峰县	0.01		0.10	3.12	
仙桃市				**0.78**	**0.78**
潜江市					
天门市		**0.07**			
神农架林区	**0.23**		**1.22**	**0.23**	**1.46**

《湖北农村统计年鉴—2022》

农垦基本情况

指标名称	计量单位	代码	年末实有数量
一、农垦农场情况	—	—	—
农场个数	个	1	65
二、农垦人口情况	—	—	—
农垦年末总人口	人	2	1494615
其中：农场人口	人	3	1310627
农垦年平均人口	人	4	1482426
三、从业人员情况	—	—	—
从业人员期末人数	人	5	959547
第一产业	人	6	333276
第二产业	人	7	331749
第三产业	人	8	294522
从业人员工资总额	万元	9	3478561
四、职工及工资总额	—	—	—
职工期末人数	人	10	374474
其中：在岗职工人数	人	11	327371
职工工资总额	万元	12	1266303
其中：在岗职工工资总额	万元	13	1126283
五、收入及住房情况	—	—	—
1.居民人均可支配收入	元	14	28897
2.年末实有住房面积	平方米	15	56612214
六、农垦经营规模情况	—	—	—
1.第一产业增加值	万元	16	1243779
2.第二产业增加值	万元	17	10995427
3.第三产业增加值	万元	18	8228055
七、小城镇情况	—	—	—
1.小城镇个数	个	19	51
2.小城镇人口	人	20	429095
3.小城镇占地面积	平方米	21	76058779

农垦土地利用和耕地面积

指标名称	计量单位	代码	数量
一、土地总面积	公顷	1	371181
1.耕地面积	公顷	2	144442
其中:水田	公顷	3	57968
高标准农田面积	公顷	4	89530
永久基本农田	公顷	5	107787
2.牧草地面积	公顷	6	568
3.林地面积	公顷	7	45714
4.水面面积	公顷	8	78895
其中:可养殖水面	公顷	9	54452
5.园地面积	公顷	10	6745
6.可垦荒地面积	公顷	11	3795
7.宜林地面积	公顷	12	3589
8.居民点及工矿用地面积	公顷	13	48980
9.其他面积	公顷	14	38453
二、现代化农业园区情况	—	—	—
1.现代化农业园区个数	个	15	5
2.现代化农业园区占地面积	公顷	16	7538
三、土地变动情况	—	—	—
1.年初实有耕地面积	公顷	17	147333
2.当年增加的耕地面积	公顷	18	934
3.当年被政府收回的土地	公顷	19	9
4.当年减少的耕地面积	公顷	20	3825

农垦农作物播种面积和产量

指标名称	代码	播种面积（公顷）	总产量（吨）
农作物播种面积总计	1	237390	—
一、粮食作物	2	139921	909980
其中:夏收作物	3	38743	156715
（一）谷物合计	4	129709	880700
1.稻谷	5	62089	555698
其中:早稻	6	2454	19751
2.小麦	7	42546	167580
其中:春小麦	8		
3.玉米	9	24619	155442
4.谷子	10	7	68
5.高粱	11	215	1100
6.其他谷物	12	233	811
（二）豆类合计	13	9400	22734
1.大豆	14	8878	21202
2.杂豆	15	302	803
（三）薯类	16	812	6547
二、油料合计	17	24321	97370
其中:花生	18	6838	55386
油菜籽	19	14770	36479
芝麻	20	2416	4208
胡麻子	21		
向日葵	22	33	125
三、棉花	23	4819	6081
其中:长绒棉	24		
四、麻类合计	25	34	25
其中:黄红麻	26		
苎麻	27	34	25
大麻（线麻）	28		
亚麻	29		
五、糖料合计	30	33	2782
其中:甘蔗	31	33	2782
甜菜	32		
六、烟叶合计	33		
其中:烤烟叶	34		
七、药材类合计	35	661	—
八、蔬菜、瓜类	36	57861	2049900
其中:蔬菜	37	49888	1751287
瓜类	38	7963	296752
九、其他作物	39	9739	—
其中:啤酒花	40		
青饲料	41	6059	—

农垦畜牧业生产情况

指标名称	计量单位	代码	数量
一、肉类总产量	吨	1	98923
1.当年出栏肉猪	头	2	656296
猪肉产量	吨	3	53528
2.当年出售的肉用牛	头	4	21879
牛肉产量	吨	5	4668
3.当年出售的肉用羊	只	6	57668
羊肉产量	吨	7	1164
4.兔肉产量	吨	8	2014
5.禽肉产量	吨	9	25707
二、牛奶产量	吨	10	39753
三、山羊毛产量	吨	11	
四、绵羊毛产量	吨	12	
其中:细羊毛	吨	13	
半细羊毛	吨	14	
五、羊绒产量	吨	15	
六、蜂蜜产量	吨	16	536
七、禽蛋产量	吨	17	46728
八、蚕茧产量	吨	18	
其中:桑蚕茧	吨	19	

农垦渔业生产情况

指标名称	计量单位	代码	合计	1.海水	2.淡水
一、水产品总产量	1	吨	515425		515425
其中:养殖产量	2	吨	350129		350129
1.鱼类	3	吨	374290		374290
2.虾蟹类	4	吨	127741		127741
其中:对虾	5	吨	834		834
3.贝类	6	吨	53		53
4.藻类	7	吨			
5.其他	8	吨	13341		13341
二、养殖面积	9	公顷	50922		50922
其中:对虾	10	公顷	1051		1051

监狱系统农场基本情况

项目	单位	合计	沙洋办事处	襄北公司	江北公司	襄南公司
职工人数	人	5550	2198	1891	717	744
农业科技人员	人	851	759	48		44
耕地面积	公顷	24837	13787	4935	4020	2095
#水田	公顷	13139	9184	127	3639	189
果园面积	公顷					
茶园面积	公顷	18	18			
固定资产投资	万元	6173	3132	1337	1441	263
#生产性	万元	5211	3097	458	1441	215
在固定资产投资中						
拨款	万元	1337		747	590	
贷款	万元					
自筹	万元	4837	3132	590	852	263
其他	万元					
农业机械总动力	千瓦	49376	26349	15344	4755	2928
农业用电量	万千瓦时	2971	1712	168	754	337
农用动力机械	台	485	238	168	79	
#电动机	台	411	207	128	76	
柴油机	台	88	48	40		
农用排灌机械	台	233	72	85	76	
农用加工机械	台	222	136	83	3	
大中型拖拉机	台	366	128	144	35	59
小型拖拉机	台	73		3		70
农用水泵	台	266	136	54	76	
谷物烘干机	台	28	26	1	1	
机引农具	台	1096	298	481		317
联合收割机	台	85	34	51		
机动脱粒机	台	2		2		
农用运输车	辆					
机耕面积	公顷	52678	35170	9147	6266	2095
机播面积	公顷	47254	34374	9147	2666	1067
机收面积	公顷	52801	36225	9147	6266	1163
有效灌溉面积	公顷	27775	20841	2483	3531.8	919
机电排灌面积	公顷	26891	20367	2073	3531.8	919
旱涝保收面积	公顷	20777	13886	2440	3531.8	919
水库	个	23		20		3
化肥施用折纯量	吨	20418	12931	1430	4747	1310
农药施用量	吨	418	274	49	93	2

注：1、2003 年起所有监狱农场均更名为公司，2012 年黄湖公司没有农业生产活动。

2、2020 年农业产业结构发生较大变化，生猪养殖全部退出。

3、农场“三供一业”改造，部分职能、资产移交地方。

监狱系统农场农业总产值、增加值

单位：万元

项目	合计	沙洋办事处	襄北公司	江北公司	襄南公司
按当年价格计算					
农林牧渔业总产值	84841	49119	12556	16368	6798
1、农业	71835	41597	12152	11288	6798
2、林业	1585	767	4	814	
3、牧业	239	159	80		
4、渔业	7393	4352		3041	
5、农林牧渔服务业	3789	2244	320	1225	
按当年价格计算					
农林牧渔业增加值	39985	23330	6746	6867	3042
1、农业	34414	20308	6565	4499	3042
2、林业	748	433	2	313	
3、牧业	129	110	19		
4、渔业	3401	1879		1522	
5、农林牧渔服务业增加值	1021	327	160	534	

注：1、2003 年起所有监狱农场均更名为公司，2012 年黄湖公司没有农业生产活动。

2、2020 年农业产业结构发生较大变化，生猪养殖全部退出。

3、农场“三供一业”改造，部分职能、资产移交地方。

监狱系统农场生产情况

项目	单位	合计	其中：			
			沙洋办事处	襄北公司	江北公司	襄南公司
全年农作物总播面	公顷	41015	22446	9147	6459	2963
全年粮食作物总播面	公顷	33584	18907	8121	5956	600
全年粮食总产量	吨	202810	119719	38920	39711	4460
#夏粮播面	公顷	14974	8080	4160	2468	266
夏粮产量	吨	70846	34727	24580	9879	1660
秋粮播面	公顷	17174	9499	3853	3488	334
秋粮产量	吨	127122	80325	14165	29832	2800
棉花播面	公顷	1267				1267
棉花产量	吨	1155				1155
油料播面	公顷	2775	910	991	311	563
油料产量	吨	8136	3150	2693	558	1735
#油菜籽播面	公顷	1004	27	133	311	533
油菜籽产量	吨	2350	51	128	558	1613
茶叶产量	吨	1	1			
水果产量	吨	11493	293			11200
水产品产量	吨	6786	4843		1943	
大牲畜年末存栏	头	4		4		
#耕牛	头					
羊年末存栏	只	15		15		
家禽年末存栏	万只					
生猪年末存栏	头	4084	1109	2975		
肥猪出栏	头	1154	700	454		
家禽出栏	万只					
肉类产量	吨	40		40		
禽蛋产量	吨	82	82			
造林面积	公顷	682	289		154	239
#当年造林面积	公顷	252	13			239

注：1、2003 年起所有监狱农场均更名为公司，2012 年黄湖公司没有农业生产活动。

2、2020 年农业产业结构发生较大变化，生猪养殖全部退出。

3、农场“三供一业”改造，部分职能、资产移交地方。